清代八卦教

马西沙 著

中国社会科学出版社

图书在版编目（CIP）数据

清代八卦教/马西沙著．—北京：中国社会科学出版社，
2013.3（2024.8 重印）
ISBN 978 - 7 - 5161 - 2179 - 5

Ⅰ.①清…　Ⅱ.①马…　Ⅲ.①民间宗教—研究—中国—清代
Ⅳ.①B933

中国版本图书馆 CIP 数据核字 (2013) 第 044650 号

出 版 人	赵剑英
责任编辑	黄燕生
责任校对	王桂芳
责任印制	戴　宽

出　　版	中国社会科学出版社
社　　址	北京鼓楼西大街甲 158 号
邮　　编	100720
发 行 部	010 - 84083685
门 市 部	010 - 84029450
经　　销	新华书店及其他书店

印刷装订	北京君升印刷有限公司
版　　次	2013 年 3 月第 1 版
印　　次	2024 年 8 月第 2 次印刷

开　　本	710 × 1000　1/16
印　　张	22.75
插　　页	2
字　　数	381 千字
定　　价	59.00 元

凡购买中国社会科学出版社图书,如有质量问题请与本社营销中心联系调换
电话:010 - 84083683

目　　录

新版《清代八卦教》前言

马西沙

1989 年，余第一部专著《清代八卦教》问世。这部著作是民间宗教单一教派研究的第一部。这样的著述是不入主流历史观的。传统中国的知识分子关注的是帝王将相及孔老释迦，正所谓一个时代的统治思想是统治阶级的思想。两千余年的帝制时代，必然造就一个被压迫、被剥削，同时也是反抗意识极浓的多数的世界，上层和下层是两个世界，这两个世界的状态相互交替演变，就构成了一部古代史。当人民无法生活下去时，就出现了打破现行秩序的所谓民粹主义，所谓的"革命"；而人心不古，世风日下，大乱不止时，人们又开始呼唤那种"独立而不改"的大道，呼唤"孔德之容，唯道是从"的亘古不变的自然与社会的秩序。

《清代八卦教》力图以实实在在的史料，从容可靠的描述，勾勒这样一种过程：一种宗教信仰向宗教运动演化，而这种宗教运动却蕴涵着"天变道亦变"的社会意识形态。在特定历史条件下，宗教运动终于演化成了一种反抗现政权的社会运动，它带着暴力抗争的血与火。在这种历史演变中，底层人群被裹挟卷入了浩浩荡荡的动乱中。从这个侧面我们也看到一部清史的缩影。

所有的古代史都是现代史。1988 年在本书后记里我曾说："这类宗教给现代社会留下什么印记呢？宗教的偶像崇拜；结社、帮派的人身依附心理和性格；血缘关系组成的家族与神权。它对太阳的顶礼、膜拜，像对着虚幻的光，冷色的火，使人们联想起现代狂热的悲剧。现在的一切劣根性或多或少都从这部历史中映照出来。"对照近几年的现实，这多么像一种预言。这大概就是历史学的魅力吧。

　　新版《清代八卦教》加入了当代学界大师徐梵澄先生对本书的书评，徐先生仙逝已逾十年，我对他的智慧崇仰如初。另外香港中文大学王煜教授书评一份，也附于后。在本书中，我要表达对我的夫人杨秋燕医生的感谢。在亿万生灵中，两个人不期而遇，这就是所谓缘分吧。我欣赏她永远的童真、诚恳待人、乐于助人，爽朗勤劳与生俱来。感谢她为了我的事业和家庭付出的一切。我们的儿子马由之已过而立之年，我欣赏他对生活和精神的独立追求。

写于 2012 年 7 月 27 日

北京西四古槐堂

前　言

17 世纪中叶，崛起于白山黑水之间的清政权，不再满足于中国东北的一隅之地，乘李自成农民起义刚刚占领北京、立足未稳之机，叩关南向，以气吞山河之势，扫荡群雄与朱明王朝残余力量，造就了一个八方一域、九垓同属的大帝国。封建专制制度被这个王朝发展到了顶点。满汉地主阶级的联合政体高踞于数千万、而后是数亿人民的头上，用铁血政策和愚民政策控制着整个中国，它钳制着每个人的思想和行动，政权的严密和残酷是空前的。从表面看来，它稳固，像一个牢不可破的整体，雄图大略的帝王们幻想造就一个万世不败之基。然而这个政权不过是整个封建时代历史的一抹回光返照。封建制度发展到那个时代，已经无可挽回地没落了。封建社会的逐渐解体不仅表现在经济、政治、思想、文化领域，也突出地表现在宗教领域。"末运法弱魔强"，作为正统宗教的佛、道两教急骤的衰败，代之而起的是不可遏止的民间宗教运动的狂潮。数以百计的民间教派，分布在除西藏以外的广大地域，它无时不在，无处无之，构成了难以数计的地下秘密宗教王国，形成了一种对清政权的异己力量。这是对极端专制的封建政权的一种无声的对抗和离异。民间宗教是一种宗教力量，但有时它也转化成政治力量和军事力量；民间宗教运动是一种宗教运动，但有时又转化成农民革命运动。这就造成了一种清政权极难对付的局面："激之则生乱，容之又属养痈"，统治者不能把所有的信仰者统统法办，但又不能不严加剿捕，因为任何一个普通的信仰者都可能成为一个新的宗教预言家，以布道的名义，发展成巨大的教团，而后"代天行事"。民间宗教像野草，火烧不尽，根株难断；它又犹如葛藤，缠绕着大清帝国，一直到这个政权的终结。可以毫不夸张地讲，民间宗教与秘密结社构成了有清一朝最为棘手的社会问题。

清代大的民间教派很多，分布也不均衡。在华北地区有罗教、黄天教、红阳教、清茶门教、一炷香教、龙天教、八卦教等教派；在江南七八个省份活动着罗教体系的大乘教、无为教、老官斋教、龙华教，以及三一教、长生教、收圆教等教派；在西南活动着鸡足山大乘教、青莲教、金丹教、刘门教等教派；在西北活动着罗教、圆顿教、明宗教等教派。在数以百计的民间教派之中八卦教与江南斋教、西南大乘教堪称三足鼎立，而八卦教活动在华北地区，势力渗入畿辅，在清代民间宗教运动中占据举足轻重的地位，发挥着重大影响，在封建社会行将就木的时代，深深地留下了自己的印迹。清前期的华北，几乎所有的农民起义或暴动与八卦教都有直接或间接的关系；清代末期的义和团运动与八卦教的活动也密不可分。然而在我们探讨类似八卦教这样的民间教派时，仅仅囿于它们与革命运动的联系是远远不够的。中国不但有一部佛教史、道教史，还有一部变幻莫测、扑朔迷离、盘根错节、源远流长的民间宗教发展史，历两千年而不衰。民间宗教不仅是中华民族宗教领域的重要组成部分，构成了千千万万底层群众的笃诚信仰，而且影响着各个地区的民风、民俗，下层人民的思维方式、生活方式，它对中华民族的性格的形成起过不可忽视的作用。

在我们研究八卦教的过程中，有必要简单回顾一下中国民间宗教的历史，特别是它与正统宗教的佛教与道教的关系史。民间宗教与正统宗教之间虽然有着质的不同，但两者并没有隔着不可逾越的壕沟。世界上著名的宗教没有一个不是民间宗教孕育产生的；而后起的一些民间教派又往往是正统宗教的流衍和异端。两者在组织、信仰、宗教仪式上有着千丝万缕的联系。

道教是中国土生土长的宗教，它源远流长。早在战国时代，原始道教便开始孕育发展了。当时楚人崇巫术、重淫祀，而燕赵齐鲁一带则盛行着神仙方术。前者启迪了屈原的《九歌》与《离骚》；后者则助长了秦始皇长生不朽的妄想。前者孕育了艺术的神奇幻境；后者却开启了中国人面向东洋的探求。但两者都是汉代民间道教发端的源头。到了汉代，五行相生相克，及谶纬经学成为一种时代的主宰思想。人们普遍认为在人类世界之外，有着一种神秘力量，它才是人类命运和社会变迁的动力。这种宗教化了的儒家思想无疑受到巫术、神仙方术思想的启示和滋养，反过来又对原始道教产生深刻影响。

汉末，有大规模组织体系的道教出现了。求道鹤鸣山中的张陵及张衡、张鲁，创造并发展了五斗米教，以符书惑人，符水治病，兼挟鬼道，无疑是受到盛行南方的巫风巫术的影响；而北方则有张角创太平道，他虽然也以符水为人治病，但提出了"苍天已死，黄天当立"的口号，又恰恰是五行相克和谶纬经学的回声。统治阶级的思想是一个时代的统治思想，但在不同条件下，转化成相反的内涵。五斗米道、太平道教无疑都是民间道教，因而导致了统治阶级的镇压。

民间道教经过魏晋南北朝二三百年的发展、演变，由于寇谦之、陆修静、陶弘景等封建文人的改造、润色，有了一套较为完整的教阶制度和仪式规范，教义内涵发展成"匡世救民"、维护封建统治秩序的说教，遂为统治者喜闻乐道，在南北朝时代成为正统宗教，从此跻身于封建统治思想三大支柱的行列。然而在道教主流沿着封建文化轨道发展的过程中，其支流依然在民间蔓延流传，甚至发展为暴动。当时以所谓教主李弘为名的农民造反事件不胜枚举。而孙恩、卢循领导的起义者亦信奉道教。可见在南北朝时代，道教仍然呈现一种复杂的格局。

唐、宋两朝，道教鼎盛一时，真正发挥了正统宗教的功能。但是到了北方大乱的金代，中原文化毁于一旦，儒家思想亦被弃之不顾，读书人地位下降，遂有大批人出入佛、老。苦难的时代，新的宗教应运而生。当时陕西人王重阳在终南山修道，"遂通仙术"。他倡三教合一，主张炼养，创立了全新道派——全真道。数十年间作为民间道教在底层传播。直至元初，其弟子丘处机为元太祖召见，全真道才成为合法教派。元代中叶，这支道派又骤然失势，除少数大观外，信仰下移，再次走向民间，开了黄天教等民间教派的先河。与全真道同时代问世的混元道不具备成为正统宗教的条件，数百年间在底层发展，到明清时代演变成红阳教、混元教等民间教派。

两宋以后，中国封建社会发生急骤转折，道教在另一方面也发生变化。这一时期的道教并未改变其追求长生不死的初衷，然而在生与死这个世间头等大问题前屡屡碰壁，以鼎炉炼外丹的方法逐渐为历史所淘汰，代之而起的是内丹派。道士修炼内丹固然对延年益寿颇有补益，然而它的神秘色彩，单传独授的组织形式，都导致各类异端思想和虚幻的妄念与行动的出现。明清时期的黄天教、长生教、三一教、一炷香教、八卦教等等民间教派都与道教内丹派有直接或间接的关联。明清时期，道教演变的最大特点是日益走向世俗化、民间化，道教衰落了，但道教的流衍——具有浓厚道教色彩的民间教派却大倡于世，对整个社会产生了重大影响。近两千年的道教史是一部由民间走向正统，再由正统走向民间的历史。

佛教与民间宗教的关系与道教相仿佛。不同的是，佛教在传入中土以前，在印度次大陆及中亚一带已经传播几个世纪，成为一种成熟了的、为统治阶级信奉的宗教。佛教也经历过从民间走向正统的漫长历程。悉达多创立佛教的时代，人们并未将其视为独一真教。是时有所谓"九十六外道"之说，佛教仅是此起彼伏、波澜壮阔的宗教思潮的一种。直到一百多年后，它的历史地位才发生了根本性的转折。佛教在两汉之际传入中土以后，如水上浮萍，颇难扎根，只得依托神仙方术，佛徒亦被称为"道人"。但佛教思想较快地得到统治者的认可，东汉初年楚王刘英已"学为浮屠"。东汉末年，皇宫中已建立黄老、浮屠之祠，佛教与黄老思想并立了。然而佛教的玄妙教义是很难为下层群众接受的。到了西晋时代，印度人竺法护首译《弥勒下生经》，那里描写了一个"谷食丰贱，人民炽盛"、"人心均平，皆同一意，……无有差别"的理想彼岸千年王国，是时弥勒佛三行法会、普度众生。这种虚幻境界与西晋以后动乱苦难的现实生活恰成鲜明对照，不能不引起芸芸众生的强烈信仰，甚至启迪了部分不甘现世苦难的群众为追求"无有差别"的宗教王国起而抗争。从西晋到隋代，沙门僧侣举旗造反称王者，不胜枚举，而以"弥勒下生"为号召的弥勒教也从佛教中演化出来。北魏时代，冀州沙门法庆的大乘教声称"新佛出世"，发动起义。隋代大业九年，沙门向海明自称弥勒佛转世，率众数万起义。可见弥勒教、大乘教都是从佛教异端分化出来的民间教派。

像道教一样，隋唐时代佛教也发展到鼎盛时期。是时寺院林立、宗派辈出。著名的天台宗、华严宗、法相宗、净土宗、禅宗等都在此时真正形成。但流行于底层社会的民间佛教——三阶教也日益发展、兴盛。两宋以后，佛教沿着两个方向发展。一是禅宗日益为广大上层官僚及知识分子所欣赏，它否定偶像、经忏，不顾规矩方圆，成为士大夫阶级闲适、解脱的工具和下层知识分子摆脱精神苦闷与专制高压统治的避世良方。理学的出现得力于禅宗的影响，而禅宗本身又具备着对抗理学的内在力量。明代以后禅宗的影响日益走向下层，明代中叶一支影响巨大的民间宗教——罗教问世了，罗教思想体系的核心就是禅宗教义。明清时代罗教及其各类异名同教活动在华北、江南、西北等十几个省份，成为那一时代首屈一指的大教派。罗教的问世和发展是禅宗思想在下层社会的一次大传播，是底层群众为摆脱现实苦难、得到精神解脱的一种新的追求。

　　与禅宗不同，净土宗较早地走向民间。净土宗分两种：弥勒净土、弥陀净土。弥勒净土宗世俗化早于弥陀净土宗。弥陀净土宗真正世俗化是在白莲教出现以后。南宋初年，浙江、江苏分别出现了两个弥陀净土宗世俗化教派：白云宗和白莲教。白莲教在初创阶段仅仅是一个净业团社性质的组织，创教人江苏昆山沙门茅子元以四种果报吸引群众信仰。信徒们吃斋念佛，却不必祝发修行。家居火宅，娶妻生子，与平民无异。因此迅速赢得大量信徒，"愚夫愚妇"，"皆乐其妄"。茅子元倡教不久，被当局以"食菜事魔"的罪名发配江州。白莲教当然不是摩尼教。摩尼教是一种受佛教影响很大的外来宗教，隋唐时代由波斯传入中土，不久即遭禁断。唐安史之乱后，该教随回纥军队再次大规模进入中原地区，成为合法教派。会昌三年，武宗灭法，摩尼教与佛教同遭毁禁，从此在下层秘密流传，成为民间教派。南宋当局将白莲教与摩尼教混同起来的时间不长，大概发现白莲教对封建教化颇有补益，遂承认其为合法教派。据说茅子元也受到皇帝诏请。元代，白莲教发展到鼎盛时期，"历都过邑无不有所谓白莲堂者，……栋宇宏丽，像设严整，乃至与梵宫道殿相匹敌。"① 元政权除在极短时间曾经禁断该教，基本采取认可、保护的政策，白莲教上层宗教领袖也与元政权采取合作乃至依附态度。另一方面，底层群众也不断利用白莲教的影响从事对抗元政权的活动。这类活动从元初至元末从未间断，终于酝酿成元末空前规模的农民起义。

　　儒学不是宗教，但儒家学说宗教化的倾向曾在历史上不断出现。宋代理学问世，宗教化倾向日益明显，特别是陆王心学把人的主观意识绝对化，遂为一系列新型宗教的出现开启了大门。明代嘉靖年间在福建问世的

---

　　① （元）刘埙：《水云村泯稿》卷三。

三一教，清代中叶在四川问世的刘门教，以及同时在山东问世的黄崖教都是由标榜陆王心学的学术团社逐渐演化成民间宗教的。正是在把理学与佛教、道教融会贯通的过程中，一大批民间教派倡导起三教合一的教义，成为为数甚多的教派的共同信仰。

明代中叶，以罗教的问世为转机，一场新兴的民间宗教运动作为千百万群众信仰的补充物，代之而起。这一运动在轰轰烈烈的明末农民大革命中经历了短暂的沉寂，在清代以更加蓬勃的气势向前发展。八卦教正是在这样的形势下应运而生的。八卦教不仅是清代影响最大的民间教派之一，从整个的民间宗教史来看也具有典型性。因此，搞清这个教门的来龙去脉，不同阶段的不同特点、教义思想、活动方式、与农民革命运动的关系、对底层社会风习的影响等等都是十分必要的，它的历史构成了清代史的一个侧面，也是中国民间宗教史不可缺少的一环。

以往的学者也有研究八卦教的，但由于史料欠缺或观点片面，大都从农民战争的角度进行发掘、探讨。我认为这是远远不够的。八卦教发生、发展、兴盛、衰落的历史首先是一部宗教史，站在这个基点上才能明了它的各种转化形态，才能明了它不同于一次普通的起义或暴动。这个宗教是深深扎根于历史传统和千百万群众信仰的肥沃土壤之中的，所以当几次八卦教起义失败了，但八卦教却依然故我，倡行于世，甚至当整个上层宗教领袖集团都覆灭了，却不能阻止人们对它的信仰和对创教人的顶礼膜拜。这是一种何等惊心动魄的力量。如果对这种力量漠然视之，就很难对中华民族在封建时代的品格作出深刻的、如实的分析，也就很难对今天不少人骨子里的封建的乃至宗教意识寻根溯源。

本书的写作主要依据清代档案和作者几年来在各地发掘的八卦教的传教经书。浩如烟海的清代档案，使我有可能为八卦教作传，但汗漫的史料无疑又加大了课题的难度。我不揣浅薄，承担啃酸果的任务，目的在于为清代历史和中国宗教史研究的大厦添上一砖片瓦。

第一章 明末清初华北地区民间 宗教活动概况

　　明清时代的华北是民间宗教最为活跃的地区之一。八卦教就产生在山东省单县。在八卦教问世的清代康熙初年，华北地区已经存在着多种民间教派。像任何一个对历史产生过重大影响的事物一样，八卦教的产生既适应了时代和群众的要求，也是一种历史传统的延续。八卦教是民间宗教历史链条上的一个环节，是承前启后的一个阶段，是明末清初宗教运动的一个发展。可以说，没有明末清初民间宗教这个母体，没有汹涌澎湃的民间宗教运动，没有历代积淀的各类丰富的宗教思想资料，时代就不会造就出一个八卦教。八卦教并不像某些学者所云，仅仅是白莲教的一个分支。八卦教实质是多种民间教派孕育滋生的结果，这一点随着本书的不断扩展，将会逐渐明了。

　　明代中末叶，是中国民间宗教的一个崭新的阶段，一个大发展的时期，新的教门、新的支派和宗教预言家、组织者大量涌现的时代。然而腐败的明朝统治者对当时宗教发展的状况仅有一种笼统的认识，而缺乏细致、具体的了解，更谈不上追根溯源、条分缕析。明代这种民间宗教演变是从明成化、正德间开始的，到嘉靖一朝，得到急剧发展，万历一朝则达到鼎盛时期。万历十五年，都察院左都御史辛自修上书言事：

　　　　白莲教、无为教、罗教蔓引株连，流传愈广，踪迹诡秘。北直隶、山东、河南颇众。值此凶年，实为隐忧。①

他建议朝廷下令"严行访拿"，并刊布榜文，将禁止左道条款向百姓"晓谕"。然而，数十年过去了，到万历末期，民间宗教活动愈演愈烈，已到了不可遏止的状况：

> ……近日妖僧流道聚众谈经，醵钱会一名、涅槃教一名、红封教一名、老子教、又有罗祖教、南无净空教、净空教、悟明教、大成无为教，皆讳白莲之名，实演白莲之教。有一教名，便有一教主。愚夫愚妇转相煽惑，宁怯于公赋而乐于私会；宁薄于骨肉而厚于伙党；宁骈首以死而不敢违其教主之令。此在天下处处盛行，而畿辅为甚。不及今严为禁止，恐日新月盛，实烦有徒，张角、韩山童之祸将在今日。乞敕下臣部，行文五城厂卫，严令禁戢，立刻解散。②

这段议论，焦虑重重，足见民间宗教的流布已经成为明末重大的社会问题。即便如此，朝廷竟没有一个人对民间宗教有一个明晰了解，仍然把一切教门都归之于白莲教，不分青红皂白，一律加以严办。

明末民间宗教如此兴旺发达，固然有着深刻的经济、政治背景，但统治阶级对宗教本身的放任乃至笃诚信仰，无疑给民间宗教的兴起开启了大门。有明历代皇帝几乎都笃信宗教，非佛即道，或佛道相兼。明中叶之正德皇帝不但佞佛，且信番僧，而嘉靖皇帝和万历皇帝更是迷恋宗教的典型。据史料记载：世宗初登基即"好鬼神事，日事斋醮"。先征龙虎山上清宫道士邵元节，"大加宠信"；继招陶仲文，陶得宠二十年。嘉靖二十年以后，帝"移居西内，日求长生，郊庙不亲，朝讲尽废，君臣不相接"。他多次自封道号，屡收仙方、道书、秘籍，前后达千余种。他信奉符箓派，对丹鼎派并不排斥，内丹、外丹兼收并蓄，最后还是死于丹方之手。世宗在位几半世纪，崇信道教有增无已，影响波及整个社会生活。上至朝廷，下至民间，无不受其风熏染。道士地位骤然提高，达官显宦多师

---

① 《明神宗实录》卷一八二，万历十五年正月。
② 《明神宗实录》卷五三三，万历四十三年六月。

事道士，以问道家故事。廷臣需撰青词，青词是否称旨，往往决定身家荣辱。① 上有好者，下必甚焉。正是在这样的历史条件下，在民间求道访真，参师拜友，自造经书，自创教门，妄称祖师之风，因之大兴。接下来又是神宗在位几半世纪，佞佛之风又甚嚣尘上，不可遏止。世宗时"妖僧流道"动辄在京师"聚集数以万众"，而万历初年，皇太后又屡允僧人"于戒坛设法度众"，以至"游食之徒，街填巷溢"②。这种风习至万历末年更趋炽烈：

> （万历四十七年）……四方饥民就食来京者不知几千万。游食僧道十百成群，名为炼魔，踪迹诡秘，莫可究诘。……白莲、红封等教各立新奇名色，妖言惑众，实繁有徒。③

而这些民间宗教，往往混迹于佛、道，"四方各有教首，谬称佛祖，罗致门徒，甚至皇都重地，辄敢团坐谈经，十百成群，环视聚听。且以进香为名，踵接于路，无论舆仗擅龙凤，为王法所不容。而旌旗蔽日，金鼓喧天，……以为缁衣、黄冠之流者正酝酿之以成绿林、黄巾之变者也"④。

这种惊心动魄的描写，真实地反映了明代末年整个社会信仰宗教的浓厚风习，以及民间宗教乘机发展的情状。统治阶级以为信仰宗教可以永葆福寿，定国安邦，哪里知道，他们自己酿了一杯苦酒，终须自尝。

上面这些史料，仅是明末民间宗教状况的宏观描叙，由于种种历史条件的限制，那个时代的人们很难对当时各教派的源流和特点作出详尽的恰如其分的评判，因此只能将各教派笼统地归之于白莲教。其实这些教派，有些属于白莲教的衍生物，有些是白莲教和其他教门融合的产物，有些则属于白莲教系统以外的全新教派。对此我们只有通过简略的介绍才能明了。

---

① 《明史》邵元节、陶仲文等传。
② 《明神宗实录》卷八四，万历七年二月。
③ 《明神宗实录》卷五八〇，万历四十七年三月。
④ 《明神宗实录》卷五九四，万历四十八年五月。

第一节 传统的白莲教

作为佛教弥陀净土宗的世俗化教派的白莲教，在元代已经与茅子元倡教宗旨相去甚远了。它吸收了当时广为流传的弥勒教、摩尼教的一些教义和口号，在不断脱离传统轨迹的同时，与农民革命逐渐融合。元代末叶，白莲教的许多教派纷纷打出弥勒佛的旗帜，倡导明王出世，弥勒下生，说明它已经从传统的白莲教中蝉蜕出来，变成了农民阶级反抗封建政权的工具。从此茅子元倡导的东西几乎成为历史陈迹。弥勒下生观念反成了白莲教的主要信仰，而统治者也往往以弥勒下生观念作为白莲教的标志，白莲教从一度的合法教派，彻底演化成民间秘密宗教。

元政权在农民革命中败亡了。曾以白莲教起家的朱元璋一统天下，颁布大明律，公开禁止了白莲教。宣布白莲教等教派为"一应左道乱政之术"，"烧香集众，夜聚晓散，佯修善事，扇惑人民"。所用词句都是照搬元代诏令。但白莲教的活动并没有止息，它再次转入地下，在民间秘密流传。这种活动遍布大江南北，贯穿着整个明代的历史。

明代的白莲教所表现的形态更为复杂。其一，它从来没有一个统一的组织，一个领导核心，各地白莲教支派不相统属，互不往来，而且信仰杂淆，没有统一的经书和教义。如果说有什么共同之点，那就是多数教派信仰弥勒佛及二宗三际之说。而这种教义并非白莲教所原有。二，从活动方式到对统治阶级的态度上往往迥然有别。一些支派被农民群众作为对抗明政权的组织手段；一些支派的宗教领袖则蜕化成地主分子、地方豪绅，他们捐纳为官，甚至干谒公卿，参与当权派内部的斗争；一些支派则走向歧途，沦为异族侵扰的工具。错综复杂的明代白莲教的历史告诉我们：一个以小农、小手工业者为基础的宗教组织，在封建制度的高压之下是不可能有特别稳固的组织形式和领导核心的，而其信仰的混杂和政治态度的多变，恰恰反映了底层群众在现实世界寻找不到出路时思想上的盲目与混乱。所以把白莲教看成一个统一不变的组织和单一的农民革命的工具，无疑是错误的。

明代，部分白莲教支派，曾作为农民起义或暴动的组织形式，在历史上起过进步作用。

　　洪武初年，陕西红巾军余党在金刚奴和高兴福的率领下，聚众起事，由对抗元政权转向对抗朱明王朝。他们袭用小明王韩林儿年号，自称弥勒佛与四天王，不屈不挠，奋斗了四十年之久。① 与此同时，福建、江西等处发生了多起白莲教起义和暴动。在朱元璋、朱棣统治的半个多世纪，白莲教因袭元末传统，不断地与新王朝发生对抗，涉及面几达半个中国。而其中最有名的起义发生在华北地区的山东省。

　　山东省的民间宗教有着悠久的历史传统，也是白莲教活动要区。明初，当局以该省习教风习炽烈，意图安抚，加以革除。永乐年间，山东蒲台女子唐赛儿以白莲教术吸引群众，自称"佛母"，信徒达数万之众。唐赛儿在传教之始，亦无大志，仅以传教为发财敛钱之具。后因教势过大，遂为当局瞩目，唐赛儿受到缉捕，"遂称反"，"官军不能支，朝命数路击之。屡战，杀伤甚众，逾久不获"②。义军势力先后达到益都、诸城、安邱、莒州、即墨、寿光诸州县。"上命使驰驿招抚之，不报。乃遣总兵安远侯柳升等讨之，贼众败去。"③ 据云，起义失败后，唐赛儿削发为尼，不知所终。

　　明代中叶，白莲教起义活动基本沉寂下去。至明末天启二年，山东省再次爆发以徐鸿儒为首的白莲教起义，揭开了明末农民大革命的序幕。徐鸿儒所率之白莲教，并非纯粹白莲教派，而是罗教与白莲教的混合物。明万历间，徐鸿儒之师王森创闻香教，又名大乘教或弘封教。据清代史料记载：罗教分五支，其一即闻香教。④ 关于闻香教及山东徐鸿儒起义，将于以后章节加以介绍。

　　在明代，还有部分宗教领袖是把白莲教作为敛钱致富或实现政治野心的工具加以利用的。明代中叶之李福达父子即是如此。李福达，山西崞县人，其家族世习白莲教。他的祖父在成化年间曾参与荆襄一带白莲教起义，叔父是山西白莲教首王良弟子。李福达"初坐妖贼王良、李钺党，戍山丹卫，逃还，更名午，为清军御史所勾，再戍山海卫。复逃居洛川。

---

① （明）沈德符：《野获编》卷二十七。
② （明）祝允明：《野记》卷二。
③ （明）沈德符：《野获编》卷二九。又（清）毛奇龄：《毛翰林集·后鉴录》卷一。
④ 《朱批奏折》，嘉庆二十一年二月九日直隶总督那彦成奏折。

以弥勒教诱愚民邵进禄等为乱。事觉，进禄伏诛，福达先还家，得免"①。此以后，他改名张寅，捐纳为官，充任太原卫指挥使，有子大仁、大义。嘉靖皇帝登基后，崇信道教，这种风习染及公卿士大夫阶层。李福达父子乘机用方术干谒武定侯郭勋，假称以药物可化金银，因此得宠。郭勋又以方术得宠于嘉靖皇帝。嘉靖五年，御史马禄侦知李福达父子为白莲教徒，欲法办。郭勋为李氏父子求免，马禄复劾郭勋"庇奸乱法"。嘉靖皇帝对李氏父子"置不问"，因此激起数十名廷臣愤怒，纷纷弹劾郭勋。郭勋则以群臣结党、借端陷害为辞，引起皇帝对群臣的怀疑。此次党争以群臣败诉告终。马禄等一批官员被谪戍边疆或免职，而白莲教头子李福达却官复原职。

在明代，类似李福达这样的白莲教领袖，由传教而致富，再捐纳为官者绝不止此一例，而以传教成为一方巨富者，比比皆是。甚至有些白莲教头目出于个人野心，公然勾结异族侵扰势力，出卖民族利益。

明成化间，蒙古族首领屡次率兵袭扰山西、陕西北部。当时山西白莲教首王良"学佛法弥陀寺。……忻州民李钺，闻而悦之，愿为弟子。所谈皆虚幻事，从之者至数百人，遂谋不轨。相与言曰：我佛法既为人信服，由是而取天下亦不难；但边兵密迩，虑或相挠阻，若遇鞑虏通谋，令其犯边，因与官军出御，乘间而起，事可济也。"于是王良撰表上蒙古领袖小王子，请其出兵晋北，愿为内应。事发，为明军围剿，在五峰山拿获王良及同伙一百余人，收缴"妖书、器械、衣服、马匹颇多"，同党五十四人被械送北京，"悉斩之"。②

明嘉靖二十四年，山西应州人罗廷玺等人以白莲教"惑众"，并晋见代王朱充灼，"为妖言"，"因策划约奉小王子入塞，藉其兵攻雁门，取平阳，立充灼为主；事定，即计杀小王子，充灼然之。先遣人阴持火箭焚大同草场五六所，而令通蒙古语者卫奉阑出也，为总兵周尚文逻卒所获，并得其所献小王子表，鞫实以闻。逮充灼等至京，赐死，焚其尸"③。

嘉靖三十年，白莲教首肖芹、吕明镇与同党多人，引导蒙古军队

①　《明史·马禄传》
②　（明）朱国祯：《涌幢小品》卷三十二。
③　《明史·代王珪传》。

犯边。①

嘉靖三十六年，北直隶蔚州白莲教首阎浩等出入漠北，向蒙古人泄露边情，为明军捕获。②

崇祯九年，白莲教头目崔应时等五十人在锦州城内，向围城的后金政权睿亲王多尔衮、豫亲王多铎投递密书，愿为内应。信中吹嘘皇太极为弥勒佛转世，当代朱明统领天下，为真主。崔应时等败露，为明军处死。而其同伙胡有升等人，在锦州城破之后，被清政权封为三等梅勒章京、甲喇章京等世职，赐与大量财产、奴仆。胡有升后来官至南赣总兵官，子孙世袭五代，逾百年之久。③

上述史料足以说明，明代白莲教依然具有一定实力，然而形态各异，互不统属，已经迥异于南宋甚至元代的白莲教，与佛教弥陀净土宗更无内在关联，仅余白莲教之名，而无白莲教之实。在统治阶级的眼中，它成为一切"邪教"的总称。白莲教，特别是活动在山东省一带的教派，对后起之八卦教曾产生过深刻的影响。然而，八卦教还受到多种其他民间教派的影响。

第二节　罗祖教的创立及其影响

如果说南宋初年，白莲教的问世，曾经给中国的民间宗教带来了一次深刻的变革，那么，明代中叶，罗祖教的出现则具有同样划时代的意义。这支教派把禅宗从士大夫阶级的圈子里解放出来，以极其通俗的语言向下传播。罗祖教的兴起，再次改变了中国宗教史的面貌。就整个宗教世界而言，它和其后产生的一大批民间教派，不仅是佛教、道教的替代物或补充物，而且公然向白莲教宣战，并在广阔的信仰主义的领域取而代之。从元代末叶以后，白莲教的宗教色彩远不及其政治色彩浓厚，这个特点给白莲教不断带来厄运。明代中叶，整个社会总的来说趋于平静，底层群众并没

---

① 《明史·鞑靼传》。

② 《明史·沈链传》。

③ （民国）孟森：《明清史论著集刊·满文老档译件论证之一》。

有摆脱困境，但新的社会危机又未到来。成千上万的劳动者并不热衷于举旗造反的社会动乱，他们关心的是今生福禄与来世命运的安排，追求改变人生的境遇。白莲教长期遭禁，平民百姓避之唯恐不及。而罗祖教，则以佛教面目出现，且深得禅宗精髓。罗祖本人在其阐发的五部经典之中，对禅宗思想大胆发挥，驰骋想象，以大刀阔斧的气势，提出自己对宇宙、万物、人生的看法，提出解决生与死、善与恶、有与无、邪与正、虚与实、源与流、功利与幻灭、天堂与地狱等等一系列宗教命题，创造了驳杂而又独具特色的思想体系。它的教义比起单纯倡导弥勒下生、回归彼岸的白莲教教义要丰富得多、深刻得多。罗祖教教义不仅深刻动人，而且通俗浅显，正因如此，才深深地触动了千百万群众的心弦，与他们发生了共鸣。罗祖教在问世后不过数十载，立刻在这块苦难而热烈追求信仰主义的土地上扎根立足，并进而成为明清时期影响最为深远的民间教派。

罗祖教肇始之初，名无为教。创始人罗梦鸿，祖籍山东即墨县，因祖辈当军，到密云卫创教，后被门徒尊称罗祖，教因以名之。罗梦鸿生于明正统七年，死于明嘉靖六年，年登八十五。清初问世的《三祖行脚因由宝卷》记载：

> 正德年间，罗祖初度山东，隐迹桃花洞中，苦悟一十三载，身卧荆笆，楞木作枕，参透本来面目，洞明不动真空。……亲检大藏提纲，挑成五部六册经文，显证万法千宗奥旨，教敷四众，道合三才。①

所谓五部经文即《苦功悟道卷》、《叹世无为卷》、《破邪显正钥匙卷》、《正信除疑无修证自在宝卷》、《巍巍不动泰山深根结果宝卷》。罗梦鸿于成化间在密云北部雾灵山苦苦修行十三年，于成化十八年时蓦然贯通，"始觉明心"，遂得道创教。其后活动在密云卫、古北口一带。《苦功悟道卷》载有罗祖行状：

> 俗家住在山东莱州府即墨县猪毛城成阳社居住。祖彼当年密云

---

① 《三祖行脚因由宝卷·太上祖师因由总录序》。

卫、古北口、司马台、雾灵山、江茅峪居住。我为在家出家四众菩萨
打七炼磨苦心，无处投奔，发大好心，开五部经卷，救你出离生死苦
海，永脱凡世不回来。

清中叶，直隶总督那彦成在密云办罗教案，再次记录了罗教活动：

查询年老乡民，据称罗道始于明季，系山东即墨县人，当年流
寓，距石匣六十五里，距古北口二十五里之司马台堡外建造讲堂，自
称罗道。并将眷口移居石匣，远来馈送颇多，因以而致富。然行踪诡
秘，并不传教于石匣之人，而石匣之人亦无习其教者。[①]

罗祖教最初信仰者多为戍边军人及运粮军人。密云卫是北方军事重
镇，处于潮河与白河交界处，京师运粮至密云有通济河，明代谓之白漕。
大批运粮兵丁来往于江南、边塞，将罗祖教的教义、组织、风习传入华北
各省、江浙、赣、闽，乃至两湖、两广。这是罗祖教迅速传播的重要
因素。

罗梦鸿于嘉靖六年物故，其子佛正、其女佛广继续传播无为教。清代
嘉庆二十一年初，直隶总督那彦成命人到直隶蓟州盘山一带搜查罗祖教
庙宇：

惟查盘山东麓怪子峪有无为庵一座。于庵内起获无为居士罗公画
像一轴、《通明宝卷》、《传灯心印宝卷》、《佛说圆觉宝卷》各二本。
尼僧性空供：师父告之，无为居士罗公即罗祖。该庵开山始祖法名佛
广，系罗祖之女，在盘山出家为尼，故后有孙善人修的庙。……前殿
供佛家，后殿供罗祖。每年四月初一作会场，附近村人来烧香上
供……[②]

据清代档案记载：罗梦鸿后裔一直在直隶、山东传播无为教，自称无为教

---

① 《军机处录副奏折》，嘉庆二十一年三月二十一日的直隶总督那彦成奏折。
② 《军机处录副奏折》，嘉庆二十一年二月十九日直隶总督那彦成奏折。

主。清雍正、乾隆间，罗梦鸿七世孙罗明忠还受到漕运水手及直隶、山东无为教徒的信奉。雍正五年，江南漕运水手犯事，罗明忠为当局缉捕，供出山东等地罗教庵堂数座。① 此案因罗氏并无"匪为"，"存留养亲"。乾隆十一年，"宛平县拿获无为教人董思友等，供出教主罗明忠"，"复经拟流，仍行留养"。到乾隆三十三年，江南漕运水手再次"犯案"，又牵连至密云罗姓。是时罗明忠已死，罗氏祖坟被毁，罗明忠孙子罗德麟被解送回山东即墨县原籍。② 到嘉庆二十一年，清当局再次查办罗祖教时，密云罗家已"无习教之人了"③。

明代万历年间，山东逐渐成为罗祖教活动中心，教势遍及全省。当时著名僧人憨山德清到山东崂山布道，发现罗教已"遍行东方"，不得不以所谓佛教正法"渐渐掇化"，使罗教徒归于"三宝"，即归佛、归法、归僧。④ 不仅山东沿海一带的登州、莱州、海宁州一带罗教倡行，山东西部信仰者亦云集结社：

> 侯表，鱼台人也，常与金乡、巨野、南皮人，群辈数千，诵罗道五部六经。于是分为三千余社，每社立社长一人，社举一人，社出金一分，封输社长。诸社一旦有缓急，不能办，即以社金□之。人人皆以罗道教利赖已，乃益尊崇表，殆如神明矣。……而是时，鲁府镇国将军，亦执弟子礼，东乡坐表师事矣。⑤

罗教势力之大由此可见一斑，以至《万历武功录》之作者感慨地说："北方独多罗道乎？然其教与白莲教相为上下，久之遂至为不轨，乱矣。语曰：献为三群，而况群数千众，杀牲鼓舞，日务鬼神，安在其不乱也。"⑥万历间距罗教肇始不过百年，山东西部的信仰者已逐渐脱离罗教倡教轨道。这一带恰恰是后来八卦教倡教及活动要区，罗教的兴盛不能不对八卦

---

① 《朱批奏折》，雍正七年七月二十八日山东布政使费金吾奏折。
② 《军机处录副奏折》，乾隆三十三年九月二十一日直隶总督杨延璋奏折。
③ 《军机处录副奏折》，嘉庆二十一年三月二十一日直隶总督那彦成奏折。
④ （明）憨山德清：《憨山老人自序年谱实录》。
⑤ （明）瞿九思：《万历武功录》册一。
⑥ 同上。

教产生深刻的影响。

明嘉靖、万历时，罗教在"北直隶、山东、河南颇众"，"流传愈广"，"蔓引株连"，其活动不绝于史书。^① 而江、浙亦成为活动要区。在浙江杭州和处州形成两个传播中心，杭州主要信仰者为漕运水手，此派即青帮前身；处州主要信仰者为农民和小手工业者，此派发展成江南斋教。清代北方罗教势力渐衰，而为八卦教等教派取而代之。

罗教对八卦教的影响主要表现在教义方面。清代中叶以后，八卦教各支派都狂热地信仰"真空家乡，无生父母"或"真空家乡，无生老母"的八字真言。"八字真言"成为该教的基本信仰。千百万的底层群众每日朝太阳默念这段咒语，把命运寄托在彼岸世界的独一尊神——无生老母身上。然而并不像某些论者所云：八字真言是白莲教的共同信仰，"真空家乡，无生父母"所谓真言并非是白莲教的创造，而是由罗梦鸿最早放在自己的经典之中的，作为自己对禅宗思想的一种表述。只是到后来才被红阳教、圆顿教等教派加以改造、发挥，才变成了净土宗思想。"无生父母"观念首先出现在《苦功悟道卷》中的：

> 叫一声无生父母，恐怕我弥陀佛不得听闻。
>
> 单念四字阿弥陀佛，念得慢了，又怕彼国天上无生父母，不得听闻。

上述内容尚未展开，使人难知所云。到了《巍巍不动泰山深根结果宝卷》中意思就渐趋明显了：

> 那个是诸佛母，诸佛母，藏经母，三教母，无当母。怎么为母？诸佛名号，藏经名号，人人名号，万物名号，这些名号从一字流出。认的这一字为做母，母即是祖、祖即是母。

这里的"母"是天地之根、万物之根、人类之根，是世界的本源，而不是世俗所云之母亲。罗梦鸿在五部经中反复阐发：大千世界、日月星辰、

---

① 《明神宗实录》卷一八二，万历十五年正月。

三教圣人、世间万物、春夏秋冬……，都是从虚空中幻化而来，都是来自所谓真无极，即真空世界，这里的"母"即"真空"、"虚空"或"真无极"的代称。所以无生父母，不过是一种无生境界，即虚空境界。禅宗的基本思想即认为：人类面对的一切都是因缘所生，虚幻不实的。而其中变化生灭也无非是尘世众生的虚幻妄想。禅宗的极端主观唯心主义的认识论，否定客观实体和人本身的存在，也就否定了人存在的价值，结果人们在尘世的追求也就变得毫无疑义。这种思想也正是罗教的基本思想。在罗教看来，世间唯一真实的东西，即自己的"心"，即自我意识。正因如此，罗教从根本上否定以往的一切修持方法，认为修庙建塔、念经坐忏、捌火炼魔、坐净行善、说因果、讲轮回都是不明大道的"有为之法"。皆着了色相，是生灭法，有始有终，毫不足取，都在扫除之列。与其相反，罗教追求的是无为法。所谓"无为法"义缔无他，即向自家心头参道。罗教五部经典不厌其烦地讲"心明法中王"，"心即是佛"，"佛在灵心莫远求，灵山只在汝心头"等等。《正信除疑无修证自在宝卷》第二十一品云：

> 要得心空苦便无，如何是心空？无生死，无轮回，无有一切相，无八苦，无三关，无来无去，无有一物，便是心空。……但有思量，便有生死。

既然整个大千世界都是一个空字，都来自一个空字，何必费什么思量，何必有什么追求存想。苦与乐、幸福与悲哀已无差别，万念俱灰，思维停滞才能摆脱生死，了却轮回，达到人生的极致。这种说教对生活在苦难深渊的芸芸众生真是一大棒喝。对既无法摆脱困苦，又难以赢得幸福的劳动群众，不啻是一付高级麻醉剂。正是这个原因，整个明清时期，罗教信仰者遍布神州大地，甚至赢得了不少正统佛徒的顶礼与拜服。

"真空家乡，无生父母"，八字"真言"的最初含义来自罗教经典，但这八字在五部经中互不连属，叠见错出，未构成一个整体。其意义亦与后世之八字"真言"不同。到了明末清初，圆顿教等教派开始对罗教教义加以改造，逐步形成了一种新型的净土宗思想，一种创世说。在《古佛天真考证龙华宝经》中，"真空家乡"即彼岸，"无生老母"成了彼岸世界的最高主宰。这种改造的结果，使部分民间教门更适应了现实发展的需要。在这个神仙世界中，无生老母三行龙华大会，分别派燃灯佛、释迦佛、弥勒佛降临东土，拯救沉沦于罪恶深渊的九十六亿"皇胎儿女"，使之回归彼岸，同享无极之乐。统治阶级曾对民间宗教这种粗俗信仰大加嘲讽，认为"无生老母"不过是一个农家老婆子，而真空家乡，"竟似民间集镇会场，拥挤喧哗，全无伦次"①。殊不知，正是这类信仰才符合文化水准极低的劳动群众的接受能力和社会心理特征。这也是这个教义得以广泛传播的真正原因。

值得注意的是，没有一个罗教支派信仰或宣传过八字真言，因为被改造了的"真空家乡，无生老母"并不是罗教教义。罗教是层次较高的宗教信仰，它在文化水准较高的江南日渐兴隆，而在文化水准较低的华北地区则自然而然地被八卦教等教派取而代之。

关于八字真言的宗教内涵、道德规范、社会意义及影响，笔者将在下面章节进行探讨。

第三节　黄天教与内丹

在罗祖教问世的半个多世纪以后，密云卫西北二百余里的直隶万全卫，又出现了一支与白莲教、罗祖教迥异的教派——黄天教。黄天教是一支以佛、道相混，外佛内道为特征的教派，以修炼内丹，追求长生为宗旨。它曾在炼养及祈祷仪式上对八卦教产生过深远影响。

关于黄天教的传播，明末清初思想家颜元曾有一番描述，从中可见该教流传盛况：

> 我直隶隆庆、万历前，风俗醇美，信邪者少。自万历末年添出个黄天道，如今大行，京师府县，以至穷乡山僻都有。②

---

① （清）黄育楩：《破邪详辨》卷一。
② （清）颜元：《西存编·存人编》卷二。

　　黄天教创教人李宾，道号普明，明代嘉靖间人，生年不详，死于嘉靖四十一年。李宾出生在地处长城脚下的直隶怀安县兴宁口地方，青年时代曾经务农，后应征入伍，在野狐岭充任守备军人，并在战争中失去一目，故后人称之为普明虎眼禅师。明嘉靖时期，世宗佞道，传习道教之风弥漫宇内，而驻守边塞的士兵由于生活艰苦，环境孤寂，宗教气氛亦应运而生。大概在此时，李宾便开始了"求道访真"的宗教活动。退役后，于嘉靖三十二年"得遇真传"，在山西大同府、直隶宣化府一带布道授徒。嘉靖三十七年著经《普明如来无为了义宝卷》。李宾及其传人是把黄天道作为道教一支看待的，据《虎眼禅师遗留唱经》记载：

　　　　普祖乃北鄙农人，参师访友，明修暗炼，悟道成真，性入紫府，蒙玉清敕赐，号曰善明虎眼禅师，设立黄天圣道，顿起渡世婆心，燃慧灯于二十四处，驾宝筏于膳地宣云，遗留了义宝卷，清净真经。①

文中把黄天道的设立看成是道教三位最高神灵之一玉清——元始天尊的敕赐，无疑是攀附道教正统的无稽之谈，但它与道教的关系，从文中可以明显看出。

　　李宾晚年来到万全卫膳房堡传教，死后葬于附近碧天寺内。李宾妻王氏，道号普光，在李宾物故后，接续教权，"通传妙法"。李宾夫妇无子，仅有二女，道号普净、普照。次女普照之女，道号普贤。普光死于万历四年，与其夫合葬碧天寺，坟前立有十三层石塔，号明光塔。这以后，普净、普照、普贤依次传教。碧天寺历来为黄天教祖堂，是一个非佛非道，亦佛亦道的寺庙：

　　　　膳房堡之西碧天寺，四面环山，基址颇大，寺门镌"祇园"二字。一、二、三层供立佛、坐佛等像。三层东西两壁绘画李宾生平事迹。后层高阁阁上扁额正中题"先天都斗官"，东题"玉清殿"，西题"斗牛官"。阁前石塔十三层，高三丈六尺，周十二步，称为明光

――――――――――――

　　① ［日］泽田瑞穗：《初期的黄天道》，《增补宝卷的研究》。

塔，以李宾号普明，其妻号普光也。①

李宾夫妇死后，至清代乾隆二十八年寺庙为当局所毁，其间两个世纪，碧天寺成为黄天教圣地，"庙里一年四时八节做会"，奉其教者，不远千里，"多金舍寺"②。清代李宾胞兄的后裔依托碧天寺，把持黄天教教权。李氏家族从李宾起传了七代，历时二百一十年。乾隆二十八年三月，当局破获了黄天教传教中枢，乾隆皇帝派朝臣兆惠与直隶总督方观承会同办案，大肆逮捕教徒，拆塔毁庙，搜缴经卷，并掘出普明、普光诸人尸骨，"投弃城外车道，寸辚扬灰，宣示众庶"③。清政权对黄天教如此着力打击，足见其在民众中的巨大影响。此案一兴，李氏家族遂至衰落。但李氏之败，并不意味着黄天教的没落，仅导致教权易手罢了。就万全县一带，黄天教虽然经历了一个世纪的沉寂，至光绪初年，再度大兴。信仰者"鸠工庀材，建庙祀之，名曰普明寺"。随后，又有多类黄天道庙宇拔地而起。④

黄天教教义深受道教影响，表现在三个方面。

第一，黄天教与道教内丹派一脉相承。

从表面上看，黄天教是崇佛的：圣地碧天寺前三进为佛殿，寺门以"祇园"命名，取佛教"祇树给孤独园"之意；创教人及主要传承人皆冠以佛号，诸如普明佛、普光佛之类；主要经书名目亦有类于佛经：《普明如来无为了义宝卷》、《普静如来钥匙宝卷》、《虎眼禅师遗留唱经》等等。但黄天教不过外袭释教的一点毛皮，它主要继承的还是道教的思想资料。综观黄天教初期的几部经书，贯穿着一条修炼内丹，希求长生的主线。所谓内丹，是以人体为一鼎炉，炼精化气，炼气化神，使精、气、神凝聚成"圣胎"。所谓圣胎，又称丹珠或金丹。黄天道经书讲："得道之人，先通内用。养神、养气，神气不散，结成大丹。""修行人，参求大道，……养成他，仙丹一粒。"⑤ 在黄天教徒的眼中，修行是结丹的条件，结丹是修行的结果。一旦丹成，就突破了凡与圣、生与死的界限。所谓"结金

---

① 《军机处录副奏折》，乾隆二十八年三月二十九日直隶总督万观承奏折。
② 同上。
③ 《军机处录副奏折》，乾隆二十八年四月十三日兆惠奏折，（片一）。
④ 民国《万全县志》卷七。
⑤ 《普静如来钥匙宝卷》第六分、第十二分。

丹，九转后，自有神通"。就可以"赴蟠桃，永续长生"，达到天无圆缺、人无生死，来去纵横如意，"寿活八万一千岁，十八童颜不老年"的幻想境界。①

李宾等人的内丹理论当然不是独创，而是继承了两宋以后道教内丹派的修炼宗旨。道教丹鼎派自隋唐以后，由主炼外丹转向内丹。宋代张伯端集修炼内丹理论之大成，著《悟真篇》，对后世影响极大。《悟真篇》所言，大抵是排斥外丹，讲求修炼内丹的方法和妙用。所谓："人人本有长生药，自有迷途妄自抛。……丹熟自然金屋满，何需寻草学烧茅。""盖天仙除金丹之道，则余无他求"，"天仙非金丹不能成"等等。② 这些说法对黄天教的修炼理论，对明清时代一大批民间教派都有着直接或间接的影响。

黄天教有自己的一套修炼方法。在创始人及行教人看来，人身是一个小天地，宇宙是一个大天地，两者本为一体。天的精华是日月星，地的精华是水火风，人的精华是精气神。认为天地人凑"三才"才能达到丹珠自成的效果。所以这个教门十分注重"取日月精华，天地真宝"，"昼夜家，采取它，诸般精气，原不离，日月光，诸佛之根"③，十分崇拜日月天地。从明代末叶起，信仰者就"唤日光叫爷爷，月亮叫奶奶"，"每日三次参拜。"④ 这种仪式一直延续到清代。据乾隆八年四月署直隶总督史贻直奏折记载：

> 黄天道教系前明嘉靖年间万全县僧人普明倡设。以每日三次朝日叩头，名曰三时香；又越五日将行道之事默祷天地，谓之五后愿。平时茹斋念经，以为修行善事，愚民转相传习，由来已久。⑤

黄天教参拜太阳，默祷天地的作法染及八卦教，成为八卦教重要的祈祷仪式。

---

① 《普明如来无为了义宝卷》第十二分。
② 《悟真篇注释》。
③ 《普明如来无为了义宝卷》。
④ （清）颜元：《四存编·存人编》卷二。
⑤ 《军机处录副奏折》，乾隆八年四月初九日置直隶总督史贻直奏折。

黄天教创立后，随着教派的发展，崇拜教主的气氛日益浓厚，普明、普光、普净、普照、普贤被奉为教内五位佛祖。信徒把普明比作太阳，把普光比作月亮。碧天寺内所建明光塔即日月塔。教内还编有《朝阳天盘赞》，《朝阳遗留排天论》、《太阴生光普照了义宝卷》等等，都是把普明、普光等人奉为太阳、太阴（月亮）加以崇拜的。这种崇拜仪式与修炼内丹的理论融为一体，构成了黄天教最基本的宗教内容。

第二，黄天教与全真道的关系。

黄天教不仅受到两宋以来内丹派的影响，还受到金元时期产生的全真道的影响。元初，全真道鼎盛一时，教势几乎囊括整个北部中国，后因为与佛教争宠而骤然失势。明初，朱元璋以正一道为正宗，全真道再度失势。除通邑大都尚保有实力外，信仰下移，与民间教派合流。这一点在黄天道经卷中有明显的反映："普贤全真大道，千圣不闻，万祖非说，今遇古佛慈悲，指透天真大道。""今遇着一真僧，说破虚空全真大道。"① 在创教人普明看来，黄天教即全真道，全真道即黄天教。所以他讲"大道本全真"，"全真大道，乃在家菩萨，悟道成真"②。当然黄天教并不是全真道。全真道以兼修性命，圆融三教为宗旨，也有兼练内丹者。但是黄天教毕竟继承了全真道部分教义思想。黄天教也讲性命双修，诸如"性命合，成为一体"，"性命要两投"，"性命是阴阳"等等，把修性修命同视为要义。与全真道不尽相同的是，黄天教把兼修性命作为"结丹出神"的条件，而全真道则追求全精、全气、全神，认为三者的统一便是"性命之道"。

全真道还主张儒、释、道三教合一，凡圣同一，这一点对黄天教影响很大。黄天教经卷总是强调"生仙生佛，不离人伦"，"性命相合，凡圣同根"。认为儒家提倡的人伦道理是济养万物的根本，是成仙成佛的基础。不同的是，全真道虽然倡三教合一，推崇儒教，却不许信仰者娶妻生子，而要出家修行。黄天教徒则家居火宅，娶妻生子，各守常业。甚至主张夫妻双修，共同悟道。

第三，黄天教与道场。

---

① 《普明如来无为了义宝卷》。

② 同上。

　　黄天教创始人是反对做道场的。认为除修炼内丹外，别无正法。所以诸如修庙建塔、念经垒忏等等都在扫除之列。但后世传承人为了现世的经济利益却违背了祖训而广行道场。黄天教有《普静如来钥匙真经宝忏》四卷，其内容多为道经所载。从这部宝忏的分量，可以推知黄天教道场宏大的规模。在清代，一些教徒还以创造道场乐器为终生职业，可见该教做道场是相当普遍的。

　　该教道场分两种，一种作于宗教节日，一种是为请忏者"消灾去祸"。宗教节日共有十二个，是时教徒云集碧天寺等寺院。在道场的经忏声中共度节日。至于请忏者则情况各异，《普静如来钥匙宝忏》内又包含九种经忏，诸如《造恶地狱宝忏》、《超拔亡灵宝忏》等等，根据请忏者不同需要，分别念诵。在道场中，人们感受到的是浓重的宗教气氛和盛大的宗教活动的场面，是一种使人受到震慑而心怀畏悚的神秘环境。

　　在这些宗教家的眼中，世间无一人无罪恶，无一处无罪恶，茫茫人寰就是罪恶的渊薮。甚至杀猪屠狗、妯娌吵嘴等等都成了罪愆。至于欺师背祖、毁天骂地、不尊皇王、污蔑神灵更罪无可逭。只有在道场的经忏声中才能洗涤罪恶，免堕地狱。黄天教就是利用各种宗教手段，使芸芸众生沉溺其中，致使教势长盛不衰。

　　清代，黄天教对收元教、八卦教等许多教门的影响不仅表现在教义思想上，甚至体现在组织的联系上。

　　清代收元教多活动于华北地区，清政权多次查获该教活动。其中乾隆七年、乾隆二十八年、乾隆三十三年、乾隆五十二年四次办理"邪教案"，都涉及黄天教与收元教两者的关系。据乾隆二十八年四月十六日兆惠奏折记载：

　　　　臣等伏查近年邪教，不外直隶、山西、河南等省。所有设教名
　　　色，或称收元，或称黄天道。其说皆本于普明……。普明一脉实为诸
　　　案邪教之总。……流传已久，深入人心，迷而不悟……。①

　　乾隆三十三年八月当局再次发现"邪教"活动，直隶口北兵备道向

_____

　　① 《军机处录副奏折》，乾隆二十八年四月十六日兆惠奏折。

上司禀报：

> 伊等邪教即宗主普明黄天道、无为、收元等名色。①
> 讯招供认，该教等普于乾隆十五、六年皆入无为教，又名收无
> 教，即黄天道普明余孽。②

可见清代部分收元教支派的确是黄天教的后遗分支，或黄天教的异名同
教。值得注意的是，八卦教创教之始教名是五荤道，又名收元教。而该教
祈祷仪式又与黄天教雷同，八卦教与黄天教在组织上和思想上的联系是不
言而喻的。

　　明清时期的道教作为正统教派的地位是衰落了，但是道教走向世俗化、
民间化，却是道教思想、仪式、活动的一次大普及、大传播，这种普及不
仅表现在黄天教的身上，在华北地区还活动着多种世俗化道教教派，红阳教、
一炷香教便是其中两种，它们对后起的八卦教都有着直接或潜在的影响。

第四节　弘阳教与道教的世俗化

　　在罗祖问世近一个世纪，黄天教问世数十年以后，在北直隶曲周县，
另一个世俗化的道教教派创成了，这就是著名的弘阳教。

　　弘阳教，又称洪阳教、宏阳教、混元门、混元教，清乾隆时期避弘历
（乾隆皇帝）讳，官方文档则称之为红阳教。混元与弘阳一词出自道家。
《云笈七签》所录《太始经》已有洪源一词。而北宋谢守灏编著之《混元
圣记》则集有关太上老君的神仙传记。宋真宗崇奉道教，奉太上老君为
混元上德皇帝。后来的弘阳教所奉混元老祖即指太上老君。宋代当政者将
混元上德皇帝之号加诸太上老君以后，遂使道教流衍出一混元道派。金代
再见混元派史料：

---

① 《军机处录副奏折》，乾隆三十三年八月初九日直隶口北兵备道福德禀。
② 同上。

明昌二年十月，禁以太上、混元、受箓私建庵室者。①

虽然禁止私建寺庵，但并未禁止教派活动，应是合法道派。

元代初年，混元派与全真、太一等道并称于世。当时奉佛甚虔的耶律楚材曾指斥道教之非：

全真、大道、混元、太一，三张左道之术，老氏之邪也。②

然而全真道由于邱处机的政治活动，曾备受元初统治者青睐，盛极一时。真大道教、太一道等教派亦成为合法活动的教派。唯独混元一派，不知何故，不见经传，销声匿迹。直至明初中叶又见诸史料，已成"邪说"。

明成化中，山西崞具人王良，以佛法鼓吹造反，并"撰妖言数十篇"，失败后，"妖书"被搜剿，内有一部《金硕洪阳大策》。此书失传，但"洪阳"一词再见于世。

然而作为民间宗教的弘阳教问世则较晚，肇始于明万历二十二年：

邪教有《混元红阳血湖宝忏》，内云："太上飘高老祖于万历甲午之岁，正月十五日，居于太虎山中，广开方便，济度群迷。"③

万历二十二年即万历甲午之岁，正月十五日为上元日，是日似为弘阳教开宗立教之时。所谓飘高老祖即直隶曲周县人韩太湖。据史料载：

祖居广平府曲周县东北二搏人氏。俗姓韩，祖父韩公，祖母张氏。祖生于隆庆庚午年，五月十六日落凡，年方一十九岁出家，参拜明师，在临城太虎山悟修，漕溪洞打坐三年得道。乃祖因缘相通，感动圣中老祖，……留出五部真经，京都开造。多蒙定国公护持，佛教通行天下，普度道俗四众群生，同出苦沦入灭。祖于万历戊戌十一月

---

① 《金史·章宗记》。
② （元）耶律楚材：《湛然居士集》卷八。
③ （清）黄育楩：《破邪详辨》卷二。

十六日皈西还元。①

韩太湖生于隆庆四年，死于隆庆二十六年，生年二十八岁。他在二十六岁时到北京"弘扬教法"，受到太监的有力护持：

> 自从万历年中初立混元教祖，二十六岁上京城，也是佛法有应。先投奶子府内，转送石府宅中，定府护持大兴隆，天下春雷响动。御马监程公、内经厂石公、盔甲厂张公，三位护法同赞修行，世间希有，博览三教全真，留经吐卷在凡心，……直指家乡路径，开造经卷。②

从上述资料可知，弘阳教之所以在万历中叶倡行直隶、北京，在民间宗教世界占了一席之地，是教主韩太湖闯荡北京，仰仗太监鼻息的结果。而弘阳教经之所以大量印行，数量之多居各教之首位，也得之于内经厂太监奥援。就现在我们所见到的弘阳教经卷，的确如清代官吏黄育楩所言："经皮卷套，锦缎装饰，经之首尾绘新佛像，一切款式亦与真正佛经相似。"③这也是弘阳教取信于愚昧的信仰者的重要因素之一。

弘阳教与同时代的许多民间教派不同，它较多地保持着宗教特点，而且很少介入政治生活。造成这种状况有三个原因：

第一，弘阳教始终保持着道教的某些特点，教徒一般被称为弘阳道人，不少人活动在道教宫观中。弘阳教经忏多为道藏所载，或由道教经典改造而成。弘阳道人的宗教活动多为"筑坛"，"设道场"，为人斋醮。以祈福灭祸。据清代档案记载："京东一带，向有红阳教为人治病。及民间丧葬，念经发送。"大凡"偶有丧葬之家，无力延请僧道"者，大都延请弘阳道人，以其收资较少的缘故。④ 所以清当局也讲该教教徒"打醮觅食，经卷虽多，尚无情逆语句"⑤。

---

① 《弘阳妙道玉华随堂真经》。
② 《混元弘阳叹世真经》。
③ （清）黄育楩：《破邪详辨序》。
④ 《朱批奏折》，乾隆四十年二月二十一日直隶总督周理元奏折。
⑤ 《军机处录副奏折》，嘉庆二十四年六月二十四日山东按察使温承惠奏折。

　　第二，至有清一代，弘阳教始终没有形成一个宗教领导核心，各地分散的多支教派，都互不统属。从明代起这个教门便分为九杆十八枝，教派单传，乃至越分越细，结果没有形成庞大的教团和世袭传教家族。从清代档案之弘阳教案分析：山东德州一带弘阳教，传承了十二代，没有一代是同姓相传。造成这种状况的当然是经济原因。弘阳教徒打醮以觅糊口之资，生活来源并不充余，而念经诵忏又非易事，须专心苦学。可见充当弘阳道人并不是一种传之子孙的好职业。这正是弘阳教以及与弘阳教相类似的一炷香教大都异姓相传的根本原因。因为异姓相传，导致较难形成稳定教团，也就难以形成与当局对抗的力量。

　　第三，从历史上看，弘阳教自创教之日起便依附当局，是靠"定国公护持"，"通行天下"的。弘阳教的教义自然是维护统治阶级利益和封建秩序的。所以在明代，当局几乎没有触动过弘阳教。满族入主中原以后，对一切民间宗教统统采取取缔、镇压的措施。即便如此，这个宗教教派也没有改变创教初衷，它的宗教仪式以及宗教思想依然是以"消除恶业"、"济度众生"宗旨行事的，不敢心生"妄念"，稍涉异端，它的道德内涵完全没有超出忠、孝、节、义的封建伦理，为了维护这套陈腐的伦理道德，它特别喜欢善恶因果、天堂地狱之说，以愚弄和恐吓信仰者，这个教门从本质上讲是起到支撑封建秩序的作用的。

　　弘阳教上述三个特点构成了它与八卦教的许多不同之处。但是由于八卦教与弘阳教活动地域大致相同，在清代两教互相融合及影响在某些场合时有发生。特别在"癸酉之变"前夕，林清以"三教总该归一"为号召，强迫部分弘阳教支派参加了攻打紫禁城的暴动，一些教徒放弃了温柔敦厚的宗教意识，被推进了历史的旋涡。

第五节　创成于山东的世俗化道教
教派——一炷香教

　　明代中末叶，活跃在华北地区的民间教派，大多数创成于北直隶。罗祖教、静空教、还源教、黄天教、弘阳教、闻香教、龙天教、圆顿教等是其中较著者。唯独一炷香教创成于山东境内，与清初问世的八卦教构成了清代山东省内的两大教派。

一炷香教创始人董吉升，字四海，山东商河县董家林村人。生于明万历四十七年，死于清顺治七年。信仰者皆尊其为"董神仙"或董老师父。生前其徒分为八支。第三支为一炷香五荤道，第八支为添门教。此外，该教还有如意教、好话道、摩摩教、一炷香天爷教、平心道等名目。教名虽异，教义雷同。董姓家族以明末倡教始，至道光十六年止，"世愆七代，派分八支，时阅二百一二十年"①，该教信仰者分布在山东、直隶、北京，远播于盛京、吉林诸省。为清代北方影响较大的教门之一。

一炷香教派虽多，但有一个共同点，即与道教关系密切，明显是道教的流衍。

创教人董四海，生前曾在章邱县枸峪地方出家学道。而后世的许多主要传教人皆为道士，他们把持着一些地方的道教宫观，从事宗教活动。据清代档案记载：董四海创立一炷香教以后，"收已故章邱县人徐名扬为徒，徐名扬转传历城县郑家码头三官庙已故道士曲星斗，及章邱枸峪观音寺已故道士宋文滕，峰峪关帝庙已故道士杨超凡三人"。这三人又在三座庙内转传道上多人入教。②

与此同时，直隶南宫县三官庙、山东禹城县龟台寺、三官庙、七圣堂都为传习一炷香教的道士所把持，递衍多代。这些道士在寺庙内设天地台，焚香膜拜，定期做会，编造劝善歌词，"用鱼鼓、剪板拍唱，劝人修善"。信徒多人，跪一炷香，望空祈祷，以图治病获福。③

也有许多教徒不占据庙宇宫观，但内中多为无度牒的云游道士。这些人走到哪里就唱到哪里，把一炷香教的教义传布乡村集镇。诸如清代嘉庆二十二年，承德地区发现一炷香教活动，当局寻根溯源，知是道士简三所传。嘉庆二十二年直隶河间府发现的如意教，即为云游道士王老道所传。乾隆四十年三月在盛京发现的三股一炷香教教徒传教活动，其中一股即为宁远玉皇庙云游道士袁道仁所传。

上述各派，虽然没有以宫观为活动中心，但与以宫观寺庙为中心的教

---

① 《军机处录副奏折》，道光十九年十月十二日吏科给事中周春祺奏折。
② 《朱批奏折》，道光三年十二月十五日置山东巡抚琦善奏折。
③ 《朱批奏折》，道光七年八月十四日直隶总督那彦成奏折。

派相似，大都做道场，为人消灾祈福。教徒们往往数十成群，于期赴会，或持数珠，或持木鱼、皮鼓、简板之类。相对席地而坐，击打乐器，口唱劝善歌词。这些人"每月各带干粮，做道场二三次，并无经卷、图像"①。他们多为庄户人家，定期相与聚会，抒发宗教感情，或为人祈福治病。与道教建醮并无本质不同。

这种活动从明末以迄于清末，数百年间愈传愈广，至少在清末，已传至北京：

> 一炷香教……，该教门规矩极严，以敬佛为宗旨，不杀生，不言命，吃长斋，焚香，日日坐功运气，其终向望死后脱下皮囊，往西天成佛作祖，为乐境也。②

本来以成神仙为最终归宿，经过漫长的时代演变，某些教派追求起成佛来了，但其崇道本质并未改变，"日日坐功运气"，恰恰得了道家绪余。

而东北地区，"自吉林至山海关内外，以迄张家口一带"，其教信仰者"实繁有徒，……谓可消灾免祸，尚无举事重情。"③ 这个道教流衍而成的民间宗教，在清末已成燎原之势。

为什么一炷香教，以及前面述及的黄天教、弘阳教大都受到道教之风熏染呢？原因很多，其中值得注意的是：明代中末叶，下迄清末，道教教派越分越细。据日人小柳司气太所编《白云观志》载，这期间道教派系已分成八十六类。其中除了一些大的宗派把持着道教宫观，有着明确的传承谱系，而宫观无法容纳的非嫡传子弟只能各处云游，四海为家。明代万历间，游食僧道已"街填巷溢"，"十百成群，……踪迹诡秘，莫可究诘"。④ 这些僧、道在民间传布法事，得有余钱，或修观以传道，或立祠以安身，以至"迩来淫祠日盛，细衣黄冠，所在如蚁"，官方不得不下令严禁："今后敢有私创禅林道院，即行拆毁，仍惩首事之人，僧道无度牒

---

① 《军机处录副奏折》，嘉庆二十四年七月二十七日直隶总督方受畴奏折。
② 《拳时北京教友致命》卷二。
③ 《朱批奏折》，光绪二十一年三月二十五日增祺奏折。
④ 《明神宗实录》卷五八〇，万历四十七年三月。

者，悉发原籍还俗。"①

正是在这样的历史条件下，一些道士为膨胀的宗教信仰之风所鼓动，遂自造经书，自创教门，自称祖师，致使民间形形色色的道派蓬勃兴起，依托道教，扩大教势。一炷香教创始人董四海，利用了这般"邪正不分"、"法弱魔强"的气候，在山东独树一帜，崭露头角。在出家以后，妄称得道，门徒亦尊其为神仙，建观树庙，进行公开的宗教活动。这种披着道教外衣的民间教派眩惑了清政权的耳目，致使清政权长期以来未能发现该教活动。直到嘉、道之际，才发现个中秘密，加以取缔，然而为时已晚，一炷香教已遍传华北、东北广大地域，根株难尽了。

一炷香教是明清诸教门中最保守的一支。它在信仰上依附正统道教，在政治上靠拢当局，在道德伦理上维护封建秩序。其教义的本质是鼓吹忠孝二字，它所谓的行善行好都没有超出封建主义的窠臼。这个教门没有经卷，其教义皆为世代口授的《劝世歌词》、《父母恩理应赞念》等韵文。这些歌词"缘系白日唱说好话，并非夜聚晓散，……及念诵别项经咒"②。当局也认为"此教实止图免灾难，其唱念歌词系劝人为善行好，委无煽惑敛钱不法别情"③。因此对这个教门的信仰者从未从严处置，"凡能具结改悔，赴官投首，准其免罪"④。下面我们录一段歌词，便知原委：

　　　　双膝打跪一桌前，对给老天说实言。
　　　　父母堂前多进孝，别要哄来不要瞒。
　　　　犯法事情再不做，钱粮早上米先完。
　　　　乡里养德多恕己，这是行好才全还。
　　　　行好劝人三件事，戒酒除色莫赌钱。
　　　　依天靠天，向天要吃穿，天赐雨露，普地下遍，丰收了都吃饱饭，不受饥寒，天也没图半文钱。日都吃三餐，拍拍心，该将佛念：弥陀佛、弥陀佛、弥陀佛。

　①　《明光宗实录》卷三，泰昌元年八月。
　②　《朱批奏折》，嘉庆二十三年三月二十六日直隶总督方受畴奏折。
　③　《朱批奏折》，嘉庆二十四年十一月一日直隶总督方受奏折。
　④　《军机处录副奏折》，吏科给事中周春祺奏折。

这是一个自甘屈辱、克己顺受的教派，对天、对官，低眉驯服，恪守律条，数百年间没有一支教派参与过任何一次造反行动。它要教徒信守的教义多符合康熙皇帝的"圣训"："敦孝弟以重人伦"、"私乡党以息争讼"、"明礼让以厚风俗"、"完钱粮以省催科"……。正是由于这种信仰和风习的渗透熏染，在清末农民运动此起彼伏的形势下，山东还是出了武训这样逆来顺受、自轻自贱的典型。

八卦教与一炷香教是完全不同的教门。清代中叶，八卦教成了华北地区动乱之源，而在大乱不止的情况下，一炷香教徒也能乱中取静、安之若素，甚至为暴政唱赞歌，安人心。然而并不是说一炷香教对八卦教没有影响。在八卦教创成的康熙初年，八卦教从组织、信仰到道德规条上都受到一炷香教启迪和熏染。这种情况，我们将在以后章节中加以介绍。

第六节　从闻香教到清茶门教

明代万历中叶，直隶蓟州、滦县一带诞生了一个罗祖教与白莲教的混合教派——闻香教。这是明代末叶，积极参与政治、教势膨胀最速的教派之一，它曾给清初问世的八卦教以深刻影响。闻香教，又称弘封教、东大乘教，明代官书史料则称其为白莲教。到清代易名为清茶门教，又名清净门教，有时也混称为红阳教。

闻香教创始人王森，原名石自然，北直隶蓟州人，皮匠生理，后移居滦县石佛口村。据云：

> 王森于先年间曾路遇妖狐，被鹰搏击，口作人言求援。王森收抱回家，遂断尾相谢，传下异香妖术，后称为闻香教主。又创白莲教为大乘弘通教，即弘封教。传播畿南、山东、南直隶、河南、陕西、四川等处，远近相附。王森遂立大小传头会首，每会二三十，人数多寡不等，及已决谋反。贼首徐鸡儒、于弘志、周志德、许应龙与许大同，同善友李天禄、伪太师周印等俱为徒弟，各相群聚，贡纳香钱，

置买庄田，供奉尊崇如活佛。①

王森所谓得"妖狐异香"创教，不过是创教人或信仰者附会神奇，光大自身的手段，不足为信。王森授受，史无所载，其为蓟州人，而蓟州盘山一带为明中叶以后民间宗教诸派发祥地之一。罗梦鸿所创无为教在密云传开以后，蓟州首当其冲，深受影响。梦鸿物故后，其女佛广入盘山修行，时在明嘉靖初中叶。有的史料讲，佛广与其婿王善人创大乘教。② 而另一民间教派还源教之祖还源亦入盘山修行。③ 王森恰逢其时其地，耳濡目染，遂学道其间，后来为愚骗百姓，自称得妖狐异香创教。闻香教创始之初应为罗祖教流衍。据清代嘉庆二十一年直隶总督那彦成调查罗祖教传播情况时得知："罗祖分传五支，一支在石佛口王姓。"④ 所谓石佛口王姓即指王森。同年龙天门教徒李和修供词亦云："米奶奶是后天，又系先天罗祖所传"，"龙天门教即系罗祖教，又系清茶门教"⑤。由此可证闻香教（即清茶门教）是从罗祖教中演化而来。闻香教在明末还是崇奉罗祖教的。据史料记载，当时王森大弟子王福、魏汝平曾去罗梦鸿老家即墨请经，"将山东即墨县发来经卷，并妄造妖言《来子解》与众人密讲。"⑥ 明中末叶，罗祖教以密云及山东即墨县为中心传教，并创印经卷。所谓从即墨发来经卷，应为罗祖五部宝卷无疑。但闻香教又明显地受到白莲教的影响，王森、王好贤父子"僭称弥勒佛主之尊号，造乾坤黑暗之妖言"⑦。这种思想又非罗祖教所倡，而是数百年来白莲教倡导的宗教思想。

王森创教不过二十余年，教势远播京师及六七个省份。信仰者"此牵彼引，云合响应，顶礼皈依，……不下二百万人"。王氏家族成为一方巨富，号称庄田半天下。其财货皆来自门徒贡奉，"其徒见者，俱称朝

① （明）岳和声《餐微子集》卷四。
② 《史料旬刊》第十五期彰彰宝折。
③ 《军机处录副奏折》，嘉庆二十一年三月二十一日那彦成奏折记载："朕逐加披阅，……内有'还源祖入盘山修行，四维罗祖在石匣域明心'二条"。
④ （清）那彦成：《那毅文公奏折》卷四十。
⑤ 《军机处录副奏折》，嘉庆二十一年三月二十一日直隶总督那彦成奏折。
⑥ （明）岳和声：《餐微子集》卷四。
⑦ 同上。

贡，各敛积香钱，络绎解送。或盛停别所，以待支用"①。凡教势所到之处，"各设公所，使传头者守之，置竹签飞筹，印烙三王字号。凡有风信，顷刻可传千里"②。形成了一个庞大的、秘密的宗教王国。在这个信仰主义的领域内，等级森严，教阶繁杂，各司职守，少数上层宗教领袖及其家族成为特权阶层，用宗教的组织手段、眩惑人心的教义、震慑人心的偶像迅速地积累起惊人的社会财富，然后为少数人所攫取。这是一种特殊的剥削方式，邪恶的宗教家利用人们的愚昧以售其奸，使自己成为大土地的所有者。然而，迅速积累的财产又导致分配不均的纷争和内讧，上层统治集团分裂了。万历四十年，"迁安县团山建塔，以森术能动众，举森募化。森以金钱托其弟子李国用、李应夏，而国用乾没之，不为森所容，国用遂叛森，与应夏创立别教，自称太极古佛。……两教弟子，各为其法门以相仇杀，尽发露其过恶。府县拟李国用、李应夏、王森及森之弟子杜福等罪"。万历四十二年王森首次入狱，后出狱。万历四十七年，当局再次"坐森左道，律绞"。王森于是年死于狱中。③

王森死后，其第三子王好贤接续教权。王好贤"自称弥勒佛主，仍与徐鸿儒、于弘志等互相结连。徐鸿儒等按季敛钱，解赴伪太师周印处，转解王好贤收用"。万历四十八年，王好贤投永年道按察使手下，充任千总。他借机广罗人马。此后"复投兵部，委用打造军器"。此时人马、器械齐备，"渐生逆谋，将辽阳失陷，内地空虚情形，暗与周印等密约各省传头，俱于天启二年八月中，十方同起"。但王好贤却于起事之先借故脱逃，"徐鸿儒因他事相激，先期倡乱，于弘志相继叛逆"④。而王好贤毫无动作，避匿京师，而后乘船逃至扬州。

天启二年五月初三日，徐鸿儒率众起事于山东巨野，十三日攻入郓城，十四日起猛攻巨野县城，十七日攻占了滕县、峄县，继而围攻兖州、曲阜、郯城。于后攻占夏镇，切断漕运咽喉，从而揭开了明末农民大起义的序幕。称国号"大成"，自称中兴福烈帝。山东闻香教起义初势虽凶，败落亦速，仅三个月即为明军击败。徐鸿儒被俘，临刑前叹曰："我与王

---

① （明）黄尊素：《说略》。
② 同上。
③ 同上。
④ （明）岳和声：《餐微子集》卷四。

好贤父子，经营二十余年，徒众满天下，事之不成天也。"① 此次起义虽然失败，但其教再次潜入地下活动，教势遍及山东数十州县，成为产生在山东单县的八卦教的社会基础。

明代崇祯年间，明政权已难逃覆灭的命运，闻香教在明政权、清政权、李自成农民起义之间选择投靠了清政权。王氏家族传教中心在北直隶滦县、卢龙、广平一带，地处山海关之南，是三大政治、军事力量角逐争雄之地。清军虎视眈眈，觊觎中原；吴三桂举棋不定，固守割据；李自成雄师北望，挥斥方道。出于地主阶级的本性及投机心理，王氏家族毫不犹豫地选择了与吴三桂同样的立场。早在清崇德元年，闻香教"十河王"即"石佛王"即派四人前往辽东，"请天聪为皇帝"。其后又派教徒崔应时、胡有升作书与清睿亲王多尔衮、豫亲王多铎，愿为锦州城内应，助清军攻城。② 明清兴替之际，王森之孙王可就投清，受封参将，在镇压农民起义中丧命。康熙皇帝特制《诰命碑》，以彰王氏之族：

> ……尔王道森（即王森），乃延绥镇延安营参将之祖父，植德不替，佑启后人，绵及乃孙，还彰鸿绪，休贻大父，聿观世泽，兹以覃恩，赠尔为昭勇将军，延绥镇延安营参将。……尔延绥镇延安营参将王可就祖母孙氏，尔有慈谋，裕及后昆，……赠尔为淑人。③

在汉族为败类者，在清为忠臣；在农民起义为凶手者，在帝王为植德。足见明清之际，闻香教上层统治集团确实走上了为虎作伥的邪途。

然而，好景难长。清政权入主中原之初，广罗人马，以至鱼龙混杂。一旦政权稳固，接受了传统的典章制度与统治思想，就绝不会容纳"异端邪说"与"邪教"的，尽管闻香教不少首领信徒曾经卖身投靠，也无补于事。清顺治间已露端倪。顺治三年六月给事中林起龙奏称：

> 近日风俗大坏，异端蜂起。有白莲、大成、混元、无为等教，种

① （明）黄尊素：《说略》。
② （民国）孟森：《满州老档译件论证之一》，《明清史论著集刊》。
③ 民国《滦县志》卷二，《地理·丘墓》，转引自《明史研究论丛》第二辑，第260页。

种名色，以烧香礼忏，扇惑人心，因而或起异谋，或从盗贼，此真奸民之尤。乞速饬都察院、五城御史、巡捕衙门及在外抚按等官，如遇各色教门，即行严捕，处以重罪，以为杜渐防微之计。从之。①

此折内的大成教即明代闻香教的改名，其后易名清茶门教。这次办案，当局查获王森之元孙王敏迪，但仅治流徒。

至清雍正十年，滦县石佛口王姓活动再次见诸史料：

> 查得大成教首系旗人王姓武举，果住滦州石佛口。名下有次掌教二人，一系周世荣，住饶阳县曲吕村，今因瘫痪，有伊弟广东丁忧通判周世臣代主其事；一系王瑛，住深州贡家台。凡教内能宣经讲道者即为小教首，分住各处，招引众人。如深州之郑自昌、衡水县之杨林全、侯燕平、河南地方之靳清宇，皆其领头门徒。……大都以轮回生死，诱人修来世善果为名，吃斋念经，男女混杂。每月朔望，各在本家献茶上供，出钱十文或数百文，积至六月初六日，俱至次教首家念佛设供，名为晾经；将所积之钱交割，谓之上钱粮；次教首转送老教首处，谓之解钱粮。或一二年一次，各有数百金不等。其所诵之经有《老九莲》、《续九莲》等名色，……并钞得经咒数册，俱系鄙俚之词。此等虽属哄诱愚民钱财，尚无谋为不轨情况。②

雍正十年的这次"邪教案"，揭开了清初中叶这个教门的部分内幕。在满族入主中原以后，王森部分后裔因军功"入旗"。其中一些人或因参加清政权镇压农民起义的活动，或因科举而走上仕途。雍正间王姓总教首为武举，次教首为广东通判。大成教一度在官僚势力的荫庇下潜行发展。王氏家族依然为滦州一带豪门大族。根深蒂固的宗教传统，百十年来群众对王氏家族的偶像崇拜都导致大批信仰者云集而至。而这个家族出于对现世利益的追求，并未因封建政权的高压统治而稍有收敛。他们利用严密的组织体系，到处讲经说法，收取香资，甚至号称"送钱粮"，"解钱粮"，作法

---

①　顺治：《东华录》，转引自瞿宣颖纂《中国社会史料丛钞》甲集，第462页。
②　瞿宣颖：《中国社会史料丛钞》甲集，第463页。

与明末王森、王好贤毫无二致。

雍正十年，清政权对石佛口王姓的镇压，使大成教之名销声匿迹。此后官方文档中出现了清茶门教名目。清茶门教教名取自该教做会上供时供清茶三杯的仪式。从明末至清中叶，这个教门就是这样不断更换着教名，以避迫害的。然而许多地区的群众对它的信仰依然故我。明清两代当局多次查办此教，但所获内情甚微，它党坚交固，潜行默运，生命力极强。直至清代嘉庆二十年，直隶总督那彦成受命于嘉庆皇帝，对石佛口及卢龙安家楼王氏家族爬梳剔抉，痛断根株，清茶门教教势才骤然衰落。人们才能通过当年的剿捕过程对这个家族的传教活动有了详尽的了解。

在对上述六个教门进行了简要介绍以后，我们或许对明中末叶华北地区民间宗教概况有了大致了解。但为什么那个时代中国会发生如此汹涌澎湃的民间宗教运动潮流？它们运动的性质和作用又是什么？

明代中末叶是一个草木为枯、易子而食的时代，千百万群众被腐败不堪的封建政权抛进了苦难的深渊。所谓"劳苦倦极，未尝不呼天也；疾痛惨怛，未尝不呼父母也"①。人间的苦难和对这种苦难的叹惜和抗议已经很难以正统的、冷漠的佛道两教的形式抒发出来了。儒学在那个时代继续沿着宗教化的轨道发展。王阳明的心学，冲击着程朱的道统，但它仅仅涉及知识分子的思想解放；佛教已经贵族化，成为上层官僚和知识界谈禅清议的工具；道教则更为荒诞，竟以房中术和成仙方直登庙堂，甘心变成皇帝和贵族弄于股掌间的玩物。正统宗教远离了群众，群众也逐渐疏远了它们。这正是正统宗教衰落的原因之一。信仰无真空，在这种历史条件下，在民间，形形色色的预言家打起宗教的旗帜，不断地汲取正统宗教以及汉唐、宋元时代民间宗教遗留下来的各种思想资料，在尽量迎合不同信仰者需要的前提下，大胆发挥，驰骋想象，构筑了驳杂而又光怪陆离的教义体系，形成了一种低层次宗教冲击高层次宗教、底层宗教冲击上层宗教的态势。这些宗教预言家们动辄撰经写卷、称佛作祖、创立教门，从而扫荡了历代佛、道两教庙宇中一座座尊神的世袭领地，冲击了它们那套万古不败的教义、信条和法规。清初佛教居士周克复曾大声疾呼："如近世白莲、无为、圆顿、涅槃、长生、受持等教，无非窃佛祖经纶绪余，创野狐

---

① （汉）司马迁：《史记·屈原贾生列传》。

之禅，播穷奇之恶，诳诸无识，贪财倡乱。始犹附佛而扬其波，继之角佛而标其帜"。他嗟叹道："末运法弱魔强，释教至是而坏乱极矣。"① 这正是佛道衰败、民间宗教兴起的原因和真实写照。如果说佛教、道教已经僵化，形同木偶，再没有什么生命力：那么民间宗教世界则是一个始终动荡的、充满活力的、充满矛盾的世界。在这个领域内，一些教门衰败了，另一些教门兴起了，信仰者不停顿地选择，以择优劣，这恰恰是底层世界不安于封建秩序的征兆。所以我认为民间宗教运动的兴起无疑是对封建秩序的一种挑战，一种冲击。虽然，其中许多教门的教义充斥着大量维护封建伦理的说教，都不能掩盖这个运动整体上的积极作用。明代中末叶，民间宗教的兴起，从客观上为整个清代的民间宗教运动开辟了道路，为类似八卦教这样反传统的教派的兴起提供了思想资料和深厚的群众基础。

然而作为宗教运动本身，它并没有脱出一切宗教所具有的羁绊，它仍然是宗教，它的偶像同样是偶像，虽然更为底层群众所理解、所信奉。它同样布施着从彼岸世界发布的空洞慈悲，但一遇现实即化成泡影。它不能像普罗米修斯给人类带来火种，也不像丹柯用自己的心照亮黑暗的路径。它无力改变现实世界，更无力给群众带来新思想，它的教义往往沉闷、晦涩，令人麻木不仁、愚昧无知，它连篇累牍的说教，年复一年、日复一日的宗教仪式，严重地影响着下层群众灵魂的惊醒，对中华民族民族性的形成起着非常消极的作用。它把一个个凡夫俗子推上了神的宝座，它掀起了一次又一次的造神运动，它鼓动起崇拜偶像的狂潮，对清代，乃至对近现代中华民族的思想解放运动都构成了潜移默化的障碍。作为整个宗教运动，它具有不可低估的力量，但其中绝大多数教派都属于地方性教派，它还不具备统一的凝聚力和吸引力，它混乱的宗旨、盲目的行动、分散的意志，使其中任何教派都无法与正统宗教抗衡，而成为统治思想。这些弱点也同样遗传给清初后起的八卦教，八卦教正是在这样混杂的母体里孕育出来的教派，一个既想挣脱枷锁，又无法超脱整个封建制度以及各类宗教影响的悲剧性产儿。这正是清代农民阶级的写照。

---

① （清）周克复：《净土晨钟》。

第二章　八卦教的创立

第一节　清代初年山东的历史环境

为什么八卦教这个对清代历史进程有重大影响的宗教，会于康熙初年创成于鲁西南？它诞生在怎样一种历史环境与地域条件中？这种历史环境和地域条件给它打上了何种烙印？这是应当说明清楚的。

八卦教的兴衰，当然是自身矛盾运动的结果，无疑也受到清代各个不同历史时期状态与政策的影响和制约，然而山东特别是鲁西南的具体历史环境、地域条件也是八卦教产生与发展的重要基础。

1644 年春，统率着百万雄师的李自成用自己的天才与意志，代表着农民阶级改写着历史。3 月 19 日，他叩开了北京的大门，汉族的末代皇帝崇祯自缢于煤山，大明王朝覆灭了。然而，具有农民阶级突出优点与劣根性的大顺军，并没有意识到自己可能是历史的匆匆过客，在强大的清军与吴三桂割据势力的夹击下，骤然失势，退出北京。从 3 月 19 日至 5 月 2 日清摄政王多尔衮进军北京，仅 40 天，九州神器两易其主。是时，天下震恐，人心大乱，国破家亡。上至王子，下至庶民，流离失所。父子夫妇，各奔于异途，白骨撑天，流血殷地。记载这段历史的文人笔记颇多，却都不如民间宗教的《定劫宝卷》描写得生动：

> 劝君早寻安身处，子信偏地染红沙。
> 牛八江山一旦倾，胡人涌猛闹京华……。

> 江山不知谁作主，苦死良民哭远乡。
>
> 贤良官人逃命走，皇粮差税无人挡。
>
> 忠臣孝宰无赏扬，劫贼朝中请奉粮。
>
> 无数劫贼中原乱，燕赵聚齐占军兵。
>
> 家家房屋无人居，处处店道尽皆空。
>
> 父母离乡归地府，夫妻相别去死魂。……
>
> 胡贼朝中搬家国，天下人民受苦辛。
>
> 猪年更有三十番，白骨交加不忍看。
>
> 白骨献天流血地，人人横卧染黄沙……①

这就是明清鼎革之际，中原一幅惨不忍睹的历史画卷。在这种历史环境中，长期战乱的山东，特别是山东西部，在清顺治二年已残破不堪：

> 山东地土荒芜，有一户之中，止存一、二人，十亩之田，止种一、二亩者。②
>
> 山东地方荒残，商人星散……。③
>
> 比年以来，烽烟不靖，赤地千里。由畿南，以及山东，比比皆然。④

在清军问鼎中原不久，即有人向多尔衮进言："山东乃粮运之道，山西乃商贾之途，急宜招抚。若二省兵民，归我版图，则财富有出，国用不匮矣。"⑤ 鲁、晋两省部分官僚虽然在招抚政策之下相继投清，但由于清当局的掠劫政策和剃发命令的颁布，激起了山东底层群众及部分官吏士兵的造反和哗变。其势如燎原烈火，遍布各地，且势连直隶、山西、苏北：

---

① 《定劫宝卷》与《家谱宝卷》、《末劫宝卷》从内容上看大同小异，皆为明末清初作品。我收藏有《定劫宝卷》影印件。

② 《清世祖实录》，卷十三。

③ 《清世祖实录》，卷十三。

④ 《清世祖实录》，卷十四。

⑤ 《清世祖实录》，卷五。

近来土贼窃发，民不聊生，如直隶顺德府，山东济南府、德州、临清州，江北徐州，山西潞安州、平阳府、蒲州八处。著满洲统兵驻扎，务期抚剿得宜，以安百姓。①

进剿山东土寇，斩首一万六千有奇，俘获无算。②

贼首谢迁，结连南山诸贼，攻陷高苑。官兵进剿，擒斩伪军师赵来乡，诸寨悉平。③

然而不遗余力的剿捕赶杀，也无济于事。顺治四年正月，山东巡抚丁文盛因对遍布山东西部的反抗斗争，镇压不力，"坐纵盗，致州县失守，削职，下刑部究拟。"④ 而新上台的巡抚张儒秀，对这种形势亦一筹莫展：

贼首丁维岳、张尧中肆毒东兖，陷城劫库，势成燎原。⑤

顺治五年，仅上台一年的张儒秀又被免职，"下刑部质讯"。而山东农民起义此起彼伏，势未稍减：

北直接壤山东、河北一带，盗贼日炽，商贾不前，耕桑失时。兵到，则东剿西遁；兵撤，则勾连复起。⑥

明末清初，仅在山东境内就爆发了著名的榆园农民起义、东明农民起义、抱犊国王俊起义、满家洞农民起义。这些起义大都起于反抗明朝暴政，后则转向反抗清朝暴政。

《定劫宝卷》反映了当时华北人民反抗清政权的意愿：

十八孩儿兖上生，自小从来好杀人。

---

① 《清世祖实录》卷二十。
② 《清世祖实录》卷二十九。
③ 同上。
④ 《清世祖实录》卷三十。
⑤ 《清世祖实录》卷三十五。
⑥ 《清世祖实录》卷四十五。

手提钢刀九十九，杀尽胡人是太平。……

九分恶人都死尽，一分善人住太平。

燕赵魏地起贤民，九秋关上拜明王。

当时的群众，被大动荡的历史漩涡卷来卷去，不停顿地变幻着斗争的方向。一方面把希望寄托在灭亡了明政权的李自成起义军身上，希望他们卷土重来，杀尽"胡人"；另一方面又梦想着恢复汉官威仪和大明的一统江山。总之，由于清政权入关后的残酷政策，使中原汉民族的复仇心理达到了前所未有的程度。这正是华北地区，特别是山东人民不屈不挠的抗清运动的思想基础。这种斗争，不能不影响到以后诞生的八卦教的身上。八卦教的"平胡"思想虽然在清乾隆中叶才显露出来，但这种思想的苗头却是由来已久的。

山东人民的抗清斗争一直进行了二十年之久，到康熙二年局势才告平静。

八卦教创成的康熙初年，中国还处在一场大动乱的尾声。在明末清初的半个世纪中，农民阶级与地主阶级、汉族与满族、清政权与吴三桂等地方叛乱势力之间进行了一场纵横交错的生死搏斗。这场斗争最终还是以农民阶级的失败而告结束。农民起义的多次壮烈失败，使这个饱尝苦难的阶级再度消沉，为了摆脱完全绝望的境地，为了从厄运中寻求寄托，这个阶级中相当一部分人放弃了对现实的抗争而转向宗教活动。他们眼望茫茫宇宙和经天运转的日月星斗，希望在彼岸找到救星，或从宗教的神秘主义中追求躲避苦难和永生的路径。由于大批底层群众对宗教炽烈的追求和信仰，就给八卦教的产生奠定了物质基础。

如果说明末清初山东人民久经战乱之苦，那末八卦教诞生的山东单县一带的人民则是雪上加霜，苦不堪言。单县位于鲁西南，地属曹州府管辖。它东与兖州府，西与河南归德府，北与直隶大名府毗连。这个三省交界之处是著名的黄泛区和穷乡僻壤。据光绪《山东通志》记载："曹、单固受水之枢也。"① 从明代正德年间到清代嘉庆末年，黄河在此地决口达

---

① 光绪《山东通志》卷一百二十一，《河防·黄河》。

三十三次之多。① 洪水冲决过后，随之而来的是风沙碱旱之灾，地主阶级对农民的残酷剥削和恶劣的自然环境，造成了这一带"历来民风剽悍，邪教甚多"②。被统治者污蔑为"盗贼渊薮"③。

民间宗教以及打着宗教旗帜的农民反抗斗争，在曹、单一带有着悠久的历史传统。早在明嘉靖二十六年，这里就爆发过白莲教起义："嘉靖丁未，……忽有怀州妖人杨惠潜来山东曹、濮间，倡白莲教。""煽惑愚民如商大常、田斌辈数百人。"④ "劫掠巨野、汶上，焚烧庐舍，遂长驱至单县……。"⑤ 万历二十八年，单县又爆发了唐云峰领导的白莲教起义。特别是天启二年，曹州巨野人徐鸿儒倡大成教（即闻香教），领导了一次规模浩大的反抗斗争。起义爆发的中心郓城仅距单县二百余里。这次起义影响十分深远，《明史·赵彦传》记载：徐鸿儒"蹯山东二十年，徒党不下二百万"。可见民间宗教在这一带的雄厚群众基础。鲁西南还是罗祖教倡行之地，罗祖教在这一带的结社不下三千余处，其势与白莲教"相为上下"，"久之遂为不轨"⑥。罗祖教在此地有何"不轨行动"，史书无具体记载，但其传播之广、影响之深则是显而易见的。

民间宗教是苦难与专制制度的共生物，专制使人离异，苦难则是培养信仰主义的温床。鲁西南这块三省交界之地恰恰是滋生宗教的肥田沃土，具有深远历史影响的八卦教在这块土地上崛起，并不是一种历史的偶然。

第二节　八卦教创成的历史传说

中国除了有一部源远流长、经过真实记录的历史以外，还有一部传说的"历史"。从三皇五帝的创世，尧舜禹的禅让，到历代帝王的雄才大略，高僧名道、神仙佛祖的行迹，莫不如此。这种风习流及近代，也染及

---

① 光绪《山东通志》卷一百一十九，《河防·河流变迁》。
② 《军机处录副奏折》，嘉庆二十五年十月七日奏折，（原件无作者姓名）
③ 光绪《山东通志》卷首，训典八。
④ 乾隆《单县县志》卷十一，《平寇祠碑》。
⑤ 乾隆《曹州府志》卷三十二，《杂志》。
⑥ （明）瞿九思：《万历武功录》册一。

名不见经传的明清时代的民间结社和宗教。从罗祖教、青帮、天地会到八卦教都有两部内容往往相左的"历史"。传说和现实记载纠缠不清，以至一些研究者难免弄得鱼目混珠，不得要领。

对历史上的传说一概否定，无疑不妥。因为传说往往孕育了部分真实，包涵着某些事物的最初形态；然而传说又不等于历史。有些传说经过多少代人的口授，早就与本来面目相距甚远。对爱之所及的事物多溢美，多神化；对憎之至深的事物，又多加贬辞。正确的方法只能是以真实纪录的历史为基础，对传说的历史采取去伪存真的态度进行参照，力求对历史的描述接近事物的原貌。

清末民国初年，时局动荡。清政权及军阀割据势力已无暇顾及民间宗教和会党的活动，遂使这种力量越发不可收拾。顺应宗教徒对教义的需求，社会出现了各类劝善书局，翻印了大量曾经遭禁的民间宗教"宝卷"，及劝善书本。其间，有关先天教即八卦教创成及流衍的传说亦倡行于世。这类传说在日伪统治时期，又被编入《华北宗教年鉴》，正式出版发行。遂使八卦教创成的传说谬种流传。

在我收集的宝卷类书中有两本涉及了有关传说：一是手抄本的《浩然纲鉴》，一本是北平普济佛教总会刊印的《未来保命注解说明真经》。此外李世瑜氏在其著《现在华北秘密宗教》一书中，亦从《请鉴慈天尊先天祖训徒归正训》中引证了一段类似内容。

传说中的八卦教是怎样创立的呢？它的创教祖师又系何人？据《浩然纲鉴》云，其教创始人系明末清初人李亭玉：

> ……李祖生在大明天启二年乙未，河南归德府白阳县乐民庄，姓李名亭玉，父乐天，母唐氏，上无兄，下无弟，根源唐代之后。到了十二岁，得了董老师的指教，存心行善，敬奉天地，孝顺父母，逢善则进，遇恶则退，知之劝人行善。不料村中出了大恶人，造风受害，十五岁逃外，在曹县访造，并无遇着一人。后游在归德府牧家集村，此年乃是崇祯六年，无生老母临凡，手托金箸银碗，大口讨饭，点化李祖。在此村南，以土为炉，插草为香，金童引进，玉女代保，禀香过愿，赐与它真传实授。又传与内外灵文，叫他收度八大头绪。走了几处，访不善门所度；后至姬家楼村，与姬姓当了农人。崇祯十年收

下姬秀林、郭玉清、张哲光。崇祯十二年收下王济世、陈义贤。十五年收下郜皇载。十六年，柳芳生、邱廉惠。十八年批下千经万卷，留下家谱金囊万留全，又批下灵文九道，按宫卦传授。

再据《浩然纲鉴》所云，其教始倡分八卦：姬秀林掌乾卦、郭玉清掌坎卦、张哲先掌艮卦、王济世掌震卦、陈义贤掌巽卦、郜皇载掌离卦、柳芳生掌坤卦、邱廉惠掌兑卦。"李玉亭掌中元九宫教主。"每宫卦各赐灵文句数不等。"按干支十步功，见性明心。姬、郭、张、王、陈、郜、柳、邱，九宫师徒，携手办道，教化世界。"①

《未来保命注解说明真经》也有一段关于李亭玉的传说：

> 前天灵（文），何人传留？姓李名亭玉，家住河南白阳县大宝庄凤凰山凌云阁，降生贫寒之家，所传的前天灵文：真空家乡，无生父母。

据《浩然纲鉴》所云，李亭玉创教后的清顺治初年，"吴王领兵困住顺天，大清无人抵挡，顺治出榜选贤。……李祖知道天意，揭榜要为先锋"。之后，李亭玉于子夜"透出元神"，一人独往见吴三桂，向吴说明清朝气数未尽，还有二百年江山。清灭后，"才该你再下红尘"，吴三桂信服，拜李亭玉为师，退兵而去。顺治皇帝大喜过望，对李氏加官进爵，并愿拜其为师。李亭玉谢恩离京，"从此大道振起，天子庶民依从"。

但到了康熙初年，皇叔掌权，欲拿问李亭玉九人。"康熙皇帝曰：李亭玉有功于朝，只知修炼性命，不贪名利，恐有后患。又加先帝所封，皇叔所奏不敢从命。大公曰：虽然如此，现在道传满天，俱为他心腹，倘若有变，追悔何及？说的康熙无言可答，立逼出旨，请九宫师徒，说法亭赴宴。可叹天道自此暗也，酒里边暗下毒药。"李亭玉预知朝廷加害，上天宫去见无生父母。无生父母告诫说："该你们师徒归位，独留下郜皇载一人收元。"康熙六年，李亭玉师徒在说法亭饮酒身亡，只有郜皇载"分身

---

① 《浩然纲鉴》（手抄本），年代、作者不清。

法逃出去，暗把道传。……从此后传的是南方离卦，暗传的未来佛真正法言"①。

据《浩然纲鉴》传说：南方离卦教传了一代又一代，"才传与刘祖执掌法船，刘祖乃系山东清河县北王观村人氏"。刘祖又传与张祖，而后田祖、吴祖、杨祖、刘祖、潘祖、周祖、……王祖，代代相传，"只是暗传大道，谁敢明传度人？呜呼，道教衰微，自八大公始也"②。

《未来保命注解说明真经》也有关于八卦教传承的部分传说：

> 怀揣日月明真理，八九真人在里边。
> 姬郭张王陈柳邱，邰家犯了五辈难。
> 乾坎艮震巽离兑，自有坤卦把九搬。
> 九宫真人九天性，纪郭张李李李张。
> 刘李穿宫成九九，九魂出窍显真人。③

其中有些暗示已难知晓，但八卦教仅留邰姓离卦一支，而邰姓离卦又屡遭劫难的内容已明显地表示出来。

大概基于这些内容，日伪时出版的《华北宗教年鉴》特此总其说：

> 先天道者，以儒释道三者为基础，而以道教为正宗。虽称托始于上古羲皇之世，实则创自明末清初。时有李延玉者，河南河南府人，生于明崇祯（1628—1644）间，适逢国家变乱，人民流离失所，秩序荡然。乃以济世之心，遍游各地，宏布道法，劝人为善，……从者甚多，如山东之曹州，河南之开封、归德等地，莫不有其足迹。清顺治（1644 — 1662）时出榜招贤，延玉以率弟子姬，郭，张，王，陈，邰，柳，邱八姓，投效有功，授为先天道九宫真人，郭姓等八人，授为乾，坎，艮，震，巽，离，坤，兑八卦真人。……其道法亦以此而流布于燕，晋，鲁，豫各省矣。

---

① 《浩然纲鉴》（手抄本）。
② 同上。
③ 民国版《未来保命注解说明真经》。

至清康熙间（1662 — l723），李廷玉等为仇人所陷，徒众多数殉道，公开布道，遽以停止；然一线之延，尚余南方离卦真人郜皇代一人。彼特先天道统，即由郜祖管理，因受此番搓折，公开布道之事，随即停止。嗣后会大人多，各传各道，各立支派，如白阳教，后天道，圣贤道，太上道，八卦道，九宫道，一贯道，皈一道，其名虽殊，而其派则一也。[①]

上述关于八卦教创成及流衍的传说，内容看杂，多为鄙俚不经的妄造。而且基本史实、年代舛错不一，已为治史者难置一辞。至于附会皇权，谬托神话，与明清时代关于罗祖教及其以后的青帮、天地会的传说多大同小异。实质为后世八卦教徒光大教门的一种手段。但荒诞的传说中毕竟有值得注意的几点内容：

（一）八卦教创始人李亭玉（或李廷玉），其父乐天，系河南人。李廷玉传教足迹遍布山东曹县、河南归德县。

（二）李廷玉曾得董老师指教，"存心行善，敬奉天地，孝顺父母，逢善则进，遇恶则退"。其教宗旨在于"修炼性命"。

（三）八卦教以后遭难，仅余离卦郜姓一支，郜姓又传于直隶清河县刘姓。

（四）震卦教教主姓王。

（五）李廷玉之教后分成白阳教、后天道、圣贤道、太上道、八卦道、九宫道、一贯道、皈一道。"其名虽殊，而其派则一也。"

上述内容，在清代档案，特别是嘉庆、道光等朝奏折、口供等史料中都有或多或少的反映，可见并非完全虚妄，可以作为研究八卦教形成及发展的参考性资料。

第三节　从清代档案看八卦教的创立

清代官方档案包含了极为浩繁的民间宗教史料，而关于八卦教的内容

---

① 民国版《华北宗教年鉴》第 493 页，转引自《现在华北秘密宗教》，第 131 页。

又占据了相当大的比例，基本上都是当局历代历次查办八卦教活动的真实记录，是研究八卦教的最珍贵的第一手资料。

八卦教是清代一支体系庞大、变化多端的教门。在它两个多世纪的发展进程中，曾经出现过许多教名：五荤道、收元教、清水教、八卦教、天理教、九宫教。还有一些异名同教，如空子教、圣贤教、先天教、后天教、明天教、老理教、在理教等等。八卦教每卦都有相对的独立性，所以在这个宗教体系中又出现了离卦教、震卦教、坎卦教、乾卦教等教名。由于八卦教的某些支派在后来与其他教门发生融合，又出现了义和门离卦教、一炷香离卦教等名目。因为八卦教与白莲教有着密切的渊源关系，所以在某些史料中，它又被称为白莲教。在清代光绪间创成的一贯道、皈一道等教门，也与八卦教在思想和组织上有着千丝万缕的联系，有的可算作八卦教的末流。

八卦教仅是这个体系庞大的教门的一个教名。清代乾隆三十九年山东清水教起义失败以后，《鹤泉文钞·纪妖寇王伦始末》一书记述了起义始末，书中出现了"八卦党"这样的名称。在清代档案中，八卦教之名最早出现在乾隆五十一年闰七月二十一日直隶总督刘峨的奏折中。八卦教这个名称出现的虽然较晚，但它准确地表达了该教最根本的特征——以八卦作为宗教的组织形式，招收门徒。而且这个教名历时最长，影响最大。所以在我们研究这个教门的历史时，把它总称为八卦教。

八卦教创立之始的教名是五荤道，又叫收元教。据乾隆五十一年闰七月二十四日王大臣永琅奏折记载：

> 山东单县人刘佐臣于康熙初年倡立五荤道收元教，编造《五女传道》等邪书，分八卦收徒敛钱。刘佐臣物故后，伊子刘儒汉，伊孙刘恪踵行此教。刘省过系刘恪之子，接充教首。①

这段奏折是关于八卦教创教及教首刘姓家族最重要的一段史料。这里不仅明确记载了教名，指明了创教人刘佐臣及创教时间，而且交待了刘姓教首四代的传承情况。但这段奏折却不是关于刘佐臣的最早文字资料。

---

① 《军机处录副奏折》，乾隆五十一年闰七月三十四日永琅奏折。

最早涉及刘佐臣及其子刘儒汉、其孙刘恪的史料是乾隆十三年清代官方
文档。

乾隆十三年三月初，山西省当局拿获了山西定襄县人韩德荣为首的一
批收元教徒、并收缴到一批传教经书，"内有《五女传道》、《八卦图》、
《训蒙说》、《小儿喃》、《杂钞》五本"。[1] 韩德荣当即供出"传教之刘儒
汉家属"。当局又于三月十一日在山东单县拿获刘儒汉之子刘恪，押赴山
西质讯。据讯：

> 刘恪系捐职州同，伊父刘儒汉先在刘家楼居住，康熙四十五年间
> 曾被刘本元首告邪教，拿解审释。旋由捐纳选授山西荣河县知县，于
> 康熙五十八年牵入白莲教案内，参革回籍，移居东关，于乾隆元年病
> 故。……刘儒汉家的教止是给天地烧香磕头，求来生富贵。……至乾
> 隆二年春间，有山西张印、田大元至该犯家中，称韩德荣系星宿下
> 降，成了收元祖师，劝人入教。[2]

而同案犯，收元教徒王之庆供称：

> 刘起凤……是单县刘儒汉教内人，那教叫收元教，又叫五
> 荤道。[3]

刘儒汉并非该教首倡之人，八卦教倡教之初教名亦不是五荤道收元教，而
是有两个名称：收元教和五荤道。

收元教或五荤道创始人是刘儒汉父亲刘佐臣。关于刘佐臣创教及行迹
史料不多，仅有数条。据乾隆十三年山西巡抚准泰奏折载：

> 臣查刘恪山东供词，虽称伊父刘如汉并无敢行邪教，亦未收韩德
> 荣为徒等语，但查来咨，如汉既由捐纳选授山西荣河县知县，于康熙

---

① 《史料旬刊》第三十期硕色折。

② 《史料旬刊》第三十期阿里衮折。

③ 《史料旬刊》第三十期硕色折二。

五十七年因伊父刘佐臣系白莲教头目，经部议以刘如汉及弟候选教谕刘如清虽无敢行邪教，但系邪教之子，俱行革职等因有案……。①

这段奏折就是现存关于刘佐臣的最早的文字记录。乾隆三十七年五月初十日山东按察使国泰的奏折也有相同记载：

刘宗礼即刘省过之曾祖刘佐臣曾于康熙五十七年被叛犯袁追供扳，系白莲教头目，奉文查拿刘佐臣早已病故。②

与此同时，山东巡抚徐绩亦奏称："刘佐臣曾于康熙五十七年间经叛犯袁进臣供为白莲教头目"。③

上述奏折出现的所谓叛犯袁追、袁进臣实属一人，即康熙五十六年末发生在曹、单一带白莲教案中之袁进。袁进"系曹州人，……乃白莲教印符贴为首之人"。在山东、河南交界处进行白莲教活动。袁进被捕后，供出了刘佐臣，但刘佐臣已死多年了。刘佐臣死于何时，史无记载，至少应在康熙四十五年以前。康熙四十五年，刘佐臣之子刘儒汉被刘本元首告邪教，刘本元只字未提刘佐臣，可见那时刘佐臣已经物故。根据前面引证"刘佐臣于康熙初年倡立五荤道收元教"的史料，刘佐臣大概生于明崇祯年死于清康熙四十年。

刘佐臣有子四人：刘如汉（刘儒汉）、刘如浩、刘如淮、刘如清。佐臣死后，其长子刘如汉充任教首，死于乾隆元年。刘如浩、刘如淮、刘如清，俱因犯案"发遣乌鲁木齐"④。

关于刘佐臣籍贯，嘉庆二十二年的一份口供提出了不同看法：

我们八卦教首刘佐臣原籍河南，寄居单县，刘佐臣因邪教犯案，他子孙充发乌鲁木齐。⑤

---

① 《史料旬刊》第三十期准泰折二。
② 《朱批奏折》，乾隆三十七年五月初十日山东按察使国泰奏折。
③ 《朱批奏折》，乾隆三十七年五月十二日山东巡抚徐绩奏折。
④ 《朱批奏折》，嘉庆二十二年八月初一日山东巡抚陈予奏折。
⑤ 同上。

另一份奏折亦称：

> 传教祖师，自顺治年间太监魏子义转传于李乐天，到山东又改名刘奉天，传于南方郜姓，又传于清丰县人秦姓，又传于曹县王姓。①

这两份奏折不仅指明传教祖师并非祖籍山东单县，而且提出到山东创教后改为刘姓。为什么李乐天到山东后改为刘奉天？这一事实本身是值得怀疑的。但在前面一节曾引征《浩然纲鉴》记载：李亭玉之父即李乐天，系河南人。又云李亭玉曾到曹州一带传教。如果真有李亭玉其人，李亭玉与刘佐臣是否为同一人？如果没有李亭玉其人，为什么嘉庆年间档案会出现李乐天到山东改名刘奉天的史料？在没有更新的史料发掘之前，这已无法考证。但清前期披露出来的大量史料完全可以证实：八卦教创始人为山东单县人刘佐臣。

清代康熙初年，山东省特别是曹、单、兖一带的农民起义刚刚被镇压下去不久，刘佐臣就在这块苦难深重的土地上开始了他的创教事业。他一手拿着《五女传道》经书，传教布道，一手拿着《八卦图》，着手宗教的组织工作。因草创之际，入教者寥寥，以至他"分列乾坎等八卦，尚有数卦未曾得人"②。从后来的史料记载可知刘佐臣创教时至少曾立了离、震两卦。执掌离卦教的是河南商丘县人郜云龙。据郜云龙五世孙郜添佑在嘉庆年间供词记载：

> 高祖郜云龙从前原是山东单县人老刘爷的门下，那老刘爷原是弥勒佛转世，高祖从他得道，叫透天真人。老刘爷派高祖主掌离卦教。③

至于谁人执掌震卦教，则其说不一。

---

① 《军机处录副奏折》，嘉庆十九年十一月十四日秦学曾供词。
② 《朱批奏折》，乾隆三十七年五月十二日山东巡抚徐绩奏折。
③ 《军机处录副奏折》，嘉庆十八年九月三十日高继远即郜添佑供词。

一种说法是刘佐臣倡教之始将震卦教传给了山东金乡县人侯棠。据侯棠之孙侯位南供词云：

> 当年刘佐臣将震卦教传给我祖父侯棠，祖父故后传给四叔祖侯朴。四叔祖故后，传给我父亲侯绳武。①

侯位南的另一段供词云：

> 我系金乡县人，父名侯绳武，已故。……我祖父侯棠是坎、震两卦掌教。②

侯家在乾隆四十五年至嘉庆二十二年间，曾代替被清政权发配新疆的"中天教首"刘廷献在中原地区执掌八卦教，是八卦教内最重要的家族之一。

关于执掌震卦教的另一些说法是：

> 康熙初年，王容清为刘佐臣分掌震卦教，王容清故后，其教系长子王中接传。③

王容清、王中父子系山东菏泽县人。王容清行迹史料无载，但王中却是震卦教中极有影响的人物。他死后，凡入震卦教者"均称为东方震宫王老爷门下。其王老爷，系首先传教之山东菏泽县人王中"④。

无论刘佐臣首先将震卦教传给侯姓还是王姓，都说明八卦教倡立之初已立此派。

除立离、震、坎三支外，现有史料尚无记载刘佐臣曾立了其他支派。

刘佐臣倡教之始受闻香教、一炷香教和黄天教影响最大。

闻香教是白莲教与罗祖教混合教派。一般官书皆称其为白莲教。白莲

---

① 《朱批奏折》，嘉庆二十二年十月十三日山东巡抚陈预奏折。
② 《朱批奏折》，嘉庆二十二年八月初一日山东巡抚陈预奏折。
③ 《朱批奏折》，道光四年三月十八日署山东巡抚琦善奏折。
④ （清）劳乃宣：《义和拳教门源流考》，《义和团》第四册。

教在曹、单一带有着悠久的历史传统，这一点前面已经提及。明天启二年，闻香教在曹州一带发动了起义，起义失败后，徐鸿儒等人被杀。这次起义虽然失败了，但白莲教的活动并未止息，它潜入地下伺机萌动。清初，山东果然再次出现了白莲教的活动。康熙五十六年十月，山东巡抚李树德向康熙皇帝奏报：

> 前任登镇时，曾闻东省当年有称白莲教，或称一炷香，以及天门、神拳等教，煽惑男妇，夜聚晓散。①

在记载八卦教最早的档案中屡称刘佐臣"系白莲教头目"，而刘佐臣之子刘儒汉亦于康熙五十八年"牵入白莲教案内"②。这类史料虽然皆属虚指，但毕竟说明刘氏父子创教之初与白莲教关系是密切的。特别是康熙五十六年山东曹州一带倡白莲教之袁进供出刘佐臣，虽然刘氏已物故多年，但袁进等人所倡教派传自刘佐臣，则是毫无疑义的。

至清乾隆中叶，收元教已易名清水教，是时刘佐臣曾孙刘省过掌教，当局还是把清水教当作白莲教，而且教徒亦自认为所习为白莲教。乾隆四十七年五月清水教徒吴克己供称："小的习的清水教就是白莲教。"③ 同年教徒崔廷珍亦供："所传实系白莲邪教，又名清水教。菏泽、曹、单等县都有其人，由来已久。"④

《纪妖寇王伦始末》的作者戚学标在当时就隐约地看出了八卦教与白莲教的关系：

> 先明末有蓟州人王森，得妖狐异香，创此教，自称闻香教主，愚民无不为其煽惑。天启二年，妖党徐鸿儒乱山东，为巡抚赵彦所平。国朝有单县人刘佐臣者，创立五荤道修元教，妄造《五女传道》逆书，分八卦，收徒党。⑤

---

① 《朱批奏折》，康熙五十六年十月十一日山东巡抚李树德奏折。
② 《朱批奏折》，乾隆十三年三月二十三日山东巡抚阿里衮奏折。
③ 《军机处录副奏折》，乾隆四十七年五月清水教徒吴克己、崔延珍供词。
④ 同上。
⑤ （清）戚学标：《纪妖寇王伦始末》，《鹤泉文钞》，卷下。

　　还有大量的事实可以证明八卦教与白莲教有着密切的关联，从闻香教的后遗支派清茶门教与八卦教有着许多相似之处，亦可以看出闻香教与八卦教的部分渊源关系。

　　然而八卦教并不仅受到白莲教影响，这一点有多类史料可以证实。八卦教也受到闻香教的影响，还受到山东一炷香教和流行于华北的黄天教的深刻影响，八卦教在修持方面与白莲教也有着根本不同。

　　为什么刘佐臣在倡教之始以收元教或五荤道为教名？

　　收元教之名并非起自刘佐臣。早在明初宣德五年问世的《佛说皇极结果宝卷》中，就出现了大量关于收圆结果的内容：

　　　　得了收圆真祖令，超生了死入天盘。
　　　　十二宫辰关，万类总收圆。
　　　　但领收圆的修行，都得赴云程。
　　　　寻得当来祖，才是后收圆。
　　　　还有千头并百续，不到此地怎收圆。①

甚至在明初宣和年以前就可能出现过《收圆宝卷》：

　　　　乘云驾雾走天盘，才显九阙《收圆卷》。②

　　到了明代中叶，华北地区已出现了收元教名目。明末清初问世的《古佛天真考证龙华宝经》中记载了明中末叶华北地区的十八个教门及创教祖师，其中就有收元教，其祖师为收元祖。所谓收元，亦称收圆、收缘，是明中叶以后许多民间教派的通用名词。其意指最高神灵无生老母分别派燃灯佛、释迦佛、弥勒佛下到尘世间，善行龙华三会，把九十六亿芸芸众生度回天宫，同享无极之乐。因此以收元为教名的各类教派从北到南

------

　　① 明宣德五年孟春吉日刻行《佛说皇极结果宝卷》。此宝卷原书藏于路工先生处，分上下两卷。
　　② 同上。

所在多有，它们往往互不统属。八卦教创教之初以收元为教名，其意在此。

五荤道之名则不同于收元教。五荤为佛、道两教忌食所用名词。道教忌食韭、薤、蒜、芸薹、胡荽。八卦教倡立之初大概禁忌这五种食物，故以五荤为教名。在顺治、康熙初年，山东省已有五荤教。明末清初，山东商河县人董四海倡立一炷香教，倡教之初"其徒分为八支"，"第三支张姓，派下杨姓各犯名为一炷香五荤教"①。董四海后被门徒称为"老师傅"，或"董神仙"。一炷香教比八卦教早创成二十年左右，对八卦教有很深的影响。

第一，董四海于清顺治年间创立一炷香教时"派分八支"。而康熙初年，刘佐臣倡教时，"分八卦，收徒党"，亦派分八支。②

第二，《浩然纲鉴》传说，李亭玉"到了十二岁，得了董老师的指教，存心行善，敬奉父母"。在清代民间宗教世界中，称为董老师或董老师傅者，仅有一炷香教创始人董四海。

第三，一炷香教第三支教名是一炷香五荤道。八卦教倡教之初，"叫收元教，又叫五荤道"③。这里似乎有组织上的渊源关系。

第四，一炷香教与八卦教倡教时，在祈祷仪式和内容上也有很多相近之处。一炷香教祈祷仪式是"向天地前上供、焚香、求祷"④。"每饭必两手上拱，乃敬重无生老母之意"⑤。八卦教倡立之初"止是给天地烧香磕头，求来生荣华富贵"⑥。"八卦教原是刘家祖传，相传是行好，要敬天地，孝顺父母，和睦乡邻。吃饭要往上举手，先供天地。"⑦

第五，两教的教义宗旨都得之于道教，可以说是受道教影响很深的教派。

从上述内容可知，刘佐臣在创教之初如果不是直接传自商河县董四海

---

① 《朱批奏折》，道光十六年二月十六日直隶总督琦善奏折。

② （清）戚学标：《纪妖寇王伦始末》，《鹤泉文钞》卷下。

③ 《史料旬刊》第三十期，硕色折三。

④ 《朱批奏折》，嘉庆十九年五月二十八日山东巡抚同兴奏折。

⑤ 《军机处录副奏折》，道光十九年十月十二日给事中周春琪奏折。

⑥ 《史料旬刊》第三十期阿里衮折。

⑦ 《军机处录副奏折》，乾隆五十一年八月九日山东巡抚明兴奏折，附供单一。

的一炷香教，至少也受到了这个教门的巨大影响。

当然不论是一炷香教还是八卦教，向天地祷告，焚香膜拜的宗教仪式都非本教门的独创。早在明嘉靖年间问世的黄天道一直有这类祈祷仪式：

> 黄天道教系前明嘉靖年间万全县僧人善明倡设。以每日三次朝日叩头，名曰三时香；又越五日将行道之事默祷天地，谓之五后愿。平时茹斋念经，以为修行善事，愚民转相传习，由来已久。①

清乾嘉时期的大量史料记载了八卦教各支派的祈祷仪式，教徒们不仅默祈天地，而且每日早午晚朝太阳磕头三次，默念咒语，这构成了八卦教徒的共同信仰。

众多的历史事实告诉人们，八卦教并不是某一个教派的产物或流衍，而是明末清初特殊的历史条件和众多教派共同影响的结果。为了证实这一结论，我们还有必要探讨八卦教倡立之初的组织特点和教义。

第四节　内安九宫，外立八卦的组织体系

八卦教自倡教之日始，便建立了与众不同的组织形式：以八卦派分支系。每卦皆设卦长一人，各自收徒。

为什么刘佐臣要选择"分八卦，收徒党"的组织形式？八卦各支派与刘姓教首是一种什么样的关系？刘姓教首用什么理论来支配各卦的宗教势力？这种宗教的组织机构的出现是不是一种历史的偶然？当我们深入研究八卦教的历史时，不能不对上述问题作出解答。

八卦教经卷《乾元亨利贞春夏秋冬九经歌》中有这样几句韵文："引阴阳，各分班，一能生二，二生三。三气之所命乾天，八卦《易》成性刚坚。"② 显然在造经人的眼中，八卦教的八卦是《易经》的产物，是天地阴阳互相交感的结果，因此具有神圣的、万世不能动摇的性质，故曰

---

① 《军机处录副奏折》，乾隆八年四月初九日直隶总督史贻直奏折。
② 《军机处录副奏折》，乾隆四十七年清水教徒供出《乾元亨利贞春夏秋冬九经歌》。

"性刚坚"。这种说法是十分幼稚可笑的。因为《易经》包含着地主阶级的"天地自然之理",而与"邪教"互同水火,本不相容。但八卦教与《易经》之间毕竟不能说没有任何关联。

八卦教,顾名思义当与"八卦"一词有关。八卦一词,源远流长。它是殷、周之际《易经》中的八种基本图形。每种均以"—"和"——"两种符号组成。"—"代表阳,"——"代表阴。阴阳为八卦的根本,它们之间的互相交感而产生万物。因而形成乾、坤、震、巽、坎、离、艮、兑八卦。八卦分别代表着天、地、雷、风、水、火、山、泽八种自然现象。八卦相迭,组成六十四卦,每卦六爻,构成三百八十四爻。《易经》是一部卜筮用书,包含了一些朴素的辩证法思想,但并没有超出神学的窠臼。历代封建统治者为了神化《易》,把传说中的伏羲比附成它的作者。"伏羲以后,又有文王作卦辞,周公作爻辞,孔子序象象辞,文言、系辞、说卦、序卦、杂卦,谓之十翼,而《易》始备。"① 孔子以《易》为六经之首,《易》成为儒家经典。而演绎八卦则成为历代封建统治者预卜"经国大事"凶吉否泰的万灵药方。

早在东汉时期,中国的道教还处在萌芽时期,会稽上虞人魏伯阳就综合了当时各种炼丹术,著《周易参同契》,集外丹理论之大成。在这部著作中,他以乾、坤、坎、离诸卦象为代名词,解释以鼎炉炼丹的变化与过程,以明"修仙炼丹"之旨。其后道家、儒家解释其说者,不胜枚举。其解说"大率以乾坤为鼎器,阴阳为提防,水火为化机,五行为辅助,真铅为药祖,互施八卦,驱役四时……。"②

到了两宋以后,外丹派逐渐衰落。内丹派,即人们称之为气功的道派代之兴起。内丹派以人身为一鼎炉,通过入静,炼精化气,炼气化神等过程,达到结"圣胎"即结金丹的目的,以此追求长生不老的境界。内丹派与外丹派修炼方法决然不同,但是内丹派却借用了外丹派各类名词术语,其中包括八卦、五行、龙虎、铅汞之说。并把人体的某些部位以八卦名词替代:以离卦代表心,坎卦代表肾,兑卦代表肺,震卦代表肝,坤卦代表脾等等。道家所云"三花聚顶,五气朝元"中之五气即指心、肝、

① (清)黄育楩:《破邪详辨》卷三。
② 《道藏目录详著》。

肺、肾、脾五气。五气运上泥丸宫，就达到了内丹派修炼的最高境界。这种以卦象解释内丹修炼过程的做法，无疑深刻地影响到了后世。

然而，像儒、释、道"圣坛"上的其他"圣品"一样，八卦之说早就流落到民间。西汉初年，长安街市上就曾设有"卜肆"。主持卜筮的人在那里"辨天地之道，日月之运，阴阳凶吉之本"，其实不过是"矫言鬼神以尽人财。"① 这就是唐宋以来，以算卦为敛钱之具者的先辈。

到了明代，八卦之说开始为民间宗教所利用。明中末叶问世的《皇极金丹九莲正信皈真还乡宝卷》内出现了大量关于八卦九宫的记载：

> 阳生阴降成世界，乙初始素太极中。
> 三才四相生八卦，五行六爻定九宫。②
> 乾天吼叫，巽地鸡传，九宫八卦，万圣朝元。③

黄育楩撰《破邪详辨》所载之《九莲正信》卷还说："真精掌领坎卦，真神掌领坤卦、真魂掌领震卦，真魄掌领兑卦，真阳掌领乾卦，真阴掌领坤卦，真明掌领艮卦，真行掌领巽卦。"④ 这些说法皆为道家内丹派理论的变种。全真道中的龙门派即以震卦代表原神，坎卦代表原精之说。可见在明代中叶，民间宗教就把内丹理论引入自己的教义，并加以改造，作为吸引徒众的手段。

不仅如此，在明代有些教派已用八卦说安排内部的组织结构了：

> 内九宫，外八卦，三宗五派。
> 安五盘，立四贵，不差分毫。⑤
> 分九宫，立八卦，船灯接续。
> 立九干，十八枝，将法开通。⑥

---

① （汉）司马迁：《史记·日者列传》。
② 手抄本：《皇极金丹九莲正信皈真还乡宝卷》，第七品，第八品。
③ 同上。
④ （清）黄育楩：《续刻破邪详辨》。
⑤ 手抄本《皇极金丹九莲正信皈真还乡宝卷》第十六品，第二十品，第二十二品。
⑥ 同上。

三回九转，只为后天大事，……极头九干十八枝护教，内安九宫，外立八卦，……排满未来天盘。①

《破邪详辨》的作者黄育楩就曾认为，八卦教"聚众之原，因分八卦，分卦之原，则仿照此卷所言"②。看来不无道理。显而易见，刘佐臣"分八卦，收徒党"的组织机构并非自己的独创，也同样吸收了明代末叶民间宗教的特殊的思想资料。

清代的民间宗教在上述内容上也继承了明代的传统。清初就已经流传的混元教的《立天卷》对八卦说有了新的发展：

太极混元之图象内有红白二道，分出三才、四相、五行、六爻、七政、八卦、九宫、十干。天地阴阳合成八卦乾坤。乾为天，坤为地，天为父、地为母，坎为水，离为火，坎离交媾，水火均平，而能生万物。

自从先天一气，三皇治世，安八卦、立五行，造下金木水火土，分出五岳明山四大部洲，七十二国。③

这就是清初流传在民间宗教世界中的一种创世说，在这里阴阳八卦相交组合，不仅构成了民间宗教修炼内丹的理论，而且创造了自然万物、人类社会和国家。民间宗教的创世说并不是一种无目的的空论，而是为本教门的发展服务的。《立天卷》明确地告诫门徒："八卦九宫是方向"，"八方男女奔中央"④。把八卦之说作为招徕门徒的手段。

明末清初，民间宗教世界流传的"内安九宫，外立八卦"的理论无疑影响到了刘佐臣。在刘佐臣的传教书本中就有一部《八卦图》，这可能是他"分八卦，收徒党"的宗教依据。这部经卷已经失传，但教内后来流传的《八卦教理条》却有与八卦说相关的教义：

---

① 手抄本《皇极金丹九莲正信皈真还乡宝卷》第十六品，第二十品，第二十二品。
② （清）黄育楩：《续刻破邪详辨》。
③ 《军机处录副奏折》，乾隆十八年八月四日山西巡抚胡宝瑔奏折，附《立天卷》原件。
④ 同上。

八卦六爻人人有，迷人不省才西走。

有人参透内八卦，好过青松九个九。①

显然"参透"八卦成了当时教内修行的内容，而参透八卦恰恰是八卦教修炼内丹的有力佐证。当然八卦说不仅仅指导了教徒们进行气功的训练。而且它促成了八卦教组织机构的创立和巩固。"八卦分，天地开"②。在《八卦教理条》中，世界被乾、坤、震、巽、坎、离、艮、兑八卦分成西北、西南、正东、东南、正北、正南、东北、正西八个方位。这八个方位都围绕着中央方位。"八卦即八宫，加以中央为九宫。"③ 从刘佐臣创教起，历来的刘姓教首都居于中央宫的位置。这正是刘姓教首从未掌领任何一卦的根本原因。《八卦教理条》中说："到中央，戊己土，真人进了神仙府。"④ 五行以土为尊，九宫以中央宫为尊，八卦教以刘姓教首为尊。就这样其他八卦的掌教和徒众则如臣属之奉君主，处于被支配、被统属的地位。正是在"内安九宫，外立八卦"教义的指导下，八卦教发展成为一个有着固定教首、组织较其他民间教派严密的宗教教门。这种组织形式不仅给八卦教的发展奠定了基础，而且给八卦教内世袭传教家族的形成开辟了道路。通过上述介绍，人们也就明白了为什么八卦教又叫九宫道的内在含义。⑤

事实告诉我们，如果没有明末清初流传于民间宗教世界的关于八卦、九宫的内丹理论及创世说，如果刘佐臣没有接受上述历史赋予的特殊思想资料，鲁西南是不会凭空产生出八卦教的。

---

① 《军机处录副奏折》，乾隆五十六年七月八卦教徒刘照魁供出刘书芳所授《八卦教理条》。

② 《军机处录副奏折》，乾隆五十六年七月八卦教徒刘照魁供出王子重所授《八卦教理条》。

③ （清）黄育楩：《破邪详辨》卷三。

④ 《军机处录副奏折》，乾隆五十六年七月八卦教徒刘照魁供出刘书芳所授《八卦教理条》。

⑤ 关于八卦九宫图源于何时，本文不赘言，在汉代似已问世。北宋时所辑道教类书《云笈七签·黄庭内景经》中已出现"头中九宫"之说。那时之九宫谓人之脑分九宫，即四方四隅加中央宫。元陈致虚之《金丹大要》亦出现"九宫真人"之说，以九宫真人分别为心、肝、脾、肾等人体器官之"主神"。这些说法无疑都是民间宗教"八卦九宫"理论的思想来源。

第五节　《五圣传道》——一部
修炼内丹的传教书

八卦教不属于白莲教，也不属于明末清初任何一支民间教派，不仅在于它与众不同的组织结构，它还具备与白莲教等教派十分不同的教义特色和修持方法。

刘佐臣倡教之初，有哪些传教经书呢？

乾隆三十七年五月，其曾孙刘省过在被刑之前曾留有供词：

> 伊曾祖刘佐臣所传《五女传道书》、《禀圣如来》、《锦囊神仙论》、《八卦图》及《六甲天元》等抄本旧书，俱传授于山西人韩德荣。韩德荣于乾隆十三年事发，原书俱被起获。伊父犯事之后，又将存本尽行烧毁……。①

经卷烧毁一事不足为凭。刘省过受审之后数日，山东当局就在坎卦头目孔万林家搜出《五女传道》一本，并其他道教寻常书本。

四十多年后的嘉庆二十二年，清政权再次于新疆、山东、直隶等省拿获八卦教首刘成林等一批"逆犯"，查获大批传道经书，内中包括"《五女传道宝卷》一本，《五圣传道》一本，即《五女传道宝卷》"②。

据我所知，现存国内外有关刘佐臣的创教经书，仅余《五圣传道》即《五女传道》一种。我收藏的《五圣传道》为"京都顺天顺义县榆林村存板"，宣统三年新正月无名氏捐大洋印行的。日本学者泽田瑞穗在其著《增补宝卷的研究》中记载了《五老母点化真经》和《五圣宗宝卷》，皆为民国六年印本。③ 日人所存两书从内容上看完全是《五圣传道》的翻版。

---

① 《朱批奏折》，乾隆三十七年五月十六日山东按察使国泰奏折。
② 《军机处录副奏折》，嘉庆二十二年十二月初七日山东巡抚陈予奏折，附清单一。
③ ［日］泽田瑞穗：《增补宝卷的研究》页一百五十，一百五十三。

从上述介绍可知，《五女传道》即《五圣传道》从清康熙初年直至清末民初，一直在底层流传，为时二百五十年之久。清亡前后又在多处大量翻印或重刻，这部经书影响之巨，可见一斑。

《五圣传道》是一部什么样的传教经书呢？其全文不足五千字，比起明末一批洋洋大观的宝卷，似乎不足一提。但其影响之巨，却是一般宝卷难以企及的。

泽田瑞穗在谈及《五圣宗宝卷》及《五老母点化真经》时认为它们是谈论超凡入圣玄理的经书，或究求长生大道的经书。但没有进一步说明"玄理"和"修真"的内容。

以我所见，《五圣传道》是一部修炼内丹、追求长生不死的传教书。所谓修炼内丹与今人所云气功相类，只不过今人研讲气功，不讲宗教与迷信罢了。

书中假记一对夫妇，男子名常修，女子为单氏。夫妇二人平日向善，好佛礼忏，家附近有庙，庙内供奉着观音、普贤、白衣、鱼篮、文殊五位菩萨，夫妻常去拜供。一日，常修告别妻子"去访长生大道"。走至一荒山野僻之处，仅有一茅屋光明如昼。常修进去后，见有五位农家妇女在纺纱织布，这五位妇女即观音等五位菩萨幻化而成，因常修"心诚"，欲在此地点化他。按说观音等菩萨是佛门偶像，亦应以佛法"点化"世人，但在刘佐臣所编《五圣传道》中，却通过这五位菩萨之口，讲出了一番道教内丹派的玄妙道理来。其中一人对常修云：

> 道也者，不可须臾离也，可离非道也。道不远人，人自远矣。盖大道现在目前，何须外求，只知率性而已矣。

书中又有四句与上述意思相同的偈言：

> 大道分明在一身，迷人不知向外寻。
> 不遇圣师亲指点，枉费修行一片心。

这段话及四句偈言，是在告诫信仰者，修行的道理既不在千经万典之中，也不在名山洞府之内，而在人之一身。道教内丹派历来排斥外丹派，以及一切修庙建塔、念经垒忏等外在内容上。从内丹派集大成者、宋朝人张伯端起，这种思想以迄于今。张伯端在其著《悟真篇》中开宗明义：

> 人人本有长生药，自是迷途枉自抛。……
> 丹熟自然金屋满，何须寻草学烧茅。①

在内丹派看来，长生之道无他，即在自家身上修炼内丹。他们认为，世上千条修炼长生之法皆为虚妄，愚人不知自己体内有宝，枉自向外追求，以至枉抛了一片修行之心。刘佐臣手编的《五圣传道》直接继承了这类思想，把修炼内丹作为八卦教修持的最根本追求。

怎样才能修炼内丹呢？刘佐臣在《五圣传道》中，借五位女子纺纱织布等劳作的简单过程，来说明"修真"的具体内容。

首先，修炼要选择清净之地，以便使人入静。他在书中写道：

> 修行如同去纺棉，莫把工夫当等闲。
> 未纺先寻清净处，莫把六门紧闭关。
> 纺车放在方寸地，巍巍不动把脚盘。……
> 知止而后方能定，定而后静而后安。

当修行人完全入静以后，静中有动，体内一股气流如同"拨动风车法轮转"一样，从人体的尾闾穴上升，经夹脊穴、玉枕穴，运至泥丸宫（即人之大脑）。然后再下降至鹊桥、重楼，纳入丹田。这就是《五圣传道》所云"靠尾闾，透三关，透出云门天外天"，或"当顶一线透三关"。达到气流在周身运转的功效。这种气流运转又分小周天，大周天。上述修行内容，当然不是刘佐臣的创造和发现，而是道教内丹派长期经验和实践积累的结果。

在气流运转的过程中，内丹家十分讲究火候即炼内丹的动静与进退抽添的功夫。刘佐臣认为，这也和纺纱添棉是一样的道理。纺纱要掌握纱的粗细、快慢，使纱线均匀，而且要"接接续续不减断"。修炼内丹，则要

---

① （宋）张伯端：《悟真篇》，《正统道藏》第四册。

使体内之气阴阳合和。水火既济，动静得宜。以达到炼精化气，炼气化神的步骤，使精、气、神凝结成"丹芽"。这种结果也像纺纱最终"结出蟠龙穗"一样，都是半成品。纱要纺成线，织成布，而"丹芽"则要温养于丹田——道家所云黄庭之外，以形成"圣胎"即金丹。结成"金丹"，并不是道教也不是八卦教追求的最高目标，还要把"圣胎"运上泥丸宫，达到"透出元神"或"透出昆仑"的目的。在信仰者看来，达到这一步就打破了生与死的界限，超凡入圣，羽化登仙了。《五圣传道》中讲："峀等纺到心花现，功也圆来果也圆"，就是这个意思。

刘佐臣还在《五圣传道》中用织布的机子、弹花的弓子、轧花的天平架、拐磨的磨盘的运动来比喻人体原气的运动和变化，以及结丹的过程。认为"天动地静周流转，配合人身都一般"，修炼内丹是天造地设的大道，求得了大道也就求得了长生。

刘佐臣在《五圣传道》中阐发的这般道理为什么从清初到民国时代，历久而不衰？研究这部传教经书对深入研究八卦教有什么意义呢？

第一，通过对这部经书的探讨，使我们更进一步认识到：八卦教倡教之初首先是一个宗教组织，而不是以反清为目的的宗教结社。成千上万的底层群众信仰它、追求它，是出于宗教信仰上的需要，而不是为了什么政治目的。大量的历史事实告诉我们，任何一门宗教要想掌握群众，仅靠几句虚幻的言词是无济于事的，它要有吸引人的教义，具有人们笃诚追求它的内在力量。《五圣传道》就具备了这样的特点。

中国的内丹派，在两宋以后流传日广，信仰者日众，到了明代流传到民间，为民间教派所接受、改造、宣传。然而正统道教的内丹派，大都实行单传秘授，不外示他人，而且经书又极其晦涩难懂，一般人难窥其门径，以至门可罗雀。正是这个原因导致内丹派外传，到民间教派那里发展变化成炼法多端、怪异丛生的结局。民间教派为了收徒敛钱的目的，大开其门，广为招罗，虽然导致良莠不齐，但信仰者却云集门下。黄天教、三一教、长生教、八卦教等教派之所以人数众多，教势日炽，这是原因之一。比起正统道教，乃至黄天教等民间教门的经书，八卦教的《五圣传道》虽然也有晦涩之处，但毕竟简洁得多，通俗得多，且以农家妇女纺纱织布等劳作为喻，令人感到贴近亲切。有了简单的教理加以师傅点拨，进行实践，就可达到强身健体的功效。《五圣传道》固有神秘主义和宗教荒诞不经之处，但在战乱之后，人们体魄虚弱之时，的确是一剂补药。这是八卦教为什么吸引群众的基本原因，也是《五圣传道》历久不衰的道理所在。

第二，通过对《五圣传道》真实内涵的分析，不仅使人们对八卦教初期活动有了一个恰如其分的估计，而且对后世八卦教的宗教活动也可以加深理解。例如，清水教首领王伦就将徒弟分成文武两场。文弟子练气，武弟子习武，而文弟子又高于武弟子，练气者又分小功和大功。他们练气的传统来自何方？这是显而易见的。清水教徒还念咒语，过去有些人对这些咒语解释有不少错误，皆在于没有搞清其内在含义。其中一段咒语云：

> 千手挡、万手遮，青龙白虎来护遮，只得圣中老爷得知，急急急，杀杀杀，五圣老母在此。①

文中青龙、白虎皆为修炼内丹术语，代表元精、元神，二者合而"道"成，使人能产生一般人所没有的内在功能。"圣中老爷"指创教人刘佐臣。而"五圣老母"即指观音、普贤、白衣、鱼篮、文殊，而非"无生老母"。因为清水教徒练功时，意念中有这五位神圣，方能入静使气，达到功效，因此云"五圣老母"在此。

又如，为什么成千上万的八卦教徒每日早午晚不厌其烦地朝着太阳，焚香盘坐？这仅仅是一种崇拜仪式吗？当然不是。在朝拜太阳时，他们在入静运气练功。

凡此种种，都与刘佐臣倡教时传授的教义一脉相承，都与《五圣传道》的修炼宗旨一脉相承。

第三，这部经书是刘佐臣亲自编著的，内容通俗，比喻贴切，文字亦流畅。这说明八卦教的这位创始人是一位粗通文墨的农村小知识分子，又是一位有着笃诚信仰的宗教徒。这部书还告诉了一些我们不了解的信仰风习。为什么刘佐臣要把佛教徒信仰的五位菩萨"演化"成内丹家？这里也有历史渊源。明代初年，佛、道两家已在许多地方发生混淆。朱元璋就曾命令和尚道士同居一寺，此后道者学禅，佛家炼丹之事亦屡见不鲜。而

_____

① 《军机处录副奏折》，乾隆三十九年十二月十九日崔大勇即许大勇供词。

民间宗教更是将三教混而为一，佛道两家在这些教门中得到充分的融合。在黄天教中，教主皆称佛祖，道书亦冠以有类佛经的名目，然而宗旨仍在修炼内丹。刘佐臣恰恰继承了明末清初这类风习，把神仙世界极有威望的观音等五位偶像作招牌，贩卖修内丹的长生不死之方。这种典型挂羊头卖狗肉的做法，却又完全符合文化低下、愚昧无知的部分群众口味，为修炼内丹披上了极为神圣的一件外衣。至于五圣化为五位农家妇女的形象，是一种极为高明的比喻，它符合鲁西南广大农村、集镇群众的心理状态和信仰水准。

刘佐臣是一位倡教者，但倡立宗教并不是他最终目的。几乎像同时代所有民间宗教传教者一样，在创教之始并没有多少政治色彩，他的目的在于"传教敛钱"，即把传播宗教作为一种谋求生存的手段。

然而比起同时代多数宗教预言家和传播者，刘佐臣则是高超的组织者和宣教者。他的高明之处在于，其教义迎合了战争之后广大群众惧怕命运无常、生死不定的软弱心理，以《五圣传道》为武器，意图给群众指出一条"长生大道"。同时从一开始，就以分卦为形式，建立了一个比较严密的宗教组织。这两者使他获得了成功。在他生前就形成了"山东、河南多有徒弟"①的局面。使八卦教在华北地区站稳了脚跟，并为今后的大发展，以及教内世袭传教家族的形成开辟了道路。可以讲，没有刘佐臣在创立八卦教时期的种种努力，八卦教就不会成为华北地区实力最大、影响最深的民间教门。

---

① 《军机处录副奏折》，乾隆九年九月初五日，山东巡抚喀尔吉善奏折。

第三章　八卦教世袭传教家族的
兴起与衰落

第一节　康雍时代与民休息的政策与
民间宗教的兴起

康熙和雍正时代，是清朝实行与民休息政策的时代，这一时代日渐复苏与振兴的经济以及平静和比较宽松的历史环境为民间宗教的兴起提供了有利的条件。

清前期八卦教的历史可以分成两个阶段：第一阶段，从康熙初年到乾隆中叶。这一个世纪是八卦教初创、发展、成熟的时期，该教门由几个逐渐形成的世袭传教家族所把持，发展成为一个地主集团利用的宗教。第二阶段，从乾隆中叶至鸦片战争爆发之前。这一时期由于清政权的镇压和教内农民革命力量的兴起，世袭传教家族走向衰落。

从某种意义上讲，清前期八卦教的历史是一部世袭传教家族的兴衰史。

八卦教发展和成熟的时期，中国正处在所谓"康乾盛世"，整个中国呈现出与明末清初迥然不同的历史环境，"康乾盛世"真正的缔造者是康熙皇帝，继业者则是雍正皇帝。康熙皇帝与历代帝王相比，无论从个人品质还是对客观环境的顺应能力上都是罕有其匹的。为了把清帝国从战乱不已、财力枯竭、民族矛盾尖锐、人民强烈不满的状况中挽救过来，他竭尽毕生精力，实行了一系列巩固政权的措施，使清政权免蹈元朝覆辙，免为短祚的帝国。他停止圈地运动，废除逃人法，劝勉农桑，奖励垦荒，蠲免赋税，大兴赈济，节省开支，兴修水利，甚至抑制豪势，调和租佃关系。在他的晚年，又实行了"盛世滋丁，永不加赋"的政策。其子雍正皇帝继承了他的政策，最终完成了"摊丁入地"的税制改革。凡此种种，都达到了与民休息、巩固政权的目的。

康熙皇帝对京都所在的华北地区格外关注。他在位六十一年，仅对山东一省之谕旨，不下数百道。指令周详，大都符合实际。他屡次南巡，四度经过山东，体察民情，罢免不称职的行政长官。康熙二十六年，新上任的山东巡抚钱珏"陛辞，恭请训旨"。他告诫说：

> 为治之道，要以爱养百姓为本，不宜更张生事。尔到地方，务当安静，与民休息。①

"与民休息"、"不更张生事"是康熙在位六十一年的最根本思想，他十分清楚"百姓足，则国家充裕"，有此两条则可防内乱于未然，使国家长治久安。

康熙皇帝对山东的具体情况十分了解。康熙四十二年他曾对臣下说：

> 朕四次经过山东，于民间生计无不深知。东省与他省不同，田间小民俱依有身家者为之耕种。丰年则有身家之人所得者多，而穷民所得之分甚少。一遇凶年，则己身并田亩产业有力者流移四方，无力者即转死于沟壑。此等情状，尔东省大臣庶僚及有身家者亦当深加体念。②

山东土地高度集中，恶性兼并的状况当然是地主阶级贪婪本性造成的，从本质上与其他省份并无不同。不过，山东的情况似乎更加严重。为此，康熙皇帝一方面屡次下令打击山东势豪，一方面又极力缓和"业主"与雇

---

① 清《圣祖实录》，卷一百二十九。
② 光绪《山东通志》训典一。

农的关系。康熙二十三年，他命令新上任的巡抚张鹏翮说：

> 今见山东人民逃亡京畿近地及边外各处为匪者甚多，皆由地方势豪侵占良民田亩，无所倚藉，乃至如此。尔莅任后，务翦除势豪，招集亡命，俾得其所。①

对山东省赋税不均问题，他亦颇为关注。康熙二十九年山东巡抚佛伦曾奏称：

> 东省累民之事，第一赋税不均，凡绅衿贡监户下，均免杂差，以至偏累小民。富豪之家，田连阡陌，不应差役，遂有奸猾百姓，将田亩诡寄绅衿贡监户下，希图避役，积习相沿，牢不可破。②

显然，没有功名的地主将"田连阡陌"的土地诡寄于"绅衿贡监"户下，致使赋税徭役，大都转嫁到少地或无地的贫苦农民身上，造成底层群众动辄流离的悲惨状况。佛伦在任内，实行改正厘剔的政策，打击诡寄的"奸滑百姓"，康熙皇帝对此大加赞赏，并命令在直隶等省一体实行。这样就使地方豪富势力不得不承担相当份额的赋税徭役，从而减轻了无地或少地的农民的经济负担。当然，康熙皇帝也十分明白地主富商是清政权的社会基础，是依靠的力量。他说："地方多殷实之家，是最好事。彼家资皆从贸易积聚，并非为官贪婪所致，何必刻剥之，以取悦穷民乎？"③然而，当豪富势力的发展过于膨胀，危及到地方政权的稳固，导致百姓流离失所时，就不能不抑制一下。但他更多的是注意调解"业主"与雇农两者的关系。据《清实录》记载：

> "山东巡抚佛伦疏言：'东省康熙二十九年分地丁钱银，尽行蠲免，百姓无不感戴。惟无地小民，尚未得均沾圣泽。臣……劝谕绅衿

---

① 清《圣祖实录》，卷一百一十六。
② 清《圣祖实录》，卷一百四十六。
③ 清《圣祖实录》，卷二百六十六。

富室，将其地租酌量减免一分至五分不等。'应如所清。嗣后直隶各省，遇有恩旨蠲免钱粮之处，七分蠲免业户，以三分蠲免佃种之民，俾得均沾恩泽。"从之。①

以七三开，蠲免地主及佃农地丁钱银的做法，不仅在山东得以实施，而且推广向全国，成为一种制度，无疑减缓了穷苦百姓的负担，对复苏生产力起到了积极作用。不仅如此，作为帝王的康熙还亲自劝谕大臣及地方豪富对佃户减租：

> ……尔东省大臣庶僚及有身家者……，似此荒欠之岁，虽不能大为拯济，若能轻减所入田租，以各赡养其佃户，不但深有益于穷民，即尔等田地日后亦不致荒芜。如果民受实惠，岂不胜谢恩千倍耶。②

康熙皇帝对只知道保禄位，养妻子之昏庸抚臣，对不关心民瘼的地方行政长官，屡行罢免。康熙三十七年，"山东巡抚李炜，居官不善，地方饥馑，百姓乏食，竟不奏闻。……著革职。"③ 康熙四十三年，山东巡抚王昌国又因"擅收赈养饥民官员银两贮库，以至不得不即行赈养"，被革职查办。④

康熙一朝，自皇帝起便崇尚节俭。康熙多次告诫臣下奢华导致国运衰败的道理。他曾经把明清两朝宫廷费用做过比较："明朝费用甚奢，兴作亦广，其宫中脂粉钱四十万两，供应银数百万两。……宫女九千，内监至十万，饭食恒不能遍及，日有饿死者。今则宫中不过四五百人而已。"⑤ 节约费用大都充实国币，用于蠲免赋税或赈济灾民及兴修水利。至康熙四十九年止，全国历次蠲免钱粮，已逾一亿两白银。山东地瘠民贫，从康熙三十七年后，连续数载减免赋税，以缓民力。至康熙四十四年，山东经济已见复苏。那年康熙皇帝第四次巡察山东，所到之处百姓处境已有改观：

① 清《圣祖实录》，卷一百四十七。
② 光绪《山东通志》卷首，训典一。
③ 清《圣祖实录》，卷一百八十七。
④ 清《圣祖实录》，卷二百十五。
⑤ （清）蒋良骐：《东华录》卷二十一。

朕不意山东之民，遽能如此。前者南巡，见闾阎失所、不堪瞩目。今服饰颜面，大异往昔。闻各官赈养亦善。此承平日久，国帑丰饶。故能蠲数年钱粮，遣官赡养赈济耳。①

朕因四方无事，车驾南巡，得访民情，深知利弊。回舟山左，见麦秋大熟，民无菜色，朕心甚慰。②

经过数十年休养生息，到康熙中末叶，中国的经济不仅摆脱了清初赤地千里无鸡鸣的残败景象，得到复苏和发展，而且整个生产力水平已经超过明代。但是封建社会后期的社会矛盾一个也没有解决，在表面繁荣的背后，土地日益兼并，吏治日趋腐败，贫富日渐悬殊，生产工具的落后和闭关锁国的政策，都使生产力的发展水平无法得到根本改善。在康熙四十五年以后，以至雍正时代，在官书中仍有大量山东人民偶遇灾年，便流离失所的记载。所谓康乾盛世，也仅仅为底层劳动群众提供了一个起码的生存和劳动的社会条件。但即便如此，在落后的封建社会已非易事。

有着悠久历史传统的华北与江南地区的民间宗教运动，就是在上述历史环境中同样得到了复苏和发展。雍正初年一份档案记录了当时民间宗教发展状况：

臣闻直隶南四府接连山东、河南、山西地方，颇有邪教，踪迹诡秘，名号多端。……称为神传、为尽礼、为混元、为八狗（疑为八卦，引者注）等号。其诱人之法，若富者入教，令其输钱；贫者入教，反与之钱。贫民贪利，自然乐从。又恐同居之人泄漏，必令举室之人尽皆愿从，方许入教。多以邪术书、符咒水，巧作幻端，迷人耳目。又访江南、浙江，以及湖广、江西，则有无为、大乘、糍团等教。所称无为者，不耕不织，但播谷于田间，听其自生。耕耘灌溉之事，一切尽废，石田丰草，失业良多。大乘、糍团，亦大略相类。甚至一教蔓延数府，每处各聚多人，众者万计，少者亦不下数千。虽南

---

① 清《圣祖实录》卷二百十九。
② 清《圣祖实录》卷二百二十。

北之教各异其名，大率讲说邪法，多在夜间，男女不分，伤风败化。愚民一受宠络，虽悔无及。此等邪教始不过蛊惑男妇，图利营奸，迨党与日多，则其心巨测。①

这份出现在雍正初年的奏折极为重要。虽然有些内容大而化之，不甚准确，但其形象地描绘出清政权入关仅六七十年，民间宗教又在半个中国以不可阻挡之势兴起了。这就不可避免地构成了对统治者的潜在威胁。

造成民间宗教再度兴起的原因，主要是民间宗教具有内在的生命力和极为深厚的滋生土壤，但与康熙和雍正皇帝的宽松政策不无关系。康熙一朝，实行与民休息的政策。地方官到任多不敢更张生事。一般非"谋叛"重案，皆不过问。举康熙在位六十一年，记载镇压民间宗教活动的"实录"寥寥无几。到雍正一朝，虽然对南、北方罗教及混元教等曾采取过行动，但惩治极松。入教吃斋的一般教徒，大都具结作保，即放归居里，甚至对无为教主罗明忠，因父母在堂，亦释放，"存留养亲"。雍正八年，福建巡抚刘世明以"习无为罗教者，阖家俱吃斋"为因，要"通饬严禁"，却受到雍正皇帝严厉批驳："但应禁止邪教惑众，从未有禁人吃斋之理。此奏甚属乖谬纷扰。若将此等妄举，以为尽心任事，实力奉行，则大误矣。"② 这就造成将大批罗教徒被从轻发落，而难断根株了。此后部分罗教徒则将教名改为老官斋教，公然以吃斋为教了。不仅如此，由于雍正本人笃信宗教，亦大力提倡民间的烧香祷神活动：

> 上谕……朕思小民进香祷神，应听其意，不必收取税银。嗣后将香税一项永行蠲除。③

殊不知民间信仰与民间宗教有着天然的联系。统治阶级以为纵容宗教迷信，可以麻痹人民，但无形中也助长了民间宗教的复苏与滋蔓。民间宗

---

① 《朱批奏折》，雍正初年（日月不清），刑部尚书励延仪奏折。注些折中云："即如数年前河南省有亢璘及李雪臣等以白莲教为名聚徒惑众，又有袁进，自号七字佛……"按：李雪臣及袁进案，发生在康熙五十六年。因此知道此折应为雍正初年。

② （清）蒋良骐：《东华录》卷三十一。

③ 光绪《山东通志》卷首训典一。

教在康、雍两朝潜行默运，到乾隆、嘉庆时代则一发不可收拾了。显而易见，八卦教在康熙、雍正两朝蔓延扩张，并不是一种历史的偶然。同时代许多民间教派，在同一条件下沿着同样的轨道都壮大了自己信仰的领地。

从康熙初年到乾隆中叶，是清王朝的上升阶段。统治阶级实行了一系列有利于国计民生的措施，的确使阶级矛盾有所缓和，至少在这一个多世纪中，华北地区的农民阶级没有进行过大规模的反抗斗争，八卦教正是在这样一种历史环境中日渐兴盛的。从某种意义上讲，这一个多世纪较为平静的历史环境影响了八卦教内部演变的基本趋势。这个以小生产者为基础的宗教组织，只能沿着日益封建化的轨道发展，从等级的出现、分化到形成等级制度，并在这个制度的基础上形成特权阶层，从而一步步演变成披着宗教外衣的地主阶级所把持、所利用的宗教。随着这一演变过程，教内世袭传教家族兴起了。

第二节　八卦教教首刘姓家族的兴衰

任何一个对历史产生过影响的社会集团，一般都具有相对稳定的领导核心。领导核心的组成形式，不仅受到时代的影响，也受到这个社会集团基本成员的阶级构成的制约或影响。明清时代，民间宗教与会党结社的领导核心成员构成不同，权力的继承方式也不同。民间宗教多为以血缘关系为纽带的家族世袭制，而会党结社的权力则一般属于异姓相传。因为，前者的基本成员是世代聚族而居的农民，也有部分小手工业者，乃至自由职业者。后者的构成则多为手工业者、肩挑负贩之徒，以及形形色色不依于土地的自由职业者，当然也有部分农民。由于阶级、阶层的组成不同，导致他们的社会要求、生活方式、行动准则、信仰内容等等都有巨大的差异。

八卦教像多数民间教派一样，是由一些有影响的世代传教家族构成教门的领导阶层，而它的领导核心则是山东单县刘姓家族、山东菏泽王姓家族、河南商丘郜姓家族等等。八卦教之所以发展成华北地区最大的民间教派，历久而不衰，这是重要的原因之一。

山东单县刘姓家族从康熙初年至嘉庆二十二年间，始终充当八卦教教首，传承六代，历时一个半世纪。据乾隆五十一年清代档案记载：

> 山东单县人刘佐臣于康熙初年倡立五荤道收元教，编造《五女传道》等邪书，分八卦收徒敛钱。刘佐臣物故后，伊子刘如汉、伊孙刘恪踵行此教。刘省过系刘恪之子，接充教首，于乾隆三十六年（注：应为乾隆三十七年）河南邪教案内发觉，经原任山东巡抚徐绩查拿具奏，将刘省过问拟凌迟，伊长子刘铨问拟斩决，其年末及岁之刘把等分给功臣为奴。嗣经奉旨，刘省过改为斩决，刘铨改为斩监候。至四十八年秋审实情十次，改为缓决，监禁在案。①

这段奏折将康熙初年至乾隆三十七年，百十年间八卦教教首刘姓的传承交待得十分清楚，包含着丰富的内容。

乾隆三十七年以后刘姓教首分为两支，一支由刘省过之子刘二洪充任教首，（部分教徒亦奉在监之刘大洪即刘铨为教首），另一支由刘省过近亲刘庭献而后是其子刘成林充任教首，形成两个互不统属的八卦教教团。刘大洪兄弟于乾隆五十一年，因受教徒段文经等突袭大名府事件的牵连，皆被斩决。刘成林则于嘉庆二十二年，为八卦教徒供扳，亦在新疆罹难。刘成林成为刘姓最后一代八卦教首，从此刘氏家族退出了历史舞台。

本节准备分四部分叙述这个家族的活动及其与八卦教的关系。

(一) 刘儒汉掌教时代

刘儒汉，又作刘如汉，是八卦教第二代教首。刘儒汉掌教后，在八卦教内开创了以血缘关系为纽带的教权世袭制。刘佐臣有子四人：刘如汉、刘如浩、刘如准、刘如清。康熙五十七年时，刘佐臣"已死多年"，而康熙四十五年时刘儒汉"曾被刘本元首告邪教"，问拿审讯，但因证据不足，被无罪开释。② 根据这条史料，估计刘儒汉在康熙四十五年以前就开始承袭父业，充任教首。刘儒汉死于乾隆元年，掌教三十余年。这一时期

---

① 《军机处录副奏折》，乾隆五十一年闰七月二十四日永琅奏折。
② 《朱批奏折》，乾隆十三年三月二十三日山东巡抚阿里衮奏折。

八卦教有了较大发展，组织机构逐渐复杂：

> 刘儒汉传教时，所收之徒分八卦，每卦以一人为卦长，二人为左
> 干右支，以下俱为散徒。每卦各自收徒，所收之徒，各出银钱送于卦
> 长，卦长汇送于教主，多寡随便。当时因八卦教不能齐全，有以一人
> 而兼两卦者。①

该教势力范围扩大到山东、河南、山西、直隶等省份，有些散徒还在
陕、甘一带活动。从档案史料分析，当时传教的重点地区在山东曹县、单
县、成武县等地，河南商丘、虞城县等地，直隶长垣县及山西定襄县。可
见主要还囿于直、鲁、豫三省交界之处。刘儒汉除了在山东、河南传教于
郜姓、侯姓、王姓外，还在山西传教。山西省最早信仰八卦教的是定襄县
人刘起祥、刘起凤兄弟。他二人从事水泥生理，"入刘儒汉家的教，止是
给天地烧香磕头，求来生荣华富贵"。刘氏兄弟相继病故，刘起祥雇工韩
德荣继承了这支教派，拜刘儒汉为师。在刘儒汉死后的第二年，自称
"收元祖师"，"星宿下降"，收徒敛钱。② 与刘氏兄弟曾共同传教的河南
人王天赐，早在康熙五十三年即拜刘儒汉为师加入收元教，并收直隶长垣
人徐文美、吕大训等人为徒。王天赐之子、吏员王之卿则用其父传授的
《金丹还元宝卷》、《五女传道书》以及告妖魔的状式传教敛钱。③

在刘儒汉掌教期间，八卦教的一个异名同教支派空子教也异常活跃起
来。据乾隆九年空子教徒朱廷谦供称：

> 向年单县南楼里刘姓行空子教，山东、河南多有徒弟，刘姓已死
> 多年。雍正十年上，他的徒弟谢玉，系河南遂平县人，见小的说话伶
> 俐，就教小的只说是刘师父转世，能知过去未来，传播旧日教中人。
> 又招引些新入教的人，教他们念正（真）空家乡，无生父母八个字，
> 并无经忏图象；又按八卦为号，立小头八人，敛钱汇送，以为往西天

---

① 《朱批奏折》，乾隆三十七年五月十六日山东按察使国泰奏折。
② 《史料旬刊》，第三十期阿里衮折。
③ 《史料旬刊》，第三十期色硕折二。

取金沙费用。①

奏折中所称"空子教"即孔子教，空孔谐音。清政权尊孔子为文圣，故奏折不敢称孔子教。从上述史料可知，以分散的小农经济为基础的八卦教，在教门日益扩大，分支日益众多的情况下，不可能成为一个特别牢固统一的组织，各类异名同教支派都在利用刘氏家族的权威，冒名顶替，传教敛钱。

刘儒汉开创了八卦教内通过血缘关系承袭教权的世袭制，各卦宗教领袖亦纷起效尤。离卦教自其第一代卦长郜云龙物故后，其子郜晋中、其孙郜从化相继踵行教业，充任教首。② 震、坎两卦卦长侯棠死后，教权由其弟侯朴承袭。③ 另一份史料则云，震卦在"王容清故后，其教系长子王中接传"④。而其他各卦卦长"久已物故，现在之人，皆每卦中支派"⑤。由此可见，在刘儒汉掌教的时代，八卦教内几个掌握最高权力的家族已经出现，这就是教首刘姓、离卦长郜姓，以及震卦的侯姓和王姓。

经过刘佐臣、刘儒汉父子两代惨淡经营，刘家通过传教已经获得巨大的现实利益，刘儒汉已经不再满足充当"邪教"教首，在康熙四十五年"拿解审释"后，"旋由捐纳选授山西荣河县知县"，走马上任去了。直到康熙五十八年"犯案"，"参回原籍"，做了十几年清朝政权的地方官。其三弟刘如清也以捐纳成为候选教谕。⑥

清代从康熙朝始，出于财政上的需要，实行捐纳制度。这给社会上各种有钱人打开了一条出仕做官的捷径，所以难免"人品淆杂"。捐纳为官需要花费大笔银钱，仅刘儒汉由捐纳选授知县一项就需要输银一千七百两，外加一千零四十担大米，共合四千六百余两白银。⑦ 这笔庞大的款项当然来自广大教徒的供奉，是成千上万教徒点点滴滴集累所致。刘儒汉买

① 《军机处录副奏折》，乾隆九年九月初五日山东巡抚喀尔吉善奏折。
② 《军机处录副奏折》，嘉庆十八年九月三十日郜添佑供词。
③ 《朱批奏折》，嘉庆二十二年八月初一山东巡抚陈予奏折。
④ 《军机处录副奏折》，道光四年三月十八日署山东巡抚琦善奏折。
⑤ 《朱批奏折》，乾隆三十七年五月十六日山东按察使国泰奏折。
⑥ 《朱批奏折》，乾隆十三年三月二十三日山东巡抚阿里衮奏折。
⑦ 许大龄：《清代捐纳制度》第 141 页。

官并不仅仅为了掩饰"邪教"教首身份，主要是希望打开另外一条通往权力和金钱的道路。刘儒汉充任清政权的地方官，再次提高了这个家族在八卦教中的地位。

综上所述，我们可以得出这样的结论：随着八卦教教势的膨胀，组织机构逐渐复杂，世袭传教家族的出现，刘儒汉兄弟捐纳为官，八卦教内部发生了等级分化。该教在刘儒汉掌教时期加速了封建化的进程。

(二) 刘恪、刘省过掌教时期

乾隆元年四月刘儒汉病故，其子捐职州同刘恪向清政府"呈报丁忧文结"①。从表面上看，刘恪似乎不太热心于"邪教"活动。乾隆二年春，山西韩德荣门下张印、田大元"至单县刘家楼，托已故侯进忠通知刘儒汉之子商议入教，亦被斥回，未见刘姓之面"②。乾隆十三年韩德荣在山西"犯案"，"将儒汉子刘恪解往山西。讯明刘恪并未蹚行邪教，递回在案"③。清政权一直以为刘恪未习"邪教"。其实刘儒汉死后，八卦教内均奉刘恪为教主。河南商丘第三代离卦长部从化，在刘恪案发时，与门下陈霞九向教中凑银一千两，欲送给刘恪，帮助盘费，"旋闻刘恪释回，未将银两送往"④。据史料记载，刘恪至少于乾隆二十二年前已死。乾隆二十二年坎卦头目孔万林曾到河南商丘县经营土地，偶遇部三，于是会商教内事宜。他告诉部三，刘恪已身故，曾帮其子仪葬费用。⑤ 由此可知，从乾隆元年至乾隆二十二年以前，刘恪曾充任八卦教教首。

刘省过掌教当在乾隆二十二年以前，具体时间不清，他死于乾隆三十七年"邪教案"内，掌教当在十五年以上。这一时期，五荤道、收元教已易名清水教。

从康熙初年至乾隆三十七年以前，清朝政府曾三次触及这个教门的统治中枢，但都因偶然因素，使教首刘姓侥幸漏网。在一个多世纪的历史进

---

① 《朱批奏折》，乾隆十三年三月二十三山东巡抚阿里衮奏折。
② 同上。
③ 《朱批奏折》，乾隆三十七年五月十二日山东巡抚徐绩奏折。
④ 台湾《大陆杂志》第六十三卷第四期《清代乾隆年间的收元教及其它支派》。
⑤ 同上。

程中，八卦教的内幕无人知晓。这个内部结构十分隐秘的宗教，到乾隆中叶"辗转煽惑"，已"蔓延数省"①，"从其教者动辄千百人"②。发展成为一个庞大的地下秘密宗教王国。教内组织盘根错节，已成不可解之势。这种状况直至乾隆三十七年刘省过清水教案发后，才为当局窥知内情。

乾隆三十七年二月，山东濮州小长治村人李孟炳等人携带"邪书"，至河南临颖县一带传教，为当局查获。办案者在临颖县教徒谌梅家中搜得《训书》一部，并追究出山东濮州沙土集人王中及李孟醇、龙居泾等人。此案办理过程中，乾隆皇帝谕军机大臣等"飞咨直隶、山东两省查拿"。三月初，王中被获。河南巡抚何煟将李孟炳等人传授经书，上呈御览。不知是何煟真胡涂，还是他故作胡涂，竟未看出书中"悖逆情事"。倒是乾隆皇帝于事敏锐，发现了问题：

> 朕……及阅谌梅家搜出王中所传逆书中有"平明不出周刘户，进在戊辰己巳年"之句。朕阅平明之明左旁日字有补改痕迹，细查笔法，系胡字迁就改易而成，其为大逆显然。即后叶"也学太公渭水事，一钩周朝八百秋"之语，亦俨然有自居太公与周之意，不可不彻底严究，以申国法。③

此处乾隆皇帝确非深文周纳，陷人于罪。这本经书的确暗藏着反清内容。对此王中当然不会承认。从下段御批中可以看出审理王中情景：

> 至山东审拟编书之王中即王忠玉一犯，此人甚鬼诈，不可不设法严密。前经徐绩查讯，以平明为天明时运气流转，太公及八百秋，为行善可知太公有寿，……。王中所供皆系捏饰。④

王中是此案中最有骨气者，没有吐露丝毫真情，于四月十五日卯时被当局绞杀于菏泽，而四月十三日乾隆皇帝还下令严审王中，四月十四日未

---

① 《朱批奏折》，乾隆三十七年五月十六日山东按察使国泰奏折。
② 《朱批奏折》，乾隆三十九年十一月初一日大学士舒赫德奏折。
③ 《上谕档》乾隆三十七年四月十三日上谕。
④ 同上。

刻，军机处咨文，令将王中缓刑，但为时已晚。

王中之死，并未使案情就此止步。不久，教徒龙居泽等就供认了"王中原本及递抄各书，俱系平胡字样。前以河南抄送书内改为明字，王中藉端狡饰，是以随同附合"①。这样就证实了乾隆皇帝的判断，也就更坚定了他把此案搞到底的决心。遂使此案的办理向纵深发展。据同年五月三日河南巡抚何煟奏折载：

> 臣随督同司道各官悉心推究，将李孟炳再三研鞫。据供，乾隆三十五年八月，小的与同教张勤说起兴教的人，张勤说王中还有老教主刘姓，住山东曹州府单县东门城里。刘姓是个监生，祖上做过官的人，皆称为山上主儿。家中现在行教，又有先天、中天、后天称呼。王中是其分支行教的人。……又听得刘家门户甚体面，只有王中与他往来，……刘姓是大教主。②

与此同时，山东巡抚接河南巡抚咨会，以河南案情为线索，迫使王中之徒王振等招供："王中系单县监生刘宗礼之徒，惟王中能入老教主之家，余人不能与老教主见面。"③ 这样此案的审理就触及了八卦教的核心，确证了教主系单县人刘姓。

五月六日，山东巡抚徐绩委派按察使国泰亲往单县主办此案。五月九日国泰至济宁府，十日获报在宁阳县枣庄地方、邹县杨树林地方分别拿获八卦教重要头目孔万林及其弟子秦舒。署单县知县史国辅则禀报拿获老教首刘宗礼。刘宗礼供名刘省过，不是监生，而是捐纳县丞。五月十一日国泰抵单县，先调历次有关案件卷宗，并于次日亲赴刘省过家中监督全面搜查。于卧房西屋三间地下"刨有大小瓶罐二十七个，皆贮银两，兼有散埋土中者。……共计一万二千四百二十七两，又有金子一小锭，计二两五钱"④。通过对刘省过等人的审理，当局陆续拿获离卦、震卦、坎卦等八卦教主要头目，从而第一次揭开了八卦教的内幕。

---

① 《朱批奏折》，乾隆三十七年五月三日河南巡抚何煟奏折。
② 同上。
③ 《朱批奏折》，乾隆三十七年五月六日山东巡抚徐绩奏折。
④ 《朱批奏折》，乾隆三十七年五月十二日山东按察使国泰奏折。

刘省过掌教期间，"惟坤卦一卦未曾立教"①。其他各卦情况如下：

离卦：势力范围主要在河南，后向山东、直隶等省发展。离卦长为商丘郜大、郜二、郜三兄弟。

震卦：势力分布在山东、河南、直隶、苏北。传教中心在山东菏泽，王中充任卦长。震卦另一支派为山东金乡县侯姓充任卦长，乾隆三十七年清水教案内，侯姓漏网。

坎卦：传教中心在直隶容城县，张柏系属卦长。山东坎卦头目孔万林、直隶大兴县坎卦头目屈得兴都是张柏的亲传弟子。

艮卦：传教中心在山东省金乡县，张玉成、张静安父子相继充任卦长。

巽卦：传教中心在山东省单县，张炎兄弟充任卦长。

乾卦：传教中心在河南省虞城县，张姓充任卦长，后传给其子孙张玺、张文士。

兑卦：传教中心在直隶东明县，卦长系陈善山兄弟三人。②

上述各卦掌教根由，或于乾隆三十七年为当局审出，或在此案后陆续为当局发现。从中可以看出，八卦教真正形成"内安九宫，外立八卦"的健全组织形式，应在刘恪、刘省过掌教期间。这时八卦教已历百年，基本完成了封建化的进程。教内尊卑有秩，教职繁多，责守分明，形成了一套较为完整的等级制度。少数世代传教的家族处于这个金字塔的顶端，成为教内特权阶层。

以震卦的组织机构为例：它上奉刘省过为教主、王中为卦长。卦长之下设六爻。掌爻封号是指路真人。指路真人下面是开路真人、挡来真人、总流水、流水、点火、全仕、传仕、麦仕、秋仕等教职。诸等教职不仅是分工不同，它代表着人们在教中的地位、权限和利益。"到全仕上就可传授徒弟，到流水上可以经营账目，到真人上可以动用银钱。"③ 真人权力很大，可以裁处某一地区教内一切事物，"赐封"教职。被卦长赐以"瑶

① 《朱批奏折》，乾隆五十六年十一月十八日两江总督书麟奏折。

② 关于乾隆中叶八卦教各卦掌教情况，请参照拙文《八卦教世袭传教家族的兴衰》，载《清史研究集》第四辑。

③ 《军机处录副奏折》，乾隆五十六年七月十三日刘照魁供词。

数铜刃赤剑"，即被卦长封为掌爻的真人"可以掌教内生杀之权"①。"调动同教的权柄诸事，任由自主"②。

点火是"专管出钱人的姓名单子，用火烧了使阴司记帐"③。传仕专管送信。麦仕、秋仕是最低的教职，只有"来世"才有好处："秋仕托生秀才，麦仕托生举人。"④ 没有教职的徒众在教内地位最低，只有不断地祈祷、纳钱，才能心灵福至，得到"赐封"。

教内以"功行"大小封赏教职，像当时其他民间宗教的所谓"科场选考"一样，"功行"的大小主要看招收徒弟的多少。"谁的人多就赐与他大事职份。这大事职份最体面的，管着许多人。"⑤ "管的人多，就如同做官一样。"⑥ 由于少数特权家族世代把持教权，事实上"大事职份"多为他们的亲戚所担任。例如震卦掌爻布伟是卦长王中的妻兄弟，就被封为指路真人，管辖一方教徒。布伟死后，教职则由其子布文彬，其孙布大劲承袭。布家成为震卦世代掌实权的家族。

到了乾隆中叶，八卦教内至少出了八九个世代掌权的家族：教首刘家、离卦郜家、震卦王家、侯家、布家、坎卦张家、孔家……。嘉庆二十二年，清政府曾查获一张《八卦教首谱系图》，这张图告诉我们，八卦的卦长全部实行的是世袭制。

据刘省过在乾隆三十七年的供词交待：

> 虞城县陈圣仪、贾茂林，山东历城县人崔柏瑞，章邱人李大顺、潘筠，直隶容城县人张柏等，皆伊祖、父教中支派。⑦

又据供有直隶雄县人梁迁、高士五，江南铜山县人李中久，单县人张华久等多人。⑧

---

① 《军机处录副奏折》，乾隆五十六年七月十三日刘照魁供词。
② 《军机处录副奏折》，乾隆五十六年福康安奏折。
③ 《朱批奏折》，乾隆五十六年八月三日山东巡抚惠龄奏折。
④ 同上。
⑤ 《军机处录副奏折》，乾隆四十七年五月崔延珍供词。
⑥ 《军机处录副奏折》，乾隆四十七年五月二十八日山东巡抚明兴奏折。
⑦ 《朱批奏折》，乾隆三十七年五月十六日山东巡抚徐绩奏折。
⑧ 《朱批奏折》，乾隆三十七年五月十六日山东巡抚察使国泰奏折。

而孔万林等人又陆续交待出其师父张柏、同教齐东县、汶上县、章邱县、惠民县等多人。由于乾隆三十七年现存档案的残缺，后世的研究者已很难断定这次清水教教案到底有多少人陷入法网。

从上述史料可知，到了乾隆中叶，八卦教实际上已被大大小小的世袭传教家族所把持，世袭教权已经成为教内一种普遍的现象。

为什么这些家族宁可冒着杀头灭族的危险世代承袭教权？什么是这种现象背后的动因？恩格斯曾经说过："在宗教狂热的背后，每次都隐藏着实实在在的现世利益。"[1]

乾隆中叶，八卦教内一些声威显赫的家族，纷纷地上升到地主的经济地位。教首刘家则成为单县一带的大地主。乾隆三十七年五月清政府不仅抄获了刘省过一万二千多两白银，而且发现刘省过"有田庄数处，地数十顷"，"家道殷实"[2]。刘省过本人是捐纳县丞。到他这一代，刘家已经三世捐纳为官。为什么他能广为置地，并藏银万余两？据刘省过供称："内中多有党徒资助，逐年积累所致。"[3] 仅离卦部大汇送的白银就多达一千九百五十两。

离卦部郜家、震卦王家世代向教首刘姓汇送大笔款项，家资丰厚，自不待言。坎卦长张柏、坎卦头目孔万林都是地主，他们雇用的长工又是他们的门徒。

就是这样一些家族，构成了八卦教上层统治集团。

为了攫取现世利益，他们千方百计地利用宗教手段敛钱致富。收徒敛钱，作会敛钱，赐封教职敛钱，教主生日敛钱。震卦每年作会五次，上供时将各人姓名籍贯用纸书写，然后按名索费，自三四百文、七八百文至一千文不等。并要求徒众"随心布施，越多越好"[4]。离卦每年四季之首作会，从离卦教鼻祖郜云龙始，就"以出钱多寡定来生福泽厚薄"[5]。各卦敛钱名目大同小异，如根基钱、扎根钱、跟帐钱、种福钱、四季钱、香火

---

① 恩格斯：《论原始基督教的历史》，《马克思恩格斯选集》第四卷，人民出版社1995年版，第458—459页。

② 《朱批奏折》，乾隆三十七年五月十六日山东巡抚徐绩奏折。

③ 同上。

④ 《军机处录副奏折》，乾隆四十七年五月崔延珍供词。

⑤ 《朱批奏折》，道光十三年九月一日山东巡抚钟祥奏折。

钱、进身孝敬钱等等，不一而足。

八卦教庞大的组织体系既是权力的分布网，又是金钱的运输网。每有教徒集中之处都设有"流水"一职。充任流水者，既掌教权，又掌财权。在敛足一定数目之后，一般折成银两向上汇送，最后由卦长交到教首刘姓处。当然层层汇送，层层盘剥，教职越大，油水越多。至于底层的穷苦徒众只是用银钱换来了一张廉价的通往彼岸世界的门票。

八卦教上层统治集团清楚地意识到掌握教权带来的巨大利益，为了世世代代保持这种利益，就要世世代代保持权力。显然在封建宗法关系占统治地位的社会，通过血缘关系世袭教权是最简便易行的方式，它防止了权力和财产的转移。这就是八卦教宗教领袖在教内实行世袭制的关键所在。

为了巩固这种教权的接续方式，少数教内特权家族掀起了一场自我造神运动，即自己神化自己。至少在乾隆中叶，凡天俗子刘佐臣已成为超凡入圣的偶像。他被奉为弥勒佛转世，被尊为"圣帝老爷"，被比作光被万物、普照生灵的太阳，教内把每年二月一日作为太阳的生日，集体作会，焚香膜拜。教徒每日三次朝拜太阳，同时口念《愚门弟子歌词》。歌词云："愚门弟子请圣帝老爷眷恋，……照应弟子，弟子与圣帝老爷磕头。"①

"圣裔"刘省过似乎"法力"更大。他既能安排人们死后的归宿，又是现世世界的"救世主"。教徒们称他是"山上主儿"②。"顾劫数主儿，会避灾难主儿"③。把他目为能战胜人间水旱荒乱的超自然力的神灵。他深居简出，只有王中等教内大头目与他往来，一般徒众"都不能与刘姓见面"④。

教内设有先天、中天、后天牌位。先天、中天、后天一词来自古代传说："伏羲之《易》小成，为先天；神农之《易》中成，为中天；黄帝之《易》大成，为后天。"⑤ 由此可见八卦教供奉这三个牌位象征着该教初创、发展、成熟三个阶段和它们之间的承袭关系。表示八卦教道统一以贯之，万载流传的内容。同时表示对刘姓教首的尊崇与敬畏。教内称刘佐臣

————————

① 《军机处录副奏折》，乾隆五十六年震卦教徒毛有伦供词。

② 《朱批奏折》，乾隆三十七年五月初二日河南巡抚何煟供词。

③ 《军机处录副奏折》，乾隆四十七年五月祝帮贤供词。

④ 《朱批奏折》，乾隆三十七年五月初二日河南巡抚何煟供词。

⑤ （明）杨慎：《丹铅总录》卷十六。

为先天老爷，称刘省过为后天老爷。

不仅刘姓教首利用造神愚弄欺骗群众，各卦掌教也纷纷效法。

震卦：凡有入教者"均称为东方震宫王老爷门下"①。或称为后天王老爷之徒。

离卦：凡有入教者，均称"投离卦透天真人郜老爷会下"②。

坎卦："凡有在教者，均称为北方元上坎宫孔老爷门下。"③

由此可见，至少在乾隆中末叶，这些家族在底层广大教徒的心目中已经成为至高无上的宗教权威。这种权威对他们具有一种无形的威慑力，形成一种难以摆脱的精神禁锢。这是一种巨大的力量，正是这种力量使教内这些家族世代承袭教权成为合理、合法和不容置疑的原则。在一个多世纪的历史进程中，八卦教因袭的这种做法形成了一种传统，这种传统的力量甚至使后来的天理教农民领袖也无法完全摆脱宗教权威的束缚，他们在很大程度上也要利用这种权威笼络门徒。

乾隆三十七年，"邪教逆案"于八月九日结案。教首刘省过原拟凌迟，"从宽改为斩立决。至刘省过之弟刘省愬，其长子刘铨，法司均照大道，遂坐以斩决。今思刘省愬、刘铨究系缘坐，……从宽改为应斩监候，秋后处决。"④ 该年秋审后刘省愬处斩，刘铨即刘大洪依然判斩监候，关在单县监狱。刘省过二子刘二洪当时不在家中，后逃至河南。刘省过之妻李氏并三子刘把（刘三洪）、四子刘永庆和刘五子，以及刘铨之妻黄氏与儿子六人被解赴北京，分配给功臣为奴。李氏与四子、五子分给副都统果升阿为奴，住东城帽儿胡同。刘三洪分给伯鄂岳家为奴，住西城帅府胡同。刘铨妻子及幼子分给公复兴家为奴。而刘姓近亲多发往新疆安插种地。在此之前，王中兄弟、郜氏三兄弟或绞或斩，已死多时。坎卦长张柏发配黑龙江与披甲人为奴。坎卦大头目孔万林由于收藏"逆书"，造作"逆词"，与刘省过同时"照律斩决"。刘省过清水教"逆案"至此结束。

为什么此案不叫收元教案或八卦教案，而称作清水教案？

八卦教同教异名甚多，前后出现过十几种。诸如：收元教、五荤道、

---

① 《清代档案史料丛编》，第三册，第7页。

② 《军机处录副奏折》，嘉庆十八年九月三十日王普仁供词。

③ 《清代档案史料丛编》，第三册，第7页。

④ 《上谕档》，乾隆三十七年八月九日上谕。

清水教、空子教、圣贤教、天理教等等。变换教名是为了适应形势，避免当局搜捕镇压。八卦教发展到刘恪、刘省过时代已易名清水教。日本学者依据《清实录》，认为清水教是八卦教中震卦教别名，这种看法是不妥当的。

据乾隆三十七年五月十二日徐绩奏称：

> 清水教本由东省传播蔓延，前经缉获之逆犯王中，虽已正法，今豫省审出教首刘姓其人，与逆书所云"周刘户"字样相合。①

可见，清水教教首不是震卦长王中，而是刘省过。

再据乾隆四十七年七月二日明兴奏称：

> 吴克己籍隶河南确山县，寄居山东曹县，于乾隆三十六年间投已故菏泽县人布伟为师，入已正法单县人刘省过等清水教，传有《灵山礼采茶歌》等邪词。②

而乾隆四十七年清水教徒杨起玉也证实清水教首确为刘省过：

> 上年三月间，……小的想诓骗别人，自己就将刘省过清水教内遗留口授《乾元亨利贞春夏秋冬九经》、《乾坎艮震巽离坤兑八书原歌》，讲论道理，哄骗愚人入教。③

上述三条史料足证清水教是整个八卦教的异名同教，而不是什么震卦教的别称。

为什么八卦教又叫清水教？这和其入教仪式有关："入教时节只用三盅清水磕头，所以叫清水教，又名白莲教。"④ 这就是八卦教又叫清水教的原因，也是乾隆三十七年刘省过"逆案"又叫清水教"逆案"的原因。

---

① 《朱批奏折》，乾隆三十七年五月十二日山东巡抚徐绩奏折。
② 《军机处录副奏折》，乾隆四十七年七月二日山东巡抚明兴奏折。
③ 《军机处录副奏折》，乾隆四十七年（日月不清）杨起玉供词。
④ 《军机处录副奏折》，乾隆四十七年（日月不清）位荣供词。

(三) 刘大洪、刘二洪与段文经案

乾隆三十七年是八卦教世袭传教家族由盛至衰的转折。这一年春、夏两季，由于这些家族的主要成员几乎被清政权一网打尽，曾经有一个世纪统一历史的八卦教走向分裂。这是民间宗教史上有名的"邪教案"。由于刘省过兄弟的死，曾经一度导致教内群龙无首，然而有着顽强生命力和凝聚力的八卦教，经过数年的沉寂，又分别拥立了两位刘姓成员作为教首，这就是刘省过逃亡在外的二子刘二洪，及被清政权流放到新疆的刘氏成员刘廷献。八卦教的领导核心分裂为二。刘二洪一支，传教不到九年，由于受到乾隆五十一年七月段文经攻打大名府道事件牵连，被清政权绞杀殆尽。

乾隆五十一年闰七月十四日夜，直隶大名府捕快领班、八卦会头目段文经，元城县捕役、八卦会副头目徐克展，召集同教五十余人，于三更天突袭大名府道，杀官劫狱，造成了震惊清廷的重大"邪教逆案"。同年七月二十六日，直隶总督刘峨奏折对此有详细描述：

> 据已获之许三等佥称，系段文经、徐克展招引入教。徐克展以段文经为师，段文经以山东刘洪为教主，……刘洪即刘铨。七月十三日段文经、徐克展招引同教五十余人，……相约在城内许三家会集。因许三家有空房三间贴近道署。三更以后，段文经等点香叩头，各用红白细布包头，由许三家推墙而出，先进道署。熊恩绂（注：大名府道道员）闻声出堂喝禁，并喊人擒拿。群贼执持刀枪将熊恩绂先后砍扎十伤，熊恩绂回至中堂，倒地殒命。家人衙役惊起拒敌，被杀八名，受伤八名。正打库门，因见各役渐次增多，贼始由大门而出，分赴大名、元城二县，抢劫囚犯。大名县仅将监狱头门打开，典吏王学书抵拒受伤，内监未动。元城县已砍入内监，将各犯锁镣砍断，胁令同行。各犯畏惧央求，内有二名被贼吓砍致伤，亦坚不同逃。……各贼听闻枪声，遂跑至西门，砍伤军门，夺门逃逸。……①

---

① 《军机处录副奏折》，乾隆五十一年闰七月二十六日直隶总督刘峨奏折。

这个奏折是有关段文经等突袭大名府道最完整的文字记录。事件后，大部分八卦会成员被捕，或凌迟，或斩决，主谋段文经却逃脱法网，不知所终。而与此案无任何关联的刘省过的几个儿子再次受到牵连。

乾隆三十七年八月刘省过被斩决以后，其长子刘铨即刘大洪于秋审后拟斩监候，至乾隆四十八年经过十次审讯，被判监禁，至乾隆五十一年已入狱十四年。

刘省过二子刘二洪从乾隆三十七年清水教案逃出，到乾隆四十二年"潜回单县"，遇见同教张世英，得知母亲与兄弟们在北京为奴，遂决意前往。因记忆起其父刘省过在日常说"京中前门外小椿树胡同有相好方姓，……想到京投他，好寻问母亲、兄弟下落"。这之后，刘二洪随同张世英到了直隶大名府见了同教杨林，杨林替他凑了京钱五十千，又送其皮袄等物，派手下教徒送他到北京。据后来刘二洪供词云，他进京后"找到小椿树胡同方中正家，认他做了父亲，改名方孝。打听出兄弟三洪，叫他带我到东城帽儿胡同，见我母亲和四弟"①。经过多年的漂泊离异，母子兄弟终于再次相见，而这种相会的背后还隐藏着杀机。

刘二洪到京后，在京畿、直隶、山东部分教徒的拥戴下，成为八卦教新的宗教领袖，继承了祖辈之教业。据史料记载，直隶章邱、榷县、京畿南海子、山东省单县等教徒朱二、梁迁、王世俊、吕栋、阎得三等人先后送银数百两。乾隆四十五年，刘二洪以教主身份到直隶大名府一带传教敛钱，会遇杨林诸同教。杨林告诉刘二洪，有门下段文经、徐克展以及山东单县吕栋等人"为人强横、借事招摇"。这些人"指着我兄弟的名色在外招摇敛钱，我因他们敛的银钱都是自己分用，不过给我几十两，将来闹出事来，我母子兄弟性命俱不能保，就向杨林阻止，叫他们不要敛钱来京……"②

段文经系广平县张孟村人，曾拜震卦头目焦玉坤为师入教（焦玉坤又拜焦廷秀为师）。他还曾拜河南虞城县麻孟村人李老五为拳棒师父，是

---

① 《军机处录副奏折》，乾隆五十一年八月七日永琅奏折。
② 《军机处录副奏折》，乾隆五十一年八月七日和八月十一日永琅等人奏折。

一个拳教相兼的捕快头目。他依仗着自己的社会地位和武功，多方招徒，成立了八卦会，并打着刘二洪兄弟的旗号，广为招摇，因此受到刘二洪的斥责。这以后，他开始转向在单县监禁的刘大洪，希图打着刘大洪的旗号，扩大教势。

从档案史料记载看，段文经从乾隆五十年就开始了反清活动。有善相者说他"是龟背，有些异象"。所谓异象即帝王之相。① 他一方面扩大八卦会人马，一方面靠拢刘大洪。乾隆五十一年初，他的徒弟、单县人吕栋曾数次通过狱卒刘兴帮的关系给刘大洪送银。同年四月份段文经、徐克展已经打算占领大名府，他给刘大洪写了一封信，内有"心里至明，稳坐大名，心思已定，忠心不退"等字样，吕栋等人不敢转交，将信焚毁。② 七月十日，段文经、徐克展命令其在山东单县的徒弟吕栋、秦法曾等人劫出教首刘大洪，送至大名府教徒许三家中，但由于单县教徒畏葸，劫狱之事未果。

段文经等人原打算乾隆五十一年八月十五日袭击大名府，后因风声日紧，于是请其"军师"、算卦为生的邢士花卜卦。邢士花卜卦后认为闰七月十五日乃大吉之日，于是就发生了前面叙述的杀官劫狱案。结果营救刘大洪未成，而占领大名府的计划也成泡影。

事件发生后，乾隆皇帝极为震怒，前后发谕旨不下百道，严办此案。

七月十五日，大名府道首获八卦会教徒许三、邢士花等五名，究出监禁在山东单县的"教首"刘洪（即刘大洪）。八月初山东巡抚质讯刘洪：

> 据刘铨（即刘洪）坚供，伊收禁在监已十四年，并不能结交同党。吕栋、刘兴帮数次送过银两，收受属实（朱批：此非结交而何？），实不知段文经等谋为不轨，先寄逆书及欲劫伊出监之事。③

据吕栋、刘兴帮、李得禄、甄汉杰等人的供词记载，刘洪从未与闻大名府

---

① 《军机处录副奏折》，乾隆五十一年八月八日李得禄供词。
② 《军机处录副奏折》，乾隆五十一年八月山东巡抚明兴奏折。
③ 《朱批奏折》，乾隆五十一年八月初六日山东巡抚明兴奏折。

事件，且不知段文经、徐克展为何人。但当局以其为教首刘省过之后，牵连至大名府案件之内，不能免罪，于乾隆五十一年八月初六日后与吕栋等一同绑赴市曹处斩。

与此同时，山东单县吕栋等亦供出在北京的刘二洪等人。据吕栋供称："于四十五年二月内曾同冠县人阎得三至京，在西城帅府胡同鄂大人家见过刘洪之母，听闻刘二洪已改方姓，住居前门外小椿树胡同，开小古董铺生理。"① 这样刘二洪、刘四洪及母李氏在京被捕。

刘三洪是伯鄂岳的奴仆，鄂岳补放福建副都统，刘三洪随同赴闽。乾隆五十年冬，刘三洪又随主人暂时返京。五十一年正月娶妻黄氏，随即离京。九月十七日闽浙总督常青奉旨将刘三洪斩首于福州。

刘四洪即刘永庆被捕最早，乾隆五十一年闰七月二十四日即遭王大臣永琅审讯，后与其兄刘二洪同在北京被当局处死。而刘省过的第五子早在乾隆三十八年时即夭折于恶劣的环境中。这样刘大洪兄弟四人，在其父遭难后的十四年因大名府案，全部罹难。

(四) 刘廷献、刘成林与嘉庆二十二年"邪教案"

乾隆五十一年刘氏兄弟之死，并未使刘姓家族"断绝根株"。三十年后，嘉庆二十二年清政权再次发现这个家族的成员充任八卦教教首。

嘉庆二十二年六月，山东巡抚陈予视察本省漕运情况，接准齐河县知县秦谦密禀，拿获"头戴金顶"、"世代传教"的八卦教教徒侯位南，究出同教刘元善、夏洪章、靳光含等多人。陈予等对此案"获犯"严加审讯，遂搞清一支八卦教自乾隆四十五年以来活动的来龙去脉。据侯位南供称：本系山东金乡县人，"当年刘佐臣将震卦教传给我祖父侯棠。祖父故后，传给四叔祖侯朴。四叔祖故后，传给我父亲侯绳武。"② 乾隆三十七年"清水教案"内，侯氏一族除个别人外，多"侥幸漏网"。到乾隆四十五年，侯朴（字尚安）因"刘省过死后八卦教无人掌管"，决心振刷八卦

---

① 《军机处录副奏折》，乾隆五十一年闰七月（具体时间不清）山东巡抚明兴奏折。
② 《军机处录副奏折》，嘉庆二十二年十月十三日山东巡抚陈予奏折。

教，派门下到新疆济木萨寻找刘省过近亲刘廷献父子。①

　　刘廷献又名刘闻诗，是刘省过族兄弟，于乾隆三十八年受牵连，与其子刘成立、刘成器、刘成林被发配到新疆，分拨到济木萨安插种地。刘廷献与震卦头目侯朴是表亲，因此侯朴派人到新疆找寻，并欲立他为八卦教新的宗教领袖。据刘廷献之子刘成林供词记载：

　　　　乾隆四十五年；伊父刘廷献在日，有直隶人徐云卿、山东人刘尚喜来济木萨寻见伊父。说表亲侯尚安叫徐云卿等赍送银信前来。并说教首刘省过死后，无人掌管八卦教，现在侯尚安复兴此教，所以前来找寻，推为中天教首，总管八卦教中之事，伊父应允。②

八卦教中历来供奉先天、中天、后天牌位，以表明教首辈份与道统"一以贯之"之意。自乾隆四十五年起，刘廷献成了部分八卦教徒的"中天教首"。徐云卿等在这次赴疆时，共奉献给刘氏父子一千两白银。为了防止"道统中绝"，刘廷献命其三子刘成林拜徐云卿为师，学习教中道理、口诀及祈祷仪式，每逢朔望之期，早午晚面对太阳，合掌焚香，参拜顶礼。刘廷献托人带信，嘱托侯尚安代管内地教中之事，并送侯氏传教书一本，"可以照书传教"③。

　　嘉庆七年侯尚安物故，其侄侯绳武接续教权。侯绳武以其两子侯化南、侯位南不成气候，拒不传教于子，遂将坎卦教传于刘上达，将震卦教传于张贯九并其子张奎文。并有山东冠县人靳光含"拜侯绳武为师，习坎卦教，侯绳武派为坎宫副总"④。为了使教权获得合法性，侯绳武再次派人前往新疆济木萨：

　　　　嘉庆七年五月间有冯青云、王曰鲁、夏洪章、宋相贵、刘元善、魏尚存，装卖磁器客人来至济木萨地方，……与刘成器、刘成林相见。冯青云等言及该犯等表亲侯绳武在家立教，侯绳武出银五十两，

---

① 《军机处录副奏折》，嘉庆二十二年十月十三日山东巡抚陈予奏折。
② 同上。
③ 《朱批奏折》，嘉庆二十二年十月十二日庆祥奏折。
④ 《军机处录副奏折》，嘉庆二十二年十二月二十二日山东巡抚陈予奏折。

并令众人凑银三千九百五十两，共计四千两，送给刘廷献使用，并寄有书信一封。①

是时，刘廷献及刘成立皆先后物故。冯云青等以中天教首刘廷献虽死，刘成林亦是刘佐臣子孙，"与刘廷献在日无异，遂将书信递给，内夹凑银名单一纸，……将银四千两劝该犯收留。遂推刘成林接充中天教首。……冯青云等检出伊父手录书四本，图书一方，云此二物带交侯绳武，可作凭据"②。刘成林则将大印一方，上刻"崇德堂"，小印二方上刻"克己堂"、"儒林堂"送与侯绳武，作为掌教的凭据，并送给侯绳武手折、敕书、锦囊、教首刘姓谱系及八卦教首谱系清单。"谱系单内开载刘姓世系甚详，并注生殁年月日时，即刘成林等子女亦皆注出"③。嘉庆七年以后，刘成林为了使侯绳武更好掌教，又陆续遣人从新疆到山东金乡县送给侯绳武香块，名为信香，据云，"每遇劫数，焚烧此香，自有诸神救护"④。又送经书一套，总名《传教成全书》，又名《西皇经》。嘉庆九年，侯绳武以坎卦副总靳光含为人厚重可靠，遂将"口外带来的西皇经交给教首靳光含收受"。嘉庆二十二年靳光含被捕，当局在其邻居家起出木匣一个：

内贮图章二方，一系篆文"坎宫少父"四字，一系篆文"坎宫副总"四字。另有木匣一个，系盛贮香块。又花布包袱内系手折一个，套面上写"净面敕书锦囊"六字。又《太皇宝卷》二本，《五女传道宝卷》一本，《五女传道》一本，《性理大全》一本，《迩言翼》一本，《孔明问子其》一本，《儒流正宗》一本，《专治十八翻秘诀书》一本，《八卦教首谱系图》一张，《正丁二坤歌》一张。……逐一细阅，内如《专治十八翻秘诀书》一本，《五圣传道》一本，《五女传道宝卷》一本，《理性大全》一本，《迩言翼》，《太皇宝卷》二本，或劝人为善，或系修真治病，其中语义不尽可解。惟手折之面胆

---

① 《朱批奏折》，嘉庆二十二年九月二十五日庆祥奏折。

② 同上。

③ 《军机处录副奏折》，嘉庆二十二年十二月初七日山东巡抚陈予奏折。

④ 同上。

敢写敕书锦囊字样，《表文稿》内书写天爵，实属悖妄。而《儒林正宗》一书中间词句尤属悖逆显然。又《孔明问子其》一书中多隐语，亦属狂悖。臣当向靳光含逐层究诘，据供：手折锦囊是侯绳武交给我的。他说如遇劫数之年，有刀兵妖怪，可以避难。所有各种经卷原是西边刘教主传下，从口外寄来，所以总名《西皇经》。①

《西皇经》中唯有《儒林正宗》是侯绳武亲自编写，其他各书或为刘氏祖传，或为刘廷献编写，借言理言性，传授内丹，扩大教势。而从"手折"、"敕书"、"天爵"及《西皇经》等字样，足见刘姓家族虽处逆境，颇有政治野心。在嘉庆七年内地教徒前往新疆时，刘成林还封冯青云为乾卦一品教职，宋相贵为坤卦一品教职，六人回山东时，侯绳武又封夏洪章为大善真人。刘姓家族妄想登基称帝之心跃然纸上。但现实是冷酷无情的，靳光含曾问侯绳武《八卦教首谱系图》单内之人，侯绳武答以"多已亡故"。清政权又发现"单内亦多注无后"字样。② 可见到嘉庆二十二年，八卦教内世袭传教家族大都无可挽回地衰败了。

嘉庆十四年五月，侯绳武再次命冯青云、宋相贵、夏洪章、丁宜宗四人到新疆济木萨送银三千两，送信一函。刘成林复信，内有"仍烦侯绳武代管教中之事，众人俱各安静，不必记挂"等语，侯绳武于同年物故。③

从乾隆四十五年到嘉庆十四年，山东、直隶八卦教徒万里迢迢三次赴疆，向教首刘姓贡奉银两，总计八千两之多，刘成林独得七千两。刘成林乃一介庸人，仅以刘佐臣后裔身份，身居中天教首地位十几年。他在新疆，身为配犯，却能娶妻纳妾，化贫为富，化贱为贵，过着豪华的生活，为人顶礼膜拜，这种历史现象不能不引起人们深思：八卦教这样的民间宗教为什么会有如此深入人心的力量？

嘉庆二十二年六月，侯绳武之子侯位南在齐河县被捕以后，迅速地交待出山东、直隶一批八卦教头目及教徒，在新疆的教首刘成林也就在劫难

① 《军机处录副奏折》，嘉庆二十二年十二月初七日山东巡抚陈予奏折。
② 同上。
③ 《朱批奏折》，嘉庆二十二年九月二十五日庆祥奏折。

逃了。刘成林于嘉庆二十二年十二月在新疆被正法，其父刘廷献戮尸。

就现有的史料来看，刘成林是刘氏家族最后一位八卦教的掌教人。①从刘佐臣到刘成林，刘姓掌教六代，计一个半世纪。到嘉庆二十二年，这个家族终于退出了历史舞台。然而这个家族的影响在历史的长河中仍不断翻起微波，传出阵阵回响。

第三节　震卦教、离卦教、坎卦教源流

八卦教的组织结构是派分八支，皆受制于教主刘姓。但是在这个宗教体系中，各卦都有相对的独立性和势力范围，各自招徒，各自发展。从现存的史料分析，八卦各派之中只有震卦、离卦、坎卦有着比较清晰的发展脉络，实力较大，影响较深远，并与乾、嘉、道三朝的农民革命运动有着千丝万缕的联系。本节拟对这三卦的源流作一简单介绍。

(一) 震卦教与王姓家族

震卦教是八卦教中实力及影响最大的教派之一，与离卦教相仲伯。乾隆三十九年王伦清水教起义、乾隆五十一年段文经大名府暴动、嘉庆十八年直鲁豫八卦教起义都与这支教派有着密切的关联，因此有必要搞清其来龙去脉。

各类史料关于震卦教草创时代的记载寥寥无几，内容也往往相左。刘佐臣倡教之初立何人为震卦长？有两种不同的记载。

一类史料认为震卦长为山东金乡县侯姓。

据侯位南供词记载：

当年刘佐臣将震卦教传给我祖父侯棠，祖父故后传给四叔祖侯

_____

① 道光四年三月山东巡抚琦善奏折记载了这样一段史实："刘允兴之故父刘公哲在日，因八卦教屡经犯案，人皆畏惧，随变幻名目，改为九宫教。……刘公哲故后，其子刘允兴……接充九宫教士。"此折中刘公哲、刘允兴是否为八卦教首刘姓家族成员，史料未载。记此存疑。

朴，四叔祖故后传给我父亲侯绳武。①

侯姓家族与八卦教首刘姓家族关系密切，前节已详加叙述，此处不再赘言。

另一类史料则认为刘佐臣创教时曾将震卦交与山东菏泽县人王容清分掌：

> 康熙初年，王容清为刘佐臣分掌震卦教。王容清故后，其教系长子王中接传。②

我认为，刘佐臣派侯姓分掌震卦教的可能性较大，理由如下：

第一，乾隆、嘉庆间世传的《八卦教首谱系图》有关于震卦为侯姓掌教的记载。据侯位南供词记载：

> 刘成林曾有教首清单一纸。……震卦就是我祖父侯棠。③

第二，刘佐臣倡教时曾按八卦图的方位分卦。如离卦郜姓家居河南商丘，位于山东单县偏南，坎卦在直隶容城县，位于山东单县之北。与离为南方之卦，坎为北方之卦方位相合。震卦是东方之卦，《易·说卦》："震，东方也。"侯姓家籍山东金乡县，位于单县之东，侯姓掌震卦，应取其震主东方之意。而王容清是菏泽县人，在单县西北，与八卦图卦象方位不合。

第三，关于王容清为刘佐臣掌震卦教的记载晚出于清道光年间，似是王氏后裔为光大教派、壮大教势所伪造。

根据上述原因，刘佐臣创教时应以侯棠为震卦长更合乎情理。

王氏家族虽非倡教之初的震卦长，但由于王中在刘省过掌教时，与教主过从甚密，以至教势日炽，对后世的影响远远超过金乡侯姓。乾隆后半

---

① 《朱批奏折》，嘉庆二十二年十月十三日山东巡抚陈予奏折。
② 《朱批奏折》，道光四年三月十八日署山东巡抚琦善奏折。
③ 《朱批奏折》，嘉庆二十二年八月初一日山东巡抚陈予奏折。

叶，乃至嘉、道两朝，八卦教内众多信仰者皆以王姓家族为震卦长，凡入震卦教者均称为东方震宫王老爷门下，或称后天王老爷之徒。这说明，至少到乾隆中叶以后，震卦教内存在着两个实力庞大的教团。侯姓家族末代传人侯绳武死于嘉庆七年，其后道脉衰微。而王姓家族则连绵于道光年间，在华北地区有着深远的影响，所以本节以王氏家族为脉络，考察震卦教的演变。

据清档案记载；

　　康熙初年，王容清为刘佐臣分掌震卦教。王容清故后，其教系长子王中接传。乾隆三十七年王中破案拟绞，其子王子重于五十三年被获后发问新疆；五十七年，在配兴教，与胞弟王者静、堂弟王者弼并同教之步文彬一并正法。王子重之妻、子及侄王宿与步文彬之子步二斤俱缘坐，给功臣之家为奴。维时王者弼之子王富儿、王有，因王顺在江苏丰县种地，随逃往寄居，未经缘坐。五十九年，王宿、步二斤自京逃至曹县，一同居住。王富儿闻知前往，即拜王宿为师入教。嘉庆十一年，……将王顺接回，……群推为震卦教主。①

此段奏折除"康熙初年，王容清为刘佐臣分掌震卦教"不实外，余皆为实录。

清代乾隆中叶至道光初年，数十年间当局侦破震卦教活动不胜枚举，而其中涉及震卦长王姓或教内核心成员活动的案件共六次：乾隆三十七年、乾隆四十七年、乾隆五十三年、乾隆五十六年、嘉庆十八年、道光四年。为了搞清震卦教及王姓家族的脉络，只能依案索迹。

乾隆三十七年清水教首刘省过、震卦长王中等遇难后，以山东菏泽县为传教中心的震卦教徒隐形蛰居，活动一度沉寂下来。王中之子王子重与其母举家避祸，徙地他居。十年之后，乾隆四十七年，山东当局再次在曹、单等县发现了清水教震卦支派的活动。是年五月十六日山东巡抚明兴根据单县知县王栋等禀报上奏乾隆皇帝："拿获该县监生崔廷珍……等共

① 《朱批奏折》，道光四年三月十八日署山东巡抚琦善奏折。史料中有"步文彬""布文彬"二种记载，仅据原文录出。——引者注

二十八名，……抄录《灵山礼采茶歌》邪词，并该犯崔廷珍、范志嘉口供，一并恭呈御览。"①

　　据崔廷珍供词记载：

　　　　……袁红甲是我引师，崔廷智是我指师。我转引崔建柏、韩学信二人。我念的是《灵山礼采茶歌》，……还有《九经八书》。……（这教）谁传的人多就赐与他大事职份，这大事职份是最体面的，管着许多人。……袁红甲到我家要过两次钱，说不拘多少，随心布施，越多越好。我问他要钱给谁？他说送与上头，安置户口使用的。这时候安置妥当了，将来有事才不怕哩。②

崔廷珍供词使清朝当局"不胜惊骇"，迅速顺藤摸瓜，又续获大批传教骨干及在教者。在五月末的奏折中就有记载，"所传实系白莲邪教，又名清水教。菏泽、曹、单等县都有其人，由来已久。藉称入教获福免祸，哄诱乡愚，并按名索费，自三四百文至七八百文及一千文不等。其传教首犯布伟，系菏泽人，业经病故。"③

布伟是王中妻兄弟，生前充任震卦掌爻之"真人"，死于乾隆四十五年。布伟有子三人：布文彬、布文影、布文起。布伟死后，其子布文彬充任教职，执掌一方教权。而当局并未审出内部传承，以为布伟死后，此教系布伟大弟子河南确山县、寄居单县之吴克己接掌，于是严审吴克己。吴克己系乾隆三十七年"漏网之犯"，乾隆四十五年后因家境贫寒，无法度日，因此故智复萌，传起教来。为了使人们听信，借口"为上头向入教各户敛钱，为安置户口，不怕灾荒，为能逃避劫数，并以传的人多为做官，及有饭吃，不惧乱等妄诞邪词，愚惑听闻"④。陆续传授大批徒众。

　　此案并未涉及震卦长王子重，虽抓获布伟三个儿子，亦未审出布文彬为震卦重要头目，仅以其为"邪匪王中之甥，孽种相承，断无不传教之

---

① 《军机处录副奏折》，乾隆四十七年五月二十二日山东巡抚明兴奏折。
② 《军机处录副奏折》，乾隆四十七年五月崔廷珍供词。
③ 《军机处录副奏折》，乾隆四十七年五月二十八日山东巡抚明兴奏折。
④ 《军机处录副奏折》，乾隆四十七年七月二日山东巡抚明兴奏折。

理"，发配两广"烟障之地"。而将吴克己等三人误认为"为首之犯"斩决。①

王子重虽然逃脱了乾隆三十七年及四十七年两次"清水教案"，却在乾隆五十三年被当局侦破抓获。乾隆五十三年六月河南巡抚毕沅向朝廷奏报本省彰德府拿获震卦教徒林进道等多名"教犯"。这些教徒口诵《愚门弟子歌词》，"指太阳为圣帝，每日三次磕头，每年供神五次，谓能消灾祈福。又自认山东单县已正法之刘省过为教主，已犯案之王中为掌教。上供时将各人姓名籍贯用纸书写，不识字者口诵姓名。俱自称后天王老爷之徒，递相传授，敛钱多寡不一"。毕沅认为"此案系山东刘教遗孽"，应"彻底严查"。②

河南彰德府这支震卦教，系王中之徒震卦掌爻侯景太在乾隆二十年后传入豫省的。侯景太于乾隆三十七年牵入清水教案，后在狱监毙。乾隆三十七年教案并未涉及彰德府这支震卦教，在以后的数十年间教势如火如荼地发展起来，成为震卦教中一支实力雄厚的教派。后来八卦教重要领袖李文成就是依靠这一带震卦教的势力才得以与林清发动嘉庆十八年直鲁豫八卦教大起义的。

乾隆五十三年河南震卦教徒在严审逼供下，扳出王子重，王子重在山东被捕入狱。但山东当局并未审明其震卦长身份，仅以其为王中之子，发配新疆给少数民族为奴：

王子重系五十三年河南抚臣毕沅拿获震卦邪教林进道等案内，审明系三十七年犯案正法王中之子，发往回域喀什噶尔等处为奴。③

乾隆三十七年、四十七年、五十三年，接踵而至的打击，破坏了震卦教的传教中枢，然而毁灭性的打击还在后面。

乾隆五十六年六月二十二日，震卦教重要头目，教内"开路真人"

---

① 《军机处录副奏折》，乾隆四十七年五月二十九日山东巡抚明兴奏折。按：《清实录》记载乾隆四十七年清水教案犯发配黑龙江、伊犁为奴，不确。此案事实是：布文彬等人皆发配至广东、广西两省。

② 《军机处录副奏折》，乾隆五十三年六月十三日河南巡抚毕沅奏折。

③ 《朱批奏折》，乾隆五十六年七月十一日山东巡抚惠龄奏折。

刘照魁，从新疆回到故居陕西省渭南县，为本族刘世俊首呈官府，问拿入狱，供出震卦长王子重在新疆，震卦掌爻布文彬等人在广东的活动，从而进一步揭露了这个地下宗教王国的秘密。

刘照魁自幼孤苦无依，走江湖变卖戏法为生。乾隆三十五年以后前往四川、贵州、云南、广西、广东等省闯荡漂泊。乾隆四十九年五月，在广西养利州"寄居山东单县八卦教案内军犯刘书芳铺内，即于是年五月初一日拜刘书芳为师入八卦教。刘书芳授以教内理条。五十年为刘书芳赴山东原籍单县递送家信，……五十三年刘书芳复怂恿该犯赴广东广宁、鹤山二县，为病故同教军犯李大志、魏荣、李书搬取殖骨，并嘱其顺过德庆州探访同教军犯步文斌"①。

乾隆五十三年刘照魁访获布文彬，"布文斌（彬）以该犯专心入教，收为义子，亦经传授教内理条"。刘照魁遂成为震卦教重要骨干。这之后，他受布文彬之托，前往山东为其妻布萧氏送信，住在布家"帮务农业"。布文彬之妻又嘱令他到菏泽县为王中之妻王袁氏送钱，帮助度日，并告以"王袁氏之夫本系东震掌教，王中故后，众人即推伊子王子重为掌教，现发配出口，与布文彬系属表亲"②。这样刘照魁就掌握了震卦教的核心机密。

乾隆五十五年初，王中之妻嘱令刘照魁到新疆看望其子王子重。二月份刘照魁从山东出发，四月回到老家陕西渭南，"旋即出口，由库车、阿克苏、叶尔羌而至喀什噶尔"。沿途所经之处多有同教遣犯，纷纷嘱托其向教主王子重"讨要封号"。刘照魁见到王子重后，王子重大喜过望，留其住居一个月，向他讲解教中诸事并传授教内理条。据乾隆五十六年七月陕西巡抚奏折记载：

> 王子重留住一月，讲解教中诸事。并称教内定有八等名号，入教后遇有功行，先封为传仕，由传仕升为全仕，由全仕升为点火，以后流水、总流水、挡来真人、开路真人、指路真人，以次递升。因该犯在广东搬回同教骨殖，又赴口外送信，功行较大，径封为东震至行开

_____

① 《朱批奏折》，乾隆五十六年七月五日陕西巡抚秦承恩奏折。
② 同上。

路真人。随给与盘费银二十两，马一匹，打发起身。令该犯路过叶尔羌、阿克苏、库车时许封屈进河等六人为全仕名号，均系口许，并无札付。复令回山东传教与伊侄王腊元儿，以冀兴复原教。又给信两封，令先赴江南沛县转嘱杨武等料理会下之事，再赴广东德庆州，复还步文斌指路真人名号。……尚欲给与瑶数（汪：爻数）铜刃赤剑，以掌教内生杀之权。①

由于刘照魁在陕西全数吐供，使新疆为奴的王子重及教徒屈进河等人，广东、广西布文彬及刘书芳等人以及山东王子重、布文彬的亲属及在教人等，大批遭捕。乾隆五十六年末，王子重、布文彬、刘照魁等分别从新疆、广东、陕西等地押送北京刑部大狱，在京严审，于乾隆五十七年初被斩杀于菜市口。同时死于此案的还有王子重胞弟王者敬、堂弟王者弼等人。王子重之母王袁氏、其妻王王氏，他的三个儿子王大科、王二科、王三忙"照例缘坐，分赏功臣之家为奴"。王者敬之子王宿、布文彬之妻及子布二劲亦解送北京为奴。

乾隆五十六年一案，王子重、布文彬等人被杀，大批骨干成员被流放，导致以王姓、布姓为首的世袭传教家族元气大丧，一蹶不振。这些家族的成员或逃匿星散，或隐姓埋名，直至十年后的嘉庆初年，教内人等才再次推举王容清曾孙王顺为震卦长，重新兴教。然而王顺并非王中、王子重所出，不具备嫡传正宗的号召力。当时在山东传教的布文彬长子布大劲遂前往北京，寻觅王子重的三个儿子。当时，王子重第三子王彦（即王三忙）已长大成人，在贵族范建丰家中为奴，改名巴彦。布大劲劝王彦逃回山东接充其父教首职务，"做东方震卦教头"。并说王顺现在山东顶替王彦之名充任教首，而先已从京逃回山东的布二劲顶替王彦二兄名号，充任教头。王彦因八岁时即被投入贵族府内为奴，既不懂得教内规矩，又无胆量"叛主"逃匿，布大劲劝说无效，只得每年按时送与银钱、衣物，王彦则在北京空应震卦教首名色。嘉庆十八年，八卦教直鲁豫起义之后，当局大肆搜捕八卦教徒，王彦遂为人供扳，被逮入狱。②

---

① 《朱批奏折》，乾隆五十六年七月五日陕西巡抚秦承恩奏折。
② 《军机处录副奏折》，嘉庆十八年十一月二十六日英和奏折。

有清当局最后一次发现震卦王氏家族的活动，是在道光四年。

道光三年八月当局分别在直隶东明县、山东菏泽县拿获"教匪"王二大嘴及王景元等人。他们师从山东巨野人路宗冉"学习四宫四卦之教"。此后鲁、直两省又续获菏泽、巨野、濮州、东明等州县王振功等十几名教徒。或入九宫教，或入震卦、离卦等教。当局根据教徒口供，蹑迹追踪，从而揭开了道光初年八卦教诸派的活动内幕。据署山东巡抚琦善奏折记载：

> 窃照山东菏泽县与直隶东明县拿获匪犯王景元等习教一案，……究出震卦、离卦、乾卦、坎卦及九宫等教人犯姓名、住址，分别咨行缉拿，计山东、直隶、河南、江南、湖北等省，先后获到一百一十四名。并于王顺、刘允兴、刘缮武、萧得山、郭大德等家起获传教家谱、混海图、滚云裳、真空经、九宫图及咒语、邪书等项。据该府等将人犯押带来省，……奴才亲提严审，缘王顺系老教首王容清之曾孙。①

此案不仅究出王顺与王容清之关系，还摸清了乾隆五十六年以后，这支教门的发展脉络。乾隆五十六年王子重、布文彬"犯案正法"时，王顺在江苏丰县种地为业，王子重堂弟王者弼之子王富儿、王有，逃至丰县，往投王顺，"未经缘坐"。乾隆五十九年王子重胞弟王者敬之子王宿与布文彬之子布二劲从北京逃回山东单县，在地下潜行传教。其后众人公推王顺掌教。王顺掌教时与刘允兴勾串，教势一度稍见起色。"刘允兴之故父刘公哲在日，因八卦教屡经犯案，人皆畏惧，遂变换名目，改为九宫教。……刘公哲故后，其子刘允兴将父遗《滚云裳》等项邪书收藏，接充九宫教主。"②从道光四年这段史料分析，刘公哲、刘允兴父子似为八卦教首刘姓后裔，但父子二人籍贯与家谱皆无记载，故难定论。但刘允兴与王顺关系密切，共同兴教，则有史可据。

道光四年"犯案"的这支震卦教，比起其祖、父辈兴教时更不成气

---

① 《朱批奏折》，道光四年三月十八日署山东巡抚琦善奏折。
② 同上。

候。这些末代的宗教家们只知以敛钱充其囊橐为宗旨，滥封甚至出卖教职，出卖合同，或专意引诱富家子弟入教：

> 各教犯拜师时，摆设香案茶果，向上叩头，或教会每日参拜太阳，或教会每日坐功运气，口授真空家乡等项咒语，各教大略相同。王顺与刘允兴接充教主后，所得同教钱文，或名籽粒钱，或名扎根钱，亦有名进身孝敬钱者。钱数目一、二百文至数十千文不等。而王顺又以钱之多寡给与爻数等项名号，为教中出力之人。司兴中、邓大中、萧缘山出钱较多，已得爻数。①

"爻数"本为仅次于震卦长的教阶，在王子重时代仅有数名，或为世代传教之人，或为对教内做出重大贡献者，那里的教阶还有一定的宗教严肃性。到王顺掌教后，宗教信仰内容已余无几，仅剩下专攻敛钱的骗术，足见到道光年间世袭传教家族对宗教信仰的神圣性亦弃之不顾，这些家族败落的结局并不是一种历史的偶然。

此案依《大清律》例载：

> 传习八卦等邪教，习念荒诞不经咒语拜师传徒惑众者，为首绞立决。……王顺系已故教首王容清之曾孙，刘允兴系已故教首刘公哲之子，胆敢收藏荒谬邪书，接充教主，煽惑徒党，敛钱入己，即与为首无异，自应照例问拟。王顺、刘允兴二犯合依传习八卦等邪教，拜师传徒惑众者为首绞立决例，俱拟绞立决。②

道光四年王顺之死，结束了王氏家族四代近百年的传教史。至少从现存史料来看，这个家族的活动在中国近代史上已泯灭无存。至于清末光绪年间一贯道创始人王觉一是否为震卦王姓子孙，尚需史料加以验证。

---

① 《朱批奏折》，道光四年三月十八日署山东巡抚琦善奏折。
② 同上。

(二) 离卦教与郜姓家族

离卦教是与震卦教实力相埒的教派，但离卦长郜姓则是八卦教世袭传教家族中历时最久，影响最为深远的家族。它的传承几乎贯穿了整个清代的历史。

在八卦教各派内，离卦教派系更为复杂，仅从乾隆至道光间，其势力在豫、鲁、直、晋等省蔓延滋蘖，繁衍分化，分枝盘根错节，难计其数。乾、嘉、道三朝教案不下数十起，变幻教名不下二十余种，皆奉郜氏为祖师，有清当局以这个家族为元恶大憝，屡剿屡起，直至清末咸丰十一年，前后达一个多世纪。

清康熙初年刘佐臣倡教之始即立离卦教。据史料记载：他"传教于南方郜姓"①。所谓南方郜姓即指河南商丘人氏郜云龙，其为离卦教开山祖，被门徒奉为"透天真人"。《易·说卦》云："离为火，为日，为电"，又云"离也者，……南方之卦也"。据此刘佐臣以山东单县偏南之河南彰德府商丘县人郜云龙主掌离卦教。

关于离卦郜姓创教及传承，嘉庆十八年九月二十日郜云龙后代郜添佑供词作了清楚的交待：

> 据高继远即郜添佑供，监生原是河南商丘人，年四十六岁。……监生是嘉庆九年捐的聊城籍贯。高祖郜云龙、曾祖高（郜）晋中、祖高从化即郜敬庵，大伯郜大即郜承福，二伯郜二即郜得福，三伯郜三即郜建福，四伯从幼夭亡，父亲第五，名郜鸿福。高祖郜云龙从前原是山东单县人老刘爷的门下，那老刘爷原是弥勒佛转世，高祖从他得道，叫透天真人。到乾隆三十几年上刘家闹事，把大、二、三伯都正法。②

关于郜云龙倡离卦教的史料颇多。据道光十三年九月山东巡抚办离卦

---

① 《军机处录副奏折》，嘉庆十八年十一月秦学曾供词。
② 《军机处录副奏折》，嘉庆十八年九月三十日高继远即郜添佑供词。

教案时的奏折记载：

> ……郜添麟世居河南商丘县，自其高祖郜云龙倡立离卦教，自号透天真人，传徒跪香，紧闭四门……。郜云龙之后，郜三等屡在河南犯法。传至郜添麟，迁居山东聊城县，改姓名为高道远，倡立邪教……。①

关于郜云龙倡教时的活动，史料无载。但从郜云龙号"透天真人"可以看出倡教之初的一点讯息。据离卦教传教经书《扫心经》记载："内有坐功图像，顶上有放出圆光者，有透出小人者，……即系透天真人。……舌抵上腭，鼻采真气，闭目存神，久后顶上透出小人，无所不照，即得真法。"②从透天真人称谓可知郜云龙倡教之初曾得道家绪余及刘佐臣修炼内丹之法，以采清换浊，透出元神为宗旨，传教授徒。

郜云龙生年不详，应为明末清初人，从事宗教活动的年代当在康熙初中叶。康熙四十五年前后，八卦教首刘姓第二代传人刘儒汉掌教，离卦郜姓第二代传人郜晋中亦应在同一时代执掌离卦。郜晋中死于何时史料无载。离卦教第三代教主是郜晋中二子郜从化。郜从化掌离卦教的时代，八卦教首刘儒汉已物故。乾隆元年儒汉子刘恪承袭教权，成为八卦教第三代宗教领袖，郜从化奉刘恪为教主。对郜从化掌教期间活动，清档案有较详细记载：

> 河南商丘县民郜从化原充收元教离卦长，以刘恪为教主。虞城县民陈霞九等在离卦名下入教。郜从化另招赵重、汪嵩高、田继承、李忠智、张玉新、李君珍、贾茂林七人为徒。郜从化之子郜大、郜二、郜三俱随从入教。陈霞九另招吴守志、周钦、杨宗礼及山东范县人李文进四人为徒，陈霞九之弟陈老四，其子陈圣仪俱随同入教。韩德荣案发后，刘儒汉之子刘恪亦因事犯提解质审。郜从化与陈霞九向教中信徒凑得银一千两，欲送给刘恪，帮助盘费，旋闻刘恪释回，未将银

---

① 《朱批奏折》，道光十三年九月一日山东巡抚钟祥奏折。
② 《朱批奏折》，嘉庆二十一年十二月二十三日两江总督孙玉庭奏折。

两送往，郜三随将郜从化所收存的银两，开铺经营图利。①

乾隆二十二年八卦教首刘恪、震卦长郜从化皆已物故。是年十月，坎卦长直隶容城县张柏之徒、山东曲阜人孔万林到河南商丘看地，与郜三相会，随至郜三家——商丘金家楼。二人相商，以郜大愚蠢、郜二言谈、相貌不及郜三，陈霞九亦已年老，遂以郜三即郜建福为第四代离卦长，以郜二为左支，陈圣仪为右支。②

乾隆五十一年河南巡抚毕沅奏折亦载此段经过：

> 讯缘李发即李法，住居商丘县马牧集地方，与已经正法之郜三、郜二等素相熟识。郜三于乾隆二十三年复行山东单县刘省过八卦会邪教，接充离卦教长，郜二为左支，惑众敛钱，李发被诱入教……。"③

从乾隆二十三年至乾隆三十七年，郜建福掌离卦教计十四年，招徒多人，并不断向刘省过汇送银两，其中仅郜大就贡奉白银一千九百五十两。

乾隆三十七年二月，清当局首先在河南发现山东震卦教徒的传教活动，并以此为线索揭开了八卦教庞大的教团的内部联系。是年五月十五日教首刘省过供出"河南商丘县人郜大弟兄，虞城县人陈圣仪、贾茂林……等，皆伊祖父教中支派"④。郜氏四兄弟被捕后，郜大、郜二拟绞，郜三斩立决，郜五经审讯未曾入教，"未经查办"。

乾隆三十七年一案，使离卦教活动沉寂十余年，到乾隆五十一年河南当局再次发现离卦教活动：

> 奉上谕，现据郝润成供出离字教总头目高二，住河南高家楼地方，传习拳棒，未知属何州县。……臣……惟查乾隆三十七年山东拿获教主刘省过案内原供有河南商丘县人郜二，……郜二拟绞，俱经正法在禁。今郝润成所供之离卦头目高二与郜二姓不相似。……臣……

---

① 庄吉发：《清代乾隆年间的收元教及其支派》，《大陆杂志》第六十三卷第四期。
② 同上。
③ 《军机处录副奏折》，乾隆五十一年十二月二十四日河南巡抚毕沅奏折。
④ 《朱批奏折》，乾隆三十七年五月十六日山东巡抚徐绩奏折。

饬提郜二之子郜拱弟、郜五等严加审讯。讯据供，伊等祖居商丘县金家楼，与高家楼相离数里。……自伊父、叔犯案正法，实无踵行邪教，传习拳棒情事。①

事实很可能并不如上面奏折所述。从郜氏家族第二代起，郜氏族人即改郜姓高，或郜、高不分。郜云龙之子叫高晋中，而郜从化又叫高从化。郜氏为地方大族，很可能分居于金家楼与高家楼。奏中所云离卦总头目高二，传习拳棒，无疑应是郜氏子孙，在同族的庇护下，于乾隆五十一年漏网逃脱。

乾隆五十二年，郜二之子郜巩（有的奏折称郜拱弟）再次因祖、父习教受到牵连：

郜拱系郜二之子，虽讯无踵行邪教情事，但游手好闲，不务正业，未便容留本地，致使日久余孽复萌。李发即李法、郜拱，均应照邪教为从例，发云贵两广烟瘴地方充军。②

郜五受其侄牵连，"在河南监禁身故"。郜三之子郜添麟"因祖、父们传习这教屡屡闹事，于五十二年秋间搬到山东聊城县东关外居住，改姓高"。郜五之子郜添佑亦于嘉庆二年春搬至山东与郜添麟一起居住。郜添麟改名高道远，郜添佑改名高继远。高道远后来"又接充离卦，传起教来。……他从前传了单县的刘陇士、莘县人从学珠；……又传了靳清和、靳中和这四个徒弟。"郜添麟死于嘉庆十六年六月。门徒靳清和等人以其长子高魁元嗜酒胡言，次子高会元半疯半傻，遂请郜添麟堂弟郜添佑即高继远充任离卦长。③郜添佑充任卦长仅两年零三个月，直鲁豫八卦教起义爆发，他受到牵连，于嘉庆十八年十月，以"邪教"为首例，被当局斩决。当局将"高道远、高继远子孙迁徙，高田氏与媳高王氏同其孙前往配所，自此高姓无人，其教遂散"④。这支教派至道光十年四月，因高田

① 《军机处录副奏折》，乾隆五十一年十月二十九日河南巡抚毕沅奏折。
② 《军机处录副奏折》，乾隆五十一年十二月二十四日河南巡抚毕沅奏折。
③ 《军机处录副奏折》嘉庆十八年九月三十日郜添佑供词。
④ 《朱批奏折》，道光十三年九月一日山东巡抚钟祥奏折。

氏等自配所回归，部分教徒借重高田氏在之名，重振教业。这是后话，以后详述。

在郜云龙部分后裔于乾隆五十二年迁居山东时，河南商丘老家仍有郜姓传教。乾隆中叶，郜云龙另一支后代郜生文传离卦教，直隶著名离卦教首刘功（刘恭）是其亲传弟子。"郜生文系乾隆三十六年间因习教犯案正法"，此后在离卦教内备受尊崇。但郜生文一支上代传承，史料阙如，亦不知与乾隆中叶掌离卦教的郜氏兄弟是何关系。郜生文死，其子郜与、其孙郜坦照踵行教业，并与直隶离卦头目刘功及杨遇山、孙维俭往还，收受银两。"郜与于嘉庆十七年八月间病故。……郜坦照于十八年间……解获到直，经署督臣章煦讯认，收受教匪馈送，问发新疆为奴。"① 郜坦照有子郜东来，"又因另案获解来直，讯无习教情事，郜东来有子郜成儿，年尚幼小。此外并无伯叔兄弟。经臣奏明，将郜东来解回豫省，咨明河南抚臣，饬令该府县严行管束"②。

清政权对离卦郜姓恨入骨髓，数十年间剿捕赶杀，不遗余力。但郜姓影响源远流长，难断根株，至咸丰朝郜云龙后裔郜永清又继起活动。

咸丰一朝，太平军在沿江诸省与清军殊死角逐；长江以北捻军如火如荼、蓬勃兴起。半壁中国局势动荡，大乱不已。"畿辅、皖、豫乱民，乘间蠭起。中州当七省之冲，无日不战，靡役不从，自始乱至戡定，首尾十余年。"③ 在这种形势下，在河南隐处数十年之离卦郜姓不甘寂寞，重新振教，甚至"僭伪号"，第一次公开打起反清旗帜。据《豫军纪略》记载：

　　金楼寨在归德府商丘县马牧集之南十里。寨首郜永清，其先习白莲教已三世矣，为离卦大宗。海内承平，守令仅以邪教诛首恶，永清之祖、父皆伏法，而子孙幸邀宽典。永清不悛，乘中原多故，其教中徒众有为皖捻堂主者，志益侈。适堡寨之议兴，金楼寨筑城浚池，倡于众曰："大劫将至，欲免者入吾寨！"八卦旗捻首刘狗至金楼寨谒

① 《朱批奏折》，嘉庆二十二年五月二十一日直隶总督方受畴奏折。
② 同上。
③ 《豫军纪略序》，载《捻军》（二）。

永清，执礼甚恭，薪木无毁伤。愚夫愚妇益信其为乐土，归之者如市。咸丰十一年，钦天监言，八月初一日，日月合璧，五星联珠。永清诳其众，谓祥由己，谋以其日偕伪号，约皖捻王明、李水牛入其寨，复有吴廷瑞、尤本立、黑巴等为之翼辅，将袭马牧而进图归德。事泄，遂反。①

郜永清祖、父辈为谁，史料无载，但"其先习白莲教已三世矣"无疑是错误的。事实是到嘉庆十六年郜添佑充任离卦长时，郜姓已传承六世，达一个半世纪之久。到咸丰十一年，郜姓传教已近两个世纪。

郜永清与皖省捻军"勾串"反清，引起当局注意。当时团练大臣毛昶熙"勒兵至马牧集，令南阳镇总兵图塔纳率诸将邵春仁……等进攻，……师久无功。"复派步队、马队助阵围剿。官军四面包围金楼寨，或挖地道垒土山"以临其寨"，或"试铜炮，毁贼堞"，或"施放火箭"，"而守贼不乱"。是年十月，捻军首领、离卦教弟子刘狗率马步军两万余来援。清军在损失惨重之后"全军撤马牧，候进止"。是年末，"郜永清死寨中，以其弟妻郜姚氏为女酋，婺也"。起义坚持了半年之久，毛昶熙败绩。清政权不得不派科尔沁郡王僧格林沁率师进剿。同治二年二月十八日清军以炸药毁城三段，"贼立八卦旗，志甚得，无馁意"。从二月至五月，僧格林沁督率马步军进攻不下十余次，"前贼仆，后贼犹不退"。直至五月三十日"诸将皆愤，请一战以死。……兵悉傅寨外，一鼓而登，遂下之。守贼犹巷战时许，尽歼之。郜姚氏为军士所杀，献其首，尤本立自缢死。郜氏少子年十三，牵至，见诸帅无惧色，引颈就刃。计所杀千四百余口，金楼平"②。

金楼寨之役，离卦教徒与捻军仅以一依山小寨竟抗击清军九个月之久，这是八卦教在近代史上抗击清军最有名的一次战斗。它说明了八卦教与捻军结合的力量，从侧面也反映了离卦郜氏家族影响深远。

金楼寨之役，无疑使郜氏家族遭到沉重打击，但这个家族有着极其顽强的韧性。笔者在光绪一朝档案中再次发现郜姓的传教活动，但有关其传

---

① 《豫军纪略》卷二《会匪五》，载《捻军》（二）。

② 同上。

教中枢的史料已泯灭无存。清末民初，各类有关八卦教传承的宝卷流传着八卦九宫仅存离卦郜姓一支的说法，经过本节对离卦教的叙述，上述说法看来是有一定道理的。

离卦郜氏家族从始祖郜云龙倡教起，一直传承至清末，历时之久，在八卦教世袭传教家族中首屈一指。在近代史中，它的影响超过教首刘姓、震卦长王姓家族。甚至民间习武者竞相以郜姓为祖师。离卦教为什么有如此强大的生命力，历经二个半世纪，其间屡经风暴，终未覆灭，而于嘉、道、咸、同各朝几成燎原之势？除了有深刻的经济、政治、民族背景之外，该教自有一套钳制、迷惑信徒的教法、教规。离卦教在清前期一百多年间，是一支神秘主义气氛最浓厚、封建家长制控制最严密的教派。整个清前期，无论从教法、教规乃至教义上没有见到任何明显地反抗当局的思想。这是它不同于震卦、坎卦及教首刘姓家族之处。

离卦教收徒颇神秘。凡入教者，多于深夜在偏僻之所"点上三炷香，供三杯茶，拿出一百五十文根基钱"。然后到香案前顶礼膜拜，说"请圣如来，接圣如来，投离卦透天真人郜老爷会下"。接着紧闭耳眼口鼻"四门"，默念咒语数十句。其经咒怪诞荒谬、沉闷晦涩。无非告诫门徒地狱之苦，而投"郜老爷会下"则能打开通天路，闭上地狱门，回归家乡，得见无生老母，于龙华会上同享无极之乐。

念完经咒后还要发誓："依正弟子，改邪归正，归顺于礼。非礼勿言，非礼勿视，非礼勿听，非礼勿动；传授心法，轻传匪言，泄漏至理，阴诛阳灭，将此身化为浓血，入水水中死，入火火中亡，强人分尸，天地厌之。"这类誓言血淋淋、恶狠狠，无以复加。目的是以誓言约束、威胁信仰者，使其一不叛教，二不背祖。

离卦教的宗教仪式是每日朝午晚三次朝拜太阳，"朝太阳吸三口气，把唾沫咽下，工夫用久，可以给人家治病下针；随口念真空家乡、无生父母八字……"[1] 八卦教各支部有不同的联络暗号，离卦教的暗号是："凡是同教的人，只把食指、中指并着往上一指，名为剑诀。"[2]

---

[1] 《军机处录副奏折》，嘉庆十八年九月三十日王普仁供词。
[2] 《军机处录副奏折》，嘉庆十八年九月三十日郜添佑供词。

(三) 坎卦教简述

比起震卦教、离卦教，有关坎卦教创立及传承的史料则破碎支离得多。然而，这支教派与"癸酉之变"有着直接的关联，又是属于八卦教体系中实力较为雄厚的教派，因此有必要交待一下它的来龙去脉。

刘佐臣创教之初即立了坎卦教。据清档案记载：他"分列乾、坎等八卦，尚有数卦未曾得人"①。但刘佐臣到底立何人为坎卦长现在已经很难完全搞清。清代史料对此多有分歧。归纳起来有四种说法：

据侯位南在嘉庆二十二年间供词记载：

> 我系金乡县人，……我祖父侯棠是坎、震两卦掌教。侯棠故后，传给叔祖侯朴，侯朴故后传给我父亲侯绳武。②

另一奏折亦有同样记载：

> ……刘佐臣所传八卦教，侯棠系坎、震两卦教首。侯棠物故，传给侯朴，侯朴故后传与侯绳武。嗣侯绳武将坎卦教传与刘元善之胞伯刘上达，震卦教传与张贯九，并其子张圣文。③

这种说法有一定道理，因为刘佐臣创教之初，入教者寥寥，"八卦不能齐全，有以一人而兼两卦者"④。侯棠即以一人而兼坎、震两卦。此后其子孙又将两卦令人分掌。

以上为第一种说法。

第二种说法是：嘉庆二十二年清当局发现的《教首清单》上记载着："坎卦姓郭，霑化县人。"⑤ 此外清档案中未见有任何郭姓掌坎卦的记录及

① 《朱批奏折》，乾隆三十七年五月十二日山东巡抚徐绩奏折。
② 《朱批奏折》，嘉庆二十二年八月初一日山东巡抚陈预奏折。
③ 《朱批奏折》，嘉庆二十二年十二月十八日山东巡抚陈预奏折。
④ 《朱批奏折》，乾隆三十七年五月十六日山东按察使国泰奏折。
⑤ 《朱批奏折》，嘉庆二十二年八月初一日山东巡抚陈预奏折。

其活动，记此仅备一说。

第三种说法：直隶容城县人张柏系坎卦长。乾隆三十七年八卦教首刘省过供词记载：

> ……河南商丘县郜大兄弟，并虞城县人陈圣仪、贾茂林、王继圣，山东历城县人崔柏瑞，章丘县人李大顺、潘筠，荣城县人张柏，及已正法之王中兄弟，并现获之孔万林、秦舒等，皆伊祖、父教中支派。①

内中荣城县即容城县张柏与刘省过关系密切。乾隆二十二年刘省过赴京传教，曾住在张柏家中，张柏曾赠马车一驾，并派教徒一人护送刘省过。

据乾隆四十年史料记载："大兴县民人屈得兴系白阳教坎卦支派。……白河沟张二即张柏系属卦主。"② 又据坎卦教大头目、山东曲阜人孔万林供称："伊系坎卦支派，传自直隶容城县人张柏。伊本卦同教，则有齐东县人伊士刚，汶上县人王秉可、王秉礼，章邱县人潘筠，及伊徒章邱县人王叔宇，惠民县人高松洲、李之望，齐东县人王志刚等四人。此四人又各有徒弟，多寡不等。秦舒在伊家雇工，亦曾入教。"③

上述史料至少证明，在刘省过掌教的乾隆初中叶，直隶容城县人张柏是坎卦教卦长。在八卦图中，坎为北方之卦，而直隶容城县在山东单县之北，吻合于八卦图分卦方位，亦可作张柏为坎卦教卦长之傍证。

第四种说法：坎卦长为山东曲阜人孔万林，据嘉庆二十年直隶总督那彦成奏折记载：

> 林清徒党多系坎卦教，凡有在教者，均称为北方元上坎官孔老爷门下。其孔老爷系首先传教之山东宁阳人孔万林，亦已于王中案内正法。④

---

① 《朱批奏折》，乾隆三十七年五月初十日山东按察使国泰奏折。
② 《军机处录副奏折》，乾隆四十年五月二十四日大学士舒赫德奏折。
③ 《朱批奏折》，乾隆三十七年五月十六日，山东按察使国泰奏折。
④ （清）劳乃宣：《义和拳教门源流考》，《义和团》（四）。

孔万林当然不是坎卦长，其供词已称自己为直隶容城县张柏之徒。但是孔万林能量很大，传徒多人。其死后十余年，他的侄子孔玉显重新振兴坎卦教，自称接绪叔职，掌理坎卦。后世一些门徒不知传教底里，遂称孔万林为本教首倡者，以入坎卦为入"孔老爷门下"。那彦成亦未审其教渊源，误将孔万林称为坎卦开山祖。

通过对以上四种说法的引证和叙述，我认为刘佐臣倡教之初以山东金乡县人侯棠兼任坎、震两卦卦长的可能性较大。到了乾隆初中叶刘省过又封其密友直隶容城县张柏为坎卦长。张柏有两个大弟子，一个是直隶大兴县人屈得兴，一个是山东曲阜人孔万林。屈得兴这一支在嘉庆年间传至林清，林清则以京南这支坎卦教徒为基本群众，在癸酉之年攻打紫禁城。孔万林一支多活动在山东诸州县，孔万林死后，孔玉显继起活动。乾隆五十二年二月二十日山东巡抚明兴奏折对孔玉显传教活动作了详尽的记载：

　　……七月二十五日访有邹县人孔玉显，系前次刘省过案内坎卦之长孔万林之胞侄，复充卦长，有传教敛钱情事。……拿获李文功，审系听从孔玉显，指称赡养刘省过之子刘二洪为名，传教敛钱，……王秉礼系听从孔玉显指使。随将各犯先后揖获解省。……缘孔玉显胞叔孔万林，王秉礼胞兄王秉可，李文功之父李之重，俱系单县刘省过接充教主案内坎卦分支，……于乾隆三十七岁获案，将孔万林斩决，王秉可遣戍，李之重杖徒。……迨四十八年孔玉显闻刘省过次子刘二洪匿京中，该犯因家计贫乏，藉赡养刘二洪为名，复行旧教，自称卦长，起意敛钱。随与旧日同教之李文功、王秉礼商谋。李文功即商同岳士林，邀现获之张良辅……入教。各令默念"真空家乡，无生父母，现在如来，弥勒我主"咒语四句。并各帮钱文，每年由李文功易银送交孔玉显收受。……孔玉显并未送京，自置地七亩，耕种为业。①

---

① 《军机处录副奏折》，乾隆五十二年二月二十日山东巡抚明兴奏折。

对此案，清当局拟判甚重。认为孔玉显在其叔"正法"之后，仍敢复教、造言煽惑，"若仅照左道为首律拟绞监候，不足示惩，应请旨即行正法，以昭炯戒。李文功、王秉礼听从孔玉显造言传教，惑众敛钱，若仅依左道惑民为从拟发黑龙江，亦觉情重法轻，应照为首律，拟绞监候"[①]。其他被获教徒亦各从重判处有差。

清当局对孔玉显一案无法可依，即行重判，足见乾隆末年各地民间宗教活动蜂起，社会动乱加剧。乾隆一朝已远无康熙、雍正时代恢宏气度，清王朝已渐入衰境。

山东坎卦教，自孔玉显等人被杀、遣戍后，传教活动已销声匿迹。此后京畿、直隶一带坎卦教如火如荼地发展起来。关于直隶、京畿坎卦教的传承，我将在"癸酉之变"一章详加叙述。

从本节对震卦、离卦、坎卦源流的描述，读者可以看出八卦教各支派活动的复杂与多变。对这个教派的组织体系的变迁进行分析，乾隆三十七年清水教案是一个关键。乾隆三十七年由于刘省过、王中、郜氏三兄弟、张柏、孔万林等等上层宗教领袖被杀或被流放，使统一了一个世纪的八卦教走向分裂。这以后，"内安九宫，外立八卦"的组织体系被打破了。形成各卦世袭传教家族大都以本族本姓为传教核心，各卦独立发展，互不统属的局面。乾隆四十五年以后到嘉庆二十二年，虽然刘廷献、刘成林父子，刘大洪、刘二洪兄弟，各自在所属的领地，以教主自居，但已经没有太大的吸引力，离卦郜姓、震卦王姓，这样有影响的世代传教大族已经和刘姓断绝从属关系，在自己的传教范围里独自称尊了。这种局面也没有维持多久，到嘉庆末年道光初年，八卦教内世袭传教家族除了离卦郜姓之外，大多已零落断绝，无可挽回地衰败了。世袭传教家族的衰败，并不意味着八卦教的衰落，八卦教各支派在嘉庆一朝，在华北大平原上星罗棋布，多如牛毛，这些支派摆脱了大一统的家长制控制，各自按照自己的需要和意志，迅猛地发展着，并在新的历史条件下，拥立了符合人民意愿的领袖开展着一些包括武装起义在内的政治活动。

---

① 《军机处录副奏折》，乾隆五十二年二月二十日山东巡抚明兴奏折。

第四节　世袭传教家族形成的
社会基础和历史作用

在我们叙述了八卦教内部几个世代传教家族形成、兴起和衰落的历史过程以后，人们或许会问：这些家族的出现是历史的偶然因素还是历史发展的必然结局？这些家族赖以生存的社会基础是什么？应当如何评价它们的社会作用？

在研究民间宗教问题时，学界有一种流行的观点：认为民间宗教不同于正统宗教，它是以"同财同色"为其教法之纲领，即民间宗教内部实行经济平等和社会平等。笔者认为，大量揭示出来的事实与这种观点恰恰相反。在民间宗教的组织中同样存在着森严的等级，实行的是家长制统治。世袭传教家族的出现和地位的巩固正是这种家长制成熟的标志。在多数成熟的民间教派中都经历过一种逐渐封建化的进程，即等级制度化的进程。这是一种普遍性的规律。

从清前期八卦教的历史我们可以明显地看出等级制形成的轨迹：

清初单县人刘佐臣创主八卦教时"收徒分列乾、坎等八卦，尚有数卦未曾得人"①。半个世纪以后，教门迅速发展，教内出现了等级："所收之徒分八卦，每卦以一人为卦长，二人为左干右支，余为散徒。"② 到了乾隆中叶，该教已历百年，成为华北地区最大的民间教门，从其教者成千累百，教内等级制度已经形成，而且十分严密：刘佐臣子孙居于教首地位，教首之下是八卦的卦长。以震卦为例，王姓为卦长，卦长之下分六爻，每爻设爻长一人。卦长、爻长分别冠以"真人"名号。真人又分数等。真人以下是总流水、流水、点火、全仕、传仕、麦仕、秋仕诸等教职。

在明清时期，类似八卦教形成严密等级制度的教派并不罕见。例如明代闻香教内部就形成了各类教阶：在总教主王森、王好贤之下是总传头、

① 《朱批奏折》，乾隆三十七年五月十二日山东巡抚徐绩奏折。
② 《朱批奏折》，乾隆三十七年五月十六日山东按察使国泰奏折。

总掌三乘、总掌经、掌支干、会头、传头等项名号，由这些人掌管着数省二百余万教徒的宗教活动，特别是上交的贡奉银钱。

明末清初逐渐形成庞大教团的江南斋教，到了成熟的时代，内部"习教次第，有十二步"：

> 凡始入教，诵真言二十八字，曰小乘；再进奉大乘经者，曰大乘；再进曰三乘，始取普字派法名；再进可引人为小乘法，曰小引；再进可引人入大乘法，曰大引。此二者能引而不教。再进曰四句，许传二十八字法，以授小乘；再进曰传灯，始有教单，如执照然，始许领寻常拜佛法事；再进曰号敕，许传大乘法；再进曰明偈，许代三乘人取法名；再进曰蜡敕，许作蜡会领法事；再进曰清虚，副掌教事，蜡敕以下，皆听指挥。①

教内"最尊者为总敕"，即总教首，由浙江庆元县"姚姓子孙世主之"。姚姓即创教人之一的姚文宇。②

由云南鸡足山张保太大乘教演化而成的青莲教内部"原编顶航、引恩、宝恩、证恩、添恩各名次，以顶航为上等，凡入教之人由添恩递进。"③ 又有史料说，其教内"有引恩、证恩、天恩、子恩、众生等名目。引恩戴用道冠道袍，传授经卷；证恩可以传徒。其余天恩、众生不过茹素念经。又有上中下三盘经牌，领得上盘、中盘者，亦可传徒"④。

当然，形成等级制度的并不限于八卦教、闻香教、江南斋教、青莲教诸教派，还有以五行为序者，以生年纳音为编列名号者，以九杆十八枝划分等级者，形形色色，不一而足，但本质是一致的，即人以等分，贵贱不同。

这些等级制产生的根源在哪里呢？事实告诉人们，明清时代由于社会经济状况的恶化，正统宗教的衰落，民间宗教运动作为信仰的补充物或替代物随之兴起。在民间形成了一种靠"传教敛钱"为生计的社会职业。

---

① （清）采蘅子：《虫鸣漫录》卷一。
② 同上。
③ 《朱批奏折》，道光二十八年八月初六湖广总督裕泰奏折。
④ 《朱批奏折》，道光二十七年十一月十六日江西巡抚吴文镕奏折。

这种职业在开始产生时与一些迷信职业颇有近似之处。清代嘉庆年间，山东学政王引之曾说：

> 盖愚民未闻礼义廉耻之节，但知银钱可以谋衣食而免饥寒也，则汲汲图之而不恤其他。彼为邪说者，知愚民之可以利诱也，于是借敛钱之说以邀其入教也，则己之钱入于人之手，其人入教而又传教也，则人之钱入于己手。辗转传教则辗转敛钱，愚民信以为生计，遂相与从之。[①]

这段话虽有污蔑之词，但包含了部分真理，即民间宗教兴起的原因之一是广大底层群众衣食无着，把传教敛钱作为一种生计。这种生计屡禁不绝，是因为它根植于中世纪普遍贫困——这个宗教得以滋生的肥田沃土之上的。显然离开了这个经济根源，就无法全面解释民间宗教兴旺发达的社会原因。当然民间宗教比起迷信职业远为高明。迷信职业大都是单干户，没有构成自己的"理论"和组织体系，只能浪迹江湖，单独行骗。民间宗教则不然，它辅以宗教的教义和逐渐形成的严密组织，有着共同的崇拜对象、教仪、教法、教规，甚至共同联系的暗号。因此它更具有凝聚力和广泛的信仰者，较之迷信职业远为兴盛，并构成了一种社会力量。

事实上，多数教派在刚刚产生不久，还未形成森严的等级制度，家长制统治也并不完备时，教内人与人之间的关系还处在较为平等的阶段。但是随着教团势力的不断扩大，财产和财产分配与再分配问题突出地暴露出来。教内等级的出现正是随着教势的扩张与敛钱生计日益兴盛而出现的。它是调和这种财产关系的必然产物。在一些大的教团内部，财产分配是严格按照等级地位进行的。在八卦教中有明确规定："到全仕上就可以传授徒弟，到流水上可以经管帐目，到真人上可以动用银钱。"[②] 在老官斋教中，小乘、大乘、三乘三等教职不过是徒弟的代称，不仅无权传徒敛钱，还要不断纳献："学小乘的送三分三厘，学大乘的送一钱二分，学三乘的

---

① 《朱批奏折》，嘉庆二十年十一月十九日山东学政王引之奏折。
② 《军机处录副奏折》，乾隆五十六年七月十三日刘照魁供词。

要一两银子。六钱七分留作斋佛费用，三钱三分存解祖堂。"① 所谓祖堂，是由姚姓家族世代把持的。为了香火旺盛，姚姓子孙每年都要到江西、福建教区为徒众代取法名，或向各斋堂发放牧单以征收香资。由此可见，教职的确立并不单纯是宗教上的分工或弘扬法事，每一种教职都代表着实实在在的利益和一定权限。与这种制度形成的同时，在一些教门中还建立了相应的财务体系。在老官斋教活动的七八个省份中"有清虚数人分领，时往来焉。各步岁存费用，多寡不一，积蓄以待清虚，携奉总敕"②。在八卦教中，许多基层组织都分设"流水"一职，管理地方教权、财权。充任"流水"者，在敛得一定钱财之后，多折成银两向上汇送。先送至总流水处，层层汇送，层层盘剥，教职越大，油水越多。为了攫取现世利益，收徒作会，发放经卷、教单、印信等物，代取法名，升迁教职，无一不和敛钱相联系。而收钱名目也日渐繁多，诸如根基钱、元勋钱、福禄钱、四季钱、香火钱、跟帐钱等等。对于广大教徒来说，教职是否升迁直接与经济收入相联系，所以力求升迁，成为许多人的毕生追求。乾隆四十七年清水教徒崔廷珍供词交待：在教内"谁传的人多就赐与他大事职份，这大事是最体面的，管着许多人"③。又说"管的人多就如做官的一样"④。为什么传授教徒越多，教职就越大？因为教徒越多，上缴的根基钱或四季钱就越多，自然会受到封赏。而教职越大，就越具有传授教徒的权力和权威，中饱私囊的机会也就越大。底层教徒对教职的追求十分类似当时的知识阶层对官阶的追求，两者的层次虽然不同，但追求的欲望却十分相类。甚至有的因犯，远配在天涯海角，一遇机会仍不忘向教主讨求封号。乾隆五十六年，发配新疆的教徒周进等人得知刘照魁往探震卦长王子重，便请刘照魁代求王子重升迁他们的教职。事后王子重准许"周门会下每人的事情，各传仕加成全仕，各全仕一代封外加级"⑤，致使周进等人感激涕零，愿世代以死报效震卦长王姓。

当然较高一级的教职多为教主、卦长的亲戚担任，一般人获得这样的

①　《朱批奏折》，乾隆十八年七月十三日提督浙江总兵官史弘蕴奏折。

②　（清）采蘅子：《虫鸣漫录》卷一。

③　《军机处录副奏折》，乾隆四十七年五月二十二日及五月二十八日山东巡抚明兴奏折。

④　同上。

⑤　《军机处录副奏折》，乾隆五十六年七月十三日陕西巡抚秦承恩奏折，附供单一。

教职则要求较大的"功行"。乾隆五十六年夏，王子重封刘照魁为"开路真人"，因为刘姓来往于广东、山东、新疆之间为教主们传递消息。嘉庆七年，山东、直隶教徒冯青云、宋相贵等万里迢迢赴新疆为教首刘廷献、刘成林父子送银四千两。事后刘成林封冯青云、宋相贵各为乾卦、坤卦的一品教职。教主或各卦卦长在"赐封"教职之后，马上向各地教徒收取"皇帐"即命令领有教职者向下层徒众汇敛银钱，以供宗教领袖们的日常用度。显而易见，民间宗教世界这种敛钱生计不但不能解决社会贫困问题，相反却培植了一批富豪和特权阶层。

从八卦教第二代教权继承人刘儒汉起，刘姓家族在经济上便开始发迹，刘儒汉以四千余两白银"捐纳为官"，充当了清朝政府的地方官。刘佐臣曾孙刘省过"有地数十顷"，"田庄数处"，家中藏银万余两。刘廷献父子以在囚之身，三次得到山东、直隶教徒赠银，总计八千两之多。这么庞大的财富是千千万万个底层教徒以数十文、数百文不断地献纳积累起来的。这种靠"传教敛钱"为手段的致富，在整个民间宗教世界比比皆是。明代正德年间，罗教创始人罗梦鸿在北直隶雾灵山下"开堂讲经"，结果"远来馈送颇多，因以而致富"①。明末浙江人汪长生创长生教，"其教甚行，从者颇众"。其后"斋堂添建数百间，田亩亦多"②。明末闻香教主王森，创教前仅是个穷皮匠，创教后被门徒奉为佛祖。"其徒见者，俱称朝贡，各敛积香钱，络绎解送。或盛停别所，以待他用。"③ 王氏家族的庄园号称半天下，家居庄园屹然如城，成为北直隶有名的大户。

在这里，不直接依靠土地剥削，却造就出一批大土地所有者；不依靠高利贷放债，却使少数人富埒王侯。这种依靠传教进行剥削的方式是以封建土地制度为其基础的，在本质上与正统宗教以捐献、布施为名建立起来的寺院经济并无不同。只不过在民间宗教中是以特权家族为集团的地主经济，而正统宗教则是以派系为集团的地主经济。它们同样没有跳出封建经济法规的制约。正是在经济分化中产生了等级制，并在这个制度的基础上产生了特权阶层，从而在教门内部划出了阶级分野。应当说，整个封建社

---

① 《军机处录副奏折》，嘉庆二十一年三月二十一日直隶总督那彦成奏折。

② 《史料旬刊》第十五期，永德折。

③ （明）黄尊素：《说略》。

会就是一个等级制度的汪洋大海，它构成了整个社会的组织形态。中国的民间宗教组织（包括八卦教）不是世外桃源，而是封建社会的有机组成部分，因而民间宗教内部实行的家长制不过是封建宗法制度的一种表现形式。封建地主经济是这种家长制的经济基础，发端于两汉，成形于两宋的封建宗族制度是其社会基础，散沙般的小农与小手工业者则是其群众基础。

事情还不止于此，在部分教门内部，神权和族权的结合也是异常牢固的。为了防止财产和权力的转移，少数处于特权地位的宗教领袖所能采取的唯一的办法是实行以血缘关系为纽带的世袭制。这种世袭制又被各种教义和偶像崇拜的神圣光环所笼罩，于是孕育出一个个"神圣家族"，许多教门成为某些家族的世袭领地。如八卦教中的刘家、郜家、王家、侯家、布家，罗教中的罗家，黄天教的李家，江南斋教的姚家，清茶门的王家等等。这些家族大多统治教门五到十代不等，长达一二百年甚或二三百年之久。在这些教门中，创教人及其家族具有至高无上的宗教权威，不仅"职掌"着教徒们在彼岸世界的"命运"，在精神上控制教徒，有些教门还设有森严、残酷的教法、教规，掌握着对门徒的生杀予夺之权。

很显然，在封建宗法制占统治地位的民间教门中，要想寻找"同财同色"的理想世界，不啻是一种幻想。

在谈到世袭传教家族的社会作用时，问题就变得更为复杂了。一方面，世袭传教家族的形成是建筑在千百万教徒物质奉献与精神牺牲前提下的。没有千百万人匍匐在他们手造的偶像面前，顶礼膜拜；没有千百万人世世代代崇信一种可望而不可即的虚幻理想，历史就不会造就出这些半人半神的家族。多少世纪以来，农民阶级正是被愚昧、落后、黑暗的中世纪的历史环境所困惑，以至难以自拔。当部分群众不满于正统宗教或皇权的控制，蒙眬地投身到这些土生土长的宗教团体的时候，无形中又被另外一种封建统治形式所控制。世袭传教家族同样属于底层群众的对立面，是中世纪令人窒息的专制制度的畸形产物。就这一点而言，它们没有任何进步作用可言。

然而，从更为广阔的视野观察问题，情况就有所不同了。两宋以后，封建制度已经如江河日下，衰落下去，但是专制统治却更加酷烈，到有清一朝达到了历史的高峰。中国封建社会后期，地主阶级的统治机构已经发展得异常完备，从政权到意识形态领域对社会的控制的森严、缜密，世界各国罕与其匹。"四夷臣服","万邦朝仪",真像是超稳定的社会结构。然而,就是在这样一块国土上,却长期存在着实力雄厚的离异力量——民间宗教。宋元时代的摩尼教、白莲教、白云宗、弥勒教,明清时代的罗教、黄天教、闻香教、红阳教、圆顿教、八卦教、金丹教等等,教派不下数百种,分布在全国的底层社会。这些教派盘根错节,难断根株。一些教派在历史上消失了,新的教派又代而兴起,成千上万的群众在信仰主义的旗帜下聚集起来,这种力量像地下汹涌的岩浆,在地壳薄弱的地段不断地喷发出来,造成社会的动荡和不安。

明中叶以前的摩尼教、白莲教诸教派,由于历史资料的缺乏,人们已很难窥见其中领导成员的构成。但从明中叶以后形成的诸教派来看,凡是形成强大社会力量的教团,无一不是以世袭传教家族为领导核心的。这些逐渐形成的家族,以其巨大的宗教权威,吸引着无数重迁安土、世务农耕、聚族而居的群众,使他们加入到一定的社会组织中来,并用宗教信仰重新塑造着他们的性格。一盘散沙,便于统治的农民和小手工业者成为了有组织的群体。这种组织部分地打破了地域的封闭性和小农、小手工业者的职业狭隘性,开阔了群众的眼界与思考,使他们看到了自己的潜在力量。从这种观点来看,世袭传教家族是宗教信仰的旗帜,是宗教组织的头脑和中枢,是一个个庞大地下王国的精神支柱,也是民间宗教运动不自觉的指导者。这些家族无形中变成广大信仰者对抗自然困扰与当局压迫的一种实实在在的力量。历代封建统治者自认为天无二日、国无二君,绝对专制,绝对服从是应有之义。但是事与愿违,在底层百姓中竟有如此之多的"僭伪者",这正是当局视这些家族为洪水猛兽,必欲剿灭根除而后快的原因所在。统治者知道,这些家族对底层群众的引诱力,分散乃至削弱了他们对民众的控制和影响。而这些家族在政治上的野心,对当局又构成了一种潜在的威胁。

世袭传教家族虽然具备这样的社会作用,但没有一支民间教派曾经产生过强大的凝聚力,以至成为统一各教派的宗教。造成这种状况的原因有两个:一方面封建社会后期统治阶级的三大思想支柱——儒、释、道发展得更加成熟、完备,并且日渐融合。没有任何一种民间教派具备能够上升到统治阶级宗教的历史条件。另一方面,几乎所有的民间教派都带有极其狭隘的社会集团性质。世袭传教家族在各自控制的领域独自称尊,内部分裂的斗争有增无已，这些家族或汲汲于敛钱肥私，或热衷于争权夺利，文化的低下，又导致教义的沉闷、晦涩，完全缺乏世界大宗教初起时那种阔大胸怀与吸引所有阶层信仰者的深刻的教义。在那一时代，仅有罗教教义颇有影响，多数教派的经典则混杂而且充满神秘主义，甚至不如基督教在中土流传的通俗读物来得新鲜和充满活力。这就决定了封建社会末期民间宗教各教派及统治家族的历史命运。它们只能是地区性的、低级的宗教。尽管有的教派流传几个世纪，有的家族传承了多代，终究难免成为历史上的过客。当然，作为整个民间宗教运动而言，它是充满生命力和创造力的，近千年来，不断地涌起的大潮冲击着宋、元、明、清几个大帝国的根基。这是中国封建专制统治造就的特殊的反作用力。

第四章　八卦教的信仰与风习

中世纪末叶的华北地区，亿万衣衫褴褛的农民，终年胼手胝足，匍匐在这块古老的土地上，艰难地生存着。他们是封建专制制度与大自然灾害的双重奴隶。深重的苦难和历史沉积的威压造就了他们的双重性格。在漫长的平静岁月，他们默默无闻地耕耘着、繁衍着，勤劳、纯厚、朴实，甚至驯顺、麻木、自卑。然而一旦风云突起，大乱在即，他们心中的愤怒与仇恨就会骤然迸发出来，随之而来是阵阵狂飙、血与火的战斗，充满自信的呐喊，甚至是形形色色、光怪陆离的行动。农民运动一次次震撼着如磐暗夜般的中世纪。

这就是华北地区的农民阶级，具有双重性格的中华民族的主干。

中世纪残酷的现实造就了这种双重扭曲的性格，然而直接影响这种性格形成的因素又极为复杂，民间宗教的信仰与风习无疑是重要因素之一。很显然，在没有迈进现代大门的中世纪的人群，是以宗教的思维方式思维和行动的，对于几乎接触不到现代科学的底层群众更是如此。宗教或迷信成为他们唯一的信仰，影响乃至主宰着人们的日常生活，也深深地给那一时代的农民运动打上了宗教的烙印。作为华北地区最大的民间宗教的八卦教，其信仰与风习对底层群众的熏陶是不言而喻的，为此不能不深入研究这个教门的教义。

八卦教的教义是充满矛盾和对立的。它是一个既有正统说教又有异端色彩，既有封建道德信条又有热烈的暴力鼓吹的混杂统一体。造成这种局面的原因十分复杂：八卦教继承了历代民间宗教的思想资料，受到同时代多种教门教义的启迪，同时又在自身发展过程中，出于实际需要，不断改造着教义的内涵。强大的封建统治思想每刻都对它进行渗透和支配。这些因素都决定了它有一个内容杂芜、包罗万象甚至前后矛盾的教义。它反映了这个教门不同阶层的不同意向和追求，反映了整个教门在不同时期运动方向的变化和发展，同时也深刻地说明了在中世纪末叶，底层群众在现实世界寻找不到出路时思想的盲目与混乱。

考茨基曾经说过：

> 没有宗教是没有矛盾的。没有一种宗教只由一种单纯的概念而产生，是由一种纯粹逻辑历程之结果。①

这个结论适合于世界各大宗教，也适合于类似八卦教这样层次较低的地方性宗教。因为八卦教也是一种极为复杂的历史运动的产物。

八卦教的教义分两种：一种是经卷，一种是口头流传下来的理条、歌诀、咒文。经卷名目不下二三十种，多已佚失，留下来的多是后者。

本章准备用四节篇幅对这些教义的思想内涵进行分析，以揭示这个教门的信仰及风习，以及这种信仰、风习对华北地区底层社会产生的影响。

第一节　三教合一的历史趋势与宗教化的儒家伦理思想

八卦教教义的最重要特点是有一套三教合一的教义体系，而把儒家思想宗教化又是这个体系的核心内容。

三教合一思想当然不是八卦教的独创。三教融合到了封建社会后期，已成为历史发展的趋势。儒、释、道三教从南北朝时起，已形成三足鼎立的局面。此后由纷争不已的状态，逐渐合流。这种合流促成了统治封建社会近千年的理学的出现。理学从本质上已脱出旧儒学窠臼，从佛教的禅学，道家的修炼中吸取了大量的思想资料。古老的儒学在宋明理学出现后已成为历史陈迹。两宋以后的道教也发生了历史性转折。全真道与钟吕金

---

① ［德］考茨基：《基督教之基础》，生活·读书·新知三联书店1955年版，第369页。

丹派的出现，从修炼内容到道德思想内涵都与前代多有不同。佛教禅宗在这一时代已经普遍走向上层，而净土宗又一步步走向下层，乃至成为民间教派。但无论理学、道教、佛教新宗派以及受时代影响产生的民间宗教新教门无一不受三教合一思想的影响。

南宋道士张伯端曾经说过：

> 老释以性命学开方便门，教人修种，以逃生死。释氏以空寂为宗，若顿悟圆通，则直超彼岸……。老氏以修炼为真，若得其枢要，则立跻圣位……。《周易》有穷理尽性至命之辞。鲁语有毋意必固我之说，此又仲尼极臻乎性命之奥也。然其言之常略而不至于详者何也？盖欲序正人伦，施仁义礼乐有为之教，故于无为之道未尝显言，但以命求寓诸易象，以性法混诸微言故耳。……如此岂非教虽三分，道乃归一！①

同一时代，北方兴起的全真道，更是三教合一有力的倡导者。全真道创始人王重阳在山东多建三教会，劝人诵释家之般若心经、道家之道德经、儒家之孝经，认为"三教者如鼎三足"，缺一不可。而丘处机则云"儒释道源三祖教，由来千圣古今同"。南北方道教，唱和同归，共倡三教合一教义，绝非历史偶然。

出于弘扬佛法的目的，宋元佛教在鼓吹三教合流中亦不甘寂寞，认为"谓佛教与道教同，则庶不启道教之争；倡三教可以合一，则若儒若道，皆可诱而进于佛"②，明代佛教大师云栖祩宏、憨山德清都是三教合一的有力倡导者，或主张三教同归一理，或阐述三教教化万民的一致性。

两宋以后历代统治者都倡三教，以施教化。其中明太祖朱元璋《三教论》最有影响：

> 尝闻天下无二道，圣人无两心，三教之立，虽持身荣俭之不同，其所济给之理一。

---

① 《紫阳真人悟真篇序》，《正统道藏》第四册。
② （元）刘曜：《三教平心论》。

他甚至命和尚、道士同居一寺一观，以混合之。这种用行政命令的手段使佛、道融合，虽然不得人心，亦足见两教在那一时代已很难再纷争斗法了。

到明代中叶，王阳明心学大兴，儒者出入佛老已成风习。"合儒释而会同之，尽采先儒语类禅者以入，盖万历世士大夫讲学者，多类此。"

统治阶级的思想风习，直接影响到了民间宗教。明中叶，北方罗祖教诸派，南方三一教诸门相继问世，无一不倡三教合一之说。明嘉靖间，闽人林兆恩创三一教，公然以儒、释、道三教为教名，著书百余万言，于三教的各类"精言妙道"之间架桥铺路，力图贯通，进而直称三一教主。当时著名学者何心隐对林兆恩讲："儒、释、道大事已为孔老释迦作了，以后只三教合一是一件大事，又被吾子作了。"①

在北方，民间诸教派也纷纷把儒学说教作为教义，把孔孟奉为神仙佛祖。罗祖教五部六册经文中多处渗透着三教本源于"道"的思想："一僧一道一儒缘，同入心空及第禅"，"本来大道原无二"，"三教原来总一般。"② 不过在罗祖教那里，儒学的伦理作用强调的还不算突出。在黄天教经卷中，儒学的伦理功能被摆到了重要位置："生佛生仙，不离人伦。大道本全真，性命相合，凡圣同根。"③ 认为儒家提倡的人伦道理是济养万物的根本，是成佛成仙的基础。到了圆顿教教义《古佛天真考证龙华宝经》中，孔夫子变成了"儒童佛"，与弥陀教主、法王佛等神仙佛祖排列在一起，号为"十号圆满"。黄育楩《续刻破邪详辩》引用明代经文云："善林祖脱化圣人，留下四书五经，仁义礼智信。"甚至子路与孟子诸儒家贤人也成了宝卷中的神仙人物。

明代民间宗教公开搬出孔孟圣贤，不仅是借助世俗圣人给本教门增添灵光，而且确实在利用儒学的道德伦理信条编织着本教门的教义。红阳教《飘高临凡经》明确地讲："无极祖下界临凡显神通，转化二十四孝、七十二贤，以孝义劝化众生。"可见儒家的忠孝节义诸伦理已深深地渗入一

---

① （明）林兆珂：《林子年谱》。

② （明）罗梦鸿：《破邪显正钥匙宝卷》第一分。

③ 《普明如来无为了义宝卷》第十八分。

些教门的教义之中，成为教主向教徒讲经说法的核心内容。

清初倡立的八卦教，深受时代思想风习的影响，全面地接受了上述民间教门三教合一的教义，深刻地影响了华北地区底层群众的信仰及风习。

早在刘佐臣倡教之初，传教书本中就有《小儿喃孔子》、《蒙训四书》一类的通俗读物。那时教徒们便宣传此教是为了"行好"的。"要敬天地，孝顺父母，和睦乡邻。吃饭要往上举手，先供天地。"① 到了乾隆中叶，随着教案的不断办理，揭示出一批有价值的经书、歌诀和理条。这些史料雄辩地证实了儒学对八卦教的深刻影响。

乾隆五十三年六月十七日直隶按察使富尼善奏报拿获八卦教徒侯闻道，奏折中附带了两本手抄本经卷原件。这两部无名经卷是侯闻道伯父、震卦掌爻侯景太遗留之物。侯景太死于乾隆三十七年清水教案内。足见这两部经卷当是乾隆三十七年以前的作品。它们充斥着儒家伦理说教，是研究那一时代的珍贵资料。乾隆四十五年刘廷献父子在新疆被奉为中天教首。后来曾以《西皇经》为总目，向内地教徒发放经卷。内中有《性理大全》及《儒林正宗》等书目。而《真传清书》头一篇就是《上大人歌诀》。这首歌词说：

> 上大人，生中国，戊己土，人不知。山东曲阜来下世，领定三千徒众子，内有七十二贤士，燕南赵北埋名字，落在贫家人不晓，到后来认祖归根。

在这里，孔夫子被奉为八卦教教主，众门徒则是夫子"临凡下世"从天国带到人间的。他们在"中华汉地"隐姓埋名，为的是秉承夫子之命，准备"度尽九十二亿皇胎子"，认祖归根，一同回到"天国"，同事神仙之乐的。

在另外一些经卷中，孔夫子又被造经人改变成弥勒佛的化身："后尊古佛乃儒童菩萨，二转孔丘夫子，三转佛名弥勒教主。"②

---

① 《军机处录副奏折》，乾隆五十一年八月初九日山东巡抚明夕奏折，附供单一。

② 《军机处录副奏折》，乾隆五十三年六月十七日直隶按察使富尼善奏折，附手抄经卷两本。

这样，传统民间宗教的"救世主"弥勒佛就和尘世上的圣人孔丘融为一体了。孔丘被八卦教造经人轻而易举地搬上了圣坛，成为人们顶礼膜拜的偶像和"收元结果"的祖师。

孔丘"临凡下世"之后，还"教化了四大贤，内有颜回，克己私，还天理"，"有曾参明贯道，传天下，有子思传理性，孟子出头，善能养浩然气，接绪道统。""四贤"配"孔圣"，成为乾隆中叶教内流传的"五圣"①。

宗教家造神并不是出于玄想，而是为了现实的目的，是为了引导人们崇敬膜拜自己。弥勒佛是孔子"转世"，刘佐臣又是弥勒佛"转世"、而且号称"圣帝老爷"。显然世袭传教家族及广大教徒是把刘佐臣当作再生孔子加以信奉的。

由于受到儒家传统日益深刻的影响，八卦教在乾隆中期以前，从教义到教规都发生了很大变化。教名从五荤道收元教改名清水教，教规由戒五荤改成了戒杀、戒盗、戒淫、戒毁、戒欺，实行仁义礼智信。为什么会发生如此大的变化，原因很难全部搞清，但有两点是显而易见的。

第一，佛教与道教由于历史传统的影响和森严教规的束缚，没有也不可能通过血缘关系承袭教权和寺院财产（道教天师道除外），只有通过法裔、法嗣把权力传给嫡派弟子，以保证本教派的利益。八卦教为了保证少数世袭传教家族世代承袭教权，必须把儒学作为教义的核心内容之一。

第二，儒家传统从不在食物上实行禁令，对荤、酒无所顾忌。而佛、道则禁忌甚多。儒家传统影响愈深，教内禁忌愈少，使广大不愿实行斋戒的群众蜂拥而入八卦教，无疑对扩大教势极有补益。乾隆中叶八卦教的经卷公开否定了斋戒：

> 可笑吃斋如不吃，颜回吃荤得了道。……今人吃斋因何故，你看万物哪个素？……荤什么荤，素什么素，吾今观破世间事，不明天理都不是。②

---

① 《军机处录副奏折》，乾隆五十三年六月十七日直隶按察使富尼善奏折，附手抄经卷两本。

② 同上。

虽然佛教与道教对八卦教依然影响很大，但在是否斋戒的问题上，显然是儒家传统占了上风。

在这一时期的经卷宣称："要传一部中正儒理，方可收元。"①

八卦教的"中正儒理"并不是什么新创，而是封建社会末期支配整个社会生活的程朱理学的"天理"。经卷告诫门徒："若明真性达天理，就与前贤皆无二。"②《乾元亨利贞春夏秋冬九经歌》说，这个天理"在天上元亨利贞，落地下春夏秋冬，落在人身仁义礼智"③，在造经人的眼中它充沛于宇宙之中，达乎天、地、人三界。"历亘万世而（不）易"④。这些说法几乎是对朱熹著作原文的抄袭。"天理"并不是个抽象的概念，"三纲五常"是它在人间的具体体现。八卦教造经人赤裸裸地用韵文的形式把它编入经卷，使之成为人人必须遵守的教义：

> 仁者不杀谓之良，良善慈悲为仁常。
> 义者不盗谓之温，温柔正道为义常。
> 礼者不淫谓之恭，恭敬不偏为礼常。
> 智者不毁谓之俭，俭者从宽为智常。
> 信者不欺谓之让，让心不失为信常。⑤

在这里，仁义礼智信、杀盗淫毁欺成为该教的五行五戒，而温良恭俭让是门徒处理教内外人与人关系的道德准绳。

要"达天理"，就要"灭人欲"。朱熹早就鼓吹："天理存则人欲亡，人欲胜则天理灭，未有天理人欲夹杂者。"⑥ 八卦教的教义明显地受到这种思想的影响。离卦教誓词特别引用孔子四句名言："非礼勿视、非礼勿听、非礼勿言、非礼勿动。"并向入教者指明，入八卦教就是"归顺于

---

① 《军机处录副奏折》，乾隆五十三年六月十七日直隶按察使富尼善奏折，附手抄本经卷两本。
② 同上。
③ 《军机处录副奏折》，乾隆四十七年五月清水教徒供词。
④ 《军机处录副奏折》，乾隆五十三年六月十七日直隶按察使富尼善奏折，附手抄经卷两本。
⑤ 同上。
⑥ （宋）朱熹：《语类》卷十三。

礼"①。并把上述四句话演变成四条禁令："耳上思却听邪言"，"眼上思却观色多"，"鼻上思却闻香馨"，"口上思却说邪言"②。如若不遵守这四项"正道"，就要变成鱼鳖虾蟹、骡马畜牲，落在渔翁屠夫之手，下四种地狱，永世不得超生。

这就是"存天理，灭人欲"用宗教语言的写照。

八卦教经卷还不断鼓吹愚人哲学：

> 憨人好、憨人好，得证无上道。天榜挂了名，龙楼挂了号。闪下精细人，云城外边跑。③

在这种憨憨傻傻才能成正果的说教下，《愚门弟子歌词》遂大倡于世：

> 愚门弟子，请圣帝老爷。卷帘卸对，清气上升，浊气下降，原是一句无字真经。三头磕开天堂路，一柱信香到天宫。弟子迟学晚进，人数不清，求圣帝老爷照应，弟子与圣帝老爷磕头。④

上述愚弄人的教义配合着狂热而麻木、虔诚而愚昧的宗教仪式，构成了八卦教史上黑暗的一页。

综上所述，在程朱理学影响很大的清代，在八卦教内等级日益森严，世袭传教家族成为特权阶层的乾隆初中叶，该教门把宗教化了的儒学伦理作为教义的重要内容，不能说是一种无意识行动。因为八卦教首或一些上层宗教领袖，不同于某些教派的宗教首领，他们填词作诗，编写经卷，或世代捐纳为官，是地主阶级的知识分子。他们的思想浸透着儒学说教。对其中有些人来说儒家思想影响已渗入骨髓，从乾隆末叶、嘉庆年间披露的史料来看，"中天教首"刘廷献父子甚至以《崇德堂》、《克己堂》、《儒林堂》三类印章作为教首印信，或教内权力的象征。显然，儒学的尊卑

---

① 《军机处录副奏折》，嘉庆十八年九月三十日王普仁供词。
② 《军机处录副奏折》，乾隆五十三年六月十七日直隶按察使富尼善奏折，附手抄本经卷两本。
③ 同上。
④ 《军机处录副奏折》，乾隆五十六年七月毛有伦供词。

有等、上下有序的等级观念是支持八卦教内等级制度的有力武器，是维护世袭传教家族特权地位的有效手段。儒学的忠君，与八卦教的"尊当家"，在本质上毫无二致。以儒学为教义的重要内容，是少数宗教领袖控制八卦教内部的一种实际需要。由于八卦教如此提倡封建儒学的道德伦理，使华北地区的民众深受这种宗教化、世俗化儒家传统文化的影响，从清代末叶产生的一贯道连篇累牍的各色道书中，我们不难看出两者思想内涵的一致性和连续性。

在分析了儒学在八卦教教义中的地位以后，我们就明白了另外一种历史现象。为什么八卦教的许多异名同教这样命名：空子教（即孔子教，空孔谐音）、清水教（朱熹以清水比喻天命之性，即天理）、圣贤教、天理教、在理教、老理教。也同样可以理解为什么王伦领导的清水教起义时，教徒们自称是"儒门弟子"。林清、李文成起义前夕把八卦教改名为天理教，甚至曾想把该教冠以圣贤教这个总称。① 显而易见，这是八卦教教义中儒学传统对后来农民起义的一种影响。

第二节　八卦教修炼内丹的风习及其影响

清初，刘佐臣编造《五女传道》，以修炼内丹为宗旨，传教敛钱。到清代乾、嘉时期，八卦教修炼内丹已成风习，"坐功运气"成为传教授徒的核心内容之一。这种修炼方法贯穿到八卦教每一个支派，其影响远达清末民初华北地区底层社会。

乾、嘉时期，八卦教已由涓涓细流发展成为汪洋恣肆的宗教信仰的狂潮，从其教者动辄成千累万。上层宗教领袖出于扩大教势的需要，将刘佐臣的修炼思想用各类口诀、歌词加以简化，向底层传播。这样就出现了诸如《乾坎艮震巽离坤兑八卦八书歌》、《乾元亨利贞春夏秋冬九经歌》、《灵山礼采茶歌》、《五更词》，以及各色各样的教内《理条》等等。上述歌词、口诀，在宣扬宗教思想的同时，掺杂着大量修炼内丹的内容，与刘

① 《军机处录副奏折》，嘉庆二十四年六月二十八日山东巡抚程国仁奏折。

佐臣的《五女传道》即《五圣传道》一脉相承。嘉庆末年刘廷献父子所撰《西皇经》，内涵《五更词》多首，其中一首云：

> 一更里，上蒲团，把六门紧闭关，低头就把五圣现，运周天，展黄芽，三花聚顶、五气朝元。①

《五更词》作为杂曲形式，从宋元时代即已出现，黄天教的经书《普明如来元为了义宝卷》亦广泛用此曲描绘夜间修行的内容，八卦教的《五更词》继承了黄天教《五更词》有关修炼宗旨，又加添了本教门特有的崇拜"五圣"的内容。

乾隆五十六年七月，刘照魁供出的《八卦教理条》即《乾坎艮震巽离坤兑八卦八书歌》最具有修炼内丹的特点：

> 八卦六爻人人有，迷人不省东西走，
> 有人参透内八卦，好过青松九个九。
> 到西北、乾三连，人人有个元妙元。
> 不打坐，不参禅，只用当人密密言。
> 包得紧，藏的严，终敢替祖把道传。
> ……
> 到西北、坎中满，苦海滚滚都不浅，
> 扭项回头都是岸，于今修行还不晚。
> ……
> 到东北，艮复碗，来来往往常周转。
> 昼也行、暮也参，真人出去昆仑山。
> ……
> 到正东，震仰盂，真人住在双林树，
> 聚一聚，散一散，真人才得出得去。
> ……
> 到东南，巽下断，真人住在昆仑殿，

---

① 《朱批奏折》，嘉庆二十三年一月十三日山东巡抚陈予奏折。

绕一绕，变一变，疾如风，快如箭。

……

到正南，离中虚，中间现出夜明珠，

策五经，对四书，个个前贤从此出，

除内己，人不知，默默无言会天机。

……

到西南，坤六断，真人住在全州观，

夜来支上八卦炉，要把真性炼一炼。

……

到正西，兑上缺，真人得了真口诀，

套上牛、拉上车，拉在行路去打铁。

……

到中央，戊己土，真人进了神仙府，

一二三、三一五，金木不离水火土，

常存仁义礼智信，才知生老病死苦，

忙里偷闲寻出路，到家先看无生母。①

  这大段充满神秘主义色彩的口诀，使人感到沉闷晦涩，又迷茫难解。然而这个条理，却是八卦教的核心机密，它透露了这个教门修炼内丹的目的和方法。

  为什么内丹修炼方法遍及乾坎艮震巽离坤兑及中央九宫八卦各支派，成为每个入教者必须进行的修炼内容？在中世纪的底层社会，长期困扰人们的是生与死这个世间的头等大事，如何摆脱死亡的临近和对死亡的恐惧，成为任何宗教首先要回答的问题。在八卦教的信仰者看来，人生的历程就是生老病死苦五个字，它与生俱来，难以克服。佛教解决这个问题，完全依靠精神的力量，"释氏以空寂为宗，若顿悟圆通，则直超彼岸。"这种精神解脱的方法，更适合于知识阶层。而道教则与佛教不完全相同，"老氏以修炼为真，若得其枢要，则立跻圣位"。道教的内丹术，不仅限于精神解脱，它把改造人体功能的物质因素与宗教信仰结合起来，对解决

---

① 《军机处录副奏折》，乾隆五十六年七月刘照魁供词。

生老病死苦这个现实的人生问题，功效比佛教来得实际，因此也就赢得了底层群众的广泛信仰。道教当然不能解决死的问题，但在其初修阶段，就可以祛疾疗病，健身延年，以至"神清气爽，身心和畅，宿疾普消，更无梦寐"[1]。

正是由于上述因素，千年以来，它吸引着芸芸众生，希望通过它达到超生了死的虚幻境界。成为人们的笃诚信仰和追求。在八卦教产生之前的黄天道、圆顿教、三一教、长生教、一炷香教、龙天门教等等，都把道教的内丹理论加以改造，引为己用，致使教势大张。八卦教问世之初，修炼内丹的理论与方法便相伴而生，因此迅速赢得华北民众的广泛信仰。

在八卦教倡教及传承人看来，人人皆有躲避生死轮回和抗疾防老之道，故云"八卦六爻人人有"，"人人有个元妙元"。因而"参透内八卦"，即修炼内丹，即可比长生不老的青松健康长寿。但是修炼内丹是个艰难而神秘的过程，需要名师指点，只有严守教内机密，师父"才敢替祖把道传"。显然这个"道"即修炼内丹之道，是八卦教教义的根本。师父传道于可靠之弟子，弟子则要精进修持，昼夜兼参，而且要做到"生不贪，死不恋"，斩断人世间的恩爱，以及对尘世间各类欲念的追求存想，达到"省悟真情"即修炼性与命的过程。这个过程，各类教门皆谈得极为玄妙，亦无非是炼精化气，炼气化神，炼神还虚诸过程。一旦达到所谓"炼神还虚"，即完全进入了宗教的虚妄境界。但是无论道教还是八卦教，都可以达到修炼内丹这一步。使体内"现出夜明珠"，形成"元妙元"。八卦教把修炼内丹的成功进一步神化，认为一旦丹成，即可将其运上顶门——泥丸宫，八卦教称之为昆仑，人的精神就可以与神仙相会。所谓"真人出去昆仑山"，"默默无言会天机"，"真人进了神仙府"，"到家先看无生母"等等说法，都是对这种迷茫的幻想境界的描述。在八卦教的信仰者看来，丹珠炼成的结局是打破生与死、凡与圣的唯一方法和躲避生老病死苦悲剧性结局的唯一出路。明此，就了解了为什么八卦教如此吸引民众的内在原因了。

当然八卦教倡教人及世袭传教家族与普通信仰者对此的想法还有差异。宗教领袖们希望通过传授内丹法，加强教内信徒对自己的迷信和崇

---

① （宋）白玉蟾：《修仙辩惑论》。

拜。八卦教修炼内丹的理论得道家之余绪，但该教却不崇拜道家祖师。道教内丹派分北、南二宗。北宗以王重阳、丘处机、马端阳诸人为祖师，南宗则以钟离权、吕洞宾、张伯端、白玉蟾等人为祖师。明代以后，道教中衰，修炼内丹的理论和方法广泛流落民间，为民间教派所用。在八卦教中，传授丹法的祖师是"圣帝老爷"刘佐臣。佐臣子孙为了神奇其说，将其祖托名孔子，孔夫子于是成了这个教门传授丹法的开山祖：

> 孔子一点性居中，口传人性实真正。
> 君子要得修性理，执得曲阜问圣公。……
> 孔夫子，下天宫，时时的，传理性。
> 戊己土上把神定，穷理尽性人难晓，
> 密密绵绵性归中，男女都把功来用，
> 度众生，复本还原，全凭着无字真经。……
> 古今圣贤炼成丹，皆因善能养浩然。……
> 内中也有先天气，也能炼成紫金丹。……①

文中居于"戊己土"即中央宫的，当然不是什么孔夫子，而是刘佐臣。所指"无字真经"也不是《论语》，而是《五圣传道》。清档案明确记载："无字真经即系现在查出之《五圣传道》书本。"② 可见，世袭传教家族明确是把刘佐臣当作孔子加以崇拜的。在底层社会孔夫子已面目全非。

明清时期，不止一个教门从孔孟那里寻找"穷理尽性"的理论根据。在那些宗教家的眼中，孔孟等圣贤才是内丹家真正创始人和理论的缔造者。造成这种局面的主要原因，是受了两宋以后理学的影响，理学家从禅、道处讨功夫，儒、道两家紧密的结合，无形从中启迪了各类民间教派，于是从四书五经中寻章摘句，作为修炼内丹的理论根据，把孔、孟奉为本教门教主，成为一种风习。

在八卦教中通过修炼内丹，进一步神化教主刘佐臣的崇拜仪式在各卦

---

① 《军机处录副奏折》，乾隆五十三年六月十七日直隶按察使富尼善奏折，附经卷两本。
② 《军机处录副奏折》，嘉庆二十二年十二月七日山东巡抚陈予奏折。

内形成了。刘佐臣不但是孔夫子化身，而且成为光被万物的太阳：

> 八卦震字邪教，……传授愚门弟子歌词，指太阳为圣帝，每日磕
> 头三次，每年上供五次，谓能消灾祈福。①

这些教徒每日对着太阳"两手抱胸，合眼趺坐"，口念真空家乡，无生父母"八字真言"八十一遍，"名曰抱功"。

在离卦教中，每逢"传授心法歌诀"，则要求弟子"每日按早午晚，朝太阳吸三口气，把唾沫咽下，工夫闭久，可以给人家治病下针"②。

由此可见，到了乾隆中叶，修炼内丹已成为八卦教内的一种风习，这种风习混宗教偶像崇拜、宗教教义的传播以及宗教修炼为一炉，构成了八卦教信仰的核心内容。

这里需要指出的是，历来研究民间宗教的学者，均把"真空家乡、无生父母"八个字仅仅作为一种宗教的信仰加以解释。其实"八字真言"除了信仰内容外，还有修炼气功的内在含义。为什么震卦教一口气默念"八字真言"八十一遍？这里除了一种信仰上的需要外，还有使修炼者达到入静定息的作用。不停顿地念诵同样的咒语，修炼者便能意念专注，而不至于心猿意马。入静为练功第一步，入静后，静极生动，才能引起其他步骤的功效。无独有偶，在三一教那里，则要求初学者不断念诵"孔老释迦，三教先生"八个字，使教徒意念专注于背部，达到入静的目的。

八卦教徒崇拜太阳不仅仅出于宗教信仰，也包含修炼气功的目的。在道家内丹派看来，人与宇宙是混而为一的整体。日、月、星为天之"三宝"，水、风、火为地之"三宝"，精、气、神为人之"三宝"。只有天地人"凑三才"，才能达到丹珠自成的效果。八卦教徒对着太阳合眼趺坐，或向太阳吸气，都是为了把所谓太阳的精气吸入腑内，以达参造化、养原气的功效。这种作法固然有其妄诞不经的一面，但在某种程度上对于人们修身练功，多少起着一定的促进作用。

八卦教这种修炼和宗教崇拜仪式，无疑是受到明嘉靖、万历时代兴起

---

① 《军机处录副奏折》，乾隆五十三年八月十六日直隶总督刘峨奏折。

② 《军机处录副奏折》，嘉庆十八年九月十五日山东巡抚同兴奏折。

的黄天教的影响。数百年来，它曾使华北大平原上成千上万陷入苦难深渊的劳苦群众获得精神的慰藉、虚幻的希望与宁静。多少人世世代代就是这样每日三次面对着太阳顶礼膜拜。这个被人们神化了的星球，每日经天而过，芸芸众生则在香烟缭绕之中全神贯注、默念咒语，信仰之笃诚，终生不改。这种令人愚昧、落后、麻木的信仰，深刻地影响整个中华民族的心灵，多少世代以来，它的子孙总是把希望寄托在个别杰出人物的身上，把他们作为改变命运的救星，沉溺其中，不能自拔，给中华民族带来深重的灾难。

八卦教的修炼及崇拜仪式不仅对一般民众产生深刻影响，而且染及农民起义的领袖。其中积极与消极的影响参半。

乾隆三十九年山东清水教起义的组织者王伦曾把修炼气功作为组织群众反抗清当局的一种手段：

> 寿张人王伦以拳棒教授兖东诸邑，阴用白莲教诱人炼气，云炼气可饥半月不死。其法以十日不食为小功，八十一日不食为大功。伦每出，辄弟子数十人从炼气，曰文弟子；拳棒曰武弟子。所过势张甚，求无不应。因妄自尊大，有不轨志。①

王伦清水教传自刘省过清水教，当无疑义，我在以后篇章中还要加以说明。他传播的气功部分得之于刘佐臣之《五圣传道》。王伦教中有咒语云：

> 千手挡、万手遮，青龙白虎来护遮，只得稟圣中老爷得知，急急急，杀杀杀，五圣老母在此。②

这里所云"圣中老爷"即"圣帝老爷"刘佐臣，而"五圣老母"即《五圣传道》中的观音、普贤、白衣、鱼篮、文殊五位菩萨。而另一咒语亦云"真空家乡，儒门弟子"，可见从教义到气功的传播皆与刘佐臣有渊

---

① （清）戚学标：《纪妖寇王伦始末》，《鹤泉文钞》卷下。
② 《军机处录副奏折》，乾隆三十九年十二月十九日崔大勇供词。

源关系。但刘佐臣之内丹法并无大功、小功及十日或八十一日不食的记载。王伦的气功还别有传承。内丹派南宗祖师之一白玉蟾即云，丹法炼到高深处，可"百日不食，饮酒不醉"，"身如火热，行步如飞"①。可见王伦大功、小功之说并非杜撰。

王伦传授的内丹法多有怪异现象，以至信仰者往往陷入一种超感觉和超自然力的幻觉之中。这些人在发功以后便以为"盖世英雄就是咱，青龙白虎、朱雀元武等神齐集我身。求天天就助，拜地地就灵"，甚至迎着火枪，冲锋陷阵，以为刀枪不入，则完全为宗教说词所愚弄，超出了气功应有的功效，难免大败亏输。后来的义和团运动与清水教起义在许多作法上一脉相承，出现了许多愚蠢鲁莽的行动，在近代科学面前碰得头破血流，给革命带来灾难性的后果。

嘉庆十八年八卦教起义领袖林清、李文成、冯克善也同样受到刘佐臣传授的气功的影响，并用此作为组织群众的手段之一。据曹纶之子曹幅昌供词记载：

> 我给林清磕头认了师父，林清就教给我念真空家乡，无生父母八字，叫我时常念诵。大功八十一遍，中功五十四遍，小功二十七遍，舌勾上膛，一口气念。②

林清传授牛亮臣为徒时，除教其气功口诀外，用手指点其眉间，说"性在这里"。两眉间即内丹家所云上丹田处。

在气功与拳棒的关系上，也有值得研究之处。从清中叶清水教起义到清末义和团运动，许多人都把拳棒与气功结合在一起。

乾隆三十九年，孟二拜清水教头目张百禄为师"学习八卦拳，并授运气口诀"③，张成章亦拜张百禄为师"学拳运气"，在八卦教内，这种拳棒与气功结合的作法相延不断，以迄清道光年间尚有记载：

---

① （宋）白玉蟾：《修仙辩惑论》。
② 《军机处录副奏折》，嘉庆十八年十月十七日英和奏折，附供单一。
③ 《军机处录副奏折》，乾隆三十九年十月十八日河南巡抚何煟奏折。

张景文教以每日早午晚三时朝太阳叩头吸气，口念真空家乡，无生父母，并耳为东方甲乙木等咒语，并令学习拳棒。……同教中有仅止念咒运气学习拳棒者；有兼用阴阳针为人治病祛邪、乘机诱人入教者。①

上述史料足证，在八卦教中由于修炼内丹之法多年流衍，已分成多种流派。其中一派以静修为务，止于炼精化气，炼气化神，炼神还虚，归根返本的所谓内丹正宗；另外一派或与武术结合，或与医道结合，成为"邪法"。武术与内丹法结合已成为一种历史趋势，这种趋势是宗教与武术团社结合的必然产物。也是清中叶以后农民运动发展的一种必然结果。

应当指出的是，八卦教仅是多种修炼内丹法教派中的一门。在明清时代，长城内外，大江南北，多数民间教派皆以修炼内丹为宗旨。明代问世以黄天教、三一教、长生教、圆顿教，清代问世的一炷香教、全丹教、真空教等等无不如此。甚至以做道场为正务的红阳教，到清中叶也有相当多的教徒长于内功之道。这种宗教与气功、宗教与武术、气功与武术的结合，已在底层社会成为一种信仰与风习。承平时代或修炼以期长生，或习武以防盗贼，一旦时局动荡或则揭竿以抗暴政，或团结以御外侮。这种信仰与风习深深地影响着中华民族的民族性，其内涵是异常复杂、丰富与深邃的，值得治明清史者深入研究。

第三节　"劫变世界"与无生老母崇拜

一些清代的正史编撰者，不遗余力地把社会描写成太平盛世，仿佛在这个世界，人民皆受赐于统治者的浩荡皇恩，过着男耕女织的幸福生活。与正史家的记载完全相反，在许多民间宗教经卷中反映出的世界，是一个灾难频仍、动乱不已的"劫变世界"。在这个世界里，人的命运被外部不可知的力量所摆布，是那样的渺小、可悲和软弱。芸芸众生无时不处在一

---

① 《军机处录副奏折》，道光十八年七月六日山东巡抚经额布奏折。

种令人恐怖而战栗的环境中，只有救世主降临，大劫过后，世界更新，人类回归彼岸，才能获得永恒的幸福与安宁。八卦教的教义就这样吸收了历代民间宗教关于劫变的思想，并在不同的时代，表现出不同的社会和政治内容。

"劫变世界"表现的具体内容是什么呢？清代档案遗留下来大量有关的记载，让我们试举几例：

> ……五月十一日，有饭无人吃，有路无人行，处处盗贼生，虎狼满山川，大雨狂风降，人间遭水火大难，洪水处处长流，流如浪滚。……①
>
> 盖世荒，盖世荒，哭得我佛泪汪汪，五谷又不收，百病从天降，……看看南方祸起了，北方癸水动，中央土星闹，闹闹吵吵，水火三灾都来到。叫男女快忙逃，死到眼前不知道。②

宗教的苦难是现实苦难的一面镜子，宗教是虚幻的，但是这种对苦难的恐惧与绝望却是历代劳动者的切身体验，因此具有实实在在的内容。明清时代都曾建立了大一统的政权，表面看来既巩固又威严，然而劫变观念的流传却明白地表现出底层社会的动荡不安与人民群众的危机感。在那样的时代，上层官僚地主阶级过着歌舞升平的生活，可是底层群众却被恐惧和愁怨笼罩着整个人生：

> 一愁天下兵马多，二愁夫妻不到头。
> 三愁有屋无人住，四愁饿死满山头。
> 五愁身中发冷死，六愁老少东西流。
> 七愁兵马多疾病，八愁月下虎狼多。
> 九愁水满山崩透，十愁有路无人行。③

---

① 《军机处录副奏折》，年代不清，载于卷3044，第2号。
② 《军机处录副奏折》乾隆二十二年清当局从山西收缘教徒王五锡家搜得。
③ 《军机处录副奏折》，乾隆二十四年十二月十五日云贵总督爱必达等奏折，内记传抄谣贴。

民间宗教宝卷描绘的世界及人生历程，比起文人正史虚掩涂抹的历史不是更接近于真实，也更深刻吗？

劫变观念也有一部自身发展史。

(一) 从两汉到明代"劫变"观念的发展。

有苦难的地方，就会有反映苦难的思想与信仰。两千年的封建史，朝代更迭不已，但是劳动者的悲惨境遇却依然如故。因此有关苦难的宗教记录和劫变观念几乎代代流传盛行。

两汉时产生的谶纬思想，其源头在于民间。后来为统治者所利用，作为争权夺利、改朝换代的工具。但它本质上是社会危机的产物，很大程度上反映了下层人民的骚动与不安。正是人民群众首先造作宗教预言，以宣泄积蓄已久的愤怒与仇怨，并寄托了被压迫者对社会变动的企求与希望。东汉末年，张角提出了石破天惊的革命口号——"苍天已死，黄天当立，岁在甲子，天下大吉"，正是劫变观念的最初形式。

西晋时期，僧人竺法护首译《弥勒下生经》，描绘了一个"谷食丰贱，人民炽盛"，"人身之中无有百八之患"，"亦无疾病乱想之念"的理想的彼岸世界。在那里"人心均平，皆同一意，……无有差别"。是时弥勒佛三行法令，普度众生。《弥勒下生经》译者本意在于以宗教吸引信仰者，但在大乱不止的南北朝时代，却启迪了不甘现世苦难的人群，刺激他们为追求人间幸福平等起而抗争的勇气。此后"弥勒下生"观念成为鼓动人民造反的最著名最响亮的口号。

"劫"的观念传自印度，它本身是印度婆罗门教和佛教的用语。婆罗门教认为一劫相当人间四十三亿二千万年，劫末有"劫火"出现，当毁灭世界。佛教中分大、中、小三劫。大劫包括"成"、"住"、"坏"、"空"四个阶段，表示虚幻世界从成至无的漫长历程。在上述宗教中，劫的本意是一种悠久的时间观念，其中已包含了灾难与厄运的内容。

至少到了隋代，佛教"劫"的观念已为道教所利用。《隋书·经籍志》记载：元始天尊每至天地初开，便以秘法传授诸仙，谓之"开劫度人"。这里"劫"还是时间观念。后世道经常托言于元始天尊，妄造劫变之说。《神兵护国安家驱鬼消灾奉敕咒品》云：

> 元始天尊说：下元众生，多有恶逆，聚生大国，不从生道，自称强能，不知人命不久，自今已去，大魔运行。……贼从下生，恶乱世界。鬼兵入国，行其大灾之疫……。（《第一》）
>
> 元始天尊说：下元众生，鬼刀之劫，自今已去，人多流亡，国兵大起……，瘟疫布满天下……（《第九》）
>
> 元始天尊说：下元众生，天疫甚多，大劫垂至，水流千万丈，三灾并起，……（《第十二》）①

在这里，"劫"的观念已经完全演化成大灾大难，魔鬼横行的同义语。此咒似成于天下大乱、藩镇混战的唐末五代之际，倡言下元多难，大劫垂至的思想，对明清时期民间宗教有着直接而深刻的影响。

到了五代、宋初，托诸佛教，倡言劫变的《五公经》问世，其神奇怪诞的劫灾、劫难宣传，颇使统治阶级感到困扰，朝廷下令在全国范围内搜缴此书：

> 比者纷然传出一种邪说，或曰《五公符》，或曰《五公经》，言辞诡诞不经，甚大可畏，臣窃以谓其书不可留在人间。奉圣旨令刑部遍下诸路川等，多出榜文，分明晓谕，……当时即时焚毁，特与免罪；如限满不首，……依谶书法断罪。许人告，赏钱一百贯。②

《五公经》并未因统治者搜缴焚毁而灭迹。数百年过去了。明初永乐年间，活动于晋省及京畿一带的白莲教首刘化"自称弥勒佛下世，当主天下。演说《应劫》、《五公》诸经"③。又过去了数百年，清代乾隆三十一年，清当局在查办浙江宁波府鄞县吴元卜等人"谋逆拒捕杀人一案"时，再次发现"有《五公经》新旧两本"，同时发现演习神拳的吴氏宗族

---

① 《正统道藏》册二，《洞真太极北帝紫微神咒妙经》。

② 《宋会要辑稿》刑法二，宣和二年臣僚言。

③ 《明太宗实录》卷二○○。

人等供奉五公牌位。① 此后当局陆续查办江南斋教案中，多次发现教徒传授《五公经》等"逆书"。在华北地区，《五公经》亦流传甚广。

《五公经》或《五公符》是一本倡言劫变的民间宗教经书。内中假托唐公、朗公、宝公、化公、志公五位佛祖，预言天下劫灾劫变：

> 下元甲子，轮回末劫，宜早避之。若逢末劫之时，东南天上有孛星出现，长一丈，如龙之相，后有二星相随，昼夜驰奔，东出西落，……即是末劫来到。……若此年岁，天下大荒，人民饥馑，十日无食，刀兵竞起，斗战相争，干戈不停。善者可逃，恶者难以回避。……白骨堆山……遍地流血。②

内中载有十愁歌诀，写尽世间妻离子散，人烟灭绝，以及黑风黑雨，雷电交加，毒蛇猛兽，吞食人命的世界末日的惨景。

在《五公经》问世的数百年的元代末叶，《定劫宝卷》之类的倡言劫变的经书大行于世。这类经书不仅包含着人类对自然灾害等劫变的描述，更多的是涉及社会政治内容。元末，元蒙政权面临崩溃，经内公然写出"手持钢刀九十九，杀尽胡人方太平"的宗教预言。表达了那一时代人民对异族统治的仇恨心理，包涵着深刻的阶级内容。《定劫宝卷》宣扬的思想历数百年而不衰，到明末清兵入关后，配合全国性的抗清运动，注入了新的现实内容。写尽了明末清初半个世纪的社会动乱与人生的极度苦难：

> 丙戌丁亥三灾起，八难临时化作泥。
> 庚寅辛丑刀兵动，胡汉相侵城火明。……
> 城里人民都杀尽，街街巷巷血腥气。……
> 胡贼朝中搬家国，天下人民受苦辛。……

从这些具体的描述中，人们可以闭目想象出清军入关后造成的"扬州十日"、"嘉定屠城"的人间惨剧。然而在《定劫宝卷》中，这一切都

---

① 《军机处录副奏折》，乾隆三十一年三月二日浙江巡抚熊学鹏奏折。
② 木刻本《五公末劫真经》，中国社会科学院世界宗教研究所馆藏。

被说成是命运的安排，是人类本身的堕落引起上苍的惩罚。"上苍"看到人类道德沦丧，留恋红尘，因此派五大魔王下界"扫荡乾坤，踏破世界，杀掠人民，十不留一"。凡是在战争中惨遭杀戮者都是"毁谤天地，不敬三光，不孝父母，不报国恩，杀害生灵，贪酒恋色，好食五荤三厌，轻贫爱富，贪官饕食，十恶不善之人"。而幸免罹难者都是"同心向善结天缘"的人们。这样弥天的苦难便被宿命论的宗教说词所掩盖，血腥气被劫运难逃的描写所冲淡。尽管如此，我们不难从《定劫宝卷》等经书的具体叙述中感受到时代的气息和特征。

八卦教的劫变观念和八字"真言"信仰，就是在这样深厚的历史滋养剂中生成的。

(二) 八卦教的三劫应世说与无生老母信仰

从两汉到明代末叶，一千多年关于劫变观念的流传和信仰，终于演化成为一种比较系统的青阳期、红阳期、白阳期三劫应世说，以及无生老母的信仰。在清代，在华北大平原上，成千上万的八卦教徒默念着"真空家乡，无生父母，现在如来，弥勒我祖"的咒语，在心中呼唤着"我祖速至"的时代的到来，热切地盼望着无生老母派救世主弥勒佛下凡，改天换地，救度世人。

无生老母观念至少在元代即已问世。元版《佛说杨氏鬼绣红罗化仙哥宝卷》已出现了下述内容：

> ……无生老母，自从失散，不得见面，时时盼大地男女，早早归家，怕的是三灾临至，坠落灵光，八十一劫，永不见娘生面。①

但是无生老母观念真正在民间宗教中流行，还是明中末叶至清初的事。而青阳劫、红阳劫、白阳劫，以及燃灯佛、释迦佛、弥勒佛下凡应劫的最初记录，比无生老母观念的产生还要早得多。据《续资治通鉴长编》卷一百六十一卷记载：北宋庆历七年，王则在贝州起义，以弥勒佛下生为

---

① 元至元庚寅刻本《佛说杨氏鬼红绣罗化仙哥宝卷》，藏于山西博物馆。

号召，宣称"释迦衰谢，弥勒佛持世"①。这种宗教宣传，正是后来"红阳劫尽，白阳当兴，释迦退位，弥勒下生"观念的最初形态。

八卦教信仰的"真空家乡，无生父母"观念和三劫应世说的具体内涵是什么？这种信仰有什么社会意义呢？

"真空"与"无生"观念来自佛教。其意本指宇宙的一切——日月星辰、天地云霓、万物万类，包括人类本身，都是因缘所生，虚幻不实的，而其变化生灭也无非是尘世众生的虚幻妄想。在佛教看来，既然人们所依托的物质世界是虚假的，那么人生也就毫无真实和价值可言，人生真谛在于悟出宇宙乃至自身的本来面目，归于涅槃。

较早把佛教"空"、"无"观念引入民间宗教的，是创成于明中叶的罗教。罗教有《苦功悟道》等五部经典，其中《巍巍不动泰山深根结果宝卷》云：

> 　未曾初分天地，……又无男女，又无僧俗，无佛无人……。天地日月、森罗万象、五谷日用、春秋四季……都是虚空变化，本来面目就是真无极。

这里所谓真无极即"真空"、"无生"的同义语，它包含了佛教空无观念的某些内容，但又不完全是佛教的本意。因为罗教还受到了当时社会的主导思想——宋明理学的影响。宋代思想家周敦颐、程颢等人，以儒学为本，融汇了佛教的空无观念和道家无极而太极、阴阳交感、函万物为一的内容，构筑了客观唯心主义本体论的思想体系，进而把理等同于太极。结果"天理"变成了横亘今古、贯通三界、造化万物的本源。罗教教义明显地受到这种思想的影响。在罗教经典中，天堂地狱乃至人们崇拜的诸佛诸祖无一不是从无极而太极中幻化出来的。而有时无极而太极又成为"心"的同义语，"心"成了构造万物的本源。

在罗教经典中，"真空"、"家乡"、"无生老母"等用语都已使用，但还没有形成"真空家乡，无生老母"所谓八字真言的完整体系。它的最终形成是在明末清初，是其他教派对罗教教义改造的结果。这一改造使

---

① 《续资治通鉴长编》，卷一百六十一。

所谓八字真言突出了对底层群众更具有诱惑力的佛教净土宗色彩。在教义中真空家乡即彼岸，无生老母成为彼岸世界的最高主宰。八字"真言"信仰真正进入全盛期是在八卦教迅猛发展的清代乾隆、嘉庆年间。

八字"真言"信仰大致可分为三部分内容，即三个阶段。

第一阶段：世界和人类的形成。

第二阶段：人类流落尘世。

第三阶段：无生老母派燃灯佛、释迦佛、弥勒佛下到尘世，收度人类。

下面我们对此加以介绍。

明末《古佛天真考证龙华宝经》云：

> 元始以来，无天地、无日月、无人物……。
>
> 古佛出现安天地，无生老母立先天……。
>
> 无生母，产阴阳、婴儿姹女。取乳名，叫伏羲，女娲真身。①

在这里古佛和老母从虚空中幻化出天地和"人根老祖"——伏羲、女娲。从此人类繁衍，"又生出，九十六亿，皇胎儿、皇胎女，无数福星。"为了使"皇胎儿女"有所依托，又构筑了"黄金为地，金绳介道，楼台殿阁，件件不同"的富丽堂皇的彼岸世界。②

在虚构的理想世界里，人们既是一母同胞，人与人的关系是单一的，因而维护和调整这种关系的道德规范也就被极端地简单化了，即九十六亿"皇胎儿女"对老母以孝，老母对"皇胎儿女"以慈，"皇胎儿女"之间则不分彼此，相待以诚以爱。

第二阶段：本来在天宫中"乐乐酒酒"的"皇胎儿女"们——人类，不知何时犯了罪愆，被老母贬下天宫，"去住东土"，"尽迷在，红尘景界"。一同经受了生老病死苦的人生历程。而且一落尘世，立即分化："上乘官员典吏，中乘一切富豪，下乘受穷贱的。"③

---

① （清）黄育楩：《破邪详辩》卷一。

② 同上。

③ 《军机处录副奏折》，乾隆十八年八月初四日山西巡抚胡宝瑔奏折，附《立天卷》。

不仅如此，人类还不断地遭受劫灾的磨难：

地火水风一齐动，折磨大地苦众生。①

人间遭水火大灾，洪水处处长流，流如浪滚。②

五、六月间，恶蛇满地；八、九月间，恶人死尽，尸堆满地。③

人类陷于恐怖的震慑之中。

第三阶段："仁慈"的老母看到人类命运多蹇，于心不忍，命令使者"下凡"，"发灵符，救度人民"。④

在八卦教和一般民间教义中，无生老母在青阳、红阳、白阳三个时期，分别派燃灯、释迦、弥勒佛下世。在青阳、红阳劫中分别各度人两亿。在红阳劫尽，白阳当兴的时代，人类遭受了空前的灾难，"法力无边"的弥勒佛，救人类于覆灭，收度"残灵"九十二亿，回到天宫，与无生老母同庆龙华三会，在无有贫富贵贱、无生死凡圣的"真空家乡"，"相伴无生"，永不下世。

这就是"真空家乡、无生父母"包含的全部内容。在这种宣教中，人类经历了天堂——尘世——天堂的过程。人类的命运也随之转折，经历了暂时的平等幸福——苦难——永恒的平等幸福的三部曲。

八卦教教义的这种说教包含了什么社会内容呢？

首先，民间宗教所构筑的"平等世界"和理想之神是依据于现实世界的，但又是对现实世界歪曲的反映。它所描绘的美妙的一切恰恰产生在极不平等和充满苦难的明代中末叶，畅行于阶级压迫深重的清代乾、嘉时期。明代末叶是一个草木为枯、易子而食的时代，人间的苦难和对这种苦难的叹惜与抗议以宗教的形式抒发出来。所谓"劳苦倦极，未尝不呼天也；疾痛惨怛，未尝不呼父母也"⑤。民间宗教在那样的社会条件下倡言劫变，信仰无生父母，追求彼岸世界的平等，恰恰反映了那个时代的冷

---

① （清）黄育楩：《破邪详辩》卷一。

② 同上。

③ 《军机处录副奏折》；经卷抄件，年代不详。

④ 《佛说大圣末劫真经》。

⑤ （汉）司马迁：《史记·屈原贾生列传》。

酷、黑暗、人与人关系的极端不平等。芸芸众生，仰天长盼，崇拜着无生父母，因为这位虚幻的人格神既不像释迦那样庄严肃穆，也不像三清那样冷漠高远。它向尘世流露出慈母般的"爱抚"，比"大慈大悲"的观音菩萨更世俗化，更带有人情味。还有那位以"拯救"人类为己任的弥勒佛，也以包容一切苦难的笑意，向人间展示了"神"的胸怀。而"真空家乡"也比各类神仙洞府和西天极乐世界更充满乐融融的爱和平等气氛，与现实惨淡阴冷的气氛成了鲜明的对照。对成千上万不知归所，心灵软弱，无力改变苦难命运的人们来说，"八字真言"当然具有极大的诱惑力。

尽管民间宗教提供了迷人的彼岸和理想之神，究其实也不过是一种信仰主义的补充物或替代物。它冲击并占领着日益衰落的正统宗教的世袭领地，以世俗化的神灵打倒了神圣庙堂里的座座尊神。民间宗教教义的特点就是尽量迎合不同信仰者的口味，大胆发挥，驰骋想象，形成了光怪陆离的教义体系。民间宗教兴起了，它倡导着彼岸的平等和无生父母的仁慈。然而，在它们产生的同时，新的不平等的人神关系也就随之而来，因为芸芸众生并没有从偶像面前站立起来，求得自由，仅仅是换了一位求拜对象，一位更符合底层群众心理，更能慰贴深受痛创的心灵的求拜对象。

诚然，无生老母不是正统宗教的神仙佛祖，它披的是民间服饰，但它同样是宗教偶像，是耸入云端的虚无缥缈的幻影，布施着从彼岸发来的空洞慈悲。由它导航的"法船"只能抵达彼岸的海市蜃楼，却无法给现实世界的人们指出出路。至于宗教倡导的彼岸平等，尽管包含着农民阶级追求经济和政治平等的因素，但由于现实与宗教之间隔着一道难以逾越的壕沟，底层群众追求平等的良好愿望，往往被固定在神的庙堂的铁门槛之中，成为凝固、僵死的东西，被融化在"无生无灭"的无差别境界中了。

其二，宗教教义与丑恶的现实是无法调和的，民间宗教也不例外。

一方面，民间宗教家造出了带有母性慈悲的神灵和理想的彼岸，人类在那里过着梦幻般的平等生活；可是另一方面，据称一母同胞的人类在尘世都化分成阴阳两界：高车驷马、钟鸣鼎食的皇亲贵戚，峨冠博带、呼仆使奴的士绅官吏与胼手胝足、土里求食的农民，以及各类操持"贱业"者。

宗教是怎样解释这种矛盾的呢？是用伪善的道德说教。在他们看来，高车驷马、呼仆使奴是修来的福田；终身劳苦、为人役使是造恶的罪业。所谓：

> 善是善，恶是恶，针上对针。
> 贫和富，善和恶，各怨各人。①

可见，民间宗教的善恶观还未超出正统宗教教义窠臼：贫穷就是恶德，富贵就是善果。这种说教的阶级内涵就是如此。

在民间宗教中，升入天堂的权力也不是平等，还要"考道德，封贤挂号；考皇胎，九品三乘"。"有号的，才得出世；无号的，赶出云城。"②以富者为善、贫者为恶的标准分析，升入天堂的当然是向教主供奉多的有钱人，而无力供奉者，无权"挂号"，当然不能升入天堂，可见民间宗教在布施精神安慰品时也是极端不平等的。所谓美好的彼岸、仁慈的老母、平等的说教，在八卦教和其他一些教派中，在面临现实的考验中，无一不露出破绽。

其三，在世袭传教家族控制八卦教的一个多世纪的历史进程中，八字真言不过是宗教首领手中的工具。

从刘佐臣倡教之始，门徒即奉其为弥勒佛下生，后来又演化成孔夫子再世。成为"末劫"收元的祖师，无生老母在人间的代言人。他掌握着教内至高无上的神权，掌握着"天堂挂号，地府抽丁"的"金牌"，任意摆布着教徒的命运，在精神上控制众多的教徒。其后代称为圣裔，是他的转世和化身，依然代行无生老母的意志。他的曾孙刘省过被门徒奉为"顾劫数主儿"、"山上主儿"，据云信奉他的便能躲避水火荒乱之灾。③他被信徒目为具有超自然力的神灵，多少人匍匐在他的脚下，供奉着从物质到精神的一切，乃至生命。他则妄造劫灾，以恐吓底层群众。

从刘佐臣到刘省过就是利用"八字真言"及其他一些宗教宣传，在教内建立起尊卑有序、教职繁多的等级制度，使自己的家族世世代代高踞

---

① 《泰山东岳十王宝卷》。
② （清）黄育楩：《破邪详辨》卷一。
③ 《朱批奏折》，乾隆三十七年五月二日河南巡抚何煟奏折。

于成千上万的教徒之上，攫取了巨大的经济利益，成为特权阶层。

如果我们把民间宗教宣传的彼岸平等和现实森严的宗教家长制两相对照，就会发现这种宗教宣传是何等苍白无力。"平等"是个美丽的字眼，但在八卦教这里却失去了本来面目，导致寄托着底层群众良好愿望的平等内容，服务于不平等的现实社会，给不平等的世界添增上新的不平等的内容。

其四，如果说"八字真言"和劫变观念曾经起过什么积极的历史作用的话，那是在特定的条件下，民间宗教运动向农民革命运动转化的过程中，农民阶级用现实的力量赋予了它新的生命。在"八字真言"产生了一个多世纪的清代中叶，在华北地区八卦教酝酿和发动起义的时期，底层群众曾狂热地呼喊过这个口号，它包含的彼岸平等和要求社会变动的思想内涵，在某种程度上启迪了不甘现实苦难的群众，起到了联系散漫农民群众的精神纽带作用。当然，导致民间宗教运动向农民革命运动转化的关键是社会危机的到来，是农民阶级革命意志的蒙眬觉醒，是他们冲破宗教束缚的结果；但是作为刚刚面向现实斗争的群众是不可能一下子抛开旧有信仰和旧观念的，革命领袖人物为了保持群众对自己的拥护也还要部分地借助宗教的力量，利用无生老母信仰和劫变观念，并赋予其新的、带有社会变动的内容，在振臂一呼，造言劫变的环境中，使群众惊醒，恐惧，一哄而起，参加到反抗现行封建秩序的革命行列中。

第四节　谶纬末流与刘氏家族
排满兴汉思想剖析

谶是一种宗教预言，以"诡为隐语，予决凶吉"，其渊源于古代巫术，战国时代已经流行。"纬者，经之支流，衍及旁义。"纬书大量出现在西汉，为了取得正统地位，不能不"托诸孔子"，"因附会而神其说"[1]。

谶纬在纬书大量出现的西汉时代合流，纬书充斥着大量的宗教预言，有着浓厚的神学色彩，谶则依附纬书而得广为流布。谶纬思想在两汉三国时代成为一种统治和风行整个社会的思潮。

---

[1]　《四库全书总目·易类六》。

一种看法认为谶纬思想在南北朝遭到禁止，隋代即已绝迹，这种看法是不对的。谶纬作为一种宗教预言式的经文，人人皆可伪造。统治阶级利用它争权夺利、改朝换代；农民阶级亦可以利用它鼓动人心，作为推翻现政权的思想工具。隋唐以后，统治阶级已基本放弃了这种危险的武器，但并不是说所有的统治者都对之弃置不用。它的主要市场在底层社会。在民间，造作预言、符谶、图谶、推背图、碑文、揭帖者比比皆是，而民间宗教的经书中更是充斥着谶纬思想。两汉时代的经谶、纬书经过漫长历史的淘汰与过滤，经过预言家们的选择与再创造，的确所剩不多了。但是谶纬思想总是随着时代的更替而变幻面貌，广为流行，一直到明清时代依然在底层盛行不衰，深刻地影响着底层社会世道人心。谶纬思想之所以历久不绝，因为滋生它的土壤始终存在。但是到了封建社会后期，它毕竟不是统治整个社会的主导思想了，因此我称它为谶纬思想末流，以区别于两汉三国时代的谶纬思想。

封建社会末期，底层传播谶纬思想的形式包括很广，上节提到的《五公经》、《定劫宝卷》是典型的民间宗教的谶纬经书。但劫变思想并不能概括谶纬末流的全部内容。为了使读者对明清时的谶纬有较多的感性认识，我在此仅举几例，加以说明。

清代中叶，当局在某省胡官庄发现一块石碑，名曰《唐朝袁天罡、李淳风石碑》。袁天罡、李淳风皆为唐代著名宗教预言家，此碑显系后人托名伪造。碑文云：

> 一工土木敢当先，黄金埋在土里边。
> 坤地起首楚地乱，秦地人死万万千。
> 天开一口罡先愁，引动八牛破幽州。
> 燕起魏地人民死，二八春秋此日休。
> 甲寅头上生一果，二人命挂柳树头。
> 火龙飞下楚地乱，火蛇出世起根由。
> 陆马到处遭离乱，土羊为首天地愁。
> 只些离龙犹自可，最怕山西一猿猴。
> 金鸡鸣叫天下乱，黑狗东方血水流。
> 乌猪吃尽糟糠死，杀得人民填地沟。

甲子年中见日月，八马悠悠运黄州。①

此碑行文晦涩难懂，但决非唐代世事，似指明代初间事，"引动八牛破幽州"隐指朱元璋北上，攻入大都，"燕起魏地人民死"，又似指朱棣起兵的"靖难之役"。其他作何解法，已难申明。

清嘉庆十八年十一月，当局在承德府太极门发现碑文传单一张，上面写道：

三三见九拾壹年，清风明月闹中原。
南征北战该壹定，东奔西逃各一天。
黄花末卸菊花现，血满山河骨满川。
三月见三三二处，明月原来在西边。
兔儿打破龙虎阵，将军排马送英贤。
黑狗送猪天下定，至此方是太平年。
太极门刘伯温碑记②

这张以传单形式出现的碑记内容更为隐晦，似乎只有造作谶文者，或深通此道者方能知晓。但文中有"黑狗送猪天下定，至此方是太平年"之句，猪隐指朱，黑狗似指清，碑记似乎造于清初，清军入主中原时事。造文人之所以假托刘伯温碑记，是因为明清时期刘伯温已取代了唐代袁天罡、李淳风的地位，成为民间最受崇拜的预卜凶吉的神化人物。

类似上面以碑文形式出现的谶文，虽然在民间颇有影响，但似乎是无组织的个人行动，乃好事者为之，以耸动视听。真正有力量并深入人心的是民间宗教倡导的谶纬思想。在八卦教内部就流传着政治性极浓、针对性极强的宗教预言。

乾隆三十七年春，清政府从震卦长王中之徒、河南人谌梅和坎卦教头目孔万林亲兄孔兴己家中，分别搜缴到两本"无名邪书"。这两本"邪书"酿成了一场著名的"邪教案"，导致教首刘省过、震卦长王中等大批

---

① 《军机处录副奏折》，3043①号。
② 《军机处录副奏折》，嘉庆十八年十一月十六日见于热河承德府太极门传单。

宗教领袖惨遭杀戮。这两部书也曾引起乾隆皇帝的震怒，它们以宗教预言的形式，直接预言了清政权灭亡的时间，并扬言要取而代之。

在河南搜缴的书中载有"平胡不出周刘户，进在戊辰己巳年"和"也学太公渭水事，一钓周朝八百秋"等词句。在孔家搜缴的书中，内容更为"悖逆"。据山东按察使同年五月奏折记载：

> 据署邹县刘希焘禀报，在干孔兴己家中搜查书籍，内《五女传道书》一本，又无名邪书一本，同寻常道教书本，一并赍送，并将孔兴己拿获，呈解前来。奴才细加检阅，除寻常道教书刊本无关紧要外，内《五女传道卷》虽系邪说，尚无悖逆字句。其无名邪书内，有走肖、木易、卯金刀、来争战等句，较之王中逆词周刘等字，尤为悖逆。此外尚有贼星八牛，火焚幽燕，及朝廷离幽燕，建康城里排筵宴等句，亦皆悖逆之极。①

这两部书显系刘姓教首所授，且已"破旧糟烂"，在教内流传当非一日。这两部以谶纬预言写成的经书表明八卦教教首刘姓不仅有浓厚的排满兴汉思想，而且具有登基野心。经书中有关姓氏皆用字谜方法拼就而成，走肖为赵字，木易为杨字，卯金刀合为刘（刘）字，八牛合为朱字。上述几姓被造经人预言有"登基之分"，云此几姓间将发生争夺，以决鹿死谁手。至于平胡之句，则明显是刘姓教首自造。为什么造经人不以其他姓氏为谶言？国泰在奏折中指出："臣……反复阅看逆词语句，亦似将前朝宋、隋、汉、明等姓杂凑而成，希图蛊惑视听。"②

当时办案者根据"平胡不出周刘户"之句，审出教首刘姓，又进一步根究周姓其人，但并无周姓教主。四十五年后，嘉庆二十二年，当局再次查办刘姓传教之事，发现从中天教首刘廷献父子送给山东教徒的经书中记有"周即是刘，刘即是周"，"周刘本是一气通"的内容。再次审问追查周姓之人，仍无结果。

事实是在民间宗教世界一直流传着"十字合同"的谶言，认为"十

---

① 《朱批奏折》，乾隆三十七年五月十九日山东按察使国泰奏折。
② 《朱批奏折》，乾隆三十七年五月十九日山东按察使国泰奏折。

字合同"的出现，将预示着世界大变。什么是"十字合同"呢？就是一个"周"字。周代表周朝，特指华夏民族，八卦教宣称"平胡"的使命将落在姓周与姓刘两族的肩上。刘姓是两汉四百年天下的最高统治者，刘姓即卯金刀，代表着汉民族，八卦教首刘姓是以汉室后裔自居的，俨然以推翻诸夷及胡人为己任，胡人则明指满清统治者。这就是八卦教内流传的谶文的真实含义。

这类拼字法当然不是刘姓教首独创，在同一时代的其他民间教派也有盛传其法者。乾隆年间西北流行的圆顿教内有一部《数珠经》，内多"悖逆"之言。据陕甘总督勒保奏折记载：

> 查《数珠经》内悖逆语句不一而足，如南方丙丁，木易要先起。又西北乾天，李、刘各引雄兵，直止（指）长安地。又曲江池边生下李家，又小心鼠尾木易，与小心牛头，卯金龙等句，俱属悖逆不法。①

《数珠经》从康熙一朝即在西北地区流传，可见从清初直至清中叶，在民间宗教世界一直潜藏着反对现政权的暗流。

明清时期，以字谜预示政权更迭或时运变动的不仅上述几种姓氏。尚有弓长（张）、木子（李）、古月（胡）、十字合同（周）等等。其源于两汉谶言或纬书，两汉之际，以姓氏为预言者，即载诸史册。以后各代又不断添加着新的内容。

据《资治通鉴》记载，王莽建新以后，"以刘字为字卯、金、刀也，诏正月刚卯、金刀之利皆不得行，乃罢错刀、契刀及五铢钱，更作小钱……。"②因为"劉"字包含着卯、金、刀三字，竟然使通行天下的几种钱币遭禁，可见当时谶纬思想曾经怎样地左右着政治局势和统治者的思想和行动。

东汉初，刘秀欲平蜀。霸守西蜀的公孙述遂援引纬书《援神契》中"西太守，乙卯金"的预言，认为西方太守将断绝刘姓国运。

上述关于卯金刀的记载说明，以姓氏或姓氏之字谜预言时运，是一种

---

① 《军机处录副奏折》，乾隆五十三年七月十八日陕甘总督勒保奏折。
② 《资治通鉴》第三册，第2174页。

十分古老的宗教武器，历二千年而未绝。

大文学家曹丕受禅之前，许芝上书援引纬书《春秋玉版谶》、《孝经中黄谶》等，证明汉室以建都许昌亡，魏朝以建都许昌兴，亦用的是拼字法。曹丕欣然领受。

到了南北朝时代，这种预示政权更迭的政治性极强的谶文，由于给统治者带来极大威胁而始遭禁止。隋代继遭文帝、炀帝父子严禁，焚其书、毁其板，谶纬之说走向下坡路，转入下层，秘密流传。但是某些统治者依然乐此不疲，为争夺政权大造舆论。

隋末，群雄并起，李姓当主天下的图谶流传全国。所谓"图谶之文，应归李氏，人皆知之"①。当王充、李密与李渊、李世民等争夺天下时，其臣下多有以图谶相告者。李密欲反唐，其友贾闰甫劝云："国家姓名，应在图谶，天下终当一统。"② 李密则认为自己也姓李，"谶文之应，彼我所共"，终于降唐又反唐。这是关于李姓之谶的最早记载，也是后世"十八子当主神器"说的历史渊源。

关于八牛（朱）姓的记载，初起于五代。朱温篡唐建梁，李存勖以武力灭朱梁，即造"继朱梁之谶"。明初以后，八牛灭胡之谶兴起于民间，至明末十八子（李）取代八牛（朱）而得天下的谶言又流布全国。甚至李自成亦深受此谶影响。③

明末清初，天下大乱，政权更迭变化之速，令人感到命运的不可捉摸，谶纬思想再次大兴，内容也变得更加丰富。据《定劫宝卷》云，是时天降五魔为王，踏碎世界，杀戮人民，以惩戒尘世罪孽，这五位魔王是：

> 东方甲乙木弓长，南方丙丁火木易，
> 西方庚辛金卯刀，北方壬癸水子木，
> 中央戊己陈名姓，五处妖魔下天堂，
> 杀掠人民烧房屋，开州劫府自称王。

① 《资治通鉴》第十三册，第5837页。
② 同上书，第5830页。
③ 沈定平：《明末"十八子主神器"源流考》，《明史研究论丛》第一辑。

《定劫宝卷》还用大量宗教预言，预示了这五姓"魔王"的命运：

> 十八孩儿来聚会，卯下金刀聚残源，
> 弓长木子换刘郎，同助当来到中天。……
> 姓李为君唐天子，即为属秋四十年。……
> 走肖来时坐八九，二帝一姓往北走，
> 弃了江山汉上来，都守汉地一窝狗……
> 八牛江山一旦倾，胡人涌猛闹京华。……
> 走肖江山末劫收，木子先坐四十秋。……
> 牛八木子一担柴，走肖二十买将来。……

上面"预言"既矛盾又混乱，但其内容反映的是明末李自成、张献忠起义军与朱明王朝、清政权交替更迭的历史内容，突出了木子、卯金刀、弓长、八牛等姓在大乱的世界注定了的历史命运。典型地说明了动乱时代下层百姓无所归依，命运不定的心理状态和宿命论思想。

历史以农民起义失败而结束，也以他们从政治舞台上消逝而重新开始。谶纬思想不仅没有因为大变动而消亡，相反更鼓涨起预言家们的勇气。赵匡胤乃一介武夫，而终于称帝；朱元璋是皇觉寺的穷和尚，竟然位登九五；蒙古人、满族人相继入主中原；李自成亦在北京黄袍加身。"皇帝轮流做，将相本无种"，封建社会后期，皇权的神圣和神秘感在下层扫地已尽，这正是谶纬思想盛行的重要社会原因。到满族人入主中原以后，尖锐的民族矛盾又为谶纬预言家提供了新的内容，反抗异族侵略压迫的"平胡"思想不断地出现在各类宗教预言和经书中。这正是八卦教教首刘姓家族"平胡"反满的思想来源之一，也是这个家族妄图登基的宗教理论依据。既然刘姓是汉天子后裔，而卯金刀之谶已经流传了近两千年的历史，它具有何等深厚的社会基础，是不言而喻的。

八卦教刘姓教首是反清的，其反清思想还有着更深一层的背景，因此对这个家族的反清思想及影响也有必要进一步分析。

八卦教具有一切宗教的共性，即起到麻痹人民精神的作用。但清代的中国是一个高度集权的社会，封建政权已经有了一套维护本阶级利益的完整思想体系，其中包括了佛教、道教这些正统宗教的思想。在这种历史条件下，八卦教既不能无限制地扩大实力，也不可能享有正统宗教的政治、经济权力，只能在暗中潜行传教，作为专制制度的对立物而出现。无论其内部被哪个阶级或阶层把持，总是被当局目为"邪教"、"匪类"，加以取缔镇压。特别在清代，对"邪教"镇压的酷烈远甚于历朝。八卦教所处的社会地位决定了这个教门必然具有反抗性。这种反抗性在不同的时期以不同的形式表现出来，消极的或积极的，暗中的或公开的。

　　至于教内的世袭传教家族虽然大都上升到地主阶级的统治地位，但终究不能把它们和世俗地主以及正统宗教的上层宗教领袖等量齐观。前者受到现政权的打击，后者却受到保护和鼓励。世袭传教家族在教内虽然有至高无上的宗教权威，却依然是清政权的子民，在公开的场合要遵守现政权的法律制度，交纳赋税，对清政权的地方官要唯命是听。这种地位对于野心勃勃、广有徒众的宗教领袖是不堪忍受的。刘姓教首曾试图改变这种社会地位，利用清政权实行捐纳制度之机，走上仕途。然而从康熙四十五年到乾隆十三年，这个家族三次被当局查获，"俱因本犯病故，侥幸漏网"①。虽然没有遭受致命打击，但在仕途上飞黄腾达的设想已成泡影。不仅如此，由于"邪教"身份的暴露，使这个家族传教事业也成为充满荆棘、险象丛生的畏途。存在决定意识，世袭传教家族与清政权的矛盾构成了他们反清思想的基础。显然他们的反清思想与广大底层群众的反清意识具有不同性质。他们与清政权的矛盾实质属于地主阶级不同派别之间的矛盾。而广大的农民和小手工业者的反清则是出于一种阶级对立，具有反封建压迫的深刻内容。

　　但事物是复杂的。由于世袭传教家族在教内举足轻重的地位，他们的言行，特别是载于经卷之上的反清内容，就不能不深刻地影响着底层广大教徒，使他们产生共鸣，激起他们的反清情绪。八卦教从乾隆中叶至道光一朝，四次举事反清固然出于多种因素，但是世袭传教家族的反清思想的影响也不能低估，它曾起过酵母作用。

　　应当着重指出的是，这些家族的反清仅仅停留在思想上。在一个多世纪漫长的岁月里，他们没有采取任何实际的反清行动。甚至在思想上也是矛盾的。他们一方面要控制广大门徒，约束他们的思想和行动，使之不至越轨；一方面又痛感清政权是他们施展野心的不可逾越的障碍。他们所处

---

①　《朱批奏折》，乾隆三十七年五月十六日山东按察使国泰奏折。

的经济地位和长期受到的儒学熏染，使他们不敢贸然"毁家纾难"，举事反清。所以在乾隆中期的经卷中又记载着这样的内容："孔子行正传天下，阳虎作乱一时休"。同时警告门徒："大众谨尊，永不犯五刑"。[1]

世袭传教家族是处在清政权和农民阶级之间的夹缝中的一种特殊的社会集团。这种特殊的社会地位决定了他们思想上矛盾重重，行动上左右摇摆。对他们说来，"火焚幽燕"、"平胡"之类仅是一种泄愤之词。攻打紫禁城的行动只能发生在一场真正的农民革命之中。

综上所述，我们看到八卦教在走完一个世纪的历史进程之后，终于发展成为一个从组织到教义、从宗教仪式到教规，无不以维护少数世袭传教家族特权为出发点和最后归宿的教门。

恩格斯说过：

> 在历史上各个时期中，绝大多数的人民都不过是以各种不同的形式充当了一小撮特权者发财致富的工具。[2]

这段论述同样道出了以刘姓家族为代表的世袭传教家族的本质。尽管由于历史沉积的思想影响，由于清政权的镇压，也导致这些家族存在着反清思想，这种反清思想也曾深刻地影响过广大教徒；尽管世袭传教家族创立的八卦教的组织形式后来被农民阶级利用来进行革命斗争，都不能改变世袭传教家族是披着宗教外衣的地主阶级集团这一问题的实质。

---

[1] 《军机处录副奏折》，乾隆五十三年六月十七日富尼善奏折（片一，歌词两本）。

[2] 恩格斯：《10 小时工作制问题》，《马克思恩格斯全集》第七卷，人民出版社 1959 年版，第 269—270 页。

第五章　动乱之始与王伦
清水教起义

从乾隆中期至1840年，是清代历史的重要时代，它结束了清王朝一个世纪的表面繁荣，从此封建专制统治如江河日下，再也没有回转的机运。这是一个承上启下的中间环节，大一统的帝国由盛至衰至亡的转折时期。六十余年间，活跃在历史舞台上的主角，是披着宗教外衣和以结社为组织形式的农民革命运动，它代表了这一时代的主流和方向，构成了动乱时代的重要内容。可以讲，清中叶的农民运动是近代中国大规模的狂风暴雨般的社会震荡的前奏曲，它酝酿、引发了近代史上撼动神州大地的农民运动，改写着中国历史的面貌。其中华北地区八卦教发动的多次暴动或起义，又与其后发生的捻军起义和义和团运动有着千丝万缕的联系。而发生在乾隆三十九年的山东清水教起义则是社会大地震的前兆。

清代中期发生在华北的农民起义和暴动，没有一次与八卦教没有关联，这一事实本身，不仅证明了八卦教在华北地区农民运动史上举足轻重的地位，而且表明，在特定的历史条件下，八卦教在整体上已经从一种宗教运动全面地向农民革命运动转化了。如火如荼的农民革命的实践斗争给八卦教这个深具传统特色的宗教注入了蓬勃的生机和活力。

第一节　动乱时代的酝酿与契机

像任何封建王朝一样，清政权在走过一段上升发展时期后，逐渐失去了勃勃生机，机体本身日益腐败，本来掩盖着的内部矛盾，一步步尖锐并暴露出来，终于导致社会危机的到来和大乱不止的局面。然而与许多王朝不大相同的是，清王朝盛极而衰的步履异常迅速。乾隆中叶是清代经济、政治、文化最繁荣的时代，这种繁荣如昙花一现，迅即败落，紧接着便是社会动乱，这种动乱连续着近代历史，一发而不可收拾。

从乾隆三十九年到道光十五年，六十年间，仅汉族为主体的较大规模的农民起义就爆发了五次。造成多次农民起义的导因是什么呢？

乾隆三十九年，由于年岁歉收，"地方官妄行额外加征"①，山东爆发了王伦领导的清水教起义。从此一叶落而天下秋，此起彼伏的农民革命接踵而至了。

乾隆五十一年，因为"据台湾皆贪官污吏，扰害生灵"，林爽文宣告"以救吾民，特兴义兵"②。中国东南地区爆发了天地会起义。

事不过十载，嘉庆元年，川陕楚等五省爆发了以收元教、混元教徒为骨干的农民起义。它的导因是地方官"以虐民喜事为能"，以至"官逼民反"③。这次起义持续近十年。

川陕楚农民起义被平定，又不过十载，华北大平原上突然爆发了林清、李文成领导的八卦教起义。起义军直捣皇权的象征——紫禁城，并在直鲁豫三省攻城略地，极大地震惊了清王朝的统治中枢。这次起义的导因是"地方官平时苛虐，无事不与民为仇"④。

中国古代史上最后一次农民暴动，发生在山西省赵城县。道光十五年，先天教徒因"贫困难度"，在曹顺的率领下，揭竿而起。⑤

---

① 《军机处录副奏折》，乾隆三十九年十月十九日大学士舒赫德等奏折。
② 《林爽文起义军告示》，《康雍乾时期城乡人民反抗斗争资料》，第780页。
③ 《清史稿·谷际岐传》。
④ 《军机处录副奏折》，嘉庆十八年十月十三日通政使张鹏展奏折。
⑤ 《军机处录副奏折》，道光十五年闰六切四日曹顺供词。

从短短的六十年间爆发的五次农民起义来看，造成社会危机的是一种综合性的因素：土地开垦已经饱和但兼并却有增无已，人口数倍的增长但物价也在飞腾，开边扩土或平定内乱的战争连续不断，导致政府开支的膨胀，又导致赋敛的加重等等。但根本是统治阶级对广大农民剥削和压迫日益加深，导因则是整个吏治的腐败。

乾隆一朝，社会危机的突然来临与最高统治者的指导思想和所作所为有着直接的关系。乾隆皇帝本人从整体上看已远不是一个励精图治的有远见的统治者，而是一个躺在祖、父两代人宵衣旰食、任贤惕厉而成的一份大家业上，享尽荣华的富贵天子。他好大喜功、虚荣矫饰，既缺少祖父康熙皇帝的恢宏气度，又缺乏其父雍正皇帝的认真求实精神。依仗大一统的江山社稷和亿万人民积累起来的庞大财富，从事一系列旨在夸耀千古的战争。他自诩的"十全武功"，固然其中有某些战争对巩固统一的中华民族颇有补益，但无端的讨伐亦不乏其例。所谓"十全武功"耗尽了财力，计一亿两千万两白银。其中两次平定金川之役费用为七千万两白银。而平定回、准之役又耗去三千五百万两白银。仅此二项已逾一亿，数字的庞大是惊人的。"十全武功"似乎显赫一时，但为时不久便引发了川陕楚五省农民大起义，十载之间又耗去了一亿两白银。在衣衫褴褛的农民军面前，赫赫武功，化为灰烬。而流水似的白银，皆为民脂民膏。

乾隆皇帝为了满足一己私欲，其奢侈也为历代帝王所罕见。六次南巡，仅官库耗银即两千万两。他每到一处不是为了体察民瘼，而是为了大肆挥霍，以逞帝王之威福。地方官为了献媚取宠，揣摩好恶，不惜朘剥百姓，以供皇帝一时之欢。饰具踵靡，所费较之康熙皇帝南巡，殆十倍之。清跸所至，戏台、彩棚、灯舫等物，沿途点缀不断，水行飞舟，络绎不绝。而所到城市，街衢尽行铺设地毯，周围百十里，极尽奢华。

乾隆三十七年，乾隆皇帝已数度南巡，并且进行了几次大规模的战争，但是国库藏银却达到了有清历史的最高水平，岁进七千八百万两白银，比乾隆初年"计倍而赢"①。这一事实表明封建统治者对劳动人民剥削的酷烈。以山东省为例：雍正年间，该省由于频繁的自然灾害，造成"带征未完积欠通计三百余万两"。乾隆皇帝初登基，便下令严加追索，

---

① 《高宗实录》卷二十七，乾隆三十七年十一月癸卯。

威胁所谓"恣意拖欠"者，"当严加重惩，必不姑贷"①。这种做法不仅实施于山东一省，各省大率类然。这种损下益上、富国穷民的政策，后来被龚自珍形象地喻为"自啖自肉"。

赋税苛刻固然给人民带来了极重的负担，而官吏贪污更形成了一个无法填满的无底洞。乾隆一朝"贪污之风遍天下"，自和珅用事，"上下相蒙，惟事娄赃黜货"②。和珅贪污数额之巨，在封建社会首屈一指，它发生在乾隆一朝决非偶然，和珅不过是整个官僚机构极端腐败的代表。而这个贪赃枉法、无恶不作的人物又恰恰是乾隆皇帝最宠信的佞臣。和珅本人极为狡猾，善揣人主好恶。他当初仅为一銮仪卫普通校尉，不数载即迁副都统，又迁军机大臣上学习行走，不久由尚书授大学士。乾隆四十三年其子当了驸马，乾隆皇帝依之益专，致使权倾天下，而钻营谋利之徒，奔走效力于其门下，朝野上下，贿赂公行，树党植羽，吏治之风，腐败已极。

中枢机构如此，各省大吏亦纷起效尤。如山东省"大吏屡非其人，吏治废弛，贪污遍野"③。仅国泰任职期间，"娄索诸属员，数辄至千万。察诸州仓库，亏二百万有奇"④。亏空数则"巧取于民"，致使"奸民为之动摇"⑤。

嘉庆一朝，吏治之风又一大变："告奸挟制之风，纷起效尤"，"而委靡不振，畏难苟安者甚多。……甚或以阘冗者为安详，勤干者为多事，黑白莫分，是非倒置。"⑥

由于乾嘉两朝，最高统治者政命皆出邀誉，导致"媚上骄下之臣当道，忠君爱民之宰退守。于是废公利己，名失政守"，"病国殃民，贪酷废法"的"不屑之徒"遍布全国。他们"夤缘为奸，颠倒法纪，倒移轻重，渔利害民，……含冤忍死者不知几何。"⑦ 统治阶级对待人民的逻辑是："无事恣其侵渔，有事止于剿杀。剿杀之后，仍事侵渔。侵渔既久，

---

① 光绪《山东通志》卷首，训典二。
② （清）昭梿：《啸亭杂录》卷十。
③ 同上。
④ 《清史稿·国泰传》。
⑤ （清）昭梿：《啸亭杂录》卷十。
⑥ 《朱批奏折》，嘉庆十八年十月十六日两广总督蒋攸铦奏折。
⑦ 《军机处录副奏折》，原任湖南长沙善化县典史侯选府经历邹润吾上皇帝书（大约嘉庆十八年）。

势必又至剿杀。"① 统治阶级的贪赃枉法或怠惰因循、玩忽职守，说明国家机器到乾嘉时代已经失灵。再加上天灾频仍、土地兼并、物价上涨、人口爆长等因素，就造成了底层社会的动荡不安。

当时华北地区的状况是：

流民多：造成流民的因素很多，赋税苛刻和自然灾害是其中主要原因，以致贫农无法承担地主租佃，不愿租种土地。据《山东通志》记载乾隆中叶时情况：

> ……往时东省贫民称贷，富户加息四五分尚肯偿还，是以小民挪借有资，不至流离失所。令即取息二、三分，借出不还。……有余之家，恐为所负，不复出借，……。贫户仰叩无门，不得不求食他乡。②

另一方面原因是，华北地区已无荒可垦，而人口的绝对增长数字是史无前例的。就全国来说，乾隆六年已达一亿六千万人，至乾隆五十八年，就达到了三亿一千万。山东省人口，乾隆十八年时为一千二百七十万，六十年后的嘉庆十七年竟达到二千八百九十万，皆计倍而增。同一时期，直隶、河南等省人口亦惊人地增长。致使华北人民"艰于口食"，不得不觅地求生。乾隆皇帝也很清楚山东省情况："岁偶不登，间阎即无所恃，南走江淮，北出口外，……滋生无策，动辄流移。"③

抗欠者多：由于赋税苛刻，贪官污吏层层盘剥，引起广大群众起而抗争。当时山东民间流传着这样的谚语："不欠钱粮，不成好汉。"④ 可见抗欠已经成为一种风气。不仅抗欠国家赋税，佃农还抗欠田租。其中一些人"强霸田亩"，"抗租不纳"，"累年拖欠，相习成风"。甚至"鸣钟聚众，持梃围宅"，威胁地主身家性命。⑤

流为"匪类"者多：由于农民无法在正常封建秩序下生活，以至扒

---

① 《清史稿·孙嘉淦传》。
② 光绪《山东通志》卷首·训典二。
③ 同上。
④ 同上。
⑤ 《康雍乾时期城乡人民反抗斗争资料》，第 241 页。

抢案件大量增加。"无业穷民，群居觅食。昼则随帮受雇，夜则乘机为匪"①，而流民由于无所归依，也导致"艰于口食，共谋抢夺"，以至"盗风日炽"。② 山东等地的曳刀会、顺刀会，河南的红胡子会等或聚赌械斗，或"横行乡里"，都成为流民或无业闲散人等"打劫烧抢"的倚仗。

参加民间宗教活动者多：乾、嘉时期，华北地区群众信仰民间教派的成员激增。乾隆一朝民间宗教的活动与康雍时期相比较，有三个特点。

第一个特点是民间宗教活动已遍及全国，许多教派教势连跨数省，入教者成千累万，形成了更加严密的组织体系和领导核心。而当局也加紧了对各类教派的侦破和镇压。民间宗教与清政权的矛盾尖锐地突出出来。即使如此，新的教派依然不断地涌现出来，活动也越加秘密。据统计，乾隆二十年以前史料仅记载了 16 个秘密宗教与结社的活动，而乾隆二十年以后则多达 199 种之多。这个统计表明，乾隆二十年以后，民间宗教和结社组织活动的频繁和新教派、新结社组织不断地涌现，足证在一个动荡的时代，这些组织的空前活跃和人民群众与政府的对抗和离异。下面笔者简单地举些实例说明当时的状况。

乾隆七年，当局在直隶、山西发现黄天教的活动，乾隆二十八年侦破该教活动中枢，将直隶万全县传教的李氏家族一网打尽，并将创教人李宾的坟墓、塔碑以及传教庙宇碧天寺捣毁。仅乾隆一朝即对黄天教办案五次。

乾隆八年，当局在云南、贵州、四川等省侦破张保太大乘教活动，大肆逮捕在教头目、教徒，焚毁经书、平毁经堂，发现该教已传播至七八个省份。

乾隆十三年，福建建昌、瓯宁两县斋教群众举行暴动，当局出兵镇压，暴动失败。浙江、福建两省当局继而大肆搜捕民间教派成员，仅福建十几个县份即发现无为教、大乘教、龙华教、观音教等数十座经堂，并在浙江庆元、温州等地捕获老官斋教教主姚文宇后代多人，大肆杀戮流徒。

乾隆二十二年，直隶、山西当局侦破收元教重要骨干成员胡二引进、冯世京、周清水多人，收缴经书，杀戮教徒。

乾隆三十二年，清当局在苏州、杭州几次侦破罗教水手活动，平毁教

---

① 光绪《山东通志》卷首·训典二。
② 同上。

堂三十余座，并在直隶逮捕了罗教创始人后代罗明忠及其家属，平毁了罗祖墓碑。

乾隆四十年，河南当局侦破混元教活动，抓获教首樊明德，处以斩决，并将后来著名的宗教领袖刘松流放至甘肃。刘松的弟子在二十年后川陕楚等五省农民大起义之初，成为首倡者或骨干成员。

乾隆四十二年甘肃省圆顿教（又名悄悄会）首领王伏林倡教聚众，"谋为不轨"，当局出动马队镇压，致使数百人死于刀箭之下。乾隆五十三年，当局再次于甘陕边境侦破圆顿教活动。

此外活跃在华北地区的著名的红阳教、清茶门教、一炷香教等等，也多为当局屡次侦破加以镇压。上述史料足证，那一时代的底层社会已经危机四伏，民不聊生，给民间宗教开辟了极为有利的活动条件。

第二个特点是民间宗教与民间武术团体的合流。清代的华北、华东地区除了存在着许多民间教派以外，还存在着大量的民间武术团体，如神拳会、顺刀会、虎尾鞭、曳刀会、义和拳、八卦拳等等，名目繁多。它们大都是以传习武术而组织起来的松散团体，这些团体有的有着悠久的历史，有的则出现于清代中叶。它们"治世"而隐，乱世而出，几乎是封建社会政治、经济状况的晴雨表。乾隆中叶以后，它们大量地出现在底层社会，说明了当时社会的混乱与不安。据乾隆四年的一份档案记载：

> 河南一省之民情，尤愚而易诱。每有四方游棍、僧道之徒，假挟治病、符咒邪术，以行医为名，或指烧香礼斗，拜忏念经，求福免灾为词，哄动乡民。遂致愚夫愚妇，一时被其煽惑，归依邪教。自一方而渐流数处，辗转纠集蔓延，人数既多，奸宄百出。……更豫省少壮之民，习于强悍，多学拳棒，如少林寺僧徒，而以教习拳棍为名，聚集无赖，凶狠不法之辈，效尤成风。邪教之人专意诱骗此等人入伙，以张羽翼。①
>
> 伏查豫省民情愚悍，非学习拳棒，好勇斗狠，即崇信邪教，拜佛求神。……妖言惑众，愚民受其蛊惑者颇多……。②

---

① 《朱批奏折》，乾隆四年十月十九日兵部右侍郎雅尔图奏折。
② 《朱批奏折》，乾隆五年正月十七日河南巡抚雅尔图奏折。

民间宗教与武术团体合流，还突出表现在山东兖州、东昌一带清水教与义和拳、八卦拳等团体的结合，笔者将在王伦清水教起义一节详加探讨。

显而易见，民间宗教有着较为严密的组织体系，有着共同的信仰，而民间武术团体则具备进行武装斗争的高超技艺，乾隆初中叶以后，部分民间宗教与武术团体的合流，反映了华北地区农民运动的特点和历史趋势。

值得提及的是，除了武术团体以外，乾隆初中叶还大量出现了会党的活动。乾隆七年，福建当局在漳浦、诏安、平和等县首次发现小刀会和子龙会的活动，乾隆八年四川当局首次发现啯噜党的活动，乾隆十三年福建当局又发现铁尺会的活动，而天地会活动的大量出现则在乾隆中叶左右，凡此种种都是社会危机的征兆。

不仅如此，以反满兴汉为号召的反清活动亦在那一时代大量涌现。

乾隆十七年，湖北罗田县马朝柱等人假借西洋出有幼主，系明代后裔朱洪锦，编造《劝世文》，称"满州兵来历不清"，意图推翻清政权，"统掌山河，普安社稷"[1]。

乾隆十八年，台湾诸罗及福建彰化等地，群众树立红旗，内绣"周裔孙部"四字，希望"以剪贪官，以舒愤瞒（懑）事"。[2]

乾隆三十一年，向习神拳之浙江鄞县吴氏家族。在反清斗争中人丁毡帽内俱贴一"明"字，以表明反清复明之意。[3]

乾隆三十三年，湖北荆门何佩玉等聚众起事，红白绫大旗上写着"中华明君见汉不杀"或"见汉不杀"等口号。[4]

上述史料说明，表面上的满汉民族矛盾，已经包涵着深刻的阶级矛盾和对抗，这种矛盾和对抗的进一步激化，必然导致大规模的农民起义的爆发。

第三个特点是：民间宗教教派内流传着不少变革旧秩序和追求光明的宗教口号。

由于大批破产的农民、小手工业者、小市民涌入民间教派，迅速地改变着某些教派的成分。宗教必须满足绝大多数群众的意志和要求才能继续

---

① 《高宗实录》卷四百一十六。

② 《朱批奏折》，乾隆十八年四月十三日福州将军新柱奏折。

③ 《朱批奏折》，乾隆三十一年二月初四日，浙江巡抚熊学鹏奏折。

④ 《军机处录副奏折》，乾隆三十三年三月二十一日湖广总督定长奏折。

存在和发展。在这种情况下，一些教门的教义、理条、口诀发生了深刻的变化。这些内容预示了一个动乱时代的开始。它们宣称，这将是一个"大劫在迩"的时代，"世界当有一变"①。要"换乾坤，换世号"，要经过"反乱年，末劫年"，"末劫年，刀兵现"。②"南方丙丁，木易要先起。又西北乾天，李、刘各引雄兵，直指长安地。"③ 在这种动乱的时代，宗教徒们热切地盼望救世主弥勒佛的降临，他们呼喊着："真空家乡，无生父母，现在如来，弥勒我主。"④ 希望"我祖速至"。他们深信在一场光明与黑暗的决斗之后，"阴阳还理照，天换世界人。"⑤ 而全新的世界就会出现在面前："新天新地新乾坤，新人新书新时辰。"⑥ 不仅天地人变新了，而且日月经天的走向，春夏秋冬的季节，每日每月每年的时辰都更新了、变化了。这样旧的世界秩序就在希望和幻想中遭到了否定。这些内容深刻地反映了那个时代的劳动群众极度憎恨旧秩序和自发地渴望从这些重担下解放出来并找到美好生活的憧憬。

综上所述，我们看到在乾隆中叶以后，清王朝已经面临着一个风雨将至、大乱在即的局面。一个农民革命风云际会的时代已经为期不远了。显然在这样一个时代，在要求变革现实的苦难的人群面前，一切民间宗教内部的各种政治势力都面临着抉择，然后由人民来决定他们的命运兴衰。

在这种形势下，八卦教进入了历史的转折关头。

第二节　短促悲壮的序幕——山东清水教起义

乾隆三十九年八月二十八日夜，鲁西北寿张、堂邑两县同时爆发了一场农民起义。义军在清水教首领王伦率领下，连克寿张、阳谷、堂邑三

---

① 《戡靖教匪述编》卷十一。
② 《军机处录副奏折》，乾隆四十年四月二十八日河南巡抚徐绩奏折。
③ 《军机处录副奏折》，乾隆五十三年七月十八日勒保奏折。
④ 《军机处录副奏折》，乾隆五十二年二月二十日山东巡抚明兴奏折。
⑤ 《军机处录副奏折》，乾隆三十八年三月初五日何煟奏折。
⑥ 《军机处录副奏折》，乾隆二十二年收缘教胡二引进供词。

县，继而拔下临清旧城，围攻临清新城。王伦清水教起义，犹如迅雷闪电，震撼着如磐夜气笼罩着的中原大地，划破了大清帝国一百多年来表面的繁荣和宁静。起义仅一个月即告失败，但中国的农民阶级却在刀光剑影中逐渐清醒，革命的序幕已经拉开，清水教起义宣布了一个动乱时代的开始。

(一) 王伦清水教的组织与信仰

王伦是何许人呢？清笔记《临清寇略》载：

> 伦，阳谷人，貌魁岸，性狡诘，多力有拳勇。尝为县役，因事责斥，无以为生，遂抄撮方书，为人治痈疡，颇验。择受病男妇之精悍者，不受值，均感其惠，愿为义儿义女以报德。又诡称遇异人，授符篆，能召鬼神诸邪法，以惑愚民。积十余年而奸党遍诸各邑。"[1]

另一笔记《邪教戒》则云：

> ……寿张人士伦……，居阳谷党家店，凶狡无赖，以教拳棒往来兖东诸邑，阴以白莲教诱人炼气，称炼气饥数十日不死，可避劫，以十日不食为小功，八十一日不食为大功，炼气曰文弟子，拳棒曰武弟子，弟子最狎者十八人，为义子。[2]

从上述两则史料可知，王伦是一个身怀气功拳棒绝技，又精于医道的农村自由职业者，他善结江湖豪杰，为人慷慨好施与，又是个沉溺于方术的怪异之人。但上述史料并未交待出他的身世及习教传承，且于籍贯说法不一。

清代档案对王伦习教传承有所记载：

---

① （清）俞蛟：《临清寇略》，《昭代丛书》辛集别编。
② （清）潘相：《鬐文书屋集略·邪教戒》，《潘子全集》。

　　……拿获贼营要犯研鞫，俱供王伦系寿张人，自乾隆十六年起从张继成入了邪教，不敢露名。后来因伊父身故，无人管束，自三十六年上遂收起徒弟，至今已有三年。凡入教之人，转相招引，各处乡落愚民，多有为其煽惑者。①

　　王伦之师张继成"木匠生理"，曾为王家盖房，遂收王伦入教。张继成"又系袁公溥递传"②。袁公溥则"平日行医，原会推拿，常出外与人治病。"于乾隆三十九年六月十日病逝。③ 由于王伦师爷、师父相继谢世，致使其更远师承已难搞清。

　　清档案又记载，王伦与弟共有土地一顷五十八亩，土瓦房十五间，其身份当为自由职业者兼小地主，生活尚属充裕，故能时常周济同教，交结豪杰。

　　关于王伦传习何教，清代档案、官书最终未能定论，或大而化之曰白莲教，或曰白阳、清水诸名色：

　　　　此案实由寿张县党家店人王伦为首，倡立白莲教名色，传授咒语运气，起意聚众谋反。④

　　　　逆匪王伦，聚众谋为不轨，先由邪教而起，有白莲、白阳、清水教各种名色。始则念经聚会，敛钱哄骗，渐则散布邪言，学习拳棒，以至流为叛逆。⑤

　　只有亲眼目睹王伦起义的同时代人俞蛟认定王伦所行之教为清水教：

　　　　先是，五月间，四乡忽起讹言：清水教主招聚训练，择八月二十八日起事矣。……察察每村，果有贼目数人教习枪棒，声言饮水一

---

① 《军机处录副奏折》，乾隆三十九年十月十九日舒赫德奏折。
② 《朱批奏折》，乾隆三十九年十月二十一日舒赫德奏折。
③ 同上。
④ 《军机处录副奏折》，乾隆三十九年九月十二日山东巡抚徐绩奏折。
⑤ 《朱批奏折》，乾隆三十九年十一月十三日山东巡抚杨景素奏折。

瓯，可四十九日不食，因名其教为清水教……。①

清水教是八卦教异名同教，我在前面章节已详加叙述。为了进一步证实这一观点，在此特征引清官僚潘相的记载。潘相在乾隆三十七年时任山东濮州知州，曾与巡抚、按察使诸人教审王中、刘省过清水教案，后又亲睹王伦起事，故对清水教来龙去脉，言之凿凿：

>　　……国初，乃有单县人刘佐臣者，倡立五荤道收元教，妄造《五女传道》逆书，分八卦，收徒党，传诵"真空家乡，无生父母，现在如来，弥勒我主"四语，曰供清水，以消灾获福诱民，诓民钱。传其子如清、孙恪、曾孙省过，继为教主。乾隆三十七年濮州人李孟炳得其书于菏泽人王忠，携之赴河南临颍被获。……又于王忠家获黄布牌位二尺许，上书中天、先天、后天等字。供清水三杯，名清水教。②

清水教并非王忠（又云王中）所立，而是教主刘氏家族所创八卦教之异名同教。据清档案记载："清水教本由东省传播蔓延，前经缉获之逆犯王中，虽已正法，令豫省审出教首刘姓其人，与逆书所云'周刘户'字样相合。"③可见清水教教首为刘姓无疑。再据清档记载：吴克己"于乾隆三十六年间投已故菏泽县人布伟为师，入已正法单县人刘省过等清水教，传有《灵山礼采茶歌》等邪词"④。可见王中所传震卦教仅为整个清水教的一支。日本学者佐滕公彦据《清实录》等记载推测，得出"清水教是八封教中震卦的别称"的结论，又进一步认为王伦清水教是八封教中震卦教的流衍。⑤这种观点值得商榷。事实上没有任何史料证明王中震卦教与王伦清水教的组织联系，因此只能认为王伦清水教是整个清水教的

①　（清）俞蛟：《临清寇略》，《昭代丛书》辛集别编。
②　（清）潘相：《鬻文书屋集略·邪教戒》。
③　《朱批奏折》，乾隆三十七年五月十二日山东巡抚徐绩奏折。
④　《军机处录副奏折》，乾隆四十七年七月初二日山东巡抚明兴奏折。
⑤　［日］佐滕公彦：《乾隆三十九年王伦清水教叛乱小论》，《一桥论丛》第八十一卷第三号。

一个旁枝。它信奉创教人刘佐臣及其宗教思想，但与正宗清水教又有相当大的差异，对此我将在本章进行分析。

王伦虽于乾隆十六年入教，但从乾隆三十六年始收弟子，不过三年就率众起事，攻城伐邑，足见其具有一定的组织才能和过人的勇气。与正宗清水教不同，王伦清水教的骨干成员多为豪侠亡命、衙役书吏、盐贩赌徒、走马斗械者。正是由这样一些人形成了一个宗教及气功拳棒组织的核心。

寿张人范伟（又称梵伟），为王伦主要出谋策划者。他自幼犷悍，"无赖好博，负多不能偿，为徒窘辱，匿王伦家。久之，髡其顶，名为僧，而无师传，所为多不法，逞其私智，妄谈天文谶纬以惑众"①。

兖州人孟灿，王伦倚为左右手，"勇鸷凶悍，尝因争博，以一掌毙其徒，亡命至楚。素与范伟善，闻逆谋，潜返"②。

王经隆又名王圣如，堂邑张四孤庄人，为王伦义子，起义时受封元帅。清档案记载："所有逆首王伦、并济恶梵和尚、堂邑村民王经隆及贼中所称元帅孟灿，尤为巨贼。"③

清水教骨干成员寿张人刘焕、李旺、王士爵、冀盘佑等都是衙役或书办。而"阳谷为贼渊蔽，胥役皆党羽，故陷之倍易"④。

清水教骨干成员中还有不少"盐枭"、马贩。堂邑人颜六"家饶于资，招聚亡命，居积私盐，荷筐入市，莫敢谁何。范伟招之入党，贼中称勇健者，推六为首"⑤。另一著名头目国泰，又称归太，既贩私盐又兼马贩，交际极广。

王伦手下有一批精于武艺的女教徒。起义时"有披发骑马，手舞双刀之妇人，向官兵直扑，……云系无生圣母，为王伦倚仗之人，颇有邪术"⑥。两军阵前"并有女贼数人在彼，红绸缠腰。"⑦据《临清寇略》记

① （清）俞蛟：《临清寇略》，《昭代丛书》辛集别编。
② 同上。
③ 《钦定剿捕临清逆匪纪略》卷七。
④ （清）俞蛟：《临清寇略》，《昭代丛书》辛集别编。
⑤ 同上。
⑥ 《高宗实录》，卷九百六十七。
⑦ 同上。

载：有兖州人乌三娘，年二十许，其人：

> 娟媚多姿而有膂力，工技击，其夫能为角觝戏，俗所称走马卖械
> 者，尝与三娘挟技走楚豫间以糊口。……三娘……，尝患疡，遇王伦
> 治之而愈，不受值且助以资，三娘感其惠，愿为义女，……王伦破寿
> 张诸邑，三娘皆从，而更招致其当日同卖械者十余人，王伦皆呼为
> 女，……①

王伦又有义子十八人，皆豪侠有勇力，精于气功拳棒，又有义弟、干
婿多人，均感王伦慷慨好施，为人侠义而拥戴之。清水教骨干成员还有流
僧俗道、商人、肩挑负贩者，乃至武童、武生之属。寿张南台寺，曾为范
伟寄身之所，内中和尚慧林、慧占、慧泉、广标、广仲等，皆被范伟鼓
动，入清水教，并参与举事。

从上述介绍中，可以看出：清水教主要领袖及骨干成员，大都属于流
民阶层或自由职业者。乾隆年间，由于土地高度兼并和人口爆长等因素，
被排除在土地之外，被迫寻求各类艰难生涯，浪迹江湖、备受坎坷。对封
建压迫的仇恨和对人生富贵的向往，使他们走到了王伦的周围，相与结
社，以求生路。而广大的鲁西北的群众，则是出于对宗教的信仰，或崇教
求来生福禄，或练功学拳以保身家，成为清水教的普通成员和外围信仰
者，其后被卷入一场突如其来的反封建斗争。

王伦的清水教首先是一个宗教组织，它继承刘姓家族清水教的部分宗
教传统，但在许多方面又与前者发生歧义。

第一，刘佐臣创教时所编《五女传道》或《五圣传道》中的五位菩
萨——观音、文殊、普贤、白衣、鱼篮，成为王伦清水教的保护神。清水
教徒练功习拳时所念咒语云：

> 千手挡、万手遮，青龙白虎来护遮，只得禀圣中老爷得知，急急
> 急，杀杀杀，五圣老母在此。②

① （清）俞蛟：《临清寇略》，《昭代丛书》辛集别编。
② 《军机处录副奏折》，乾隆三十九年十二月十九日崔大勇供词。

可见，"五圣老母"观念在王伦及其弟子那里既是一种宗教崇拜观念，又成为一种运气练功口诀。其得之于刘佐臣《五圣传道》，当无疑义。

第二，在传统的八卦教中，创教祖师刘佐臣备受崇拜。他被信仰者奉为"圣帝老爷"、"圣中老爷"、"先天老爷"。教内有《禀圣如来书》，即为教徒祈祷所用之经书，教徒们将自己虚幻的妄念"禀"之于"圣帝"刘佐臣，希求照应以达天听。在王伦清水教这里，信徒们练功运气也充满了浓厚宗教色彩，在他们看来，练功运气只有祖师保佑，求之神助，才能水火不侵，刀枪不入。两者同样基于一种思想：即借助超自然力的神灵去克服人们在社会和自然界所遇到的困境，在这里刘佐臣及其家族被神化、圣化的过程，正是一种人间的力量采取了超人间力量形式的过程。当然在王伦清水教组织内部，对刘姓家族的崇拜已逐渐为对王伦的崇拜所代替，对真主的崇拜被对"新主"的崇拜所代替。

第三，把儒家思想宗教化是八卦教传统教义的核心内容。八卦教异名同教曾有孔子教之称，嘉道间又演化为天理教、圣贤教、在理教、老理教等等。教徒自称"愚门弟子"实则是"儒门弟子"之误。王伦清水教徒亦自称是"儒门弟子"。《邪教戒》记载清水教咒语云：

> 真空家乡，儒门弟子，某人千手挡，万手遮，青龙白虎来护嗒，……启上圣公老爷，圣公是假，弟子是真，弄假而成真无生神母。[1]

《记妖寇王伦始末》亦记载着"真空家乡，儒门弟子"的咒语。从这些荒诞不经的行文中，可以看出传统八卦教中的儒学伦理思想对王伦清水教的渗透与影响，这是一种古老而深厚的历史积淀。然而在王伦清水教这里，儒家思想却没有占据主导地位。正像对刘佐臣的崇拜日益淡化一样，说明一种新的社会革命运动已经逐渐从宗教运动中蝉蜕出来，任何一次农民革命总会伴随着对宗教旧传统和儒学伦理的冲击，没有类似的冲击，就没有革命的造反行动。

---

[1]　（清）潘相：《簪文书屋集略·邪教戒》。

第四，传统的八卦教信仰"真空家乡，无生父母"八字"真言"。王伦清水教秉承了类似传统，但信仰内涵及作用都发生了变化，据《清实录》记载：

> 又李之桃供：王伦妻母是无生父母，能使双刀等语。"无生父母"四字，义不可解。前日被鸟枪打死之舞双刀女贼，据获内认识者，称系乌三娘娘。乌三，无生转音相近，其使双刀又同，或即是其人，……①

再据《邪教戒》记载：

> 贼……晨则置老妇车上，衣黄衣，以手作法，曰无生神母。以绳妓为前锋，妄称仙女有神术，不畏枪炮。人各念鄙倍咒，咒云"真空家乡，儒门弟子，……无生神母"。诡言仙女每夜上天请神母教，旦日下令，曰神母教我如何如何，其妄诞如是。②

在八卦教传统教义中，"八字真言"纯粹是一种宗教信仰。教徒们把今生命运与来世转化之机都寄于无生老母的恩赐上，这种信仰当然不具备反抗当局的政治内容。在王伦清水教这里就不同了，在紧张的起义过程中，王伦置老妇于车上，扮作神母，无非是以此耸动视听，骗取群众信任追随，以达到自己的政治目的。宗教的信仰变成了典型的政治手段与工具。

第五，"劫变"观念在类似八卦教的民间教派中占据举足轻重的地位。刘佐臣、刘省过等教主都被门徒奉为"避劫数主儿"，"会避灾难主儿"，致使教徒成千累百，祈祷求拜。"劫变"观念的流行。反映了底层群众掌握不住自身命运的历史性悲剧，但像任何一种观念往往都可能包含不同内涵一样，"劫变"观念也被一些人用来作为鼓动群众造反的工具。王伦清水教亦如是。据清档案记载：

---

① 《高宗实录》卷九百六十八，
② （清）潘相：《簪文书屋集略·邪教戒》。

　　至今年八月望间，王伦探知游击赶福、知县沈齐义要差人严拿邪教，王伦心里害怕，遂倡说八月之后，有四十五天大劫，从了我都可免得。……并云二十八日有风雨，正好动手。……此二日内适值风雨，所以人益信服，所过之处，胁附日多……。①

　　传统的八卦教与王伦清水教都倡言劫变，所用劫灾之词也大同小异，但两者从目的到实质都有很大不同。前者倡言劫变，是为了哄骗世俗，诱人入教，以敛民财；后者则以此为手段，假托无生老母云，有屠戮劫数和黑风黑雨之灾，以便"聚众滋事"。前者无积极内容可言，后者则具有反抗封建压迫的积极意义。

　　从上述分析，我们进一步明确了传统八卦教与王伦清水教主信仰上的内在联系与发展。它深刻地说明在那一时代，宗教仍然是一切能影响群众精神手段中"第一和最重要的手段"②。在他们的宗教思维方式中，充斥着某种超自然精神，并以此指导行动。在暗无出路的人世间，宗教信仰像一片可望而不可即的微光。所以力图变革现实的人们，只有迎合群众的信仰，并逐渐在旧信仰中加入新的内容，才能达到启迪群众，引导群众反抗旧秩序的目的。如果我们明了这一点，便不会认为王伦起义中那些荒诞怪异的信仰和咒语可笑和无稽了，中世纪末叶的华北地区，在精神上是一片不毛之地，农民起义领袖可资利用的唯一精神武器只有民间宗教了。从这一点也可以看出，当时的中国社会同一些文明国度相比较已经落后到了何等可悲的地步。

　　应当进一步指出：王伦清水教并不是一个单纯的宗教组织，这是它与传统八卦教又一个本质不同之点。它是一个既有浓厚的宗教信仰又以习练气功拳棒为要务的混合团体。在它的身上明显地表现出清代中叶民间宗教与武术团体的合流。而王伦在教内也没有实行民间宗教特有的严酷家长制，而是注重以义相交，又具备结社会党的某些特点。

　　在中国的民间，研习气功拳棒有着悠久的历史传统。早在康熙年间，

---

① 《军机处录副奏折》，乾隆三十九年十月十九日舒赫德奏折。
② 恩格斯：《社会主义从空想到科学的发展》英文版导言，《马克思恩格斯选集》第 3 卷。

山东巡抚李树德的一个奏折中就曾记载：

> 前任登镇时，曾闻东省当年有称白莲教，或称一炷香以及天门、神拳等教，煽惑男妇，夜聚晓散，……①

这里所云"神拳"的组织，显然是一个拳棒武术团体。乾隆初年，河南巡抚雅尔图则向皇帝奏称："豫省少壮之民，习于强悍，多学拳棒。如少林寺僧徒，向以教习拳棒为名，聚集无赖"②。由此可见，拳棒气功组织在华北地区并非少数。早在清水教起义以前山东就流传着义合拳、八卦拳、七星红拳等不同的拳法。这些拳法不同程度地为各色清水教徒所掌握，精于拳棒气功者成为教内骨干成员，在对抗清军中发挥了重要作用。山东巡抚徐绩曾"亲见其领头入阵之人，两手持刀，故矬其腿，疾走如飞，宛如猕猴。其余亦俱憨不畏死，不避枪炮"。徐绩认为其中"必有百十精于拳棒之人"③。事实正是如此。在清水教中，王伦是教首，也是拳棒气功总教头，"伦每出，辄弟子数十人从炼气，曰文弟子；拳棒曰武弟子，所过势甚张，求无不应"。正因如此，以至某些档案史料把王伦清水教称作"异伙（义和）拳教"从诸种史料分析，王伦所教拳法已和硬气功融合一体，和近代义和团所习金钟罩术相类，清水教徒练拳时先念咒语运气便是证明。当然，无论是八卦拳、七星红拳还是义和拳都非创自王伦本人。例如清水教徒、寿张县人李之贵"幼时跟着外祖赵良俊学过七星红拳"④。李之贵被捕于乾隆四十年，时年五十二岁，足见七星红拳历史渊源之久。再如寿张人张百禄，平日从事贩鱼生理，"向在山东投了张九传为师，学习拳棒"⑤。其学习的是八卦拳而不是义和拳。后来他拜王伦为义父，入清水教，成为教内重要拳棒气功教头。从乾隆三十四年起他就以气功拳棒传河南诸邑，"为河南倡教贼首"。据其内兄许遂供称：

---

① 《朱批奏折》，康熙五十六年十月十一日山东巡抚李树德奏折。
② 《朱批奏折》，乾隆四年十月十九日兵部右侍郎雅尔图奏折。
③ 《军机处录副奏折》，乾隆三十九年九月十二日山东巡抚徐绩奏折。
④ 《朱批奏折》，乾隆四十年二月二十四日山东巡抚杨景素奏折。
⑤ 《钦定剿捕临清逆匪纪略》卷十三。

　　……张百禄……，乾隆三十四年六月内，到小的家看望，住得两日。他说会运气提气，每日午时向南方并着脚，闭住气，作一个揖，向南出口气，会了这法可以数日不吃饭。又说会打拳，比几个拳势教小的。①

　　上述记载的八卦拳，同样将拳法与气功结合，而且面向太阳作揖运气，显然受到八卦教内崇拜太阳、坐功运气传统的影响。至于数日不食的说法，又与王伦所授气功拳法相通。

　　乾隆三十九年前后，张百禄及其舅孟灿，频繁往来于鲁豫间，以拳棒气功招人入清水教。起义前夕，张百禄以八卦拳授徒十五人，其徒多为自耕农或雇工，亦有交流武术之武童。张百禄将名单交给王伦，以为起义之同党。

　　清水教内另一个传授拳棒气功的中心是堂邑县张四孤庄。清水教起义前夕，便有人传言"张四孤庄有个王师父，若到那里学习拳棒入教，也有吃的，也有喝的，将来还有好处"②。据曾入教学拳的临清人崔大勇供称：

　　八月初八日，……我……到了张四孤庄王圣如那里，叫我给他叩了头，朝南跪着盟了誓。还有个韩进功，不知是哪里人，教我咒语说：千手挡，万手遮，青龙白虎来护遮，……叫我念了几遍，还说有四五十天劫数，日月星辰不见……。③

　　上述所习之拳又类似张百禄传习的八卦拳。从大量史料记载可知，清水教成员广泛传习着多种历史源流广远的拳棒气功技艺，其渊源虽难探究，但普遍习拳炼气，却深刻地反映了乾隆中叶底层社会的动荡与不安，以及华北地区民气刚劲，不甘屈侮的品格。然而，习拳练武之人大都聚散分合不定，缺少信仰的凝聚力，很难形成坚强的反抗团体，只有民间宗教

---

① 《军机处录副奏折》，乾隆三十九年十一月二十四日河南巡抚徐绩奏折。
② 《军机处录副奏折》，乾隆三十九年十二月十九日崔大勇供词。
③ 同上。

与各类武术团体合流，反抗封建政权的浪潮才会急骤高涨。乾隆中叶两者的紧密结合，恰恰反映了华北地区农民运动的特点和历史趋势。这两者的结合促成了意义深远的清水教起义。

(二) 清水教起义导因和过程

清代华北地区最早一次较大规模的农民起义，以宗教为组织形式，爆发在鲁西北，当然不是一种偶然。但是它的爆发又带有偶然性，因为清水教起义并不是一种孕育长久而时机成熟的起义。从总体上讲，清代至乾隆中叶，社会的矛盾与痼疾已暴露无遗，大乱不止的局面已难避免，清水教起义是阶级矛盾激化的结果。但也应客观地指出，王伦起义的时代，清朝国力是强大的：国库充裕，最高统治者虽然日趋堕落，但并不昏庸无能，连年征讨杀伐使八旗军依然保持着镇压机器的功能，底层群众虽然衣食不保，但还不敢铤而走险，贸然起事。从这个角度看，王伦起义还缺乏深厚的群众基础。但是王伦起义毕竟爆发了，什么是起义的导因？

王伦起义爆发后，以鲠骨敢谏称世的廷臣李漱芳上奏乾隆皇帝：

> 三四月份即闻进京人传说，各地因雨泽稀少，麦收歉薄，行旅车马，动辄十数人围绕，不能行走。所冀有秋收在迩，可资接济，追五六月后，虽节次得雨，总未透足。岁既不登，而地方有司又复粉饰相沿，收成分数捏成七八分不等。抚字无闻，催科日亟，以至不法之徒乘机起衅。虽曰奸民，其实大半皆无告之饥民，激激而成也。……夫无食流民，所在多有，饥寒之念迫，则盗贼之心生。①

李漱芳此折一奏，直接刺激了乾隆皇帝虚荣矫饰的心理，这个自诩为治世能君的帝王闻之大怒。在他看来，临御三十九年"遇有水旱为灾，不惜帑金蠲免并酌予缓带，俾舒民力。……何至有穷黎民无告之事？"廷

① 《钦定剿捕临清逆匪纪略》卷四。

臣为了迎合圣意，奏称"寿张等县年景实有八九成收获，……各乡米豆粮食所在多有，此其明验，是饥民酿衅之说，亦属荒唐"①。

显然，乾隆三十九年鲁西北歉收，地方官额外加征是无可否认的事实，是激成此变的部分原因。但我认为这既非主要原因，也非事变诱因。因为乾隆三十九年对于"十年九歉"的山东属于平常年份，并未遇不收之灾，也未见到饿殍遍野的景象。显然，还有某种其他因素在起作用。

笔者认为历来探讨清水教起义的文章多囿于一种公式化概念，从而忽略了宗教本身以及某些社会集团权力欲望和野心在激起民变时的重要作用，也同样忽略了清政权对待民间宗教残酷政策所导致的灾难性后果。清水教起义的导因是：王伦等人在庞大的宗教及武术团体势力的拥戴下，逐渐产生不可遏抑的权力欲和野心，他想据天下为己有，登基称帝。这种思想导致他不能不举旗造反。另一方面，清代进入乾隆一朝，民间宗教运动如火如荼，遍及全国，引起当局恐慌，遂不择手段，对一切教派都采取杀戮流徙的政策，致使有些本来不具有反抗思想的教派，也加入了对抗当局的行列。许多教派，一闻当局拿剿，便先发制人，杀官劫狱，以免引首就戮，从而激化了矛盾。

乾隆十六年，王伦初入教时仅为一般信徒，二十年后成为清水教首领，在同教的帮助下，政治野心急骤膨胀，当时其主要谋士梵伟对他说：

> 予阅人多矣，莫有如君者。即若辈位至督抚，衣锦食肉，能生杀人，亦徒拥虚名，按其才与貌，终出君下。予为君擘画，十年当为君姓上加白字，毋自弃也。②

对这种明目张胆的鼓动与吹捧，王伦并没有清醒的认识，反而沉溺其中，以为天意如此，益加重用"妄谈天文谶纬"的梵伟。乾隆三十八年，他已隐隐然以天子自居，甚至自言梦中与龙相会，贵不可言。乾隆三十九

---

① 《朱批奏折》，乾隆三十九年十月十九日舒赫德等奏折。
② （清）俞蛟：《临清寇略》，《昭代丛书》辛集别编。

年秋，王伦又自称紫微星下凡，"梵伟复托妖梦为幻惑"，① 终于鼓起其造反决心。恰于是时，寿张知县沈齐义闻知清水教活动，欲与阳谷县联合行动，搜捕清水"邪教"教徒，从而加快了清水教起义的步伐。

我们翻开一部中国农民造反的历史，宗教预言、谶纬、劫变、天人感应、推背图、占卜等都不止一次地成为起义或农民暴动的媒介及催化剂。甚至一部古册、一把铜剑、一枚印章都可以使某些人自命不凡、妄想登基。王伦如此，以后在大名府领导暴动的段文经如此，林清、李文成、方荣升、曹顺也都莫不受到各类宗教或迷信思想的蛊惑才铤而走险的。这一事实说明，在特定的历史条件下，宗教预言甚至某些迷信说教也曾发挥过积极作用。

应当怎样看待类似王伦这样的农民领袖的权力欲或帝王欲？马克思主义认为，任何曾经在历史上起过作用的人们的意志和愿望都不是个别人的自我意识，而是时代的产物，它们代表着一定的阶级或社会阶层的意志和愿望，反映了特定的社会集团的政治意向和经济利益。王伦的称帝野心的产生，反映了鲁西北部分流民、自由职业者、农业小生产者不甘心受制于清帝国的专制统治，希望改朝换代，拥立新主的直觉意识。数以千计的群众追随王伦揭竿而起，说明了王伦的权力欲具有某种合理性。

中国封建社会后期，由于朝代更迭，异族两次入主中原，皇权的神圣性扫地已尽，神秘主义的救世思想在民间广泛流传。在底层，皇权的合理合法性首先要得到民间宗教的认可，要和上天的意志挂钩，王伦和后来的"人皇"李文成都自称紫微星下界，都是为了借助宗教的力量，来达到现世的目的。这种做法固然能欺骗群众于一时，最终难免暴露出破绽和力量的虚弱，使本来就难以成功的起义又蒙上了浓重的悲剧性色彩。

王伦起义是短暂的，起义的准备工作也是仓促的。乾隆三十九年八月初，王伦与众人商议举事之期，定于八月十五日。但众人忙于过中秋节，遂推至二十三日，经占卜，不吉，终定于二十八日于寿张县及堂邑县张四孤庄同时起义。

二十八日五更，梵伟等人率众七八十人，由县役刘焕等人接应，逾城垣，突袭游击衙门。游击赶福闻讯，急呼兵丁拒敌，竟无一人响应，赶福

---

① （清）潘相：《簪文书屋集略·邪教戒》。

弃城逃匿。起义军继攻入衙县，知县沈齐义朝服出堂，见状肆口大骂，清水教徒马成龙上前杀毙沈齐义。① 二十九日梵伟等迎王伦入寿张县城。二十八日夜一更许，距寿张县百里的堂邑县张四孤庄四百多名清水教徒及被裹胁的群众，在王经隆率领下，前往寿张与王伦汇合。九月二日，王伦等放弃寿张县城，进攻阳谷。阳谷县县役多为清水教信徒，"故陷之倍易"。起义军杀死县令刘希焘、典史吴训等人，搜缴库银，又放弃阳谷，北进堂邑县。九月四日攻陷堂邑。堂邑县令陈枚，历来贪酷昏庸，义军攻入县城，其随从兵丁星散，陈枚束手就擒，被拖赴北关外，打了一顿棍子，于是夜一更时被杀。②

从寿张至堂邑一路，起义军队伍不断壮大，已达数千之众，并劫获大车数百辆，置家属于车上，随军行进。"贼魁红朱首，次以青若蓝白。行曰集集，督战曰煞煞，夜以所掠牛车为屯卫，而已居中。"③ 六日之内，义军连克三城，皆不守，继续北进至离临清二十余里的柳林镇，窥攻东昌府或临清府。山东当局闻讯大惊，巡抚徐绩急调兖州总兵惟一，河督姚立德，定于五日起各督兵"会剿"柳林清水教义军。当时临清地方官吏以为抚镇大员会剿"乌合之众"，"直摧枯拉朽耳"。兖州总兵惟一，亦意气扬扬，以勇略自夸。九月初七日，清军与义军交手，义军隐蔽于密林间，放火阻敌，清军向前剿杀，"贼即拒敌，并不畏惧枪炮，两腋蜂拥而来，将徐绩围住。"④ 巡抚大员几遭擒拿，而惟一与巡抚中军参将海明，一经冲杀，"遂弃徐绩"，落荒而逃。惟一所率步军几乎无生还者，骑兵被创奔逃。

① 见清档案、《清实录》。《临清寇略》记载不实，该书云："沈明府齐义于八月始廉知其事，方拟移交阳谷协擒，而胥役皆贼党，……作先发制人之举，于二十八日召优在衙前演戏，椎牛酾饮至更余，聚贼数千，呼啸而入。沈明府出谕祸福，……李旺抽刀而前，曰：小人今日犯上矣，遂遇害。"今以实录考之，并无数千人于衙前观戏之事。据《高宗实录》卷九百六十八记载："寿张仓库书办冀盘佑请出本官，令其降贼，本官喊骂，是马成龙动手杀害。"
② 《高宗实录》卷九百六十八。又据《临清寇略》载：陈枚逃至文庙前，"仆皆散去，遂就擒，至演武场。先是贼帅归太以货私盐为业，数月前被陈擒治，荷校当途，其党劫之去，……今欲泄愤，杖以数百，且割其势置口中，然后脔割之。"今不取此说。归太是时前往京城打探消息，并未参与攻打堂邑之役。
③ （清）潘相：《鲁文书屋集略·邪教戒》。
④ 《高宗实录》卷九百六十六。

　　七日清军败绩后，王伦立即率众北进临清。当时应驻守临清旧城的协副将叶信，闻听"贼至"，惊慌失措，急将家眷移至粮船迁避，自己则弃旧城，躲进新城。王伦率众强渡运河，并颁布军纪："不杀掠，一切食物易之以价。……于是无知细民咸谓贼无所害，而稍有知识者亦图苟安，不思远避。"① 临清旧城，兵不血刃，被清水教占据。从七日起至二十三日，王伦所率部围攻新城达十七天之久，创造了一支农民军在清政权腹地围城掠地的奇迹。

　　亲眼目睹了围城之役的小政客俞蛟曾描写了当时的情状：

　　　　贼之攻城也，皆黑布缠头，衣履墨衣，望之若鬼魅，间有服优伶彩服者。器械多劫诸营讯，或以厨刀樵斧缚杆上，跳跃呼号，兼挟邪术。城上以劈山炮、佛郎机、过山鸟齐发，击之铅子，每丸重二两，其势摧山倒壁，当之者无不靡烂。乃至午至酉，贼徒无一人中伤，益跳跃呼号，谓炮不过火。守城兵民咸皇迫，窃窃私语，谓此何妖术乃尔也。贼中有服黄绫马褂者，系王伦之弟，伪称四王爷，右手执刀，左手执小旗，坐对南城仅数百步，口中默念，不知何词，从炮丛集，拟以铅丸，将及其身一二及许即堕地。当事诸君惴惴无可措手……。②

　　承平日久的绿营兵，骤见神奇怪诞的战争场面，不知所措，手持西方佛郎机等先进武器，亦无所施其伎，足见清政权的地方部队已何等腐败不堪。

　　《邪教戒》亦有类似记载：

　　　　绿营兵……闻贼有妖法，益惮甚，每战距贼半里许即放枪，不中再入药，贼故习，又不中，俯趋争死，斗哄而前，再放再从贼背上过，又不中。马步兵皆惊曰，贼果有神术，不畏枪。则相率溃走，走

---

　　① （清）俞蛟：《临清寇略》，《昭代丛书》辛集别编。
　　② 同上。

且数十里不止，贼以益无忌……。①

其实清水教并无"邪术"、"神法"。只因绿营兵多招自民间，深受宗教迷信意识之毒，沉溺其中不能自拔，从精神上首先败溃，不敢接仗。官僚潘相认为山东老百姓"尽为神仙鬼狐妖祟之言，盈千累百，若无地无时无人非怪言之者，津津传之者，……驭驭入于其中而不觉。故一闻贼党有妖术，妇孺信之，卒伍信之，生师亦信之，风鹤草木，皆惴惴然，若妖怪之实逼处此"②。这段话的确道出了当时临清守城官兵初遇清水教义军攻城时的心理状态。在山东农民起义的历史中，明初唐赛儿、明末徐鸿儒皆以"妖术""惑众"，王伦清水教秉承历史传统，起义充满了怪异色彩，故此"绿营兵骇其术如唐赛儿，望而溃走，或为邪术以破邪……"。③

临清守城官兵是怎样"以邪破邪"的呢？正当官兵施放枪炮皆难中的时：

> 忽一老弁急呼妓女上城，解其亵衣，以阴对之，而令燃炮，群见铅丸已堕地，忽跃起，中其腹，时兵民欢声雷动，贼为之夺气，知其术可破，益令老弱妓女裸而凭城，兼以鸡犬粪汁，缚帚洒之，由是炮无不发，发无不中，贼碎首靡躯，洞胸贯胁，尸枕藉城下以千计……。④

这类神怪小说常见的破邪驱妖场面，竟然在清前期的一场战争中出现了，这并非俞蛟、潘相故弄玄虚，耸动视听。清代档案亦明确记载了类似场面，乾隆皇帝还过问此事。大学士舒赫德在奏折中写道："临清西南二门俱有关圣帝君神像，纵有邪术不能胜正。然起初施放枪炮，贼竟敢向前，叶信因想起俗言黑狗血可以破邪，又闻女人是阴人，亦可以破邪，是以用女人在垛口向他，复将黑狗血洒在城上。那日放枪即打着手执红旗的

---

① （清）潘相：《㠉文书屋集略·邪教戒》。
② 同上。
③ 同上。
④ （清）俞蛟：《临清寇略》，《昭代丛书》辛集别编。

贼目。各兵踊跃放枪炮，打死贼匪甚多……。"①

可见，在中世纪末叶，宗教迷信不仅统治着底层群众的思想和情绪，最高统治者也绝不是无神论者，他们的内心深处也同样弥漫着宗教信仰的迷雾，这就为清水教起义蒙上了一层传奇神异色彩，这种传统一直延续到清末义和团运动。义和团运动中所以出现神灵附体、念咒饮药、神仙崇拜、红灯照术、刀枪不入、运气练拳等怪异现象，都可以在山东等地的农民起义或民间宗教风习中，特别是清水教王伦起义中找到历史根据。

然而事实告诉人们，气功、神拳在没有先进武器问世的时代，其功效也是有限的，在西方武器已经输入的清代中叶，血肉之躯是绝不能筑起抵御强敌的屏障的。王伦、梵伟在其"邪术"失败后，逐渐冷静下来，采取了认真的攻城战术。他们"白昼潜踪，每至夜分，束黍秸堆城下如阜，焚之，烟焰障天日，敌楼几堕者五次。"② 又以牛车载火药攻城，数次皆失败，但给城内官兵造成了极大威胁。

九月十二日，曾在柳林失败的兖州总兵惟一，会同德州守尉格图肯各带数百兵丁进攻桑林镇清水教小股部队，再次败绩。据舒赫德奏折记载：

> 十二日，……有兖州镇惟一、德州城守尉格图肯，各带兵二百五十名，自未时开枪不断，打至戌时，忽见跑回满兵八十余名，绿营兵七八名，惟一与格图肯亦回东昌。是十二日与贼接仗，官兵不能取胜，臣已访查属实。……逆匪党羽，不过三四百人……。③

五百名武器精良的满汉官兵对数百名持短刀棍棒的义军，依然大败逃回。

九月十五日，惟一再次引兵千余抵临清城下结寨，欲于城下与清水教徒决战。"越三日，贼果率二千人劫战，离北门仅许里，可望而见。守城者咸作壁上观，呐喊助势，不敢驰放枪炮，……俄而贼众麋至，兖镇力不能支，率数十骑，策马驰去，计败阵三次。"④

兖州总兵惟一三次败绩，引起乾隆皇帝震怒，下旨令舒赫德拿下惟一

① 《朱批奏折》，乾隆三十九年十月七日舒赫德奏折。
② （清）俞蛟：《临清寇略》，《昭代丛书》辛集别编。
③ 《高宗实录》卷九百六十七。
④ （清）俞蛟：《临清寇略》，《昭代丛书》辛集别编。

与格图肯，于军前正法。逃回的满洲士兵，为首者斩立决，余者除旗籍，发往乌鲁木齐，赏厄鲁特为奴。此前数日，从京城抽调健锐、火器二营，计一千人，由大学士舒赫德总领，拉旺多尔济、阿思哈协同，又挑带天津、沧州、德州等地满汉官兵及东三省"健勇人"，"上紧驰往"山东临清。

九月二十三日辰时，清军精锐部队汇合于临清东、南、北三面，围剿义军。王伦派出五六百名战士拒敌，与清军三次接仗。清军则有侍卫音济图等率三百人持快枪、利箭对阵。是日战斗激烈，数百名战士死于阵前，予行逃匿者一千余人，多为临清旧城居民。①

九月二十四日，王伦派兵三千，攻击临清河西，扰劫清军营盘。直隶守军"用枪炮轰击，虽毙贼甚多，然尚在相持未散。……将至酉时，贼尚坚力抵拒"②。九月二十四日两军激战一整天，显然王伦等人想乘清援军立足未稳之机，从临清西部突围他走，但由于清军以先进武器固守，突围西逸计划未能实行。从此清水教起义部队深陷重围。

从九月二十五日起，两军在临清旧城内进行巷战。义军首领梵伟、孟灿"手执红旗，骑马往来，随意指挥"③，多数战士踞屋死守，或于屋顶放枪，或抛掷瓦石，或挥刀拼杀。临清旧城"墙壁完坚，路径逼窄"，清军自辰至亥，连续攻击，焚毁房屋，以至连片民房毁塌，而起义战士"并无一人窜出"，"拒守甚坚"。④

九月二十六日，两军相持一天。九月二十七日，侍卫音济图探得王伦住处，"带前锋绷阿尔图等直入屋内，将王伦擒住，正在捆缚间，两厢突出十数贼，一拥而前，音济图猝不及备，身受刀伤，贼竟将王伦夺去，绷阿尔图等八人亦俱受伤。"⑤ 此后王伦转移至汪家宅二层楼内，率众拒守。舒赫德等则"每日督率官兵，自朝至暮，分头搜捕，挨屋逐户严查。下极地窖水沟，无不遍加寻觅，……活拿杀死者无数，并自行焚缢者，亦到

---

① 《高宗实录》卷九百六十七。
② 同上。
③ 同上。
④ 《军机处录副奏折》，乾隆三十九年九月二十七日舒赫德等奏折。
⑤ 《高宗实录》卷九百六十七。

处皆是，总无王伦踪迹"①。直至九月二十九日侍卫巴图保探得王伦仍居汪宅大楼后一栋小楼内，随带游击刚塔等"往剿"。据当时目击者云：

> 游击刚塔见汪宅被焚，楼房之旁紧贴一楼，有数人在内，中间一人正坐，穿紫色袍子，面有长须，的系王伦。因楼房甚高，又无梯可上，遂带兵围住，喝令下楼，此贼总置不理，自上抛掷砖瓦，官兵用枪打击，即将楼门紧闭，官兵……齐上，……忽见楼上火起……。②

当时与王伦同在楼上的堂邑教首王经隆等事后供称：

> 二十九日，我同王伦及伊义子李士杰等数人，俱在楼上，见官兵跳在围墙上，欲入楼擒拿，我遂劝王伦投降。王伦说我宁可烧死楼上，断不肯投降。随将堆积乱纸坏木令人放火，众人不肯动手，王伦即自己放了火，……火势炎烈时，王伦衣服胡须已经焦灼，而王伦仍坐东北角上。③

王伦壮烈地牺牲了，以自己的生命殉了农民革命可歌可泣的事业。

二十九日王经隆、梵伟、孟灿、王伦之弟王朴，以及主要骨干阎吉仁、吴清林、李旺等俱遭擒拿。事后，统治者对义军及无辜百姓大加剿捕，杀戮无算，仅生擒而磔死京师者即达一千七百人。清水教骨干仅归太等三人逃匿，不知所终。清水教起义像乌云中的一道闪电，辉煌夺目，但迅即消逝了。它给时代留下了深刻的印记。

清水教起义是一次壮烈但不成熟的农民革命。它没有明确的纲领、口号，最有力的行动不过是杀官、抢库藏，反映了少数流民阶层领导人急于复仇及发财致富的心理。它对时代最尖锐的土地、赋税、官吏腐败等农民要求解决的实际问题都没有或很少触及，因此起义就很难更广泛地取得农民阶级的支持。王伦是一个政治野心不小，但志趣不高、才智有限的农民

---

① 《军机处录副奏折》，乾隆三十九年十月十九日舒赫德等奏折。
② 同上。
③ 同上。

领袖。起义稍有小胜，他便娶妻纳妾，欢宴相庆，并欲得一坚城固垒，死守待毙，反映了小生产者目光短浅，不思进取的精神状态。

这是一次带有浓厚宗教色彩的农民革命。在清帝国腹地，农民阶级要想发动一次规模较大的造反行动，就不能不利用宗教作为信仰及组织的纽带。民间宗教或会党结社是中世纪为农民阶级提供的唯一现成的斗争武器。这种落后而拙劣的武器却被同样落后的农民阶级一次又一次地重复使用。1813 年的八卦教起义、1835 年的先天教起义、1900 年的义和团运动，都是高举着这个武器，沿着古老时代的覆辙，相继走上历史舞台，然后再退出历史舞台的。

第六章　八卦教的重新统一
与"癸酉之变"

如果说乾隆三十九年王伦清水教起义像一颗划过天穹、迅即消失的彗星，那么四十年后，直、鲁、豫、京师爆发的八卦教起义则是一股久已在地下涌动、喷薄而出的炽烈岩浆，是一场燎原烈火，一场旨在推翻清政权、进行土地和财产再分配的真正的阶级搏斗。嘉庆十八年（癸酉，1813），起义者经过长期、周密的策划，在是年九月中旬，突然在华北大平原上十几个州县同时举事，并以大无畏的气魄和胆识叩开了紫禁城的大门，用统治阶级的血和自己的血染红了这块劳动者不敢侧目而视的禁地。威严的皇权遭到了蔑视，神圣的信条扫地已尽，京师震恐，人心摇动，霎时间这个封建统治中枢面临着一场汉唐、宋元未有过之"奇灾异变"。史称这场八卦教起义带来的变乱为"癸酉之变"。

八卦教徒在京师及直、鲁、豫三省的起义对清统治者来说的确犹如撕肝裂胆、苦不堪言之事。然而"祸起一时，积变有日"，事情发展，自有其原委。可以说没有八卦教的重新统一，就不可能有"癸酉之变"。

乾隆三十七年刘省过等清水教上层宗教领袖几乎被清政权一网打尽，紧接着乾隆三十九年王伦清水教起义又迅速失败，华北地区八卦教遭受了严重挫折。从乾隆三十九年至嘉庆十八年（1774—1813）"癸酉之变"，近四十年间曾经统一了一个世纪的八卦教处于一种新旧交替的转折时期。这一时期，虽然刘省过之子刘大洪、刘二洪，刘省过近亲刘廷献、刘成林都曾被部分八卦教徒拥立为八卦教教首，而震卦王子重、离卦郜添麟也都在局地范围内各称卦长，然而八卦教内部始终没有出现统领全局的宗教领袖，八卦教处在一种群龙无首，各自发展的局面中。这是一个由分裂再次走向统一的时代，也是华北地区农民阶级与清政权空前尖锐对立的时代。在这样的时代，世袭传教家族纷纷地走上了末路，无可挽回地衰落了。在以刘姓家族为代表的传统势力逐步走向衰落的同时，教内农民革命力量却在迅速崛起。乾隆三十七年清政权对宗教领袖刘省过等人的镇压，恰恰为农民革命力量的发展开辟了道路。八卦教内一个群雄并立的局面随着一个动荡时代的来临出现了。乾隆三十九年清水教起义和乾隆五十一年段文经大名府暴动，说明世袭传教家族已无法控制教内局势。当然这两次起义或暴动仅仅属于一种局部的斗争，并没有动员起整个八卦教的农民革命力量。随着嘉庆年间社会政治、经济状况的进一步恶化，封建国家机器的更加腐败，一切恶劣的形势都迫使日益贫困的小农、小手工业者、小商贩、自由职业者，以及形形色色被抛到苦难深渊的底层群众为寻求生路，起而抗争。这种抗争在中国的东南部和中西部表现得格外突出。乾隆五十一年，天地会首领林爽文率众在台湾起义。林爽文宣告：其起义宗旨是"顺天行道，共举义旗，剿除贪污，拯救万民"①。嘉庆元年，川、陕、楚、甘、豫五省爆发了以收元教、混元教教徒为骨干的大规模的农民起义，在连续九年半的漫长岁月里与清朝军队进行了可歌可泣的殊死搏斗。曾经不可一世的八旗劲旅，在衣衫褴褛的农民军面前，屡遭败绩。这场旷日持久的农民战争，反映了民间宗教强大的凝聚力和生命力。川、陕、楚等五省民间宗教大起义，不仅沉重地打击了中国最末一代封建王朝，成为这个王朝由盛至衰的标志，也为其他地区，包括华北地区的八卦教等民间教派的发展赢得了时机。从嘉庆元年至嘉庆十年，清政权已无暇他顾，被死死地缠在万山丛集的川陕楚毗邻地区。正是这十年，八卦教得到了前所未有的发展，孕育着新的领袖，酝酿着一场新的爆发。但是八卦教的各种反清力量分散在华北各地，还需要一种力量把它们重新统一起来，形成一种统一的力量，以适应人民群众变革现实的普遍要求。由于清政权的外部压力和八卦教本身的凝聚力，在嘉庆中期以后八卦教在反清基础上重新统一的条件已经初步具备。显然，世袭传教家族不愿意也不可能完成这种统

---

① 《顺天大盟主林爽文告示》，载《康雍乾时期人民反抗斗争资料》下册，第781页。

一。历史的责任落到了名不见经传的林清、李文成头上。正是在这样的历史前提下，林清、李文成登上了舞台。

第一节　京南坎卦教与林清的崛起

在八卦教众多支派中，离卦教、震卦教、坎卦教是实力较为雄厚、影响较为深远的几支。离卦教郜姓从清初到清末，以河南商丘为活动中心，成为华北地区民间宗教影响最大的家族之一。震卦教侯姓、王姓历来与教主刘姓关系密切，影响与离卦教郜姓相为上下。坎卦教是影响仅次于离、震两卦的最大教派。关于坎卦最早记载在乾隆中叶。坎卦在八卦图中位于北方，与离卦相对。《立天卷》云："坎为水，离为火，坎离交媾，水火均平，而能生万物。"刘姓家族何时立坎卦教已无确切史料记载。但在刘省过掌教时代，坎卦教已经有了较大发展，坎卦头目孔万林在教内甚至可以左右形势。据潘相《邪教戒》记载：

> ……王忠之师即省过，固老教主也。省过憨痴不成人，实宁阳人孔万林左右之。万林故父兄本坎卦教徒，以其书授万林，假地理星命术，游丰、沛、萧、砀及曹、单诸邑，劝省过勿见客，诸惟命。先令同卦之宛平崔东兴助多金，捐职衔，继令离卦之商丘郜姓、兑卦之东明陈九成、乾卦之砀山张兴，及本省艮卦之张玉成、巽卦之张元勋、坎卦之于秉可、兑卦之陈受禄，与震卦王忠等各偕其党，以次输省过金，省过用之，尚窖藏一万金。按察使国公亲诣其家，究出逆书及藏金，……省过斩决与孔万林骈首历城市，妻子给功臣家为奴。①

这段史料有三点值得注意：一，在孔万林之前，孔家即信坎卦教，也就是说坎卦教之立，至少应在乾隆时期以前。二，在孔万林传教的时代，坎卦教在山东、直隶两省多有教徒活动，而且能量很大。属于北京治下的宛平县坎卦教徒崔东兴竟然有财力为刘省过捐纳县丞。三，在刘省过掌教

---

① （清）潘相：《�文书屋集略·邪教戒》。

的时代，教内最大的实权人物是坎卦教的孔万林，他与王忠成为刘省过的左右手，孔万林甚至可以决定立何人为卦长。据本书前面章节引证档案介绍，乾隆二十二年，离卦部三成为离卦长就是孔万林一手操纵的结果。

孔万林是一个能量很大而又极端仇视清政权的人。乾隆三十七年五月八日被捕于宁阳枣庄地方，当局在其曲阜家中搜出"逆单"一份，内有："平地又起风波"，"躲出天网地罗"以及"内外皆是奸魔，吾若得志除缺"等句。① 当局又在其兄孔兴己家中搜出无名"逆书"以及《五女传道》各一本。无名"逆书"之内容前面章节已详细叙述，此处不再赘言。孔万林虽然曾经左右八卦教十几年，但他并不是坎卦长。据乾隆三十七年五月史料记载：

> 又据孔万林供称：伊系坎卦支派，传自直隶容城县人张伯。伊本卦同教则有齐东县人尹士刚，汶上县人王秉可、王秉礼，章邱县人潘筠，及伊徒章邱县人王叔宇，惠民县人高松洲、李之望，齐东县人王志刚等四人。此四人又各有徒弟，多寡不等。秦舒在伊家雇工，亦曾入教。②

孔万林之师张伯即直隶容城县张柏。张柏为老教根，他祖、父辈就是刘省过"祖父教中支派"，张家数辈执掌坎卦教权。乾隆四十年舒赫德奏折亦称"张伯系属卦主"③，可见坎卦教卦长并非孔万林，而是张柏，坎卦教活动中心是直隶，而乾隆中叶以前北京南边的大兴县已经有了坎卦教的活动。嘉庆十八年，林清正是以坎卦教徒为骨干，才得以策划攻打紫禁城的行动。因此搞清京南大兴县这支坎卦教的来龙去脉，至关重要。从清档案史料记载，至少在乾隆三十四年大兴县已经有了坎卦教的活动。据八卦教徒王士俊供词记载：

> 我系大兴县人，年四十六岁，在海子高庄地方居住，现当海户。

---

① 《朱批奏折》，乾隆三十七年五月十二日山东巡抚徐绩奏折。
② 《朱批奏折》，乾隆三十七年五月十六日山东按察使国泰奏折。
③ 《军机处录副奏折》，乾隆四十年五月二十四日大学士舒赫德奏折。

乾隆三十四年间有容城的张柏传与屈得兴，屈得兴又传给了我。他教
我运气养身，曾说过他们的教主是刘省过。后于三十七年间刘省过在
山东正法，张柏也发遣了，屈得兴也死了，我因此害怕不敢传教。①

　　事实是，大兴县在乾隆三十四年到三十七年间曾有多人参加屈得兴
"白阳教坎卦支派"，甚至有正蓝旗满人入教。屈得兴传给"消灾祛病口
诀，每日运气默诵"，"能修来世福寿"。据旗人锡恒供称"伊……情愿入
教，王成玺遂为引进，亦拜屈得兴为师，屈得兴即教以闭目运气，念诵真
空家乡，无生父母八字。并称白河沟张二即张柏系属卦主。凡有入教者须
出香钱数百文，伊为代送。锡恒遂送给屈得兴大钱二百五十文。时有同庄
杜成金及大兴县人王凤山、刘邦正、高士五等均系种地庄民，经屈得兴引
诱，先后入教。"② 此案内王士俊等逃逸未获。
　　乾隆五十一年，当局再次在大兴县发现坎卦教徒王士俊的活动踪迹。
王士俊被捕，供出其拜刘省过二子刘二洪为教主，并于乾隆四十二年起四
次向刘二洪交纳贡银六十两之情状。此案内王士俊供出同教王志信，王士
俊以逃犯重罪为当局发遣。
　　上述史料说明，京南大兴县这支坎卦教是刘省过、张柏的嫡传正宗。
乾隆末年和嘉庆初年它在底层潜行默运，逐渐发展成一支实力强大的教
派。直到嘉庆十三年当局才再次发现大兴县的坎卦教。
　　从嘉庆年间的档案分析，大兴县的坎卦教是青云店人顾文亮发展起来
的。至于顾文亮师承则史料阙如。嘉庆十八年八月林清被捕后曾供称，其
师父是顾文亮。但大量的史料证明，他不过是顾氏的再传弟子。据嘉庆十
九年三月一份奏折记载：八卦教徒杨十"今年六十三岁，……四十岁上
拜青云店顾文亮为师，教念真空家乡，无生父母八字。该犯转传与宋家庄
之宋进会、宋进耀。……后来宋进耀又传与林清做徒弟。"③ 这段奏折不
仅指出林清的师承关系，而且点出顾文亮在乾隆末叶就在大兴县进行传教
活动了。

　　① 《军机处录副奏折》，乾隆五十一年八月九日绵恩奏折。
　　② 《军机处录副奏折》，乾隆四十年五月二十四日大学士舒赫德奏折。
　　③ 《军机处录副奏折》，嘉庆十九年三月十六日刘钚之奏折。

为了确证林清师承关系，我们再引证一段林清外甥董帼太的供词：

> 这杨十是中臧村人，他与青云店顾文亮系亲戚，他入理是顾文亮传的。顾文亮又传给郭潮俊，郭潮俊转传给宋进耀时是杨十引进的。宋进耀又传给我舅舅林清。①

这段供词不完全确切，郭潮俊入教时间晚于宋进耀，也晚于林清，不可能是宋进耀之师。据郭潮俊供称："我是宛平县田宫院人，年六十岁，……嘉庆十一年十一月间拜顾文亮为师入了白阳教荣华会。"② 宋进耀供词云："我系宛平县宋家庄人，年五十二岁，……嘉庆十年我拜青云店顾文亮为师入白阳教。"③ 嘉庆十一年五月，宋进耀传林清入教。综合上述史料，宋进耀乃顾文亮亲传弟子，入教时杨十为引进，杨十辈分大于宋进耀，更大于林清，所以林清称杨十为十爷。由此可知林清师承关系如下：

刘省过→张柏→屈得兴……顾文亮→宋进耀→林清

顾文亮死于嘉庆十二年六月，宋进耀、宋进会等人推举郭潮俊"掌坎卦教"④，统领宋进会等二百余名教徒。

嘉庆十三年，这支教派出现了危机。据董帼太供词称：

> 同会的陈茂林被陈茂功在保定府告发牵连，杖责所有的坎卦头目。宋进耀、宋进会、刘呈祥俱已充徒。郭潮俊亦不能办事，说我舅舅命大，让他做了教首。⑤

郭潮俊供词亦载："后来林清在保定府打官司回来，我因他势大，就将这坎卦交林清掌管。彼时宋进耀问了徒罪，宋进会同他手下人都与林清磕

---

① 《军机处录副奏折》，嘉庆十九年四月二日董帼太供词。
② 《军机处录副奏折》，嘉庆十八年十月十六日郭潮俊供词。
③ 《军机处录副奏折》，嘉庆十八年十月十六日宋进耀供词。
④ 《军机处录副奏折》，嘉庆十八年十月十六日郭潮俊供词。
⑤ 《军机处录副奏折》，嘉庆十八年十月十六日董帼太供词。

头，就都归林清管。①

这样林清于嘉庆十四年充任了京南坎卦教卦长，以一个民间宗教家的面目活跃在大兴县一带。

林清又是何许人？

清礼亲王昭梿在《啸亭杂录·癸酉之变》中说：

> 有林清者，本籍浙江人，久居京师，住京南宋家庄。幼为王提督柄弄童，随王入于苗疆久，颇解武伎，遂为彼所推，尊为法祖。

这段记述除林清祖籍及客居地外，皆为谬词。嘉庆十八年十月十六日董帼太有一份数千言供词，详细纪录了其舅父林清的"行状"：

> 我外祖林先是绍兴人，移住大兴县黄村地方，在黄村巡检司衙门当书吏，又充南路厅稿工。我舅舅林清于十七八岁时曾在京中西单牌楼南首路西九如堂药铺内学徒。三年学会手艺，并略懂医病就出了九如堂，到三里河不记店名药铺内做伙计，……因他常在外嫖娼，身生疮毒，被药铺逐出，他就雇给顺城门外街道上打更。其时我外祖已死，黄村衙门书吏缺底，顶与别人，每年给我外祖母京钱五十千。后来那顶缺的不肯给钱，……我舅舅就接充了。有一年因浑河办工，私折夫价，被本官查出革退，就在黄村将所折夫价做本钱，同他姐夫崔老伙开茶馆。约有半年，他终日赌钱，亏输折本，崔老不依，将他撵了。他就偷扒边墙，出口到热河，投在汪巴大人处管布达拉石作工程。得了些钱，回到黄村每日吃喝嫖赌，把钱花完了，就上苏州找着他三姐夫施姓，替他转荐到四府粮道衙门当长随。后因本官丁忧，他跟了丹阳县知县。又因知县解铜去了，他到江宁一路替人医病，赚得钱文，随手花费。后来不能存活，雇给粮船上拉纤，回到通州。②

林清回到北京时，衣衫褴褛，已形同乞丐。这以后，他又在京城养鹌

---

① 《军机处录副奏折》，嘉庆十八年十月十六日郭潮俊供词。
② 《军机处录副奏折》，嘉庆十八年十月十六日董帼太供词。

鹑，开鸟雀铺，但终因好吃懒做，"把本钱花完"，险些被人送官。到嘉庆十一年回到黄村，"是年五月董博望引他拜宋进耀为师，入了荣华会。"① 正是在走投无路的情况下，林清加入了八卦教坎卦支派，开始了以传教敛钱为职业的宗教家的生涯。当然林清加入民间宗教行列也有一定的必然性，早在嘉庆六年时林清就与在京城为奴的震卦长王子重之子王彦交好往来。据王彦供词记载：

> 据供，伊系山东曹县人，因伊父王子重于八卦教案内问罪，将伊并伊母王王氏解京赏给范建丰家为奴，范建丰将伊改名巴延，……伊先于嘉庆六年夏间有亲戚布大劲儿同西四牌楼广济寺和尚并林清一共三人前来探望，伊遂与林清相识，并曾到寺回看。布大劲儿之父亦系教中人（注：即震卦大头目布文彬），与伊父同案犯罪，布大劲儿在逃未获。因其母亦在京为奴，时常进京看望，并与林清契好。其广济寺和尚亦系山东人，记不真他的法名，惟称作庆和尚，伊实系东方教头，股下约有三百余人。②

这段史料并没有说林清加入震卦教，但林清与之交往的不是卦长后裔，便是在教的大头目，其受到八卦教影响是毫无疑问的。通过与这些人的交往，林清了解了不少"教内道理"，对其日后迅速成为宗教领袖不无补益。

林清充当过自由职业者、衙役、监工，做过小买卖，干过体力活，是个市民兼无赖。他游手好闲，吃喝嫖赌，却见多识广，为人慷慨、宽宏。在一群以小农、小手工业者为基本群众的民间教门中，不久便显示出他的见识与才能，成为众望所归的组织者和领导者。当然，林清并不是天然的农民领袖，"清之初入教也，意图敛钱无大志"③。可见他最初掌教时，思

---

① 《军机处录副奏折》，嘉庆十八年十月十六日董幗太供词。

② 《朱批奏折》，嘉庆十八年十一月二十七日直隶总督章煦。又同年十一月二十一日两江总督百龄奏折记载广济庆和尚身世："该犯僧名绪乾，又名广远，俗本刘姓，籍历单县。……。该犯胞兄刘林素习震卦教，……该犯亦即入教。布大复邀林清至广济寺与王栋（即王彦）、刘林及该犯会面。嘉庆七年正月间，林清复与王栋至该犯寺中，三月间该犯亦曾往林清家去过一次"。

③ （清）兰簃外史：《靖逆记》卷一。

想还停留在收徒敛钱这个八卦教传统宗旨上。然而比起"性悭啬，遇事畏葸，众之不惮"的郭潮俊，林清则具有大刀阔斧和勇于进取的作风，从而改变了以往教门的保守势态，使坎卦教不再囿于大兴县农村、市镇的一隅之地，走向了北京内城、京畿县以及直隶地区；教徒也从单一的农民，发展到社会各个阶层。有农民、地主、小手工业者、小商贩、包衣、衙役、官吏、太监、戏园老板，甚至清政权的四品武官。他依仗实力，雄心勃勃地统一了这一范围内的白阳教、红阳教诸教派，并逐渐把这些教门的信仰者拉上反抗清政权的轨道。

早在乾隆中叶，直隶固安、新城、雄县等地就活动着一支白阳教派。到嘉庆年间固安县人张添升已经掌握了三县一百多名教徒。这些教徒都被林清收归己有。据张添升供词记载：

> 我是固安县楚林村人，年七十三岁。……我于乾隆三十六年间，有新城的王四劝我入白阳教，……我陆续收了辛家村李得、魏大宾一股，魏家庄的魏宗礼、张连一股，姚家庄的张添名、张亭太一股。这三股共有七、八十人。又收了雄县的刘进亭一股，有三十余人。后于嘉庆十一年间，林清叫宋家庄的李三来说，他要我带着手下的人去同他讲理。我就招集李得、魏大宾、张连、刘进亭四人到林清家讲理，因林清会讲，我说他不过，就把这四股一百余人全交他管了。①

当时的民间宗教内部有一条不成文的规矩，谁对宗教教义的理解深，并能讲出"教中道理"，谁就是当然的师父或领导者。林清正是凭着对宗教教义的深刻理解，才统一了直隶三县一百多名白阳教徒的。其中李得、魏大宾、刘进亭等人都是嘉庆十八年进攻紫禁城的骨干成员。

红阳教，即弘阳教，明代万历年间问世，不久即传播到京畿地区。至少在清代乾隆中叶，大兴县、通县都活跃着多支红阳教支派。到嘉庆朝中叶，通县一支红阳教派掌握在李老、刘兴礼、李潮佐诸人手中。李老，羊修店人，年八十岁。三十二岁时"从杜成金入了红阳教，传授真空家乡、

---

① 《军机处录副奏折》，嘉庆十八年十一月一日张添升供词。

无生父母八个字……"①。李老后传徒通县周易村人刘兴礼即刘三道。刘三道能量很大，不仅传授通县、大兴多人入教，而且有太监杨进忠、赵密、陈太、张富贵拜其为师。嘉庆十八年六月，林清派刘第五、祝现、陈爽等教内大头目，到红阳教头李老家中，邀其加入八卦教。据李老供词记载：

> 我到林清家，众人叫我向林清磕头。……他们分了层次，叫我先给刘第五、祝二、刘四、季进玉磕了头，才能给林清磕头，叫他们都是爷。我陆续孝敬过祝二、刘四、刘五并陈爽的哥哥共京钱四千，纹银四两。因林清的分儿大，我孝敬不着他。②

林清收了李老之后，又命李老对其弟子刘兴礼讲，要帮助林清起事，事成许给官做，"如不从他，定要杀害"③。林清就是这样依据青阳、红阳、白阳三教"总该归一"的理论，强迫这支红阳教派隶属于八卦教的统辖之下的。与此同时，信仰红阳教的太监们也都"归了"林清。

林清坎卦教的核心力量在大兴县宋家庄和桑垡村。宋家庄是林清起家基地，有信徒一百多人，其中刘呈祥、支进财、董幅太、董伯旺等为教内骨干。桑垡村在宋家庄附近，其中陈爽、陈文魁及祝林、祝现、刘第五（即祝三）、祝真四兄弟都是教内重要头目或骨干。陈爽及祝氏兄弟都是满洲世代包衣，桑垡村亦属正蓝旗豫亲王庄园。祝家始祖祝凤"本是关东红绫堡人，在豫亲王府当差，实系当日从关东跟随来京。……自国初至今，伊等祝姓总在京中居住"④。而祝现兄弟则为庄民，在桑垡种有一顷多地。林清掌教以后即收陈爽叔侄及祝氏兄弟入教，入教时教陈爽等人"八字真言"，"说是最灵验的，并可得好处"⑤。后来这些人成为攻打紫禁城的主要领导者。

林清徒弟中最有权势的是四品都司曹纶。曹家世代为官，据曹纶供词

---

① 《军机处录副奏折》，嘉庆十八年九月二十八日李老供词。
② 《军机处录副奏折》，嘉庆十八年九月二十八日李老供词。
③ 《军机处录副奏折》，嘉庆十八年九月二十四日刘兴礼供词。
④ 《军机处录副奏折》，嘉庆十九年二月二十日作者不清。
⑤ 《军机处录副奏折》，嘉庆十八年九月十九日陈爽供词。

记载：

> 我系正黄旗军刘垲佐领下人，年四十二岁。曾祖曹金铎系骁骑校，伯祖曹瑛曾任工部侍郎补放山西大同镇总兵，祖曹珹原任云南顺宁府知府，父曹廷奎任贵州安顺府同知。①

生活在世家望族的曹纶为何竟加入"邪教"，并参与"谋逆"？嘉庆十八年十月此事发露后，朝野为之大哗，嘉庆皇帝亦感不解："现任独石口都司曹纶，为林清盟弟，共图谋逆。朕廷讯，曹纶直认不讳，此又奇中之奇。"② 其实了解了内情，此事也并不奇怪。

乾隆五十五年，曹纶父亲在江苏高邮州任职，据曹纶回忆，"林清在四府粮道署内当长随，是年十月往高邮州查漕与我认识的"。嘉庆六年曹纶升任治仪正，嘉庆十年放公中佐领，十六年升任独石口都司。嘉庆十二年，曹纶与季得全、宋三、林清结拜兄弟。是时曹纶贫困已极，甚至"衣服褴褛不能出门当差"，林清当即以京钱二十六千为其赎了几件衣物。嘉庆十三年，曹纶扈从嘉庆皇帝热河行围，时"积年欠帐五六千金之多，日夜追逼，非但无以当差，并无以存活"。林清又送马一匹、骡一头、京钱五十千，以解燃眉之急。嘉庆十六年，曹纶升任四品都司，但"独石口都司缺分甚苦"，对以往债务难以偿还。那年三月，曹纶往见林清，林清就势教授曹纶"八字真言"，说默坐念诵"可以趋吉避凶，并可以救穷"。嘉庆十七年五月，曹纶正式向林清磕头拜师入了八卦教，并让其子曹幅昌拜师入教。③ 曹纶后来供称，他之所以参与"谋逆"，"实在穷极无奈，贪图富贵。料得林清事成后，自然给我一二品，……并非真心信奉"④。"我家世受国恩，我又蒙皇上天恩，身为都司，干出这样事来，实属禽兽不如，罪该万死。"⑤ 曹纶的供词，充分说明了一个官僚参加"邪教"的矛盾过程和矛盾心理。而林清极力拉曹纶入教，也是想以曹纶的

① 《军机处录副奏折》，嘉庆十八年十一月九日曹纶供词。
② 《朱批奏折》，嘉庆十八年十月对两广总督蒋攸铦奏折朱批。
③ 《军机处录副奏折》，嘉庆十八年十一月五日曹纶供词。
④ 《军机处录副奏折》，嘉庆十八年十一月六日曹纶供词。
⑤ 《军机处录副奏折》，嘉庆十八年十一月五日曹纶供词。

权势抬高自己的地位，以压服同教。

最使清廷震惊的是有多名太监加入"邪教"，并有数名太监参与"谋逆"。清嘉庆年间，太监加入民间宗教的分为两个派系，一个是红阳教，一个是八卦教。

太监与红阳教的关系可以追溯到明代万历年间。万历年间，红阳教创教人飘高进京传教，投入腐败的宦官集团。其经卷记载："混元教祖兴隆，天下春雷响动。御马监陈公、内经厂石公、盔甲厂张公三位护法。"①正是得力于太监的信仰与支持，红阳教盛极一时，成为明末民间宗教一大教派。到清代，朝廷虽以酷法对待干政及违法太监，但信仰红阳教的风习却相延不断。据通县人、太监杨进忠供词云：

> 我本姓赵，……二十五岁时充当太监，在果房当差。嘉庆十四年上因盟弟林四给我治好了病，林四本是龙华会中人，引我拜李潮佐为师，习红阳教。我一家人……都入教的。我又引果房太监赵密、陈太、张幅贵与现已身故之张来喜一同习教。我每年四月初一到马驹桥张大家作会。……本年六月间，有李潮佐的师父刘姓与林四到我家内，……商量要起事。我在里头熟，到九月十五日要我带领教中人进西华门内起事，若闹成了就升我为总管，可以发财。②

杨进忠等人所入红阳教，本与林清八卦教并无干系。但林清统一了大兴、通县红阳教以后，使红阳教总头目李老归依门下。供词中所云刘姓即李老门徒刘兴礼，刘氏又为李潮佐师父，为太监杨进忠师爷。刘、李诸人受林清之命，策动教内太监，为起事之内应。

清内廷还有一部分太监加入了八卦教。林清为了起事之目的，有意识地命陈爽等人招收太监入教。据太监刘得财供词记载：

> 我是宛平县人，住桑垡村。……我于嘉庆十一年由仪亲王府挑进，在吉华门当差。十七年二月，我遇见同村人陈爽，他说能知刮风

---

① （清）黄育楩：《又续破邪详辩》。
② 《军机处录副奏折》，嘉庆十八年九月二十二日杨进忠供词。

下雨，从他学好可得好处。陈爽就教我八个字，是：真空家乡，无生父母。……他还教我念忏条……。我收了徒弟刘金、王福禄、张太、高广幅四人。……八月二十四日，……到彰仪门大街店里见林清、陈文魁们。林清说他们九月十五日要起事动手，叫我引路进内，如能成事，封我个总管。①

上述两份供词并没有包括所有参加红阳教和八卦教的成员。杨进忠除供有赵密等四名太监拜其为师外，尚有坤宁宫首领太监刘十、外殿当差太监张进禄、佛堂太监刘双喜、黄兴、孟双喜，"各该太监止于入会，并无匪为之事"②。参加八卦教的太监亦不止五人，还有阎进喜、余吉庆等人，亦无与闻攻打紫禁城事变。

为什么有如此众多的太监信仰八卦教或红阳教，并有部分人"背主忘恩，大逆谋反"？一是，清初有鉴于明末宦官参政为害之烈，"乃立铁牌于交泰殿，以示内官，不许干予政事"。乾隆皇帝待之尤严，"稍有不法，必加棰楚"，甚至"立置磔刑"。因此"刑余之辈……乃至萌叛逆之心至此"③。其二，太监在政治上的失势，又导致经济上的贫困，特别是底层太监，大多数来自直隶、山东农村，家境贫寒，自幼受宫刑。入宫后，又处于等级森严的环境中，备受侮辱与穷困，一旦有人接济，便易以身投靠。据阎进喜供称，入八卦教后"每月初一日我即到刘得财房中取钱使用。刘得财给过顾进禄、余吉庆们钱我是知道的"④。而刘得财则告诉众人"这是他师父林清给的"⑤。其三，京畿、直隶、山东历来是民间宗教滋蔓繁衍地带，有深厚的历史传统。太监来自下层，大凡入教者，多系祖辈相袭，举家信仰，沉溺其中，势不可拔。一旦入教，为形势左右，虽为皇室仆役，身不由己，不得不走上反抗道路。

林清以高超的组织才能和慷慨大度的性格，赢得了各阶层教徒的信仰，使他在京畿、直隶一带八卦教内站稳了脚跟，并为进一步统一整个八

---

① 《军机处录副奏折》，嘉庆十八年九月刘得财供词。
② 《军机处录副奏折》，嘉庆十八年九月二十二日英和奏折。
③ （清）昭梿：《啸亭杂录·不用内监》。
④ 《军机处录副奏折》，嘉庆十八年十月十日阎进喜、余吉庆供词。
⑤ 同上。

卦教奠定了基础。

第二节　河南震卦教与李文成的崛起

　　与坎卦教在直隶、京畿一带如火如荼地发展的同时，豫北一支震卦教组织以滑县、浚县为活动中心，迅速向直、鲁、豫三省交界处蔓延扩展，其势如燎原烈火，遍及十几个州县。动荡的时代，造成了底层社会极度不安，也促成了民间宗教内部的分化与组合，为新的宗教领袖的崛起创造了条件。

　　直、鲁、豫三省交界处，是八卦教的发源地，八卦教在这里生根、扩张、渗透，八卦教的各类支派在这里立足，并以此为基地走向整个华北地区。这里民风愚鲁、剽悍，历史上的造反传统，清朝政府的残酷统治，大自然的恶劣条件都成为酝酿革命的因素与契机。从乾隆中叶至嘉庆年间，经历了近四十年的滋生与发展、变革与选择，这里的一支震卦教终于推举出自己的精神领袖和组织者——李文成。嘉庆十六年林清与李文成的结合，成为八卦教重新统一的决定性步骤。其结果最终导致癸酉年八卦教具有历史意义的总爆发。

　　关于李文成，《靖逆记》言之最详：

　　　　李文成，河南滑县人，世居谢家庄，少孤，为木工佣保，人呼李四木匠。……会齐豫奸民，纠结死党，曰虎尾鞭、义和拳、红砖社、瓦刀社，其最大者，曰八卦教。文成欲入党，无所适从，夜梦魔神语之曰：君乃十八子明道震宫九教主也，得东方生气，居河洛之中，协符大运。文成惊异，益自负，乃收聚诸无赖，乃有罪亡者，匿与居。闻河南有谣云，若要红花开，须待盐霜来，遂自号盐霜十八子，入震卦教。教中事有条理不当者，文成厘次剖析，众推服之无异词。时林清为坎卦教首，传教北方。乾卦教首张廷举，山东定陶人；坤卦教首邱玉，山西岳阳人；巽卦教首程百岳，山东城武人；艮卦教首郭泗湖，河南虞城人；兑卦教首侯国龙，山西岳阳人；离卦教首张景文，山东城武人，俱分隶震卦，震为七卦之首，取帝出乎震之意，习教者共听约束。文成兼掌九宫，众至数万。①

　　这段描述不无某些夸张荒诞甚至失实之处。关于七卦首领的记录也多错谬。但有关李文成身世及后来统管八卦，众达数万的记载还是真实可信的。

　　为了进一步搞清豫北震卦教的来历以及李文成的师承，本节将依据清代档案条分缕析。

　　震卦教立卦较早，时间当在清康熙初年刘佐臣创教后不久。从康熙初年至乾隆中末叶，该教活动中心一直在山东省金乡县，菏泽县一带。清前期一百多年间，长期为侯姓家族、王姓家族、布姓家族所左右。乾隆初中叶，菏泽王中成为部分地区震卦教内众望所归的领袖人物，其殉教后，儿子王子重又为众人推为领袖。与其同时，金乡侯姓也在部分地区掌管震卦教，自称卦长。两支震卦教互无来往，其中王中那支以极强的渗透力，向整个华北地区发展，甚至流布江苏，乃至陕西、甘肃、新疆、广东、广西诸省。

　　震卦教派最早进入河南的时间和支派，已难考订。但从诸类史料分析，震卦教进入豫中至迟不超过乾隆中叶。乾隆三十七年王中徒弟李孟炳等人已携带经书到豫中临颍县传教，而当地教徒谌梅家中已藏有震卦教《训书》一部，可见该教在那一地区传教已非一日。震卦教传入豫北时间与传入豫中大致相仿，据另外一部分档案记载，最先受教的地区是彰德府。而传入路线亦与豫中不同，是由山东而直隶，由直隶而河南。

　　震卦长王中有两大弟子，一个是菏泽人布伟，另一个是直隶大名府南乐县人侯景太。布伟与侯景太是震卦教中最有权力的人物。据后来震卦大头目布文彬供词交待，"震卦六爻是伊父布伟与已故直隶大名府千口村人侯景太做真人，算了两爻"②。掌爻者是仅次于卦长的最重要的宗教领袖。河南彰德府这支震卦教就是由侯景太这一支传入的。侯景太死于乾隆三十七年刘省过案中。

　　乾隆五十三年，豫北彰德府当局拿获了震卦教徒周明、韩大儒、申继

　　①　（清）兰簃外史：《靖逆记》卷五。
　　②　《军机处录副奏折》，乾隆五十六年九月六日福安康奏折。

祖、裴锡富等十二人。周明等供出传教之林进道，以及毛有伦等信徒。六月初，直隶当局根据河南省咨会，拿获了开州人林进道等人的师父刘臣以及大名府之屈进河、滋州之杨宗发诸人。至六月十三日时，当局先后在直、鲁、豫三省拿获震卦教徒五十三名。据河南诸教徒供称：

> 缘该犯等听从开州刘臣传授《愚门弟子歌词》，指太阳为圣帝，每日三次磕头，每年五次上供，谓能消灾祈福。又自认单县刘洪分支，已经犯案正法之王中为后派。因刘洪家向有先天、中天、后天称呼，即呼王中为后天的王老爷。上供时将各人籍贯用纸书写，不识字者口诵道名，俱自称后天王老爷之徒，递相传授，敛钱多寡不一……。①

可见是直隶开州人刘臣首先将震卦教传入豫北彰德府的，而彰德府人林进道为刘臣第一个受教弟子。清当局在逮捕了林进道、刘臣之后，追根溯源，终于搞清了豫北这支震卦教的来龙去脉：

> 缘刘臣籍隶开州，与未获之盛裴即盛齐邻村居庄，盛聚系八卦会震字邪教。乾隆二十六年间刘臣拜盛聚为师，传授《愚门弟子》等歌词，指太阳为圣帝……。又自认山东单县已正法之刘省过为教主，已经犯案之王中为掌教。……又籍历南乐县之侯闻道胞伯侯景太系山东刘省过邪教案内震卦支派，曾转收山东濮州傅家庄人傅清水，及回家谷堆人赵之俊……。嗣侯景太之徒傅清水转传与开州盛家庄居住已故之盛坤，递传于在逃之盛聚，盛聚转传刘臣。又开州之刘国珍系山东濮州已经犯案之震卦教案龙居泾之徒，与盛坤等均系同教。……刘臣又转传与河南已获之林进道，递传于大名县已被河南拿获之屈进河，……河南病故之刘彦。……刘彦又转传与河南已获之周明。……此刘臣等辗转传习邪教之原委也。②

---

① 《军机处录副奏折》，乾隆五十三年六月十三日河南巡抚毕源奏折。
② 《军机处录副奏折》，乾隆五十三年八月十六日刘峨奏折。

这段奏折清清楚楚地追溯了河南彰德府震卦教传承关系：

王中→侯景太→傅清水→盛坤→盛聚→刘臣→林进道→刘彦→
周明

周明等人被逮捕后，豫、直、鲁三省当局顺藤摸瓜，拿获了侯景太之
侄侯闻道，继而拿获了王中之子王子重，再次严重地打击了震卦教的传教
中枢。由于王子重矢口否认传教敛钱，当局以教首之子将其发配到新疆喀
什噶尔。其他二十六名骨干成员分别发配新疆乌什、叶尔羌、阿克苏等
"各回城地方为奴，于面上刺邪教二字"①。

乾隆五十三年三省震卦教案使这支教派元气大丧，王氏家族面临零落
断绝的境地。震卦教虽遭受挫折，却未使豫北震卦教断绝根株。这以后的
二十几年间，彰德府以及其东南的滑县、浚县震卦教派以惊人的速度流衍
传播，到嘉庆十八年（癸酉）前夕，成为八卦教内实力最为雄厚的教派，
八卦教起义的主力军。

滑、浚两县何时出现震卦教已难考证。但从嘉庆年间档案史料分析，
这两县至少在乾隆中叶就有震卦教的活动。据八卦教重要头目秦学理
供称：

我系浚县人，曾充当本县皂役。我自祖、父以来就习白莲教。
滑、浚两县都是先天教内震字一卦的人，先天才分八卦的。……如今
我们经上听说的先天老爷、后天老爷、震宫王老爷，这先天老爷就是
刘奉天，这王姓就是震宫王老爷……。②

秦学理供词告诉人们，滑、浚两县至少在秦的祖父一辈已经有了震卦
教的组织，崇信的是教主刘姓、卦长王姓。但滑、浚一带似乎活动着不止
一支震卦教。李文成、刘帼明等人所信奉的教派就是嘉庆年间从彰德府传
入滑、浚两县的。这一教派号称九宫教，教首是彰德府人梁健忠。所谓九

① 《军机处录副奏折》，乾隆五十三年八月十六日刘峨奏折。
② 《军机处录副奏折》，嘉庆十八年十一月秦学理供词。

宫教就是八卦教，前面已详细分析过。梁健忠这支九宫教实质又是八卦教震卦的改称。应是刘臣、林进道那支震卦教的流衍。嘉庆十八年八卦教起义失败后，九宫教首梁健忠亦为当局逮捕，留下一段供词，交待了这支教派的发展过程：

> 我系河南彰德府安阳县石家庄人，年七十一岁。父亲梁登周，母亲康氏……。我父亲梁登周在日拜同县九窑村已故的刘端为师习九宫教，我也跟着父亲学习。我父亲已故以后，我就接传这教。这刘宗林是我亲家，六七年前拜我为师，我教他烧香念咒。刘宗林亦收刘帼明、郭明儒为徒，刘帼明又收李文成为徒。嘉庆十三年，刘宗林向我商量传教收徒，得钱使用。后来人数众多，我就起意设立号簿，把刘端传我的图书描绘出来，刊刻两份，印用大小合同，凡入教的给我们钱，自二三十文至数百文不等，粮食自一二升至一二斗不等。如系全家入教，给与大合同一张，若只一人入教，给与小合同一张。我叫郭明儒登记号簿，收得钱文粮食我们四人分用。所有麦试、秋试等官职都是刘宗林捏造的。[①]

这段供词十分重要，它交待了李文成的师承关系，及这支教派的来龙去脉。梁健忠所传九宫教之所以是震卦教，有如下几个证据。一，河南彰德府是豫北受震卦教影响最早的地区，早在乾隆中叶，林进道等一大批人就参加了震卦教，乾隆五十三年著名的震卦教案亦首先在这一地区办理。九宫教最早的传布者刘端似为震卦教徒，在乾隆五十三年后将震卦之名改为九宫教。其二，几乎所有涉及李文成入教的史料都认为李文成是震卦教徒。《靖逆记》亦称其为"十八子明道震宫九教主"，"入震卦教"。可见这支九宫教实质是八卦教中震卦教的变种。其三，李文成掌握这支教派后，一直自称是震卦长，或震卦王中之转世。直到林清指称李文成是"人王"以后，李文成才将震卦长名号让与滑县人宋克俊。

关于李文成入教时间及具体传承，清代档案史料也作了清楚的交待。九宫教首梁健忠到滑县传教日期是嘉庆十一年左右，第一个弟子是其亲家

① 《军机处录副奏折》，嘉庆十八年十二月二十四日梁健忠供词。

刘宗林。而李文成是刘宗林再传弟子,其入教时间当在嘉庆十一年以后。其师承关系如下:

……刘端→梁登国→梁健忠→刘宗林→刘幗名→李文成

梁健忠掌教期间,仅知以传教敛钱为宗旨,一味肥私,因此教势不振。李文成等人在教中处于无权地位。李文成的崛起是林清到滑县支持的结果,林清到了豫北,才真正改变了这一地区八卦教的面貌。

早在嘉庆十三年五月,林清就认识了河南滑县人牛亮臣。那年初夏,京畿宛平县人陈茂功控告其兄陈茂林"传习邪教"。坎卦头目宋进会、宋进跃、刘呈祥、林清四人受到牵连,被保定当局"传案讯供"。当时在河南滑县当司库的牛亮臣,因盗窃库存赃衣,畏罪逃至保定,在"马老太店内照应门面"。彼时,林清因打官司,亦住在马老太店内,因此与牛亮臣相识。此案内,宋进会、宋进跃、刘呈祥三人问拟发配,林清由马老太"具结保出"。嘉庆十三年八月,林清携牛亮臣回到大兴县宋家庄,不久牛亮臣拜林清为师加入了坎卦教。据牛亮臣供词记载:

> 我是滑县城内人,年五十三岁。……一向在本县当库房。嘉庆十一年因赔累,窃当库贮赃衣六十件,畏罪逃至保定。……有素识宛平县解役王德对林清说我曾充书吏,明白罪名轻重,叫林清向我探问。林清即具帖请我吃酒。林清对我说了犯事根由,我就问他会中的真理。他说他是坎卦,又见他讲的理深,就叫他传我。他说俟官司结后到他家中再传给我。八月初间,他的官司结后,就回家去,我也到他家中。九月十二日,他上了香,我就跟着他跪下发了誓。他起来用手指点我眉心说:"性在这里。"并传我真空家乡,无生父母八字,归了他的坎卦。①
>
> 我与林清谈及道教,林清说是京南人顾文升(注:应为顾文亮)传授,从前山东单县人刘林是先天祖师,林清是刘林转世,为后天祖师。这教本名三阳教,分青红白三色名目,又名龙华会,因分八卦,

---

① 《军机处录副奏折》,嘉庆十八年十二月二十六日牛亮臣供词。

又名八卦会，后又改名天理会。每日朝拜太阳，念诵经语，可免刀兵水火之厄。如遇荒乱时候，并可乘时图谋大事。我听信了，拜林清为师。①

这样滑县人牛亮臣就成了林清坎卦教教徒。之后，牛亮臣由林清介绍在大兴县宋家庄左近充任塾师，教书糊口，于嘉庆十五年二月带着林清盟弟曹纶的求情书信回到了滑县，林清结识并收牛亮臣为徒的意义十分巨大，因为牛亮臣的连襟是冯克善，冯克善的表兄是李文成。一年以后，林清正是通过牛亮臣才结识的震卦李文成及离卦冯克善，把统一八卦教的事业推向了河南。

林清何时到河南滑县有两种不同说法。据牛亮臣讲：

十六年夏间，林清到道口，后来得了病，住了两个月。

李文成听见林清在道口，就同于克敬、冯学礼与我四人去访林清。见面后因林清理深，就都归了林清。林清说他自己是天盘，李文成是人盘，冯克善是地盘。②

林清的外甥董幗太则认为林清第一次赴滑县的时间是嘉庆十六年二月，而且仅那一年就三次往返京、豫之间：

十六年二月我舅舅带了支进才，并已故的孙九往滑县找着牛亮臣，就认得了牛亮臣的联襟冯克善，并冯克善的表兄李文成，到四月间方回，来去都是步行。五月间又带支进才步行往滑县传教收徒，七月间骑了一个驴子回来，说驴子是教内徒弟送的，并有敬信他的人送给银钱做盘费。九月间又骑了驴子带回李得、支进才往滑县一次，十月间带了一头骡子回来，说骡子是一百十吊钱买的。并说李文成是震卦，冯克善是离卦。他同冯克善离、坎交宫，他该做圣人，冯克善该

---

① 《军机处录副奏折》，嘉庆十八年末或十九年正月牛亮臣供词。
② 《军机处录副奏折》，嘉庆十八年十二月二十六日牛亮臣供词。

做天师，同帮李文成做人皇。他们三人结了兄弟，相好得很。①

冯克善供词亦证明林清第一次到滑县的时间是嘉庆十六年二月：

> 问该犯，十六年二月林清同支进才往滑县与汝见面时所商何事？……据供，十六年二月，林清到滑县寻找牛亮臣商量收人，我听见他也是卦头，就前往同他讲理。因他讲得不好，我并未拜他为师。②

其实林清是八卦教重新统一的真正设计者，名副其实的精神领袖和各项重大措施的制定者。林清到豫北传教并非无目的行动，他多次宣扬"八卦归一"、"万法归宗"的思想，自觉或不自觉地一步步实施着统一的步骤。只有林清到豫北后，处于无权地位的李文成才逐渐成为宗教领袖。九宫教首梁健忠供词对此有详细记录：

> 十六年间，林清来至滑县找牛亮臣讲理，刘宗林说林清带了铜铡铁剑，要来收我归顺。我说若要一齐动，八卦让九宫，我掌九宫，在八卦之上，如何能归顺林清。后来我徒弟刘宗林，徒孙刘帼明、李文成们都归了林清的教，所得入教的钱文粮食都送给林清收用。我起先不归林清，做了黄布旗，令徒们门口都插上黄布旗，与林清作对。后来我徒弟都归顺了林清，我势孤也只好归顺了。过了几天，刘帼明来说，林清封我为离宫伯，大儿子梁方为麦试，次子梁荫为秋试。③

进一步的事实是，林清到滑县以后，由于梁健忠拒不归顺，林清在李文成等人面前指称梁健忠"所传道不真"，这以后不久"李文成曾同众人到梁健忠家讲论，争作教主"，梁健忠因势不敌，被迫交出经卷以及教内底簿，这样李文成才夺取了教权，掌握了豫北震卦教。④

---

① 《军机处录副奏折》，嘉庆十八年十月十六日董帼太供词。
② 《军机处录副奏折》，嘉庆十八年十二月十三日冯克善供词。
③ 《军机处录副奏折》，嘉庆十八年十二月二十四日梁健忠供词。
④ 《军机处录副奏折》，嘉庆十八年十二月二十四日那彦成奏折。

对于林清与梁健忠的对立和李文成的夺取教权，不应目之为一般教门内部的争权夺利，而应看成是八卦教重新统一的重大步骤。这一步骤使河南震卦教从传统的传教敛钱的旧模式中蝉蜕出来，发生了质的变化。从此以后这支教派以前所未有的速度向前发展，终于成为八卦教中的实力派。李文成掌教后，仍然任用刘宗林为管家，管理钱银粮食等物，以及在教人名单。据清档案记载：

刘第五即刘宗林。该犯供认听从安阳县人梁健忠习教传徒属实，当即将梁健忠查拿到案，严加质讯，究出刘第五家内藏有簿籍。复派员于该犯家内起获小旗一面，皮匣一个，内装锡图记一块，符咒五本。又大小号簿七本，编列排数开写男妇姓氏三千八百余人。每人名下注有钱文、粮食数目，并地亩品级字样。又大小合同纸片一卷，书有符咒，印盖红兰二色图记。诘讯该犯供认，伊与大头目刘帼明等听从林清、李文成等传习"真空家乡，无生父母"八字真言，在伊家内招人入教。凡有送给钱文粮食者，许俟李文成起事之后给与地亩官职。每钱百文许地一顷，粮食数石许给官职，填注号簿，并开写合同纸片，交与本人作据。……梁健忠习教传徒人数本不甚多。至十六年滑县库书牛亮臣……将林清引至滑县与李文成、刘帼明等商定谋逆。后刘帼明在伊家内招人入教，许俟李文成起事之后给与官职、地亩，是以相从者众。①

事情很明显，当梁健忠一味以宗教手段进行欺骗时，固然有人顶礼膜拜，纳钱入教，但人数毕竟不多。一旦李文成等人掌教，采取了符合农民利益的措施，特别是以分配土地相号召，就赢得了群众，从而达到了进一步组织群众的目的。可以说，河南震卦教主要不是依靠宗教手段，而是依靠世俗手段兴起的。李文成则是依靠豫北广大农民群众的日益觉醒走上历史舞台的。

在林清的坎卦教与李文成的震卦教逐步联合的过程中，豫北和山东部分地区兴起了一支以冯克善为首的离卦教支派。

---

① 《军机处录副奏折》，嘉庆十八年十二月十二日托津奏折。

冯克善，滑县人，少小无赖好赌博，曾与人合伙制造假银。嘉庆二年向山东济宁人王祥学拳棒，嘉庆五年又向滑县朱召村人唐恒乐学习梅花拳及枪法。① 《靖逆记》亦记载其"尽得其术，徒手搏击，数十人无敢近者"。又云：

> 庚午春二月，其僚婿滑县库书牛亮臣见克善拳法中有八方步，亮臣曰，尔步伐似合八卦。克善曰，子何以知之？亮臣曰，我所习坎卦。克善曰，我为离卦。亮臣曰，尔为离，我为坎，我二人坎离交官，各习其所习可也。壬申夏四月，滑人有霍云方者，慕克善名，请之往山东德州，与宋跃隆比拳。跃隆遇克善，自以为弗如；命其子宋玉林与之角，又弗如远甚。跃隆遂师事之，入离卦教。嗣后亮臣三子牛文成，浚县人李大成、滑县人熊自华、张九成，俱师事克善。自华、九成等，又各授其徒，党羽渐多，众遂奉克善为离卦头目。②

冯克善入离卦教很晚，时间在嘉庆十六年三月，其入教师父即拳棒师父王祥。据冯克善供词记载：

> ……掌离卦的郜二，山东东昌府城内人，系现已病故王充之师，王充系王祥之师，王祥即我之师。郜二已故，伊子郜四尚习离卦。③

此中郜二似乎是郜添麟，郜添麟于乾隆五十二年由河南商丘老家迁至山东聊城（即东昌府）东关外开首饰店，并继续传教，充任离卦长。郜添麟死于嘉庆十六年六月。冯克善应为郜姓三传弟子。到癸酉之变前夕，冯克善手下共有三百多名弟子，多掌握在其徒弟宋跃隆、高玉爪、赵步云手下。冯克善弟子虽然不多，但多习拳棒，是八卦教起义的骨干力量。

这样，在嘉庆十六年经林清、李文成等人的多方筹划，华北地区部分震卦、坎卦、离卦教教徒已经重新联合起来，八卦教初步统一的形态已经

---

① 《军机处录副奏折》，嘉庆十八年十二月十一日冯克善供词。

② （清）兰簃外史：《靖逆记》卷五。《靖逆记》关于冯克善的记载基本依照冯克善嘉庆十八年十二月十一日供词撰写，具有一定的史料价值。

③ 《军机处录副奏折》，嘉庆十八年十二月十六日冯克善又供。

具备。当时教内即流传这样的说法："今刘姓教首生于坎方，合震离两卦，即为三才。"① 长期信仰八卦教的教徒认为老教首刘姓又转世下凡了，八卦教再次复兴了。其实这种说法是林清、李文成为了笼络信仰者所造作的宗教预言。嘉庆十六年，林清、李文成在滑县会见时，林清"指称李文成是从前震卦教主王老爷转世"②。而李文成则说林清"前世系卯金，所以改作姓刘"③。所以林清又叫刘兴国、刘林、刘真空，号霜林即双木，又称后天刘老爷。这种传统的力量使得任何后来者都要借助亡灵来开辟自己的道路。

嘉庆十六年九月，林清第三次赴豫。这次林清才真正发现李文成震卦教的强大实力，所以众人商定"推李文成掌九宫，统管八卦"，众人又推林清"为十字归一"，统管八卦九宫。林清无疑是八卦教真正的精神领袖和重大问题的决策者。但由于坎卦教势单力薄，形成了林清、冯克善等人辅佐李文成打天下、坐江山的格局。十月份林清从河南回到大兴县，告诉其外甥董帼太"李文成是震卦，冯克善是离卦，他同冯克善是离坎交宫，他该做圣人，冯克善该做天师，同帮李文成做人皇"④。据林清后来的供词记载可以更清楚地看出当时八卦教上层领袖的意图：

> 林清供，我先前入教，原希图敛钱，后来因我会说话，众人推我掌卦。又后来出了卦就总领了八卦。那滑县的李文成，除坎卦外，七卦俱是他领的。七卦内有事，李文成须来报我。我又见拢的人多，就起意谋逆。我们推算天书，弥勒佛有青羊、红羊、白羊三劫，此时白羊教应兴，众人说我是太白金星下降，又说我该做天王；有卫辉的冯克善，该做地王；李文成该做人王。将来事成之后，天下是人王的，天王、地王就同孔圣人、张天师一般。

上述史料说明，在嘉庆十六年林清、李文成、冯克善诸人已商定"谋逆"，走上了反抗清政权的道路。林清、李文成等人之所以走上反清

---

① 《军机处录副奏折》，嘉庆十八年九月十五日山东巡抚同兴奏折。
② 《军机处录副奏折》，嘉庆十八年九月三十日张健谟供词。
③ 《军机处录副奏折》，嘉庆十八年九月十九日林清即刘兴帼供词。
④ 《军机处录副奏折》。嘉庆十八年十月十六日董帼太供词。

的道路，当然不能简单地归结为个人的动机。像对历史产生过影响的任何人物一样，他们的动机总是反映了那一时代特定的阶级、阶层或社会集团的利益和要求。显然正是华北地区农民阶级及附属于这个阶级的自由职业者、流民阶层要求变革现实的力量，把他们推上了宗教领袖的地位，进而又推上了农民起义领袖的地位。使他们在一段时间内充当起历史舞台的主角，表演了慷慨悲壮的一幕。

第三节　"癸酉之变"前夕的酝酿与准备

　　嘉庆十七年初到嘉庆十八年九月前，这是一场狂风骤雨前夕的酝酿和准备阶段。林清、李文成、冯克善以及其他八卦教大头目频繁往来于京、豫、直、鲁之间，并以保定马老太店铺为中间站，密谋策划，准备起事。

　　嘉庆十六年十月，林清第三次赴豫回京不久，冯克善与其师父王祥就前往京南大兴县，在宋家庄林清家中"传授拳法"，为起事作准备工作。嘉庆十七年正月，林清带同陈爽、陈文魁、支进才等人第四次前往滑县，是年清明节前后回到大兴，带回大笔李文成等人送交的银两。嘉庆十七年七月，林清第五次到滑县北部的道口镇，住在同教孔继太店内，"有同教李文成、冯学礼、于克敬即于第七、冯克善来见林清。林清对众指明李文成为天王、冯学礼为地王、于克敬为人王，均各信服"①。同年十一月，李文成、牛亮臣、于克敬等人前往大兴县宋家庄。"于克俊（即于克敬）有《三佛应劫书》一本献与林清。林清看了书上有十八子明道的话，就说现在应姓李的应世，李文成应做人王。"② 《三佛应劫书》又名《三教应劫总观通书》。这部书"以燃灯佛、释迦佛、未来佛为三劫"，"其书内有天盘三副，过去系燃灯佛掌教，每年六个月，每日六个时；现在是释迦佛掌教，每年十二个月，每日十二个时；将来系未来佛掌教，未来佛即弥勒佛，每年十八个月，每日十八个时。"③ 这部书与《定劫宝卷》、《末劫

---

①　《军机处录副奏折》，嘉庆十八年十二月或十九年正月牛亮臣再供。

②　《军机处录副奏折》，嘉庆十八年十二月二十六日牛亮臣供词。

③　《清代档案史料丛编》第三辑，第28页。

宝卷》、《弥勒赞》、《弥勒古佛救劫篇》等等大同小异，都宣扬的是人类遭受劫难，而于劫难之后世界更新的宗教预言。充分表现出底层群众不甘现实苦难的思想情绪和对美好未来的无限憧憬。这些书本虽然也充斥着宿命论和神秘主义的思想，但无疑是对封建现行秩序的对抗和离异，它们长期在底层社会流传，成为民间宗教信仰者及一般民众反抗当局的宗教启蒙书本，成为底层群众思考问题的基本模式，也构成了林清、李文成起义的基本理论。

为了举大事，各路首领除了频繁往来，密谋策划外，还加速了招兵买马的步伐。林清、李文成在嘉庆十七年中叶，派出多名宗教首领"分路度人"。于克敬假扮郎中前往直隶，冯克善以传授拳棒为名前往鲁西北，徐安帼则往鲁西南。这几路以徐安帼一路成效最为显著。徐安帼，直隶长垣县陈家庄人，武功极好。嘉庆十四年由东明人王学礼引进拜滑县人刘帼明入教。嘉庆十六年冬间，收曹县人朱成方为徒。嘉庆十七年，刘帼明、朱成方师徒两人在曹县、单县、金乡、城武、定陶、鱼台等县招收了大批教徒。据刘帼明后来供称：其陆续"收了男女大小徒弟一百三十家，共约六七百人，都是大徒弟朱成方掌管登记纸折"①。鲁西南是八卦教发祥地，群众基础十分雄厚。嘉庆十七年，徐安帼在此地传教时，发现大批八卦教徒信仰离卦郜姓，多为离卦长部添麟的弟子或再传弟子。其中以巨野人张建木、城武人刘燕、金乡县人崔士俊等最为活跃。张建木供词记载了这支教派的原委：

缘张建木即张建谟，籍历巨野，与已获正法之金乡县人崔士俊、李允魁、吕华容、孙战标、宋大勇及同县人赵清元、城武县人刘燕相认识，俱系素习八卦离字教。其教先令人跪香、磕头，口授真空家乡、无生父母八字。并捏造鄙俚歌词，兼与人治病。入教之始，先给教师钱一二百文不等，名为根基钱，每逢清明、中秋两节，随力致送钱文，名跟帐钱，保交给教首。凡同教见面，骈食指、中指，名为剑诀，以作暗号。……其离卦教首系已故之河南商丘县人郜云龙，即现获之监生高继远之高祖，世相传授。嗣传至高继远之故堂兄高道远即

---

① 《军机处录副奏折》，嘉庆十八年十二月二十六日徐安帼供词。

郜添麟。因父兄郜三等人屡次犯案，旋于五十二年间移居山东聊城县，改姓为高，仍习离卦教。又传昔存今故之刘陇士及现获之监生靳清和即靳清洪，未获之丛学珠、靳中和为徒。高道远于嘉庆十六年六月间病故，高继远接充离卦教首，收过跟帐钱文。刘陇士又转传现获之王普仁，王普仁传徒已故之张强束同现获之张衡并未获之于孟周、王廷林、辛文卓，及已故之王敬修。王敬修复传刘燕，刘燕自来在外游荡于金乡等县，而传徒已正法之崔士俊、赵清元、现获之张建木、李允和、李振柱……。此张建木、崔士俊、刘燕等辗转传习八卦离教之先后情由也。①

又据其他史料记载，崔士俊乃于嘉庆九年从刘燕入教，在鲁西南频繁传徒近十载。由上段史料可知崔士俊、张建木等人师承关系：

郜云龙……郜添麟——刘陇士——王普仁——王敬修——

刘燕〈崔士俊
　　　 张建木

但是信仰了多年离卦教的崔士俊、张建木等一大批人在嘉庆十七年八月徐安帼到金乡传教以后，都毅然决然地改信了震卦教。很显然，以世袭传教家族郜姓为教首的离卦教，仅知以传统的宗教教义控制徒众。勒令教徒按时交纳各类银钱，已经很难适应风云突变的政治形势和人民群众变革现实的普遍要求，这正是大批离卦教徒转向李文成的震卦教的根本原因。

嘉庆十七年八月，徐安帼与其徒弟高毓藻前往金乡县崔士俊等人家中"勒令崔士俊、刘燕、赵清元、孙战标、宋大勇、吕华容、李久魁、张见木、杨凝、杨麻、李允和、李照远等俱改离归震"②。张建木的供词详细地记载了徐安帼由传教到鼓动这些人造反的全过程：

……嘉庆十七年八月，崔士俊引直隶长垣县人徐安帼到小的

---

① 《军机处录副奏折》，嘉庆十八年九月三十日山东布政使朱锡爵奏折。
② 《军机处录副奏折》，嘉庆十八年九月三十日山东布政使朱锡爵奏折。

家，徐安帼说他习震卦教，比离卦还好。小的就拜他为师，习震卦教。徐安帼先教给小的《急急忙忙苦修身》合《南无南无尽虚空》各歌词。又说真空家乡八字是该用抱功，每日盘坐，两手抱胸，照太阳早念二十七、午念五十四、晚念八十一遍。工夫用久才可了道还原。今年二月，徐安帼又来说，今年有了劫，凡行教的人都是当日单县刘家种下善果。有了劫数，刘家要照应，收还善果。种善得善，种福得福。①

徐安帼是一个优秀的鼓动家和宣传家，他第一步并没有把发动起义的真实意图告诉给张建谟、崔士俊等人，仅以高超的布道手段教会诸人修炼内功，又以入教避劫相蛊惑，指出入教者皆有善根，必有善果。

徐安帼的第二步骤是令崔士俊、张建谟诸人拜见由"当日震卦主王老爷真性转生"的李文成，震卦大头目东明县五里庄的王学礼，及刘帼明，用此巩固诸人的信仰。据张建谟供词记载：

小的……先到东明五里庄见王学礼，那王学礼有四十多岁。小的又同朱成方往刘帼明家去，那刘帼明有五十来岁，是滑县城北五十里枣园村人，是老刘爷门下一个大头领，他行教多年了。刘帼明才领小的们到卦主李文成家。刘帼明、徐安帼、朱成方先向李文成叩头，李文成站着受礼，……只吩咐小的们说，你们好生用功，一劫能造万劫之苦，一劫也能修万劫之福……②

在这里，李文成用宗教和神秘主义的语言向众人暗示起事消息。指出只有经历苦难才能创造永久幸福。在崔士俊、张建谟会见李文成后，刘帼明、徐安帼才将教内机密及起事意图透露出来：

这教山西最多，先收集山西好几年了，如今才收山东。收两边的人是于克敬，在滑县城北二里住，是山西人；收南边的是王学礼；收

① 《军机处录副奏折》，嘉庆十八年九月三十日张见木即张建谟供词。
② 同上。

东边的是刘帼明；收北边的是老刘爷自去收的。老刘爷从前是弥勒佛下来，死过多年，如今真性转生，不过四十多岁，名叫刘真空，又叫刘林，号霜林，即双木，原是单县刘家庄人……。这刘卦主十六年六月间到过滑县，在道口集才指称李文成是从前震卦教主王老爷转世。……刘帼明还说老刘爷同他们三个头领分路收人，专等老刘爷收起北方，就好起事。有两句话：单等北水归汉帝，大地乾坤只一转。徐安帼又说，十月三个节气以后就是白洋劫。白洋劫前七天，要把白布小旗普里同时传遍，……到临时，走那一路就抢那一路器械使用。有旗子的人家便不杀戮，把没旗子的人家都杀了。临时同教的人起事，各人束一根白带子，脖领上插一条白布，小旗上写奉天开道，便是记号。……另有四句话：位分上中下，才分天地人，五行生父子，八卦定君臣。①

由上述史料可知，到了嘉庆十八年二月，刘帼明、徐安帼才把八卦教要以"奉天开道"为旗帜，驱逐清朝政权，建立八卦教的天下，分封官爵，位定君臣的大计划告诉了张建谟、崔士俊诸人，并让他们积极准备起事。崔士俊等人从河南赶回山东金乡县，广收徒众，招兵买马。崔士俊自封天下都招讨兵马大元帅，封其婿李敬修为后军督抚，并跃跃欲试，准备夺取地主田宅："金乡贼仇士绅入骨髓，思欲聚而歼旃，剖其田宅。"② 崔士俊女婿甚至已明指"金乡有李乡绅宅，异日即我第也。"③ 至使"境内士民避乱者纷纷。"④《靖逆记》记载了当时的情况：

七月朔，贼渠崔士俊于城西茂林，椎牛设酒，享客八昼夜，县役营兵络绎赴会。又有孙战标者，亦俊党。择期七月二十七日享客李家

① 《军机处录副奏折》，嘉庆十八年九月三十日张见木即张建谟供词，

② （清）兰簃外史：《靖逆记》卷二《金乡守城事》。（注：据《金乡纪事》记载："金乡教匪与城中绅士相雠，各家田宅事成早约瓜分，均有主矣。"可见，瓜分田宅已将是一场大规模的行动，正是这个原因才鼓动起成千上万的造反者。

③ 同上。

④ 同上。

阁，二十八日考试铨选伪官。人情汹汹，乱有日矣。①

是年六月，前任金乡县知县赴省审案病故。当地绅缙闻知地方"不靖"，向济宁知州首发"匪情"。知州等"查得该县城南有李允魁、崔士俊、张文明等实有编造歌词，敛钱惑众之事，因闻拿躲避无踪"。山东巡抚同兴"即委随同办理糟务之候补知县吴堦前往署理县事"②。七月二十六日、二十七日吴堦利用习义和拳之胡世全、李帮正与崔士俊的矛盾，拿获了崔士俊、孙战标，"又获士俊之伪副元帅宋大勇，及其婿李敬修。严鞠之，云士俊之师朱成贵，曹县扈家集人。朱成贵之师徐安帼，直隶人，徐安帼之师在河北。……南至黄河北至燕，东至海，西至山，此间数万余人，俱习同教。……总教师所传号令为大令，徐元帅安帼所传为小令"③。由于崔士俊等人过于招摇，至使鲁西南八卦教起义的准备工作受到严重挫折。幸而崔士俊被捕后，"张建木因闻崔士俊被拿，即写信通知徐安帼、朱成方躲避"，④才使山东乃至直隶、河南的八卦教首领没有进一步暴露。崔士俊被捕不久，"吴堦并距野等县先后拿获张建木等解省"⑤。当局将崔士俊、孙战标、宋大勇等七人"先行正法"，张建谟亦于十月份为清政权所杀。

崔士俊等人是直、鲁、豫八卦教起义的第一批牺牲者。他们由虔诚的离卦教徒走上起事的道路，是一种自觉的反抗行动，是对封建压迫的一种觉醒，也是对传统八卦教的一种离异。他们虽然由于不慎而惨遭杀害，但其事业并未付诸东流。由于徐安帼、朱成贵、崔士俊等人卓有成效的工作，使山东鲁西南成为八卦教起义最重要的基地和战场。嘉庆十八年九月，八卦教徒突袭曹县、定陶诸地并攻陷之，杀官劫狱，同时围攻金乡、城武诸县，给清政权以重大打击，配合了北京、河南等地八卦教抗清行动。

与山东大批离卦教"改离归震"的同时，直隶部分离卦教徒，也逐

---

① （清）兰簃外史：《靖逆记》卷二《金乡守城事》。
② 《军机处录副奏折》，嘉庆十八年九月三十日山东布政使朱锡爵奏折。
③ （清）兰簃外史：《靖逆记》卷二《金乡守城事》。
④ 《军机处录副奏折》，嘉庆十八年九月三十日山东按察使朱锡爵奏折。
⑤ 同上。

渐脱离传统轨道，走上起事的道路。嘉庆中叶，直隶南和县、巨鹿县等地有大批群众加入了离卦教，其中南和县人杨遇山在震卦教头目于克敬的鼓动下，带领徒众加入了造反行列。

杨遇山，即杨遇三，"向在各处行医卖药，与巨鹿县大乘教匪孙维俭等均拜从犯案发配旋已病故之吴二瓦罐习教。吴二瓦罐与现犯张希胜又系清河县刘功之徒。刘功系由河南商丘县犯案正法之郜生文传授。"① 这段奏折清楚地交待了杨遇山的师承关系：郜生文——刘功——吴二瓦罐——杨遇山。杨遇山是郜姓家族的三传弟子。嘉庆十一年，杨遇山到刘功家，会遇到郜生文之孙郜坦照，才知郜坦照本系离卦教首。同样十二月他前往河南商丘拜见了郜坦照并其父郜与。嘉庆十二年正月，他又同孙维俭等往见，"孙维俭送给郜与父子银两。以后孙维俭因另立大乘教，遂不复往。惟杨遇山时往看望，并传徒刘文明、刘存信……多人"②。杨遇山慑于郜姓家族在民间宗教世界的权威，成为这个家族的忠实信徒。到嘉庆十八年这种情况发生了变化。是年四月，受李文成之命，于克敬以行医为名来到直隶南和县，偶遇以行医为业的杨遇山。杨遇山询知于克敬同为八卦教徒，遂与交往。于克敬邀同杨遇山等人同往京南大兴县宋家庄拜会总教首林清。林清告知已联络宫内太监高福禄及独石口四品武官曹姓，"并约同教之人定期四五月三五日一齐起事，暗藏九月十五日之期"③。林清交遇山信一封，嘱令转交滑县李文成。是年六月末，杨与其弟子刘存信等人前往河南。八月一日会见了李文成。文成"令其纠党接应"。他赶回直隶南和县，召集门徒"告述前情，约同助逆"。他口授书信，一封交李文成、刘帼明、于克敬；一封交郜坦照，约同起事。八月十三日，以李文成现令招人接应，必须造备名册，于是命手下人等缮写十家牌式及编造招军告示，招兵买马，准备接应李文成北上部队。李文成的部队于九月七日起事后未能北上，不久就被清军阻隔于豫北。林清坎卦教于九月十五日攻击紫禁城后，仅两日即为清军殄灭殆尽。林清亦于被捕后供出杨遇山。嘉庆十九年二月，杨遇山在直隶南和县被捕，经刑讯

---

① 《朱批奏折》，嘉庆十九年二月八日置直隶总督章煦奏折。
② 同上。
③ 同上。

供出门徒多人，被凌迟处死。参与其事之门徒刘文彩、刘存信等多人或拟斩决，或因监病故，一并戮尸。而离卦教首郜坦照，因未参与"谋逆"，并斥逐了送信的刘存信，将信焚毁，受到清政权的宽大，改发新疆给厄鲁特为奴。

尽管世袭传教家族无一人参与"癸酉之变"的行列，却无法阻挡农民运动浩浩荡荡的洪流，到1813年9月前夕，林清、李文成已经联络了八卦教众多支派共同举事，其中：

> ……每卦多少不等，震、离两卦人数最多。滑县头目于克俊，磁州头目赵得一，长垣头目贾士元、罗文志，卫辉头目就是冯克善，手下人各有数百名。……道口镇头目王体〔修〕志，手下有一二千名，曹县头目许〔徐〕安幗，德州头目宋跃隆，金乡头目崔士俊，手下各有几百名。……又巽卦头目杨遇三〔山〕在顺德府。乾卦头目华姓在宣化府。艮卦头目王道隆在归化府。坤卦头目魏正中、石安度。兑卦头目王忠顺在潼关。[①]

上段史料，摘自林清供词，内中有些误供，但总体上符合"癸酉之变"前夕八卦教内部组织情况。除了上述八卦外，在李文成所辖势力范围内还有一套自己八卦体系，在这套组织机构中，林清、冯克善是文圣人和武圣人。李文成为天王，于克敬为地王，冯学礼为人王。宋元成为元帅，牛亮臣为宰相。八卦卦长分别称为八宫王。这八宫王是：

> 寿光德是乾宫王、殷〔尹〕成德是坎宫王、刘宗顺是艮宫王、宋克俊是震宫王、王修智〔志〕是巽宫王、王道滩是离宫王、冯相林是坤宫王、刘帼名是兑宫王。[②]

---

① 《军机处录副奏折》，嘉庆十年九月十九日林清供词。
② 《军机处录副奏折》，嘉庆十八年十二月二十七日牛亮臣再供。又：嘉庆十八年十一月秦学曾供词中八宫王姓名与牛供同。

　　此外，每宫王下设八宫伯，共计六十四宫伯，以取八八六十四卦之义。在林清、李文成看来，天地由八卦组成，国家由八卦教统治，上合天理，下顺民情，因此在起义前夕将八卦教的名称改为天理教，八卦教因此又叫天理教，而后又俗称在理教。

　　嘉庆十八年，八卦教再次得到统一。尽管这是一个暂时而松散的统一，它毕竟说明，随着阶级斗争的日益尖锐，农民运动高潮迅速地到来，它的领导者林清、李文成、冯克善、于克敬、冯学礼及八宫王已经取代了八卦教世袭传教家族在教中的地位。八卦教已经不是个别地主集团手中的工具，它已经掌握在农民阶级手中，成为这个阶级发动起义的组织形式了。八卦教的性质也因此发生了根本的变化。

　　嘉庆十八年七月初，李文成派其义子刘成章以及大头目秦学曾到京南大兴县邀请林清到滑县，做最终决策。林清到河南后，对众人说"该明道了"。长期处于地下活动的八卦教即将从秘密状态走向公开的武装斗争。据牛亮臣供词记载：

　　　　七月间，林清又来道口，传给李文成、于克敬们明号、暗号。明号是奉天开道，暗号是得胜二字。李文成传给我，并传给八宫王、六十四宫伯，俱定于九月十五日造反，直奔京城。饶阳县有刘道滩接应，彰德府有赵得一接应。山东一带有徐安帼、宋跃滩接应。①

　　这个计划迅速下达到直、鲁、豫八卦教各支各派，在九月十五日北京以及滑县、浚县、彰德府、长垣、定陶、单县、曹县、金乡、城武、鱼台等十几个州县将有数以万计的八卦教徒手执白旗，腰系白带，一齐起事。这将是一场迅雷不及掩耳的攻击，它极大地震惊了清王朝的统治中枢，给地主阶级带来一场"奇灾异变"。

　　八月十六日，林清回到北京，一场令人瞠目结舌的行动即将发生，一群衣衫褴褛的造反者，冲进了皇权的象征——紫禁城。

---

　　① 《军机处录副奏折》，嘉庆十八年十二月二十六日牛亮臣供词。

第四节　血染紫禁城

震慑九州五个多世纪的紫禁城，是帝王代表天意向亿万子民发号施令的威严禁地，是皇权的象征。不仅普通百姓不敢侧目而视，廷臣勋戚到此亦诚惶诚恐，不敢越雷池一步。然而在底层在民间宗教世界，紫禁城的威严已经大大褪色，一种彼可攻而取之的教义以各类方式四处流传。某些带有"叛逆"内容的劫变观念虽然也充斥着宿命论思想，但本质已经是一种现实的政治观念。在宗教色彩的掩盖下，露骨地宣扬政权更迭、江山易帜等内容。农民阶级是皇权的有力冲击者，又是皇权的笃诚崇拜者。封建统治者为了维护皇权，以天人合一思想为最重要的思想武器，以此说明政权的合理合法性。在封建社会后期，农民阶级也热衷于这种思想武器，不断地推出自己利益的代表者，给他们贴上"异人"的标签，认为他们代表上苍的意志，有"天下之分"。而自己所从事的事业是"顺天开道"，合乎"天理"的。在他们看来，凡事皆有定数，因此"末劫年"即"反乱年"之时，便可"开弓射箭到长安"，"火焚幽燕"，"建康城里排廷宴"，称帝称王了。明清时期，在民间宗教世界妄称帝王者不胜枚举，而希图在紫禁城内登基者亦实繁有徒。

仅在嘉庆一朝，只身冲入紫禁城者就有数例。

嘉庆八年闰二月二十日，正当嘉庆皇帝由圆明园进宫斋戒，从神武门将入顺贞门，"突有一人持刀直奔轿前，定亲王用手力推，该犯用刀划破定亲王衣袖。贝子丹巴多尔吉抱住该犯下身，该犯用刀将伊扎伤三处。后续上四人始将该犯擒住。因命大学士、九卿会审四日夜，设法盘诘"[①]。这个只身闯宫行刺的男子名叫陈德，北京人，其母曾典与旗人为奴。他本人"贫困难度，又无地方居住，一家老少无依"。就在极其贫困的境遇中，他连续于嘉庆二三两年做过皇帝梦，梦见蟒袍加身，"悟想这两梦东宫是守阙的意思"。"又记得乾隆五十七年到嘉庆二年，共求过正阳门内

---

① 《朱批奏折》，嘉庆八年闰二月二十七日直隶总督颜检奏折并嘉庆皇帝朱批。

签五枝，都有好话。……将来我必有朝廷福分，就动了不安本份的心。"①
一个穷困潦倒的男子做了两次皇帝梦，求了五枝好签，就敢于付诸行动，
持刀单身冲入紫禁城，除了说明此人身患疯症外，也说明清政权的威望已
尽扫地，皇权不再是某些人的专利品。

无独有偶。嘉庆十年二月二十日午时，直隶藁城县民人刘士兴，手持
铁枪冲向神武门，欲入紫禁城。他行凶击伤数人，后为章京护军殴伤，旋
即身死。②

据《啸亭杂录》记载，陈德是八卦教徒。而嘉庆皇帝认为此事为上
天示警，应反躬自省，因而不欲藉此"兴大狱，妄戮平民"，遂仅先后凌
迟了陈德、刘士兴诸人了事。

对冲击紫禁城的人判凌迟重罪，并不能解决底层社会和民间宗教中部
分人的帝王权欲，特别是农民起义领袖的帝王权欲。所以陈德事件发生
后，终于导致了"癸酉之变"，这说明，八卦教徒攻打紫禁城的行动并不
是历史的偶然。

(一)"癸酉之变"前夕的京畿地区

嘉庆十八年八月，林清回到大兴县，开始策划在京城的具体行动。据
清档案记载，林清最初计划并不是攻打紫禁城，而是在燕郊（通县之东）
阻击嘉庆皇帝从塞外回京的车驾。据教徒屈四供称：

> 本年八月……，刘第五引我到宋家庄见刘四即刘呈祥。他们二人
> 向我传林清的话说，宋家庄、桑垡两处现有一百四五十人，你们那里
> 要挑上三五十人，凑合一百多人，齐上燕郊。③

林清认为，"燕郊在通州东边，皇上从围上来，是必由之路"④。但阻
击嘉庆皇帝的车驾绝非易事，需用庞大兵力，林清手下可用教徒仅数百

---

① 《军机处录副奏折》，嘉庆八年闰二月二十四日陈德供词。
② 《军机处录副奏折》，嘉庆十年二月，刑部奏报审办民人持械闯入神武门二案奏折。
③ 《军机处录副奏折》，嘉庆十八年十月二十二日屈四供词。
④ 《军机处录副奏折》，嘉庆十八年十一月九日屈四供词。

名，无法实施此项计划，遂决定直接攻打紫禁城，并于九月十五日与李文成北上部队在北京彰仪门会合，同占北京。

为了准备起事，林清做了两方面的工作。

一是积极发展教徒，作为攻打紫禁城的兵源。林清命手下众头目向群众宣布："此时是改换天盘的时候，未来佛要掌教，我们该时兴了。""闹动了京城，想皇上就要回关东去了。"① "现在白莲教要改天换地"，"过了十五日，后悔也迟了"②。并以大劫垂至，不入教者必遭劫难来威胁群众入教，对部分不愿或害怕攻打紫禁城者甚至以屠戮全家相威胁。同时向入教群众许愿，凡参加起事者既可封官又可得地。清档案多处记载：林清答应以某处若干地亩予赏某门徒。《靖逆记》也有"凡输百钱者，得地一顷。愚民惑之，远近踵至"的记载。起事前夕，宋家庄一带盛传"若要白面贱，除非林清坐了殿"的谣言。③ 在教徒之间，林清则用"同心合我，永不分离，四季平安"的口号，使大家紧密团结起来。④

其二，打造刀枪器械，准备武装斗争。林清一方面派人在京零星购买大刀，一面令人分头打造。据固安县教徒李亮事后供称："李得曾叫人在雄县白沟河打过刀六七把，……在新城县新利庄打过刀三把，……在新城高各庄打过刀五把。李得自己在马庄行炉上打过刀三把"。打得之刀"送交林清散给会中使用"⑤。林清家藏刀甚多，有专管兵器之人。在起事前夕，林清派人将刀送至紫禁城内，武装教中太监。据雄县教徒韩二秃子事后交待：

> 九月十几上，林清叫我挑上一担柿子，嘱咐送到东华门，有个太监老刘爷，叫我交给他。我挑到外东华门，见常往林清家去的刘太监，……。那太监就叫我挑了进去，引进内东华门，就有几个太监都来，将柿子同柿子下的一包刀留下。⑥

---

① 《军机处录副奏折》，嘉庆十八年十一月九日屈四供词。
② 《军机处录副奏折》，嘉庆十八年十一月十六日王有太供词。
③ 《军机处录副奏折》，嘉庆十八年十月二十一日陈绍荣供词。
④ 《军机处录副奏折》，嘉庆十八年九月十六日穆克登额奏折。
⑤ 《军机处录副奏折》，嘉庆十八年（日、月不清）内务府员外郎延隆秉奏折。
⑥ 《军机处录副奏折》，嘉庆二十年六月韩二秃子供词。

　　九月十三日，林清已会集一百四十名教徒，每十人一小队，分派小头目一人，分头攻打东华门、西华门。"东边派陈爽为头，刘呈祥押后，进东华门；西边派陈文魁为头，刘承泰押后，进西华门。东边系太监刘得财、刘金引路；西边系太监张太、高广幅引路。还有太监张福禄、阎进喜中间接应。"① 攻打紫禁城的教徒主要来自三个方面：大兴县宋家庄、桑垡村的坎卦教徒；通县马驹桥、羊修店、董村等地的红阳教徒；直隶固安、雄县、新城的白阳教徒。

　　为什么林清等人选定九月十五日作为起事之期？据林清被捕后供词交待：

　　　　……天书上又说，八月中秋，中秋八月，黄花满地开放。我们想，今年该闰八月，这九月十五日正是第二个中秋，合该应运，所以与李文成约定在九月十五日起事，彼此聚会。②

　　"癸酉之变"前夕，林清如此明目张胆地活动，清朝最高当局竟一无所闻，后来令嘉庆皇帝不胜惊骇。其实由于林清行为不慎，露迹甚多，地方官吏已有所闻，然而清政权腐败的制度，重叠的办事机构，互相推诿的官场作风，都为八卦教徒攻入紫禁城提供了有利条件。

　　九月初十日，卢沟桥司管河巡检陈绍荣下乡视察，发现大兴县一带民情异常：

　　　　九月初十间，赴东南乡一带巡查，见该地不种麦子。传询乡民，俱云害怕，不敢种麦。再加诘问，辄纷纷躲避。我见他们神色慌张，心生疑虑。十二日回署后，即票传各村庄地保。……差役回来密禀，风闻宋家庄谣言："若要白面贱，除非林清坐了殿"之语，我不胜惊骇。因宋家庄离我衙署有四十余里之远，所传地保宋进荣于十四日未刻始行传到。……严讯地保宋进荣，……该地保一字不吐，我再四究

---

①　《军机处录副奏折》，嘉庆十八年九月林清供词。
②　《军机处录副奏折》，嘉庆十八年九月十九日林清供词。

诘，两次掌责十下，始据供吐林清聚众。诘以所聚何人？犹复含糊支饰。我又用刑嚇，据供陈老等七八人。……随连夜备具印文，……于四更骑马入城，十五日卯末辰初赶抵宛平县署，告之情形，恳其选派壮役十六名跟同往捕。①

陈绍荣虽然仅为一地方小吏，却是当局一名干练精明的爪牙，如果京畿地区中下层官僚都像陈绍荣那样干事急切，林清攻打紫禁城的行动就会变成泡影。幸而所遇官僚大多昏庸无能，遇事瞻前顾后，因循推诿。如宛平县知县并没有立即派员去拿林清，而以职权所限将事上报府尹，府尹则以为多一事不如少一事，下令"断不可拿"。遂使林清从容指挥教徒杀入紫禁城。

与陈绍荣发现林清活动的同时，豫亲王府已故四品典仪魁山之子祝海庆发现其族叔祝现行为不轨，但屡经上告，并无人受理。

祝氏家族于清初入关，世居大兴县桑垡村，部分祝氏成员在京为官。嘉庆十八年九月八日，祝海庆为故父到桑垡村上坟，住在祝现家中。据祝海庆后来供词交待：

> ……傍晚祝嵩山将我叫去，悄悄向我说：祝现与祝林、祝真、祝玉及陈文魁、陈爽们素日学习邪教，现在夜聚晓散，恐怕闹出事。与我商量要在本管佐领上首告，……我于次日回京，将这话向贵山述之，我就找本佐领善贵。……十日见了善贵向告，善贵说这事没有凭据，又说恐怕是我挟仇诬赖，如果是真，叫嵩山来京写呈，投递办理。②

直至十五日嵩山才将呈子上交善贵，善贵转交参领伊精阿。祝海庆又同善贵见拜绷阿，"把祝现们十三聚齐，十五造反的话说知，拜绷阿不管"③。同日拜绷阿亦知此事不小，遂向平西王禀报：

---

① 《军机处录副奏折》，嘉庆十八年十月二十一日陈绍荣供词。
② 《军机处录副奏折》，嘉庆十九年三月十四、十五日祝海庆供词。
③ 同上。

是日平西王爷在寓庸书屋念观音、楞严等经，……把海庆首告祝现等十三日齐人，十五日造反，……回禀王爷。王爷说恐怕不真，俟结到了再办罢。……至十七日冯春传王爷的话，叫不必声张。①

据《靖逆记》载：十五日"祝贵山、祝海庆即以祝瑞列名，首告祝现逆状，……辗转投递，而贼众已薄城下矣"②。

在九月十五日八卦教徒攻入紫禁城以前，直隶固安县辛家村民集体呈首，亦为地方官推诿不办。据嘉庆十八年十月三十日费锡章奏折记载：

有内务府黄旗安岱管领下岁贡生福保呈称：九月十五日逆匪起事以前，有伙匪多名居本县辛家村等处，逆情久露。村差刘海同村民七十余人来县呈首，经刑书陈姓、代书魏四阻止，典吏佯作不知，村民居住多日，闻变散回。县官规避藏匿，刘海无从指拿。③

刘海所告发之固安县辛家庄八卦教头目李得是固安、雄县、新城县一带起事的主要组织者，后死于攻打紫禁城的事变中。

"月晕而风，础润而雨。"林清等人在京畿及直隶等地谋划多年，露迹甚多。地方官吏不止一次地发现其"谋逆实迹"，但终因各类原因，未能下情上达。事后两广总督上奏嘉庆皇帝，道出了弊端：

近日州县之敢于贪酷者尚少，而委靡不振、畏难苟安者甚多。……或甚以阘冗者为安详，勤干者为多事，黑白莫分，是非倒置。而督抚藩杲稍不加意访察，即往往受其欺蒙，而不知阘冗之养痈贻患与贪酷之激变良民，其害相等。④

嘉庆皇帝也认为，这次"非常大变"，"总由因循而成"。他希望"力

---

① 《军机处录副奏折》，嘉庆十九年三月十四日拜绷阿供词。
② （清）兰簬外史：《靖逆记》卷一《豫亲王削职》。
③ 《军机处录副奏折》，嘉庆十八年十月三十日费锡章奏折。
④ 《朱批奏折》，嘉庆十八年十月十六日两广总督蒋攸铦奏折及嘉庆皇帝朱批。

除此弊，必期振作"①。

正是这种"畏难苟安"、"委靡不振"的官场作风，使八卦教徒闯进了千古重地紫禁城。

(二) 血染紫禁城

嘉庆十八年九月十五日是清代历史中值得记载的一天。是日午时，八卦教徒从东华门、西华门杀入紫禁城，震撼了整个北京，整个中国。

九月十一二日，林清便命刘呈样、陈爽、陈文魁、祝现等大头目"各处邀人"，准备行动。十三四日，直隶固安、新城、雄县，京畿大兴、通县教徒已分头出发，汇聚于北京市内菜市口或八卦教徒刘姓所开的隆庆戏园等地。从清档看出，原订攻城者计一百四十人，但一路弃刀、布逃匿者，或甚根本未赴约者计七十余人。这些人一想到进攻皇宫，便魂飞魄散，结果随同陈爽、陈文魁赴难者仅七十余人。

攻打东华门的大约有三十多人，由陈爽带队。陈爽在紫禁城内受伤被捕，留有一段供词：

> 本月九月初十日，林清派我进京起事。约定十五日陆续进南西门、进前门到东华门外南池子酒铺会齐。午刻进去，分为两拨。我带龚恕、祝显、李龙、王升有三十多人进东华门。陈文魁带同刘进亭、贺八、计进玉等四十余人进西华门。……至晌午时，我同龚恕等数人携刀先后进东华门。有内监刘得财、刘金领我进去，奔苍震门。往北遇见两人，我砍了一刀就见一人躺下，有官人赶上将我打伤拿获。至我带进东华门的虽有三十余人，因官人查拿关门，我们只进去五六个。②

据八卦教徒李凤仪目击记载：众教徒于午时，正欲抢入东华门，仅

---

①　《朱批奏折》，嘉庆十八年十月十六日两广总督蒋攸铦奏折及嘉庆皇帝朱批。

②　《军机处录副奏折》，嘉庆十八年九月十九日陈爽供词。

"陈爽、王世有、龚恕、祝真四人抢进门去，门已关闭"①。昭梿在《啸亭杂录》中写道：

> 十五日午，太监刘得财引祝现等由东华门入，令有卖煤者与之争道，贼脱衣露刃，为司阍官兵觉察，骤掩其扉，贼喧然出刃，阑入者陈爽十数人，屈五等皆遁逃。②

这段记载与历史真相出入太大。一，祝现十五日午时并未前往东华门，而是按约定计划在彰仪门等候李文成的部队。后李文成人马未至，祝现策驴逃匿，不知所终。二，闯入东华门者绝非"陈爽十数人"，仅为五人。

九月十五日午时在东华门内当班者是署护军统领杨澍增，其"一闻贼匪突入，率同护军将东华门立时关闭，只阑入贼匪五人"。事变后，他获罪发配，嘉庆十九年对他重新审理，记录了东华门之变的详情：

> ……杨澍增于九月十五日轮值景运门该班。是日早晨进内，于午时刻有进内回事之镶白旗护军校图敏，杨澍增随令其前赴各堆拨，查取报单。忽见图敏慌忙跑回，声言东华门兵丁喊称有贼入内。杨澍增即同图敏各持腰刀跑出向南夹道传喊：快关东华门！并传集各堆拨。该班官兵见有一贼持刀自南夹道来，奔至北夹道南门，杨澍增当同图敏喊截，随有东华门追捕之兵赶来用刀连砍，时杨澍增同图敏俱曾砍贼一刀，随即缚住，看时已经杀毙。适闻苍震门太监喊说内里有贼。杨澍增即带兵赶赴门口，太监说不可擅入，内里之贼我们自行捉拿，令在外边守护。忽又传报东华门有贼，其时兵丁已传集百十余人。杨澍增即分派一半人守住苍震门，自带一半人至东华门围捉。见门已关闭，有贼五人持械乱跑，随督兵将攒射、矛扎、刀剁，立时歼毙。③

---

① 《军机处录副奏折》，嘉庆十八年十月二十二日李凤仪供词。
② （清）昭梿：《啸亭杂录·癸酉之变》。
③ 《朱批奏折》，嘉庆十九年四月二十日松筠奏折。

这段记述是有关东华门之变最珍贵的资料。但还有一处矛盾,一处未交待清楚。这段资料开始讲"只阑入贼匪五人",可是后边叙述时有进入苍震门者,在南北夹道砍死一人,后又奸毙持械乱跑的五人,那么进入东华门者似乎超出五人。另外,进入"大内"即苍震门者到底几人,是谁?也未交待清楚。

据引路太监刘得财后来供称:

> 十五日早起,我出东华门遇见陈爽们,说带了三四十人来。我同他们在酒铺坐着,到午时同着他们进内。我同刘金引路,从苍震门进去,只进了龚恕、刘进玉二人,就被打倒拿住。①

据各类史料对照分析,进入东华门的教徒有五人:陈爽、龚恕、王世有、祝真、刘进玉。继而跟随太监刘得财、刘金,沿南北夹道进入苍震门者仅龚恕、刘进玉两人。一进苍震门,就是所谓"大内",是朝臣亦不得擅入的禁地。龚恕、刘进玉闯进苍震门时,司阍者并未在意,但当龚恕进入"大内"后将迎面之人砍倒一个,随后被太监包围。带路的刘得财见势不妙,逃至右内门躲避,后亦"假意持棍打贼"。龚恕、刘进玉持刀连伤数太监,终因寡不敌众,被打倒拿获。这两个人是有清一代真正闯入皇宫者。

此时,皇二子绵宁(即后来的道光皇帝)及皇三子绵恺正在距苍震门百米之遥的读书房内读书,恰遇此变。嘉庆十八年九月十六日两皇子在给其父的奏折中详细记录了当时情况:

> 本月十五日午刻,子臣等在书房闻得各处太监叫喊关门。子臣等即由日精门探问。将至近光门,总管常永贵等绑获贼人二名到来。常永贵搜得二贼身边各刀一把,白布二块。匆忙之际,所拿贼之太监等有几人被伤,事后查明常永贵自应奏闻。于时将近未刻,子臣等以为无事,而子臣四弟已下书房。子臣绵宁、绵恺即商同至储秀宫给子臣皇母请安。子臣等将欲去时,宝兴方散值,未出东华门,见有我兵向

---

① 《军机处录副奏折》,嘉庆十八年九月刘得财供词。

贼拦杀，即跑入乾清门给子臣等通信，子臣等速至储秀宫请安。①

在五名教徒杀入东华门的同时，西华门四十余众在陈文魁等人率领下全数持刀杀入紫禁城。据进入西华门之八卦教徒熊进才供称：

> 我系宛平县西黄村人，……本年九月十五日午时，我们各将刀放藏我的柿子担筐内，我挑担装作买卖人的样子，跟头目陈文魁、刘四、刘二、贺八、董帼旺等共四十余人到西华门，即有太监张太、高广幅引进，我们将担内柿子抛散地上，拿刀拥进，将门关上。②

进入西华门的还有部分红阳教徒，据李兰供词记载：

> 我父亲（李潮佐）听从刘兴礼入红阳教已多年了。……本年九月十四日，我父亲到小沙子口赵家，与太监赵密、杨进忠及林四、赵大、赵增商量，要助教首林清进西华门闹事，叫我跟着一齐动手，杨进忠、赵密在内接应。……我父亲将十二日买下的柿子，做两筐装好，筐底藏刀十三把，……十五日……我就挑筐到西华门外，离门约一箭多远，后边的人大伙将我一拥跌倒，柿抛散满地，大家乘势取刀，一齐拥进西华门里去了。③

这四十余名教徒进入西华门后的情状，《啸亭杂录》有一段记载：

> 其由西华门入者，时仓卒门不及阖，遂全队入，杨进忠与其徒高广幅引之。尚衣监为制上服处，杨尝乞其补缀而不与值，司衣者拒之。杨以是隙，遂引贼入，全行屠害，存者无几，有老妇数人藏于荆棘中获免。遂入文颖馆，杀供事数人。陶凫芗编修梁方校书，闻门外履声橐然，突然问曰："金銮殿在何所"？其愚蠢也若此。陶仆骆升

---

① 《朱批奏折》，嘉庆十八年九月十六日绵宁、绵恺奏折。
② 《军机处录副奏折》，嘉庆十八年九月十九日熊进才供词。
③ 《军机处录副奏折》，嘉庆十八年十月初三日李兰供词。

方提茶橷至，遂以身障兔癞，贼伤数刃，兔癞得以免。其贼遂丛集隆宗门，……①

我们还是看看真正闯进西华门、并参加战斗的八卦教徒的描述吧：

> ……进了西华门，我们造反的人就把门关了。我就将白布缠了头，拴了腰，跟着董博望，同众人一拥进北边一个门，见门板上钉着皮子，还有几个裁缝。他们杀了几个人。……又出了这个门往东走，过了桥，往北去。又看见朝西的一个门，已关闭。又往北去见了一个大门（注：隆宗门），我们的人用两根杉槁撞门，撞不开。后来官兵隔着门射出箭来，大家都往北跑。出了甬子，见官兵从北来，弓箭刀枪抵敌不住，又回来往南走，到西华门上了马道。②

隆宗门是八卦教徒攻打的重点，打开隆宗门，就直接通向"金銮殿"，而坐"金銮殿"的确是这伙造反者的最高目标，所以一旦攻进西华门，首先就问"金銮殿在何处？"守卫东华门的杨澍增十分机警干练，在歼灭了攻入东华门的教徒后，"又传西华门复有多贼抢入，杨澍增即带人赶进景运门，将门紧闭。跑至隆宗门，闭门严堵"③。很显然，九月十五日没有杨澍增的指挥，八卦教徒就会冲进三大殿、"觊觎神器"。八卦教徒虽然没有冲进隆宗门，但在隆宗门西面与清军进行了一场惊心动魄的较量。隆宗门处排有箭垛，为缺少武器的教徒们雪中送炭。据教徒刘进亭供称："走至隆宗门外，我们十几个人抢了门上许多弓箭，魏宗礼、魏大宾均射了人。"④ 隆宗门攻打不开，又有一些教徒攀登上了隆宗门外较矮的御膳房，又从御膳房爬上了西大墙。八卦教徒从西大墙即可窥视"大内"。若顺墙北去，就可到达皇后居住所储秀宫。对爱新觉罗王朝这的确是一个危急而又难堪的时刻，它迫使未来的道光皇帝亲自上阵，与一群衣衫褴褛的造反者决一死战。据皇二子绵宁等奏折记载：

---

① （清）昭梿：《啸亭杂录·癸酉之变》。
② 《军机处录副奏折》，嘉庆十八年十一月二十三日田起禄供词。
③ 《朱批奏折》，嘉庆十九年四月二十二日松筠奏折。
④ 《军机处录副奏折》，嘉庆十八年九月十九日刘进亭供词。

子臣等速至储秀宫请安。是时闻有贼人越墙从内右门西边入者，
子臣绵宁，实出无奈，大胆差人至所内取过撒袋、鸟枪、腰刀。（朱
批：垂泪览之，可嘉之处，笔不能宣）惟时外边官兵尚未赶进，常
永贵等督率太监，多持棍棒在遵义门外巡防，各房各墙亦派太监瞭
望。不料五六贼人在养心门对面南墙外膳房上，从西大墙头向北窜。
子臣绵宁手足失措，甚恐贼人北去。常永贵云，若不用鸟枪拦打房上
地下之人，无所施力。子臣绵宁大胆（朱批：遇此事有何大胆），在
于宫中放枪，不敢逃责。即在养心门外西边用枪将西大墙上一贼打
坠。次又有两三贼仍在墙上，并有一贼手持白旗。子臣深恐贼人北
去，复进养心殿院内隔墙见执白旗之贼，似有指挥，子臣复将执白旗
之贼打坠，余贼方不敢上墙，匿在膳房内。子臣复至储秀宫奏明子臣
皇母，请子臣皇母放心。乃嘱子臣三弟不许稍离左右。①

与此同时，皇二子绵宁又命总管太监常永贵传令"着调各营步兵及火器
营兵，各带枪枝、弓箭、腰刀"进宫，赴各处搜捕。贝勒绵志率官兵、
传卫、谙达等十余人第一批赶到隆宗门附近，绵志亲手用刀砍死一人，用
枪击毙三人。少顷成亲王永瑆、仪亲王永璇、贝子奕绍及内务府大臣苏楞
额等率官兵五六十人赶入紫禁城，对起义的教徒剿捕赶杀。本来就缺乏严
密组织的教徒们，抵敌不住火器精良的清军的攻击，节节后退，从隆宗门
撤往西华门。据史料记载，当时义军战斗十分顽强："现贼匪同官兵攻拿
紧急，势已穷蹙，均聚集在西华门内舍命抵御。"②"贼众被杀带伤者颇
众，各处苏拉、兵丁被伤及死者，亦复不少。"③ 少数教徒沿西华门马道
登上城墙，手摇"奉天开道"、"大明天顺"的白色旗帜，向外面高喊，
希望河南同教前来接应。此时，李文成起义的部队被清军阻隔在河南滑县
一带，当然不可能北上增援。九月十五日酉时，紫禁城内外布满清军。护
军统领"密派东西南北四营参游，各举兵二百名前赴神武门、东华门、

① 《朱批奏折》，嘉庆十八年九月十六日绵宁、绵恺奏折。
② 《朱批奏折》，嘉庆十八年九月十五日玉麟奏折。
③ 《军机处录副奏折》，嘉庆十八年九月十六日穆克登额奏折。

东长安门、西长安门分头把守防范。一方面传知八旗步营官员各在本营地方防守巡察，并传行九门城门领等督率兵丁各于本门留心稽查，早闭晚启。……一面带同翼尉步军校护卫兵丁进内，会同王大臣、官员等及各营官兵查拿贼匪"①。不仅如此，原准备前赴河南镇压李文成起义的健锐营马队五百名、火器营五百名士兵也被及时调进城内，对付手持简陋武器的四十几名八卦教、红阳教徒。

紫禁城之变的消息，迅速传遍京师。上至王公勋戚，下至平民百姓，"人心惶惧，讹言四起，……居民仓皇无措者四日"②。是日下午：

> ……诸王大臣闻变，皆由神武门入，余（指礼亲王昭梿）在邸方与僮手弈，闻变，骋马入。至神武门，庄亲王绵课、贝子奕绍亦先后趋至，闻贼已聚攻隆宗门。纳兰侍郎玉麟方迎驾归，短衣跣跫入，皆聚集城隍庙门前，时官兵至者未逾百人，余皆仆隶而已，众错愕无策。……时镇国公永王、护军统领石瑞龄曰："禁内隘窄，恐有不测之变，可速备车乘，以备后妃之行"。余亦是其言。③

礼亲王昭梿是日目睹了紫禁城之变部分场面，生动地描写了事变之初王公大吏惊恐万状、不知所措的丑态。直到清军火器营官兵进内，形势才发生了转变：

> 须臾奕灏率火器营官兵入，凡千余人，鱼贯横枪，意甚踊跃，实祖宗百年涵养之功也。庄王因率百余人，并矛手数十，从西城根进，余在后督率官兵后至者，励以大义，皆奋勇前进。……遥闻枪声着然，知官兵已对敌也。……高广幅时杂于众贼中，因引贼由马道上城，腰出白旗摇展，或书"大明天顺"，或书"顺天保民"，皆痛劣可哂，以白布裹首，呼号于雉堞间，……高广幅持旗呼众间，奕灏弯弓射之，自城楼坠殒……。④

---

① 《朱批奏折》，嘉庆十八年九月十五日玉麟奏折。
② （清）兰簃外史：《靖逆记》卷一《平定林清》。
③ （清）昭梿：《啸亭杂录·癸酉之变》。
④ 同上。

　　从昭梿的描写中，后人并未感觉到清军的英勇，只是感到这个帝国的虚弱和八旗军的庸劣，真正具有英勇献身精神的是冲进西华门的四十多名泥腿子造反者，他们面对一千多名手持快枪利刃的精锐正规军，顽强抵敌，竟使对手在十五日夜还未获全胜。当天已完全昏黑下来的时候，起义战士有投御河自尽者，有奔向午门城楼者，多数人躲进假山。也有极个别的教徒，趁暮色降临，爬下城墙，游过筒子河，沿外西华门、顺城门、彰义门逃回家中。①

　　是夜，紫禁城内梆声不断，月光下刀剑出鞘，寒光照影。诸王大臣，满廷文武皆巡查于皇宫内外，不敢稍寐。十五日被杀、被获的教徒“在各处者二三十人”②。

　　十六日凌晨，乌云自西北起，“霹雳春然，人皆辟易，俄而大雨如注”。紫禁城内又开始了全面搜捕。在东华门内，右翼门外各拿获教徒一名，在午门天花板上拿获四名，当场杀死三名。直至日落时分，有火器营营领扎某，入御书处巡视，“闻石隙中有人语，出呼兵人。庆公命赶兴持刀首入，众兵弁随之，余与庆、福二公往拒其门。贼出与斗，官兵踊跃擒捕，……鱼贯累然擒出凡二十四人，首谋之苏拉亦与焉。……李五甚狡捷，与官兵格杀，被伤甚重，是夜毙焉”③。据清档案之礼亲王昭梿、公庆祥、公福克津奏折记载，续获教徒二十四名，其名单如下：

　　　　张金立、金老虎、李金、套儿、王二、晚长、李二（俱固安人）、刘启文（新庄人）、李进才（新庄人）、王恒、赵二、承儿、韩春（俱荣城人）、李太（十六屯人）、李八、王五、宋文德、孙七（俱黄村人）、李国春（格家庄人）、杨秀（雄县人）、郭怀（代城人）、李贵（良乡人）、苏瑶金（四义庄人）、王四（白河沟人）④

　　这二十四人姓名、籍贯多假冒者，但皆为参加攻打紫禁城之教徒则无

---

① 《军机处录副奏折》，嘉庆十八年十一月二十三日田起禄供词。
② 《军机处录副奏折》，嘉庆十八年九月十六日穆克登额奏折。
③ （清）昭梿：《啸亭杂录·癸酉之变》。
④ 《军机处录副奏折》，嘉庆十八年九月十七日仪亲王永璇奏折。

疑义。

据九月十七日仪亲王永璇奏折记载：

> 呈递草单三纸内歼毙及活拿只三十一。……十六日巳时以后续拿有活贼二十六名，杀贼四名，又继杀十名，活贼一名，一共四十一名。连前奏三十一名，共七十二名。①

这份奏折所列数目极不可信。因为进入东华门、西华门的全部教徒不过五十名左右，加上引路太监，亦不超过六十名。而奏折却声称歼毙、捕获达七十二名，足见不少人在谎报求功。

九月十七日，紫禁城内已趋平静，起义彻底失败。未刻，贝子奕绍到步军统领衙门会见托津、英和等人，"告之所获活贼陈爽供出太监与伊等同伙，是其引进禁门等语。……嗣经内务府大臣穆克登额等遵阿哥谕，将月华门等处太监张太、王福禄、刘金、刘得财、严瘸子（注：阎进喜）五名解送刑部，并称尚有太监高广幅一名在外未回"。并搜出太监所据刀二把、斧一把。刀上分别写有刘金、高广幅姓名。② 严讯诸太监，阎进喜除供出刘得财数人外，又供出大批参加教门但并未参与紫禁城之变者：

> 毓庆宫的王进得、西边官门的王平、坤宁官的周进喜、景仁官的彭秃子、大殿的康景玉、天雄殿的孔景得、御花园的张正庭、三阿哥所的彭老二、自鸣钟处谢贵，并上年因赌发遣的顾进禄都是在教的。③

这些太监当即被拿，送交刑部。事过不久，总管太监常永贵又查有形迹可疑的孙进禄、张进保，"一并拿获"。又将圆明园南门西南门开茶馆及包子铺的太监董安太、张广玉"缉拿归审"。十七日申刻，总管太监常永贵又搜出高广幅"结义小折二个"，内有太监王忠顺、王进忠、辛迎

---

① 《军机处录副奏折》，嘉庆十八年九月十七日仪亲王永璇奏折。

② 《军机处录副奏折》，嘉庆十八年九月十八日托津、英和奏折。

③ 《军机处录副奏折》，嘉庆十八年九月十七日太监阎进喜供词。

春、孙洪亮、郑山诸人名单，上述人等亦被"捆拿交出"，送交慎刑司审讯。后又因太监杨进喜曾借钱与张太，"常永贵看其形迹可疑，即将杨进喜一并拿获。"此外，还有太监史官、姚成、周进喜，随嘉庆皇帝到木兰围猎，"俟到京后再行捆拿"。一时间，人心惶惶，大拿太监。

九月十七日，紫禁城事变虽然平静，但京城内外，人情汹汹，是日夜，一夕数惊。据《啸亭杂录》记载：

> ……晚间骤闻禁城外喧哗声，俄时遍满街巷，讹言太平湖业经接战，又云西长安门已破，遍都城人声沸腾。……又有骑白马人沿街传呼有贼，盖即福昌（注：曹纶之子）之党羽，期于是夜举事者。果益亭侍郎守西栅栏，有其营兵校报贼至者，果立缚杖之。时大僚看欲启神武门出兵者，幸为庄王所阻，守午门之策凌闻变，竟率兵开门首遁。……是夜，余闻变亦愀然变色，……俄尔大风蓊翳，新寒侵骨。至夜半，人声渐息，实无一贼焚掠，盖贼党煽惑，使我兵自践踏也。闻是夜北城有兵家，其夫出守禁城，而家无一人，其妻闻变自缢者。又闻有全家殉节者，……此十七日之事也。①

昭梿《癸酉之变》虽然错谬百出，难为信史，但他这段描述却是神来之笔，写尽京城官民风声鹤唳、草木皆兵的众生相，足见承平日久，人心脆弱，政权不稳的实际状况。

由于攻打紫禁城的教徒与参与此变的太监多人被拿，教首林清的身份早就暴露。十六日酉时，清当局派无顶戴大头目张吉率众差役，会同地方官吏前往黄村宋家庄。十七日清晨迅速将林清、董帼太拿获。林清姐姐董林氏派二十余名教徒持刀棍追赶，未果而回。林清被捕后，"其悖逆情事与夫挺身居首，直认不辞。及诘其党伙尚有多少，现在何处，又复支离，不肯吐实"②。后经刑讯，林清将在教主要头目名单、籍贯一一吐供，留下供词三份。九月二十三日嘉庆皇帝亲自廷讯林清，事后被当局凌迟处死。

---

① （清）昭梿：《啸亭杂录·癸酉之变》。
② 《朱批奏折》，嘉庆十八年九月十八日托津等奏折。

"癸酉之变"给清政权以沉重打击，起义战士在紫禁城内同清军进行了浴血奋战，歼灭正黄旗头等侍卫那伦、镶黄旗护军乌勒兴阿以下清八旗军成员等四十一名，击伤观定保等六十名。起义战士与皇太子、诸王大臣展开了面对面的搏斗，其场面的悲壮在清代历史上也是罕见的。在清前期，这一事变给最高统治者在心理上的震动是无与伦比的。

十七日庚辰，嘉庆皇帝从白涧跸驻燕郊，以沉痛的心情颁示《遇变罪己诏》，其词曰：

> 朕以谅德仰承皇考付托，兢兢业业，十有八年，不敢暇豫。即位初，白莲教煽乱四省，黎民遭劫，惨不可言。命将出师，八年始定。方期与我赤子永乐升平，忽于九月初六日，河南滑县又起天理教匪，由直隶长垣至山东曹县。亟命总督温承惠率兵剿办，然此事究在千里之外。猝于九月十五日，变生肘腋，祸起萧墙，天理逆匪七十余众犯禁门，入大内，戕害兵役，进宫四贼，立即捆缚。有执旗上墙三贼，欲入养心门，朕之次子亲执乌枪连毙二贼，贝勒绵志续毙一贼，始行退下。大内平定实皇次子之力也。隆宗门诸王大臣督率乌枪兵，竭二日一夜之力剿捕搜拿净尽矣。我大清国一百七十年以来定鼎燕京，列祖列宗，深仁厚泽，爱民如子，圣德仁心，岂能缕述。朕虽未能仰绍爱民之实政，亦无害民之虐事，突遭此变，实不可解。总缘谅德愆积，惟自责耳。然变起一时，祸积有日，当今大弊，在因循怠玩四字，实中外之所同。朕虽再三告诫，舌敝唇焦，诸臣未能领会，悠乎为政，以致酿成汉唐宋明未有之事。较之明季铤击一案，何啻倍蓰，念及此不忍再言矣。子惟承躬修省，改过正心，上答天慈，下释民怨。诸臣若愿为大清国之忠良，则当赤心为国，竭力尽心，匡朕之咎，移民之福。若自甘卑鄙，则当挂冠致仕，了此一身，切勿尸禄保位，益增朕罪。笔随泪洒，通谕之。

嘉庆皇帝是一个中材之主，平庸无能，掌权柄十八年，毫无建树，致使官风亦随之不振，怠惰因循。然而这篇《罪己诏》却是奇文。其名曰罪己，实则罪民，罪官。清兵入关以后，大肆屠戮百姓，其数不知几千几万；康雍乾三朝百余年，号称盛世，实则百姓难当温饱，而专制统治之酷烈，封建社会后期，任何朝代难与其匹。嘉庆皇帝却云其祖宗"深仁厚泽，爱民如子，圣德仁心"。嘉庆皇帝本人最喜谀臣，心胸狭窄，不能容人，官场怠惰之风，遂因之而成。他却责备群臣"悠乎为政"、"因循怠玩"、"自甘卑鄙"。可见他并未从此事中吸收任何教训。他所关心的是将来史册对他的评价，所以一念及"酿成汉唐宋明未有之事，较之明季梃击一案，何啻倍蓰"，即不忍再言，而"笔随泪洒"了。然而这个封建政权最高统治者没有一天忘记对人民的镇压。"癸酉之变"后，他命令对大兴、通县一带八卦教、红阳教徒加紧剿捕，长达四年之久。至嘉庆二十二年十一月二十六日止，凌迟、斩首、绞决及缘坐犯共达七百零七名，多少个村庄被淹没在血泊中。①

林清策划的攻打紫禁城的行动失败后，直、鲁、豫三省八卦教起义却如火如荼地展开了。农民阶级用自己的手拓绘了另一幅慷慨悲壮的历史图画。

第五节　直鲁风云

紫禁城事变尚未发生的九月初，直、鲁、豫三省形势日趋紧张，八卦教起事消息，通过各种渠道传向清朝地方当局，使斗争日趋明朗化。九月二日河南滑县老岸司巡检刘斌侦知李文成"预谋造反"，九月三日县令强克捷派人逮捕了李文成、牛亮臣，严加审讯。李文成坚不吐供，被打烂双股，牛亮臣供出预谋原委。原订三省数十州县同时举事的计划已被打乱，起义迫在眉睫。

九月五日冯克善从山东德州传教回到河南道口镇，六日于克敬前往道口与冯克善会商救助李文成事宜。九月七日五更，于克敬、冯克善带领宋克俊、冯相林、寿光德、阴成德、王修智、王道濴、刘幅明、刘宗顺等八宫王并三千余名教徒进攻滑县，救出李文成、牛亮臣。县令强克捷被教徒宋崇德杀害。② 数日间，华北地区十几个州县八卦教徒云集响应，反声

---

① 《军机处录副奏折》，嘉庆二十二年十一月二十六日托津等奏折。
② 《军机处录副奏折》，嘉庆十八年十二月十一日冯克善供词。

四起。

九月六日，与河南滑县毗连的直隶长垣县风云突变。是日午时，知县赵纶因风闻县属东北乡苇园村"有邪教"，遂带领衙役"托词出城查看秋禾，密赴该处访查"。是日申刻，跟班衙役仓皇逃回县城，向上司禀报知县被扎伤消息。六日午时，当赵纶等人前往苇园村"该匪徒等已闻知消息，忽来多人，头缠白布，身穿白衣，手执器械，将知县赵纶围住扎伤，并扎伤书役数人"①。杜胜营都司陈梦熊闻讯，率兵丁急驰往救，"贼坚闭不出，梦熊跃马入贼营，得纶尸于贼将王尽实家，载其首级、肢体以出。苇园村东伏贼突起村营，贼众四面夹攻，梦熊战不利，急敛自守。明日纶尸出自苇园村，其子锦殓之于长垣城中。"②

长垣、滑县杀官暴动，迅速波及鲁西南。嘉庆十八年前数年，鲁西南荒旱成灾，百姓拮据，民情汹汹，思变已非一日。八卦教发动起义，犹如烈火干柴，引起成千上万劳苦群众的响应。九月初，徐安帼、朱成方受李文成之命到鲁西南组织起义。崔士俊被捕后，徐安帼命李单立以及崔士俊大徒弟刘西祥负责金乡县教事，单县由程伯岳、曹县、定陶县由朱成方兄弟分别主持起事工作。

九月初三日，徐安帼、朱成方命令曹县头目胡德成、纪大幅于九月十日"往曹县城里起事"，又命直隶长垣教徒向鲁西南集结，配合山东教徒攻城掠地。九月十日八卦教徒同时攻击了曹县、单县、金乡、城武、定陶、鱼台诸县，攻破了曹县、定陶县，金乡县危在旦夕。鲁西南起义者在一昼夜间对清地方政权进行了迅雷不及掩耳的攻击，极大地震惊了清朝山东当局，使山东巡抚瞠目结舌，不知所措。负责攻打曹县的八卦教头目胡德成后来被当局逮捕，供出了当时攻城的情况：

> 到九月三日纪大幅说徐安帼定下日子，叫初十日往曹县城里起事。……若得了功，能识字的就给官做，不识字的就给地种。口号是得胜两字。初九日纪大幅带了一百多人先往县里去了。到晚上，我把徐安帼给的大白尖旗叫胡广打着。旗子上写的是顺天王胡德成字样。

---

① 《军机处录副奏折》，嘉庆十八年九月十二日直隶按察使庆格奏折。
② （清）兰簃外史：《靖逆记》卷二《长垣定曹之变》。

我领了七八十人黎明进曹县东门，闹完了事，十一日到马家集抢当铺，那日我裹了二三百人。①

清朝官方奏折也记载了九月十日曹县、定陶县事件始末：

> 曹县知县姚国梅于拿获教匪朱成珍解省后，复于九月初七等日拿获匪党赵广春等七名，因首犯朱成贵在逃，姚国梅亲率捕役赴乡密拿无获，初九日戌刻回县。该匪等急图劫党，于初十日黎明纠众入城，先奔曹县讯千总署前，该弁杨云汉闻信持枪出迎，即被多匪围绕戕害。……复入该弁署内，砍毙杨云汉之妻高氏并媳顾氏后即赴县劫狱。众匪一齐拥至署内，维时姚国梅方整衣出堂，即被贼众枪扎刀砍身死。……搜遍其家属……俱各乱刀砍毙……及署内仆从男妇共二十八人，一并杀害，只逃出姚国梅嗣子姚大龄一人。又定陶县知县贺德瀚先因本任知县陈达经派调簾差，委署是缺，只身在署。是日教匪入城，外委张廷力先经闻信，带兵出捕，头受枪伤，并被伤毙兵丁四名。该匪等奔突赴县，该县贺德瀚闻知事急，即将县印交付家丁李庭来，令其查送，赴府报信，一面出署迎捕。匪众已将狱囚放出，蜂拥至前。该员即被刀砍多伤殒命。时幕友朱树堂、陈瑶围、陈凤均，及该县典史之子孙述祖闻变趋出救护，同时遇害。……再定陶被贼后，曹州营参将刘凤喈闻报即带兵二百名驰往查拿，行至县属孔连坑地方遇贼力战，贼众兵少，寡不敌众，伤毙兵丁四十名，连曹、定汛兵共四十七名。

曹县、定陶县在一夜之间，天翻地覆，以往作威作福的官僚士绅被踩在脚下，历来审讯拷打穷人的衙门府第成为官吏的葬身之地。历经多少年的仇恨，造反者把满腔怒火一古脑发泄到了清政权地方官吏们的身上，使起义一开始就充满了血腥味，从而带来了更无情、更残酷的镇压。这种双方都以杀戮为能事的战斗，明显地带着那一时代印记，无疑是一种尖锐的阶级对立和斗争。显而易见，在极端残暴的封建专制统治之下，农民阶级要求

---

① 《军机处录副奏折》，嘉庆二十二年六月七日胡德成供词。

改变现状，只能付诸剑与火，以血腥的杀戮去争取这个阶级的生存权利。值得一提的是，清朝县一级官吏是清政权残酷政策的直接执行者，也就首当其冲地成为历次起义的打击目标，这恰恰说明农民阶级对清朝政权的极端仇恨。

在曹县、定陶县被义军攻陷的同时，金乡县成为汪洋大海中的孤岛。金乡县署知县吴堦是一个嗅觉敏锐、精明干练、善于鼓动的清政权地方爪牙。早在七月末，即先后擒获崔士俊等数十名教徒。那时他已预感"山东之贼之终不靖也"。于是逞其私智，"乃益自奋励，九月朔行保甲法"。又鼓动士绅，广积资金、招募兵丁、"训练义勇"。并开操演技，命教头教授拳脚、长枪及集体交战，"每日兵役四出搜贼"①。

九月九日，正当八卦教在鲁西南大规模预谋攻城杀官的前夕，金乡县西葛村民高光贵求见吴堦，告诉县令有教徒程明修称"明日有大乱，四野杀戮，令某造其家，其家有白旗可以免祸"。吴堦大惊，立刻拘捕程明修，审出八卦教十日举事真情。吴堦立即在城内绅士中募兵丁一百二十余人。九月十日：

> 日方午，兵役擒贼谍者赵廷三、僧清方、苏景海，皆白旗利刃，纷然飚举。……（吴堦）断其胫而鞠之。贼曰吾三人先入城为内应，踵至者尚多，夜半兵到，立即屠城。……堦斩之。急令四城闭门，诸绅士登陴，鸣金鼓以号众。其夜风霾大作，灯烛有不齐者，以香火杂置雉堞间，或束薪列炬，高数丈余，贼众已至张家坟，迫见火炬，知有备乃散去。……明日城武书至，曹县、定陶悉破。……十三日增率绅士军民誓告于城隍庙，起兵御贼，堦执酒慷慨誓死，声泪激越，众皆泣曰惟公命是听，乃下令十条……②

吴堦的确是地主阶级的良吏，甘愿以死卫护这个阶级的利益。金乡县士绅为了保卫身家性命均出巨资人力，甚至有倾家荡产者。而城外衣衫褴褛的造反者之所以举刀相向，奋不顾身，也正是为了"剖其田宅"，进行

---

① （清）兰簃外史：《靖逆记》卷二《金乡守城事》。
② 同上。

财产土地的再分配。殊死搏斗的双方目的都十分明确。

从起义军方面看：

> 九月初十日，刘西祥与李卓立、高希瑞、周金忠、庞德元、李元铁等会遇，因崔士俊、李元魁被获，欲进城杀官劫库，为崔士俊报仇。嗣刘西祥探知城内已经防备，各自走散。九月十五日，李卓立给刘西祥白布旗一杆，……腰刀一把、铁枪一杆，嘱令随同起事。①

《靖逆记》载九月十五日事：

> 十五日平旦，谍报贼大至，伪将军李卓立、吕华、吕栋……骑马披红，分道入寇苇子坑、兴隆集、李家菜园、李家阁、史家庙诸村堡，悉焚毁，烈焰蔽天……，声震数十里。贼前锋也近城南……。薄暮，河标游击海凌阿奋然曰，贼众乌合，易与耳，愿速出骑兵，用飞矢射贼。……明日，选精骑出西门，守备孙魁以鸟枪继之，大战于盐场，斩首馘耳，夺其骡马器械而归。②

其实九月十五日至十六日汇集于盐场的八卦教徒仅二百余人，打算"同赴钜野县阳谷道"，再同赴河南滑县，已放弃攻打金乡县的计划。这些人"沿途放火"，"劫掠村庄"，"李卓立等在金乡县盐场地方与兵勇会遇打仗，被兵勇打败，各自走散"。金乡县八卦教的起义遂告失败。③

山东八卦教组织本来多为离卦郜姓所控制，仅在嘉庆十六年以后，才陆续为徐安国、朱成方等人所掌握，在教人数虽多，但组织涣散，纪律松弛，缺少有力的核心领导。攻打金乡之役突出地暴露了这个问题，连已攻下之曹县、定陶也被轻而易举地放弃。九月十七日山东巡抚同兴向嘉庆皇帝奏报：

---

① 《朱批奏折》，嘉庆二十二年二月二十七日山东巡抚陈予奏折。
② （清）兰籣外史：《靖逆记》卷二《金乡守城事》。
③ 《朱批奏折》，道光二年十二月初七日山东巡抚琦善奏折。

……至现在贼势，探得定陶、曹县俱系初九日晚间贼匪潜入县城，初十日黎明时乘其无备，同时突起，将县官戕害，即劫狱、放火，抢当铺、钱铺，仍出城各分股散逸。……现在贼匪散漫，游奕于定、曹、单三县之间，劫掠村庄、食物，并不烧杀，以邀买人心，且欲观望官兵形势，奸计巨测。①

其时山东各地八卦教义军由于缺乏领导，处于无所作为境地，结果使九月初十日如火如荼的大好形势马上变成了被动挨打的局面。

当时的山东抚臣同兴本性懦弱，未曾经历战事，主张闭垒死守，以待援军。但山东运司刘清却久历戎行，早在嘉庆初年川陕楚等五省民间宗教大起义时，就名满四川，号称青天，对起义军剿抚并用，积累了丰富的镇压百姓的经验。嘉庆十八年，刘清已逾六旬，且居文职，但不甘寂寞，向抚军同兴请兵。据《靖逆记》记载：

曹县距定陶四十里，中有髣山，贼渊薮也。定陶城外，村庄连属数十里，贼袭而据之。山东运司刘清往请于抚军曰，贼寇伏于髣山，将图大举，宜乘其未发，击之，请速进兵。某愿披甲上马，为士卒先。抚军犹豫，欲需大兵。谓清曰贼众我寡，此其势不可轻进，不若深沟固垒以待之，兵集而会战，一举必成擒矣。清曰兵贵神速，攻其不备，是为上策。……我兵集，贼匪亦集，胜负未可知，……。今贼大势在滑浚，山东特其游兵，所以阻我进讨，今失不击，必趋卫辉，入太行为巢穴。山东久荒旱，设蜂起将奈何？抚军从之，乃命清总理行营。②

刘清与同兴此番议论，对山东的形势作了透彻的分析，已决定了战局的胜负。九月二十七日同兴命莱州参将马建纪，济南宁营守备刘兴隆等协助刘清"剿办""逆匪"。从九月十日至九月末，山东八卦教徒仅只贪眼前小利，劫掠商号、抢府库，根本没有任何战略意图，结果坐失良机，一

---

① 《朱批奏折》，嘉庆十八年九月十七日山东巡抚同兴奏折。
② （清）兰簃外史：《靖逆记》卷二《平定东省逆匪》。

步步为刘清所率山东地方军队所消灭。

从九月二十七日至十月初八日，山东八卦教起义军先后在髻山、韩家大庙、马家集、扈家集、安陵集、郝家集五次与清军接战，皆败绩。

九月二十七日参将马建纪、守备刘兴隆率兵直趋髻山，刘清亦率五百马队至髻山。髻山地势起伏，树木丛集，起义军于东、南两路设伏兵于草莽间。刘清派兵分路"袭剿"，东路义军冲出，"见官兵少，大笑之"，清军素有训练，"用长枪刺贼，复以马队冲突之，……贼有识运司面者曰：此刘青天，何可当也，遂惊而溃。俄尔南路贼以鸟枪队至，清与建纪合兵会剿，大破之。守备刘大用自巨野至。遇贼于路又败之"。起义军抵敌不住武器精良的三路清军的攻击，退入贾家楼，清军纵火焚楼，义军再次退守韩家大庙，清军占领了髻山。①

九月二十九、三十日，刘清、马建纪军进驻定陶县。当时定陶县属之韩家大庙、马家集聚集义军五六百人。二十九日刘清等分南北两路，包抄义军外围，起义军战士"蜂拥抗迎"，刘清等率"马队首先冲出，继以枪箭，弁兵奋勇争先，……贼众奔溃，官兵四路追剿，共诛贼匪四百余名，生擒十余名"。此役后同兴又拣派满汉官兵六百余名助战。九月三十日五更，清军将韩家大庙四面围定，刘清派马队冲入庄内，继派步兵次第前进。庄内义军已无还手之力，纷纷藏匿。清军按户搜查，共拿获八卦教徒一百八十余，全部惨遭杀害。又在庄外拿获教首赵文禄等人，"查抄其家，旗帜军器甚多，且有抢劫典铺之朝珠、顶帽、蟒袍、铺褂等物，……该逆匪并无纪律，亦无技勇……。其被胁之人，一见官兵，即将刀仗抛弃，拼命奔逃。并有脱衣跪地者。其剿残零匪，俱逃往曹县之扈家集"②。韩家大庙一役更看出山东八卦教起义军的问题：缺乏统一坚强的领导、严明的纪律和训练有素的兵源。不少人属于被临时裹胁、仓促上阵的普通百姓，而军事首领仅知抢劫财货，以饱囊驮，不知死已临头。此一役也可以看出清朝政权的极端野蛮和残酷。他们的政策是对起义军杀光、剿光，不留活口。

十月初四日在曹县扈家集的战斗是嘉庆十八年八卦教起义军在山东面

---

① （清）兰簃外史：《靖逆记》卷二《平定山东逆匪》。

② 《朱批奏折》，嘉庆十八年十月初三日山东巡抚同兴奏折。

临的最大战役。崮家集是八卦教头领朱成方、朱成良、朱成贵、朱成珍的老家，徐安国传播震卦教最早的根据地，是八卦教实力最为雄厚的地区，也是"癸酉之变"中八卦教在山东的指挥中枢。徐安国在起事前夕离开山东，前往滑县。山东诸州县起义主要为朱成方兄弟指挥。九月初九日朱成方下令行动，但由于各地纠约不及，而且清朝地方政权多有准备，定陶、曹县、单县、城武、金乡、鱼台及省城济南诸役中只有定陶、曹县得手。九月二十日朱成方被李文成召赴滑县，朱成方临行前将崮家集交与朱成良并副元帅王奇山共同掌管，是时崮家集有义军二千余名。九月末、十月初，清军连下嶅山、韩家大庙，在崮家集驻守的八卦教主力一无所动，至使两地义军全军覆没。十月初四午夜，清运司刘清、协领哈哈岱、参将马建纪带兵攻崮家集之东，都司周添章带兵由曹县攻崮家集之南，巡抚同兴督饬副将宁德等率军攻击北路。与此同时，知会直隶总督温承惠派兵由直隶东明方向"围剿"。清档案详细记载了崮家集之役：

　　……（清军）俱于四日子刻起程，同时并发，连夜疾走。至黎明运司刘清等兵已先到崮家集。因该逆匪将集外四周筑起土墙，墙外又砍伐大树并荆棘，堆成寨约四五里，极其厚密。官兵到时，该匪即鸣锣聚众，各执刀矛，直扑队伍，抗拒官兵。当用排枪攻击，该匪等即退伏墙下，官兵奋力攻入，刀枪砍扎，该匪等始犹拒敌，继即躲入屋内。官兵抢入，贼即迎扎。当用火球抛掷，趁风延烧，火焰大起。贼匪不能屯聚，纷纷突出，经官兵四面围合，枪箭齐发，剿戮无数，其藏匿屋内者均被烧尽，零匪向北奔窜，马队随后追剿，适值宁德、王达色带领官兵亦到，迎头堵截。该匪等又复南奔，正遇都司周添章率领兵前来，一路拦截。自辰至午，共除贼匪二千余人，生擒百余人。……擒获伪副元帅王奇山一犯。①

　　这是一场惊心动魄的战斗，崮家集成为一个名副其实的屠场，起义将士尸骨撑天，血流殷地，刘清等人却以起义者的鲜血染红了自己的顶戴。此役后，嘉庆皇帝表彰刘清等人：

────────────
　　①　《朱批奏折》，嘉庆十八年十月初七日山东巡抚同兴奏折。

　　刘清前在川省军营，着有劳绩，朕所深知。今年逾六旬，且系文职，能率士卒直取贼巢，实属勇敢可嘉。运司刘清恩加布政使衔，即换顶戴。参将马建纪奋勇出力，着加恩赏给副将衔，即换顶戴。……

　　扈家集一役，起义军再次惨败，大势已去。山东各地零散义军或逃往河南滑县，或聚集在曹县安陵集。安陵集成为两军最后争夺与拒守的焦点。大概是山东巡抚同兴妒忌刘清功高，令刘清、马建纪驻守定陶，而由援鲁之副都统苏尔慎调度人马，分两路共八百名满汉官兵进逼安陵集。同兴则督率三百名官兵随后接应。初八日黎明，清军包围安陵集，起义军"放炮鸣锣，出集迎拒"，"狠命扑扎"。清军依仗实力四面兜剿，义军战士向正西、西南方向奔逸。适遇迎头赶来一股清军的截击，死伤大半。清军乘胜又扫荡了附近刘家岗等五处村庄，挨户搜捕。安陵集一役，八卦教徒有六百余名死于阵前，二百多人被逮捕，未经审讯，通通处死。

　　正当清军与起义军在安陵集鏖战时，从河南滑县方向一支起义援军姗姗来迟，潜聚定陶郝家集，"闻扈家集大巢已破，不能立脚，仍欲折回奔逃"。正在定陶驻守的刘清、马建纪、哈哈岱分两路前往夹击，"贼匪不能前窜，舍命狂奔，官兵追杀二十余里，杀毙贼匪四百余人。……生擒贼目曹光辉，射毙伪元帅袁兴邦，伪大将军周姓。"① 这支援军也迅即失败。

　　据同兴十月九日奏折记载：

　　　　奴才查现在官兵三路，于初六、七、八三日内连破安陵集、刘家岗、郝家集、荣家菜园、李家楼、宗家堂等大小十一处贼巢，贼党几尽，即剩有零匪，俱系釜底游魂，不难即日清净。②

　　至十月八日，山东起义军彻底失败了。山东起义军之所以失败，首先要归之于李文成等人的战略错误。李文成等人在九月七日滑县事变以后，仅知固守河南一线，而没有利用河南、山东多年荒旱，民众久有反心的大

---

① 《朱批奏折》，嘉庆十八年十月九日山东巡抚同兴奏折。
② 同上。

好时机，全面进兵山东，发动群众，扩充实力，造成燎原之势，相反坐守一隅之地，听凭山东义军孤军奋战，结果自毁屏障，造成清军四面围豫的被动局面。山东之败，充分暴露了李文成目光短浅，只知自保的农民意识。从山东战事来看，他们失败仅是一个时间问题。

在山东起义军彻底失败以后，清朝军队下一个目标是消灭直隶长垣、东明等地八卦教武装，以扫清进攻河南的外围障碍。

直隶长垣八卦教徒在九月六日杀死县官赵纶以后，连续占领长垣、开州境内多处集镇，并围攻东明县。东明知县朱炜、把总梁得贵动员城中士绅商贾出资助战，募人为守卫之计。城垣有破损处，"炜散其家资，筑辑完固，城赖以全"①。八卦教徒攻下长垣县春亭集，以贡生许端木宅为指挥部，"立寨聚有五六百人"。十月初八日起义军向驻守开州井店的清军开炮进攻，"将该店占据"，清军被抄袭后路，大败而逃。此役使井店镇积骸满野，镇为废墟。十月二十二日，原奉命援鲁之清副都统苏尔慎等由山东带满汉官兵一千余名进军开州、长垣、东明一带，探知距开州三十里的潘章镇有起义军屯聚，遂发兵进剿。二十三日五更，苏尔慎分兵四路，妄图包抄潘章镇。将近潘章四五里地方，有沙岗一道，起义军已先行占领，对清军"施放枪炮，率众抗拒"。清军死伤惨重，但犹一拥齐上，起义军将士"舍死抵敌，不肯稍退"。鏖战多时，起义军死伤数百余人，被迫退入镇中碉楼，"蔽塞门户，施放鸟枪，并抛掷砖石"，英勇抗击。清军抛放火弹，"立见烟焰熏腾，火光四起，当有被烧身死者，亦有坠楼压毙者，尸骸枕藉，约有四五百人。获……大小旗三十一面，上写巽宫伯翟凤来，震宫领袖侯守山等字样，查潘章一股贼匪剿洗殆尽。"② 正当苏尔慎等以为大获全胜之际，忽然从滑县方面冲来两千多名起义援军，"官兵方退，乃反旗鸣鼓，大战良久，官兵力竭乃奔溃，贼亦窜败"③。潘章之役最终以清军惨败而告结束。

据《靖逆记》载：直隶开州、长垣、东明起义军一直坚持到十一月三日，嘉庆皇帝命令尚书托津统率吉林索伦精锐骑兵，"会同马瑜、富兰

---

① （清）兰簃外史：《靖逆记》卷三《开州东明长垣剿贼事》。

② 《朱批奏折》，嘉庆十八年十月二十四日马瑜、富兰奏折。

③ （清）兰簃外史：《靖逆记》卷三《开州东明长垣剿贼事》。

大破开州之贼于汤二庄，杀贼数千人，东明、长垣边界悉定"①。

山东、直隶八卦教起义部队的彻底失败，使作为起义军总部的滑县完全处于孤立无援的境地。

第六节　豫北决战

嘉庆十八年八卦教起义与嘉庆元年开始的川、陕、楚等五省大起义在战略上有着根本不同。川、陕、楚等省大起义以华西南广阔领域为活动基地，大跨度地流动作战，争取了主动，使起义顽强地坚持了近十年之久；八卦教起义则恰恰相反，采取了错误的战略，仅知以直、鲁、豫三省交界的十数州县为基地，固守坚城壁垒，结果使清军得以集中优势兵力，各个击破，起义军迅即失败。本来在山东，义军与清军五次接仗，仗仗都是被动挨打，大败亏输，作为主要领导者的李文成等人并未从中得出经验教训，在主战场的河南北部，依然故我，固守在道口、滑县县城及桃源镇三处。这种战略恰中嘉庆皇帝下怀，当他们闻悉"至豫省贼匪仍踞滑县城内，并于老安集挖壕固守"消息时，喜出望外，认为是"剿贼"于一处的"极好机会"②。九月底，嘉庆皇帝命陕甘总督那彦成为钦差大臣总领"剿贼"事。十月二日，那彦成在陕西接旨，十月三日抵潼关，昼夜兼行，十月初八日抵河南卫辉，与直隶总督、河南巡抚会合，初十日接钦差大臣印。

那彦成之所以被嘉庆皇帝任命为钦差大臣绝非偶然。早在嘉庆四年川陕楚民间宗教大起义持续发展之际，清"参赞大臣明亮及将军庆成、巡抚永保同剿之，互有隙，师行不相顾。是年秋，命那彦成为钦差大臣，督明亮军。……那彦成以枢臣出膺军寄，意锐甚"③，成为清最高统治者倚重之元戎，镇压人民的干练刽子手。

那彦成抵豫以后，首先制定了"务期一二仗即期扫荡"的战略，先

① （清）兰簃外史：《靖逆记》卷三《开州东明长垣剿贼事》。
② 《朱批奏折》，嘉庆十八年十月初一直隶总督温承惠奏折。
③ 《清史稿·列传一百五十四·那彦成》。

不与起义军接仗，而是积极调动兵力，实行围剿。据那彦成、杨遇春十月十三日奏折记载：

> 贼匪情形已经洞悉，刻下贼匪大股仍在大伾山、道口、滑城一带盘踞，约计三万余人……奴才……急于报效，惟此时兵力不厚，虽日见胜仗，不能痛剿，转俾贼匪学会打仗，愈长贼智。或得胜后我兵力量不能追杀到底，转致贼势蔓延。……前次川陕教匪流毒数年，前鉴具在。①

嘉庆皇帝虽然也主张"围剿"，不使"贼势蔓延"，但他又主张速战速决，对那彦成等人等待重兵围剿的战略极端不满。十月十六日密谕那彦成：

> 本日接汝奏折（注：那彦成十月十三日奏折），愤恨极矣。大逆林清勾结滑县李文成谋危社稷，现在李逆株守滑县，机不可失，朕日夜焦急，寝食俱废，望汝速剿大逆，奠安民社。不想汝到卫辉，迟疑不进，逗留观望，以等兵为词，大失朕望，是何肺肠，忍心病狂，天良何在?! 非阿桂之孙，非朕之臣，任汝为之可也。近因温承惠迟回贻误，所以用汝，孰意汝之因循疲玩更甚于彼，汝以世家满洲，不及一山西人，有何颜面立于天地之间乎? ……稍有人心者孰不思灭此朝食，而汝漫不关心，可恨之极，可恨朕屡用庸臣，败坏国事。今日之旨，是汝生死关头，……汝若再有迟疑，朕永不见汝之面矣。②

这篇密谕真是一篇奇文，近乎破口大骂的程度，然而战略上却是错误的。那彦成不愧为一代名臣，面对此谕竟不为所动，坚持等兵围剿的既定方针。十月十八日他再上奏折：

> ……现在……贼匪智穷势蹙，全仗道口、滑城为犄角之势。此时

---

① 《朱批奏折》，嘉庆十八年十月十三日那彦成、杨遇春奏折。
② 《清仁宗实录》，卷二百七十七。

进攻道口，贼匪必尽窜滑城。若兵力不敷，围剿转至分窜蔓延。……商之久历戎行之杨遇春等，金谓贼匪数万，我兵数千，攻之则有余，围之则不足，合之则可顾一路，分之则未免单弱，不在接仗之迟早，总期一鼓而奏功。①

嘉庆皇帝见此奏折，无可奈何，只得批示"看汝造化，无可训示"。那彦成则在十日之内调集兵力万余，准备攻打道口。

在清政权积极调兵遣将的同时，以李文成为首的农民起义军虽然也广布告示，安顿民心，扩充部队，但仅只固守本土豫北，特别是滑县周围各村镇，甚至把本来就缺兵少将的山东农民起义军的领袖徐安国、朱成方调至道口、滑县，并抽调山东义军骨干一千五百人。山东诸教团及据点败落后，李文成更是将兵力紧缩于道口、桃源、滑县县城三点内，这种战略恰恰为那彦成等人所用。滑县事变中，李文成身负重伤，行动不便，始养伤于谢家庄，继清军大兵压境，他才进入滑县。他平日深居简出，独断专行，很难对战局作出准确判断，据《靖逆记》记载：

文成在滑伪开州府，设羽帐，帐中出令，军士传呼，声彻数里。帐后树大纛，书"大明天顺李真主"七字。伪军师牛亮臣，伪大元帅宋元成分理军事。文成判曰可，乃次第施行。诸贼不得军师令，不敢入议事，文成亦不数召也。②

李文成历来有两个主要出谋划策者：其义子刘成章及地王于克敬："地王于克敬在浚县浮邱山被官兵抢山杀死。"③ 而刘成章则在滑县起事不久，被李文成派往京南大兴县打听林清消息。十月初，刘成章到了直隶冀州赵各庄教徒赵步云家中，二人结伴北行至直隶衡水，听说林清已被当局凌迟处死。刘成章遂与赵步云分手，避匿他乡，不知所终。林清、于克敬

---

① 《朱批奏折》，嘉庆十八年十月十八日那彦成奏折。
② （清）兰簃外史：《靖逆记》卷五《李文成》。
③ 《军机处录副奏折》，嘉庆十八年十一月秦学曾供词。据秦学曾供称："李文成虽是伪主，却没本领，全是林清调度。他义子刘成章人极聪明，最能办事。李文成不管事，都是刘成章管理。"

之死,刘成章半途离异,使领导核心连续遭受破坏,也是李文成决策失误的重要原因。很显然,如果李文成能高屋建瓴,大刀阔斧地向华北数省广大地区挺进,充分发动群众,武装群众,避实就虚,流动作战,就不可能坐以待毙,被"聚而歼旃",而会造成第二个川、陕、楚民间宗教大起义。然而由于主帅李文成身负重伤,行动不便,更主要的是李文成并非帅才,目光短浅、固守门户,给清军带来了调兵遣将、合拢包围的良机。

当我们将作战双方战略意图进行了比较分析之后,谁胜谁负的结局也就一目了然了。

尽管李文成等人采取了错误的决策,八卦教的各级将领和广大士兵还是与清军进行了三次大规模的战斗:道口战役、司寨战役、滑县围城战役。这些第一次拿起武器的农民们在自我解放的道路上进行了可歌可泣的斗争,他们义无反顾,视死如归,表现了华北地区刚劲的民气和劳动者崇高自尊的品格,值得后人敬仰。

(一) 道口战役

据《靖逆记》载:

> 道口为滑浚屯粮大镇,西通怀庆,联接太行,为河南运粮大道。怀庄依太行,南阻黄河,其地可守可战,产硝磺、铁器,贼窥视已久。道口西有运河,河西村居为贼潜伏,贼众夺船结筏,意在入山。①

如果河南起义军真像《靖逆记》作者所云急于入太行山,那么战局则将是另一番场面了。然而,河南义军直到十一月以后,在迫不得已的情况下,才铤而走险,向太行山挺进的,然而为时已晚。

十月初,道口已聚集义军七千余人,或云聚集两万余人。清军与道口义军第一次接仗在十月九日。是日直隶总督温承惠,河南抚臣高杞,提督杨遇春、马瑜,由河西进兵,距道口五六里,义军抗拒,"官兵击之,贼

---

① (清)兰簃外史:《靖逆记》卷二《道口之捷》。

大败，溺水死者甚众。承惠等驰至道口，贼众之在东岸者方议渡河以救西岸，官兵以炮击之，贼退，官兵浮水赴东岸，贼殊死战，官军奔败，杨遇春所领千总李洪春、外委柯玉皆战死。"道口第一次小规模战役以清军败溃而告结束。

十月十日那彦成接钦差印掌军以后，一度避免与义军作战，争取时间，调动人马。然而嘉庆皇帝严谕决战，那彦成为了应付上命，从十八日起数次与道口义军小规模接仗。十八日，那彦成侦知道口左近之曹起营有"贼匪千余人"，遂派游击吕天俸等带领兵丁、向导、乡勇往击。起义军未曾接仗，即分路奔向道口，被清军捕杀二百余人。"旋又探得附近道口之周谭村、连庄、罗张寨三处，贼匪合伙一处，约二千余人。……捕杀三百余人。"十九日，道口附近之丁栾集屯聚义军三千余人，"势甚凶悍"。那彦成命兵丁假扮乡勇，于黎明时逼近寨中，"贼匪误认我兵为乡勇，摇旗呐喊，蜂拥前来，杨遇春率领冲击，杀贼六百余人。……夺大旗二杆，上写巽宫伯刘福荣、离宫伯李存信……"那彦成此举有两层意思：一是应付上命，二是扫清道口附近义军，为包围并攻击道口扫清道路。十九日那彦成奏折记载："此时民心已安，进兵后路亦即以次肃清，……日内即可进剿。一得道口，即攻剿滑城，四路兜围，无难即克。"① 面对清军步步进迫，紧缩包围圈，驻守道口的八卦教重要领袖徐安国、朱成方、黄兴宰、黄兴相诸人决意打破包围圈。二十一日己刻，"现在屯聚道口之贼倾巢而出，……分东西两路而来，在中市一带村庄延途焚掠。"那彦成派杨遇春带兵马包抄义军后路，并派格布舍等分头迎击。战斗异常激烈：

> 贼匪一见官兵，公然抗拒，蜂拥而前。格布尔、马元等率领官兵先用马队冲突，枪箭齐发，前队贼匪应手而倒，后队之贼仍复向前，抵死抗拒官兵。……富僧德、特依、顺保等复率马队横冲其中，贼匪不能抵御，纷纷败窜，奴才杨遇春又复迎头截住，痛加戮杀，自己至酉，阅五时之久，……杀贼一千四百二十名，生擒一百四十余名，……夺获大白旗十余杆，大炮二尊，鸟机炮三尊，三眼枪一杆，……败残贼匪仍归道口、滑县两处。……贼匪狡猾多端，此次虽

---

① 《朱批奏折》，嘉庆十八年十月十九日那彦成奏折。

分东西两路而出，接联俱有埋伏，若非三面分投迎截，几中其埋伏之计。①

此役，起义军的目的在于继续保持滑县与道口之间的联系，打破清军对道口的全面包围。到二十五日前，滑县、道口之间义军联络未断，足见二十一日战役曾给清军以重创。据记载，把总杨秀廷以下多人被杀毙，而清军亦于二十一日后紧缩了对道口的包围。

二十一日后，踞守道口的起义部队一方面"挑挖深壕，坚闭不出"，另一方面又"意图西窜"，而"滑县城内之贼现由道口搬运粮石，欲为负嵎死守之计。（朱批：好）"。显而易见，那彦成暂时围而不打的策略使得把守道口、滑县的起义军举棋不定。特别是把守道口者在守与走之间屡经徘徊，难下决断。直至二十五日方打算渡河西走，但为时已晚。

二十五日清晨，徐安国等派两千多士兵在道口之西的卫河东岸"搬运木板，搭桥欲渡"。当时那彦成已得探报，即自带部队与河南巡抚提督杨遇春"驰往夹击"，同时派兵防守道口之东，"以防滑县接应之贼"。河南巡抚高杞首先率兵抵达卫河渡口聂渡，义军"一见官兵，公然抗拒"，接着那彦成率兵赶到，"马步齐进"，"两面夹击"。起义军不支，纷纷向东西败退，被杀七百余人，溺毙于卫河者三百余人。余者仍退回道口。那彦成命人将浮桥砍断，木板烧毁，"以绝其西窜之路"②。二十五日卫河聂渡之役，彻底断绝了义军西行太行山的意图，他们只有死守道口一途了。

道口之役决战发生在嘉庆十八年十月二十七日，是时天寒地冻，阴霾蔽天。经过半个多月的苦心经营，那彦成务期必胜。因为这一仗决定着他的政治生命。一改往日兵分三路进剿的传统，进攻道口之役，清军兵分七路：

那彦成与高杞、杨遇春等各分一路。高杞由北向南，杨遇春由南而北，先锋总兵音登额遵旨运送河南省城大炮于道口对岸之水河所，

---

① 《朱批奏折》，嘉庆十八年十月二十一日那彦成、杨遇春奏折。

② 《朱批奏折》，嘉庆十八年十月二十五日那彦成、高杞、杨遇春奏折。

预备轰击。并派庆祥、格布舍抄截右路，富僧德、特依顺、保桑、吉斯塔尔抄截左路。马元、徐锟、张大振等直扑中路接杀，游击马光宇、吕天俸等径扑滑县。各带马步官兵于二十七日卯刻，分七路进发。①

道口镇是豫北大镇，街长八九里，店面相连，街道拥杂曲折，民房麇集，为义军守卫既提供了有利条件，又有不利因素。街长八九里，处处都可作为突破口，使义军防不胜防。但清军进镇以后多障碍，需要巷战。

二十七日晨，那彦成督兵向道口进发，"沿途遇有埋伏贼匪俱经官兵追逐，纷纷窜回道口"。当时道口义军多为艮卦、震卦教徒。据称艮卦教有一万人，起事大头目黄兴宰、黄兴相先为牛亮臣坎卦教弟子，后李文成封其兄弟为艮宫伯，此外则多为徐安国所率震卦教徒。而主事之人又有宋克俊、王修治、冯相林，离卦大头目徐玉坎，坎卦大头目孔传诸人。那彦成等人进攻道口时，起义军拼死抵抗，出现了空前悲壮的战斗场面：

> 距贼众一万四五千人，蜂拥抗拒。先经音登额用炮轰击，其西面贼众拼力向前，高杞带领参将高拱辰等奋力攻击，杨遇春、杨芳迎头剿杀，庆祥、格布舍各带京兵马队三面冲突，奴才指挥特依、顺保、张大振等四路截杀，枪箭开发，并复用大炮轰击，贼始惊慌奔窜。②

那彦成等依仗红夷大炮的威力，分多路乘势突入道口，对义军剿捕赶杀。这时，滑县义军一、两千人前来救援，被事先等待于滑城及道口间的清军头领马光宇等截杀赶回。道口镇内八卦教徒屡经冲杀，多数人无力突围，进入街区民房。极其残暴的清军继用火攻，整个道口镇火光蔽天，黑烟匝地，"当将贼巢全行烧毁"。从辰自酉，整整六个时辰，起义军被杀者达六千余人，被活活烧死于镇中达四五千人。道口之役是清统一近一个半世纪以来，华北大平原上最激烈的战役，农民阶级用自己的血再次染红

---

① 《朱批奏折》，嘉庆十八年十月二十八日那彦成、杨遇春奏折。
② 《朱批奏折》，嘉庆十八年十月二十八日那彦成、杨遇春奏折。

了这块黄色的土地。①

十月二十八日，昔时繁华的道口镇已成为一片废墟。天色刚亮，那彦成即派人"严加搜捕"、"尚有余匪四五百人，即拨兵剿杀。"宋克俊、冯相林、徐安国、黄兴宰等率残部冒死杀回滑县，在近城二三里处，县城偏东桃园镇义军三千余人前来接应，与攻击之清军大战于县城之东。那彦成、高杞、杨遇春、杨芳率马步军，"纵横冲突、枪箭齐发，贼始纷纷败窜，……窜回桃园。其道口余匪，奴才等尽力追逐，直抵滑县。"突然，滑县县内冲出五六千名战士，冲向清军，营救宋玉成等从道口余生的八卦教起义将士。双方互有杀伤后，义军退回城内。清军乘胜，兵临城下，安扎营盘，包围滑县。突然西、北两门洞开，每门各冲出二、三千名义军战士，"分投直扑，官兵不能扎营。（朱批：可恨）"那彦成一面派兵截杀，一面将东、西、南三门严密堵围。"惟正北及西北两门尚未堵住。"②

从二十九日起清军发起了滑县围城之役，至十二月十二日破城之日，计围城四十四日。而其间，李文成率四千余众奔向太行山，至司寨，又与清军接仗，全军覆灭于司寨，此役即司寨之役。滑县、司寨两次战役同时进行，司寨之役结束于十一月二十日，先于滑县围城之役，故先叙之。

(二) 司寨之役

道口之役结束的第二天，清军在滑县县城东、南、西三门扎下营盘，是日晚桃园镇起义军两千余人欲入滑县北门，与此同时北门亦冲出一千余名战士，"两相接应"。酉时，天色昏黑，清军与八卦教战士混战于北门之外，义军不支，退回桃园。清军乘势攻城，"城上贼匪枪炮乱发"，清军败走。

三十日清晨，八卦教著名领袖宋克俊再次从桃园率一千余人"复图

---

① 《朱批奏折》，嘉庆十八年十月二十八日、三十日那彦成等奏折记载："再奴才那彦成与高杞于二十八日亲赴道口镇内查验已毙贼匪。该处尸骸枕藉，盈街满屋，贼首、贼伙尸身均已糜烂，实无从查验。"河南道口镇成了名副其实的人间地狱，此后数十年内未恢复原状。足见清军杀戮之惨。

② 《朱批奏折》，嘉庆十八年十月三十日那彦成、高杞、杨遇春奏折。

进城"，滑县北门冲出两千余人接应。清军两面堵截，战事激烈，自辰至申共五个时辰，义军不支，大部分战士壮烈牺牲，宋克俊退回桃园。①

十一月初一日夜，驻扎在滑县南湖村的八卦教另一头领刘国明，坐车前往桃园，邀宋克俊及王学义带领六七百名战士偷偷前往滑县北门二、三里空地扎营。宋克俊摸到城下，叫开北门，与刘国明、魏得中进城接李文成出城。李文成、牛亮臣、宋克俊、王修智、徐安国、刘国明等人相商：是夜二更接李文成出滑县，避赴太行山，而对外人宣称去北边投奔林清，或宣称到山东曹县朱成贵家养伤。宋克俊、牛亮臣、徐安国等则与李文成夫人共守滑县，吸引清军，为李文成等人退走创造条件。②

十一月一日夜李文成等退出滑县，由于伤势过重无法骑马，只能坐四轮马车昼夜前行。八卦教徒宋国新在后来的供词中交待了当时的情况：

> 十一月一日黑夜里，南户（湖）的头目刘国明领了千余人，暗暗去把李文成从北门接出坐车连夜走到南户（湖）。那时有四间房、八里营、桃源等处的人聚在南户（湖），约四、五千，欲奔太行山躲避，后来陆续走散，不过二千余人了。初二日李文成从南户（湖）起身，住沙古堆东北小庄上。初三日在华西集与官兵打仗，是夜住在南岳，初四日住新庄，初五日住中官集，俱是长垣县所管。初六日住封邱县所管留光集。初七日住延津县所管小鸡集。初八日住阳武县所管延州集，离卫辉府城七十里。……李文成两腿受伤，不能骑马，坐着四套大车行走。有个宋当家也坐着车，替李文成开路。还有刘国明、罗国旺、王学义、吕均台、王金斗们，俱保着李文成同走。徐安国、朱成贵、马尧光并冯克善的兄弟冯克顺俱在滑县守城。③

李文成等人分兵避走太行的策略无疑是正确的，但为时过晚了。如果在起义之初就分成数股于山区、平原发动群众，情况就会有较大转机。李文成弃滑出走完全是一种被迫的行动，已经没有任何战略意义了。

十一月九日至十二日，李文成率部队离卫辉至获嘉县新乡，十二日进入辉县境内高庄屯聚，继而进入太行山脚下之司寨。司寨地形险要，"背山临川，濠深墙固"，李文成由于自己行动不便，决意在此扎营固守。为了长守之计，他派兵两千余人赴林县之临淇镇打粮，为清军拦截，仍退回司寨。李文成固守司寨之举，使得这次战略转移完全失去了原有的意义。当时清朝政府最为顾虑的是李文成直趋林县："林县在太行山麓，贼匪窜至其地，不西北奔潞安，即北窜磁州，扰及及广平、顺德一带，其情形甚为可虑。"嘉庆皇帝亦虑及此处，严谕托津："若纵令窜入林县山中，再北扰至磁州、广平一带完善地方，则必重治托津等之罪，不稍宽贷。"其实最根本原因是"此时北面无重兵，他处调发亦缓不济急，惟恃托津一路之兵作北面屏障"①。可是托津是一个典型的庸才，冒昧移营，东西跋涉，而一无所获。而李文成同样犯了战略错误，固守司寨，放弃了流动作战的优势，因此只能重蹈覆辙。

早在李文成离开滑县的第三天，那彦成即发现了大股义军避走主战场的动向，派令杨芳、特依、顺保诸人将兵两千追蹑其后，寻找战机。李文成等占据司寨以后，杨芳等人于十八日与北方来援的德宁阿、色尔衮部队汇合一处，在淇县之大庙口地方迎头剿截义军，并侦知了李文成固守司寨的动向。据俘获之八卦教徒云："贼众四千余人，在辉县山内之司寨地方屯聚，内有战手三四百人，极为强壮，骑马甚多，……以为负隅之计。"十八日杨芳与其他清军将领商议，挑选步兵六百人，吉林、黑龙江马队六百名，"先于白土岗前山坳之中，各分两翼埋伏"。十九日清晨，杨芳派侍卫苏伦保等人率四百兵丁"前卦司寨诱敌"。从未经过战阵的李文成，以为敌弱可欺，遂派三千余名战士，内中骑兵三百，蜂拥出寨。头领四五人手执白旗，"当先冲突，势甚凶悍"。清军见起义部队出寨，迅速回马，诱敌深入埋伏地带，两翼埋伏清军，枪箭齐发，苏伦保等人又回身并力攻击。起义军骤入埋伏圈，奋力抵抗，抵死不退。后实力不支，撤至南首山梁，占据山头，"抛掷石块，仍复向下力扑"②。当时清军畏惧胆怯，"河南官兵同西安满营、健锐营弁兵竟有不肯向前者，经特依、顺保、杨芳等

① 《朱批奏折》，嘉庆十八年十一月二十三日托津奏折。
② 《朱批奏折》，嘉庆十八年十一月二十一日那彦成等人奏折。

将河南二名立用腰刀砍倒，众兵始皆畏惧，一齐冲上山梁"①。另一股清军则从"山巅抄出"，并于平地截住去路，上下夹攻。起义军在极其艰难的情势下浴血奋战，不少人滚落山崖、壮烈牺牲。仍有八九百人冲下平地，与清军对阵。从辰时至酉时，一整天的战斗，起义军遭受惨痛失败，三千人中死亡两千四五百人，被俘二百余人又全部在军前斩首。只有一百余人逃回司寨。由于李文成等人的错误判断，断送了这支起义军的主力。②

十一月二十日黎明，清军集数千精锐兵力围攻司寨，寨内仅有起义部队四五百人，但都抱着必死的信念，拼死抵御。清军"屡次越壕攀墙，皆被枪石所阻。直至己刻，复于寨之后面督令健勇兵丁齐力挖墙，讵贼枪石如雨。乾清门侍卫伊尔通阿带枪伤五处，胸一处。吉林委参领福林德越墙被伐，绿营兵受伤居多。"③至二十日中午，清军毁寨墙一段，起义军复用木板砖石堵塞，终于没有抵住清军的攻击，寨破。义军将士与清军展开巷战，"寨内街道逼窄，短兵相接，贼势不支，纷纷避匿民房，悉力抵拒"。司寨不仅背山面水，地形险要，寨内亦有二百多间民房，纵横高耸，"皆系砖石砌就，又有碉楼七八处，坚不可破"。义军据守各碉楼，英勇抗击清军，据清档案记载：

> 贼匪据险掷石，枪炮乱发，我兵复受伤数十名。时己酉末，该镇守等诚恐逆首黑夜窜逃，万不得已始行四围举火，且焚且攻。贼匪有冒烟突火及焦头烂额而出者，共生擒二百余名。诘讯逆首李文成同大头目等果避房内楼上，尚未被焚。杨芳、特依、顺保……率众齐入，首先登楼，楼上突有一贼，自称刘国明，持刀跃出，连伤兵丁二名，官兵始行开枪，将刘国明击毙。并喝令李文成如果投出，余贼均皆免死。该逆首自出指称：李文成在此，只管用枪来打，我断不出来等语。兵丁闻声，俱各持刀扑进。讵该逆首自己举火焚烧，贼众四五十群相拥抱，……尸骸枕藉……内捡出李文成尸身一躯，……复于积尸

---

① 《朱批奏折》，嘉庆十八年十一月三十日那彦成等人奏折。
② 《朱批奏折》，嘉庆十八年十一月二十一日那彦成等人奏折。
③ 《朱批奏折》，嘉庆十八年十一月二十二日那彦成等人奏折。

内拾出王修治、宋老秀尸身，……并获大白旗一面，伪书"大明天顺李真主"字样。①

这是何等慷慨悲壮的场面，数十名起义战士面对死亡，拥抱着自己的领袖，举火自焚，从容就义。仅这一个场面，就足以说明，癸酉年发生的八卦教起义的正义性和合理性。李文成不是一个天才的战略家，他有平庸的一面，但他是一个杰出的宗教鼓动家和组织者，他赢得了数以万计穷苦大众的笃诚信仰，追随其后，至死不渝。这固然得之于宗教的力量，但他和林清一起提出了土地问题，鼓吹对地主官吏的财产的再分配，提出建立一个由八卦教主宰的全新世界的理想，更深深地打动了成千上万尘世儿女的心，激发了他们追求现实幸福的美好愿望。李文成的事业失败了，但他那宁折不弯、至死不屈的伟大品格，与古代许多伟大人物一样，必将同留于青史之上。

司寨之役，李文成所率部众倾覆了，下一个不可避免的悲剧轮到了滑县。

(三) 滑县围城之役

十一月一日夜，李文成率众转移后，滑县县城更成为孤城一座，其陷落仅仅是时间问题。十一月四五两日，那彦成派兵合围滑县县城，特别是西北、正北两门。"西北一门续经拨兵堵住"，但正北一门尚未奏效。滑县东北一带桃源镇、留固集、八里营、王家道等地还集结着大量的起义部众，"屡图接应内贼，牵制官兵"，在滑县正北一门"城内、城外之贼匪两下冲突，城上矢石如雨，兵丁屡有伤亡"。这以后那彦成等决意先扫清滑城外围。十一月八日他上奏嘉庆皇帝：

> 奴才等合同筹议，必须先将外贼歼除，杜绝内贼之接应，则孤城无援。官兵一面堵住正北门，一面即可克期攻取。当经拨派将弁带同知县孟玘瞻所领义勇，分头探剿。先后歼毙留固集、八里营贼匪共计

---

① 《朱批奏折》，嘉庆十八年十一月二十二日那彦成等人奏折。

八九百人，生擒贼目史永固等六名，伙贼二百余人，又拿获女贼目宋张氏一口，……审明正法。①

清军围困滑县时，乡勇发挥了重要作用。九月七日滑县知县强克捷被杀死，清政府派孟屺瞻任滑县知县，他利用强大的政府军为后盾迅速组织起五千余名地方武装乡勇，与八卦教起义军对抗，弥补了正规军兵力之不足。参加乡勇者多为当地精壮及善拳棒者。甚至冯克善的拳棒师傅唐恒乐也加入了镇压起义军的行列。从唐恒乐的供词中，我们可以看到乡勇在这场斗争中所起的作用：

> 十月初间，新任滑县知县孟太爷招集乡勇，我学拳的徒弟仝全、丁元重等在孟太爷台下充了乡勇，将我姓名告知太爷，就传了我去，叫充乡勇，给我腰牌，我总跟着孟太爷的营盘听差。在酸枣林、李家村，我与仝全等拿住男贼二十名，女贼十名。又在周村帮同乡勇陈之秀拿住贼匪三十多人，俱送到孟太爷处。十二月初十日，那大人攻破滑县，孟太爷带了我们进城，我同丁元重又拿贼人五名，也交给孟太爷处。②

当时围攻滑县的正规军已近二万，分别来自京师的火器营、健锐营，吉林、黑龙江精锐马队，以及陕西、山西、河南、直隶、山东诸省地方部队，加上乡勇五千余人，共计二万余人。十一月十日以后，滑县周遭围剿之势已成，那彦成随即令人开挖壕沟，遍排鹿角，以防起义军逃逸。又多方调集火炮，"查省城前解之炮八尊尚不甚巨，兹方受畴续解到火炮二尊，……距城垣就近处所，建筑炮台，拟先将城垣轰倒数处，官兵即可从此突入"③。

当时在滑县城内起义军主要领导人有宋元成、牛亮臣、徐安国、阴成德等。李文成虽然转移向太行山，但留下其妻马氏，"城中系李文成之妻

---

① 《朱批奏折》，嘉庆十八年十一月初八日那彦成、高杞、杨遇春奏折。
② 《军机处录副奏折》，嘉庆十八年十二月二十六日唐恒乐即唐胡子供词。
③ 《朱批奏折》，嘉庆十八年十一月初八日那彦成、高杞、杨遇春奏折。

马氏主持一切"①。滑县是豫北重镇，城墙由沙石垒就，高大坚固。起义军在十月初就从道口等处大量运进粮食、耕牛，做死守之计，因此粮食充裕，可备一年之用。在起义还在酝酿准备时，"牛亮臣在县邑大伾山之东坡，集党数百人铸造军械"②，所以起义之初，义军已有自己的火炮。滑城被围后，又在城内铸炮，以硝磺、锡器等造弹药，并广为收集鸟枪，对抗清军。

从十一月十日至十一月末，两军在滑县处于相持状况。清军连日来向各门开炮轰击，但滑县"城郭甚坚，仅堕外层砖皮，急切不能摧破"。那彦成几次派兵登城攻战，起义军则以砖石火器攻之，清军惨遭败绩。十几日间只是派兵伏于炮台之后，或藏于沟壕之中，施放冷枪，阻击城头之上巡逻的将士。这种无所施为的状况使嘉庆皇帝十分不满，因为"新年已近，外藩俱集"，如果外藩得知事变原委，将有损威望。故嘉庆皇帝严谕那彦成等人"必得旬日之内歼除净尽"。

从十一月下旬，那彦成便命军士"于各门暗挖地道，中置地雷火药，以备轰城"。十二月二日，两军进行了一场围城以来最为激烈的攻守战。这次攻城之役分别从东门及西南城角两处进行。杨芳所率清军已近逼西南城角数丈之遥，又堆积了大量的积沙布袋。"正令官兵攀路而登，讵贼匪情急，枪炮乱发，复抛下断碑巨石等项，致将地道打塌。……又东门地道一处已经挖进外城，贼匪未经知觉。因恐官兵爬城，于夜间掷炬瞭望，草把适堕空穴之中，地雷猝发，内外俱焚。烧毙城内贼匪无数，官兵正在地道之中，亦被焚烧。……彼时方安火药于穴内，未能堵口，是以其力不大，仅轰破外皮城墙二三丈。"③

十二月初三日三更，宋元成、牛亮臣等派徐安国率六百名战士"潜出北门，……抛掷火器，欲焚炮台"。由于清军戒备森严，未能得手，退回城内。当时滑城内的义军已知李文成等全军覆没，"外援已绝"，都抱着必死信念，"负隅抗拒，其守益坚"④。清军则以马步兵围困之，守城义军即便突出重围，也很难摆脱黑龙江、吉林马队追击。

---

① 《军机处录副奏折》，嘉庆十八年十二月二十六日牛亮臣供词。
② （清）兰簃外史：《靖逆记》，卷三《滑县之难》。
③ 《朱批奏折》，嘉庆十八年十二月五日那彦成、高杞、杨遇春奏折。
④ 《朱批奏折》，嘉庆十八年十二月五日那彦成、高杞、杨遇春奏折。

十二月七日夜，宋元成、牛亮臣先派数十名战士直扑清军东门大营，城上鸣锣击鼓，以吸引清军注意。继而于东南城实行突击，由兑宫伯黄兴宰率四百名战士出南门攻击清军炮台。那彦成闻讯派特依、顺保、庆祥等出营截击，各门官兵及乡勇"齐声接应"，义军被迫退回城中。黄兴宰左臂两处中箭受伤，滚落壕沟，冒充乡勇，被清军查出，招供出城内领导人及兵力虚实。后被那彦成于阵前杀害。①

那彦成十二月二、三日攻城失利后，复亲自督率杨芳等人催令官兵，仍于滑城西南角挖掘明暗二道，用以迷惑起义军。十二月九日夜间暗道竣工，已越城根。滑县西门，经杨遇春督办，"昼夜催馈，亦已刨挖近城"。九日夜，清军于西南角地道内安置地雷火药，严密堵口，预备引线发火。决定于十二月十日进行全城性总攻击。

那彦成亲自督率庆祥、杨芳等攻打西南门，参将祁祥等随后接应；高杞带同格布舍、富僧德等攻打东门，并派游击富克精阿等接应；杨遇春带同特依、顺保等攻打大小西门，副将舒灵阿等随后接应；马元同苏尔慎等并知县孟岠瞻等攻打北门，参将苏堕等随后接应。并令各路准备云梯、沙土布袋等物，以便登城。一面派令各炮台用炮连续轰击，而吉林、黑龙江、兰州、固安马队则伏于近城处所，"四面兜剿，以杜贼匪窜逸"。十二月十日卯时，清军云集于滑城之外，进行了一场清前期最著名的攻坚战役。起义将士进行了最后的壮烈的拼搏。据那彦成奏折载：

> 初十日卯刻进兵，齐攻五门，贼众在抵拒，枪石如雨、官兵奋勇扑近城根二次，均为枪石所阻。正在相持，奴才等一面令发地雷，一面催兵四面直进，讵贼匪施放枪炮，益加抗拒，官兵乡勇，多有伤亡。时西南角地雷轰发，南门裂开城墙二十余丈，砖石乱飞，轰毙贼匪无数，贼始惊慌。奴才那彦成，督同杨方、桑吉斯塔尔等冒突烟火，攻上左首，率众冲入，扎住缺口。杨遇春等攻上右首，直接大小西门。时西门地雷亦发，官兵云梯齐上城垛，……贼复在垛口拼命抵敌，官兵无不勇气百倍，飞越城垛，将贼匪痛剿，共杀毙、跌毙者三

---

① 《军机处录副奏折》，嘉庆十八年十二月十二日那彦成奏折。

四千人。先将南门、大小西门攻破，东门、北门亦即立破。……大兵齐入城中，分投剿杀，贼众突围欲逃，向前直扑数次，俱被官兵枪箭攻打，又约毙四五千人。其余退回民房，闭门抗拒。①

从卯至酉，十二月十日两军阵战已经七时，起义军在武器精良，占据绝对优势的清军的攻击下，拼死抗拒，仅十日白天就牺牲了九千余名将士。是日夜，宋元成、牛亮臣、徐安国诸人决意乘夜色突出重围。是夜三更，数千名战士径直冲向西南墙角缺塌之处，"齐声呐喊，蜂拥而来……拼命突围，甚属凶悍。时正月黑，官兵施放枪箭，未能真切。适城旁有一庙宇，忽然自行起火，照见贼匪约二三千人，官兵如在白昼之中，直前冲杀，城内官兵亦赶出，两路夹击，毙贼一千余人，始将余贼截回城内"。经过此次夜战，起义战士再也没有突围的机会了。

十二月十一日辰时，天色大亮，起义军尚占据五六十处民房，直至十二日午时，清军才最终结束滑县围城之役。在巷战的过程中，李文成之妻拒绝了牛亮臣等人劝告，不愿化装成蒙难妇女出城，她说："城亡与亡，不死者非英雄！"于是挥刀巷战，击杀数人，"阖门自缢，幼女年十二，亦自刎"。李文成全家悲壮而死。

十日破城之时，徐安国率领起义战士殊死搏斗，多处受伤，被其兄徐安邦等人拉到民房，在地窖内躲避。清军发现地窖，徐安国杀死其侄，正欲自刎，被清军俘获。牛亮臣亦于同一天被捕于另一地窖之中。据那彦成十二月十二日奏折记载：

> 奏为剿捕滑城贼众，尽数歼灭。生擒贼首牛亮臣、徐安国、王道瀍，歼毙宋元成即宋老占、刘宗顺、冯相林等，大局已定。（朱批：天恩深厚，除感泣之外，不能言谕）……其余各处贼众骈首就诛，并无一名得脱，统共约计杀毙贼匪一万七八千人，烧毙七八千人，生擒二千余人。……牛亮臣伪封丞相，旗上书写林门大弟子字样，徐安国伪封大将军，宋元成伪封大元帅，王道瀍伪封艮宫伯，刘宗顺伪封震宫王，冯相林伪封巽宫王，该犯等尤为贼中巨憝。……将宋元成、

---

① 《朱批奏折》，嘉庆十八年十二月二十九日那彦成奏折。

刘宗顺、冯相林等剉尸，王道滩枭首剉尸。其牛亮臣，徐安国二犯装入木笼，即交广厚、庆祥等带领京营劲旅押解进京，恭候廷讯。①

这场战争给八卦教著名领袖都画了一个终结的句号。

与林清、李文成齐名的冯克善其实并不是这场革命的关键性人物。他并未参与豫北三次决战中的任何一次。《靖逆记》记载冯克善与李文成有着深刻的矛盾，以至逼使冯克善离开滑县。其实这种说法的依据仅是冯克善最初的假供。据笔者统计冯克善共有九份供词，分别为嘉庆十八年十二月十一日、十三日、十四日、十五日、十七日、十八日、二十一日、二十六日，以及嘉庆十九年正月十二日。其中十二月十一日多为混供。诸如：冯克善堂兄冯克功及其胞弟冯克昌将李文成、牛亮臣、冯克善都出首了，冯克善闻信于八月十五日逃往德州。后来李文成杀死冯克善妻儿，冯克善逃出滑县，欲报家仇等等。《靖逆记》的作者大概仅见此段供词，便信以为真。真实情况是：道口之役前夕，那彦成频繁调动军队围困豫北起义军。冯克善"往德州去约会宋跃滩接应"。② 其家属住在滑县城内大十字街路北，"门口插有奉天开道白布旗"，有同教同卦的人照应。③ 冯克善亦承认十二月十一日供词为混供。冯克善十月二十三日离开滑县，十一月十日到景州宋跃滩家乡焦马庄，但宋跃滩人少，并无起事准备，遂于十一月十五日与刘天祥前往景州冯景哲家中躲避。十六日清晨，冯克善离开冯景哲家，前往献县三角柳村地方躲避。④ 十二月初四日，献县知县在县境冉家三角村发现一人在彼卖药，形迹可疑，"当即密嘱把总高云鹤、典吏吴楷，各带兵役驻往，堵住村口，该县亲率丁役，前往拿获。讯据供系刘朋德，情词闪烁，系河南滑县口音，……诡托姓名狡赖……迫提刘天祥、冯

① 《朱批奏折》，嘉庆十八年十二月十二日那彦成、高杞、杨遇春奏折。注：在此奏折中，那彦成认为庙宇自行起火，乃至关圣帝君（即关羽）的保佑，故其奏称："事定后，访之居民，乃知城旁之庙，后殿为三教佛，前殿即塑关帝神像。庙虽焚毁，神像岿然独存，毫无损动，是皆仰仗皇上福威，神灵翊卫，自应重行修建……"嘉庆皇帝对此奏折御批是："览奏实深钦感。京中十五日夜，贼人见关帝端坐午门上，遂相率投城自尽。仰蒙垂佑，曷胜虔悚。"
② 《军机处录副奏折》，嘉庆十九年正月十二日廷讯，冯克善供词。
③ 《军机处录副奏折》，嘉庆十八年十二月十五日冯克善供词。
④ 《军机处录副奏折》，嘉庆十八年十二月十一日刘添相、冯景哲供词。

哲当堂质认，实系冯克善正身"①。冯克善受审后，随即被押送京师。十二月十二日滑县之役结束，牛亮臣、徐安国被捕，亦被押送京师。据广厚奏折记载：

> 奴才等于滑县起程时，徐安国身受三伤，头一伤较重，其脊背左腿皆被火烧，近与药调治，仍疼痛呻吟。牛亮臣身受二伤，左膀上铅子未经取出，脖颈刿伤一处，尚流脓血，昨日方稍止。奴才等恐车辆颠簸，转至该犯等因伤致毙，倖逃显戮，令用木笼扛抬行走。②

清统治者再次成为胜利者，重演着一场献俘京师的丑剧。冯克善、牛亮臣、徐安国经过清廷近一个月的审讯，于嘉庆十九年正月十日受到嘉庆皇帝的亲自审问，廷讯完毕，与九宫教首梁建忠、一品大宗师刘宗林，以及赵步云等十四名"情罪尤重人犯"被凌迟处死。其中冯克善、牛亮臣、徐安国三人因"情罪较各犯尤为重大"，被"痛加脔割"。成千上万麻木的北京市民，就这样一代一代地目睹着一场场人间惨剧，心安理得地做着太平百姓。而中国的统治者则一代代地完善着他们的杀人艺术，这种以嗜血为善事，以杀戮为光荣，却口中念佛，大讲仁义道德的阶级是这块古老大陆的特产，而他们的杀人艺术又堪称行刑史上的一绝。从这一点便可知，中国的封建制度的根深蒂固和完美是世界任何国家难以也不可能比拟的。

在这场杀戮大战中，八卦教起义的领袖或骨干成员仅有七人未遭刑戮，其中刘成章、祝现、刘弟五、刘呈祥、支进财、董伯旺六人成为漏网之鱼，藏匿他乡，不知所终。另外一个人是秦学曾，起义前曾为滑县衙役，世代习教。司寨之役后为那彦成俘获。他"供出头目甚多，均经即时拿获，并无一名漏网"。以至那彦成竟愿冒险向嘉庆皇帝奏请免其一死：

---

① 《军机处录副奉折》，嘉庆十八年十二月初九日直隶总督章煦奏折。
② 《军机处录副奏折》，嘉庆十八年十二月二十二日广厚奏折。

> 念该犯一经获案，不敢稍有隐饰，供吐贼情，指拿头目，得将各
> 犯迅就歼诛，不致多烦兵力。是该犯于万无可宥之中，尚有一线可宽
> 之处，可否仰恳皇上天恩，免其一死，仍将该犯发往新疆给披甲兵丁
> 为奴，以示惩儆。①

这是鬼门关内唯一受到"宽大"而逃脱刑戮的人，他以活命为条件，出
卖了无数共同奋斗的伙伴，使他们一个个走上了断头台。他是农民阶级的
真正叛徒和八卦教的叛教者。

癸酉年爆发并结束的八卦教大起义像一阵狂飙，迅速地吹过华北大平
原，并消失在天际。它也像历代任何一场农民革命一样失败了。起义失败
后，嘉庆皇帝命令那彦成在滑县郊野建立两座万人冢，分别男女，埋葬八
卦教起义的牺牲者。这些生于忧患，终生劳苦，死于战火的中世纪末叶的
奴隶们，之所以视死如归，恰恰因为他们尝到了几个月作人的滋味，而不
愿意再受沦为奴隶之苦。这两座无名万人大冢并不是农民阶级的耻辱，而
是八卦教历史上两座丰碑。

一场颇具特色、震撼人心的农民起义失败了，华北大平原上一度经历
的剑与火，搏斗、厮杀、呐喊都沉寂下去了，无数个村镇沦为虚墟，数以
七八万计的起义将士惨遭屠戮，直、鲁、豫三省交界的数十州县像一片人
间地狱。第二年春季，这一带瘟疫盛行，百姓乃至官吏染疫者大半，接着
又是连年灾荒，万户萧疏，幽鬼啾啾。战争、瘟疫、饥荒、大灾大难，都
仿佛在印证八卦教关于劫难的宗教预言。

八卦教起义失败了，一场宗教色彩极浓的农民革命运动被封建专制
势力拦腰斩断。但是与其他农民战争不同，八卦教起义的失败，并不是
八卦教历史本身的终结。"癸酉之变"以后，星罗棋布的八卦教教团以
各种各样的运动方式继续表现着自身的存在和价值。"抽刀断水水更
流"，在道光、咸丰年间乃至以后的历史进程中，这场宗教运动如大河
波涛，激荡着、浸润着这块古老的大平原和大平原上的底层群众融为一
体了。

"癸酉之变"给中国末代封建王朝敲响了又一阵晚钟，紫禁城在如血

---

① 《军机处录副奏折》，嘉庆十九年正月十九日那彦成片。

的夕阳中失去了往日的威严。

　　"癸酉之变"给后人以巨大的启迪，留下的是一串串关于宗教、民变与革命的思考。

第七章 嘉庆、道光朝离卦教 教团的演变

"癸酉之变"是八卦教史上辉煌、悲壮的一页,它向世人展现了中世纪末叶华北地区民间宗教雄厚的实力和它的神秘、斑斓的色彩。八卦教起义彻底失败了,但这个宗教体系并未从历史上消失,它变换着运动形式,再次转向暗中发展,为时不久,又如荒原上的野草滋生蔓延开来。事实上,1813年八卦教起义时,当时主要的领导人并没有联络、动员起整个八卦教体系的宗教力量,特别是离卦教的力量。作为八卦教中最有实力、支派最多的离卦教,基本游离于斗争之外,它的各类教团潜形蛰居,因而在这场社会风暴中保存了实力。嘉庆末年及以后诸朝,离卦教及其衍生教团成为八卦教中最为活跃的支派,其原因即在于此。清末民初,八卦教世界出现了种种教内传说,其中一条是:康熙年间乾坤等七卦都为清政权剪除,唯留下离卦郜姓一家,此后八卦教的发展仅系离卦之发展。这个传说虽然不尽真实,却反映嘉、道以后八卦教部分现状。嘉庆末年以后,震卦、坎卦等大教派进一步衰落,世袭传教家族多已零落,震卦王姓亦在道光朝覆灭,唯河南商丘郜姓一直到光绪朝仍有活动,且影响深远。离卦的兴盛在"癸酉之变"后不久便已显露。嘉庆二十年十一月直隶总督那彦成在一份奏折中分析了华北地区"邪教"的来龙去脉,这段奏折中有一大段谈及离卦教:

臣于到任后,查办各项教匪,查得嘉庆十六年,经温承惠审办过

巨鹿县民孙维俭等，系以吴二瓦罐所传之好话教，即离卦教改名大乘教，贿串孔传标，借修尼山祠宇为名，惑众敛钱一案。将大会首孙维俭等五名分别拟以绞决监候，二会首宋连捷等九十余名，连吴二瓦罐一并拟遣，其散会首卢珍名等一千六百三十余名，奏准取具悔结，存记档册，再犯加等治罪。

十七年，又经温承惠拿办过前案内散会首复图兴教，私雕伪宝印，盖护道榜文之刘帼名等三十余名口，分别斩决发遣。

是年，又拿获滦川李家套民董怀信等三十余名，传习金丹八卦教。审出曾经入教男妇五千一百余名，将董怀信等分别斩决发遣，其余男妇取具悔结存档。

十八年冬间，大乘教案内，拟绞监禁之大会首李经，在监勾结同教田克歧散旗谋逆，经署督臣章煦及臣在军营访闻，分起委员拿获李经等，即奉旨当下办理。

旋又究获八卦教内首要逆犯张九成、杨遇山、宿元谟、刘坤，并河南离卦教首郜生文之孙郜坦炤、刘功等，分案奏明，拟以凌迟斩遣。惟查愚民私相传习邪教，一时原难稽查。是在地方官时刻留心于曾犯案之犯，曾经习教之家，不动声色，严密稽查，务使不惊不扰，随案究其源流，庶可断其传习。

臣仰荷皇上畀以畿辅重任，秉承指示，夙夜实力整饬，不敢稍存疏懈，断不肯令邪慝复萌，酿成巨案。除陆续拿获滑县潜逃从逆各犯，并林清案内应行缘坐余党不叙外，其离卦一教，仍未改悔之案，如所获安平县传习离卦教之杨俊等，究出首先传教吴二瓦罐之子，仍称少当家之吴洛云，并其徒大头目路运等一案；交河县传习一柱香离卦教之齐闻章等，搜出违背十王经卷一案；沧州吴久治、路老等传习佛门教一案；青县季八、叶帼明等传习义和门一案；又青县边二从习白阳教，预知逆情一案；景州葛锡华等从习离卦教预知逆情一案；祁州邢士魁等传习如意教，搜获妄造表名挂号总册一案；故城县葛立叶传习义和门拳棒预知逆情一案。均经讯明，教名虽别，俱系离卦教之子孙徒党，遂起奏明，分别凌迟斩遣在案。现又访获青县尤明等传习

　　义和门离卦教一案；……亦经奏明，从严究办。①

　　嘉庆二十年那彦成这份奏折足以说明离卦教实力之雄厚，活动之炽烈，派系之复杂。至道光一朝，离卦教或其衍生教团更是叠起大案，其中以道光三年明天教主马进忠称皇帝案，道光十一年尹老须案，道光十五年先天教首曹顺在晋省赵城县举行的暴动等最为著名，都引起了朝野的震动。

　　从乾隆中叶始，至道光末叶，离卦教表现出两大特征：一是传教中心发生两次转移。一次转移是乾隆三十七年离卦长郜氏三兄弟的被杀，导致郜三之子郜添麟携家从河南商丘老家移居山东聊城县，传教中心由河南而山东。二次转移是郜生文传徒直隶清河县人刘功（即刘恭），刘功所辖离卦教教势日炽，传教中心由山东而直隶。郜生文死于乾隆三十七年（一说为三十六年），刘功当在乾隆三十七年以前"得授真传"的。刘功能量很大，传教四十余年，教徒遍布直隶、山东、苏北数十州县，而转辗传习蔓延地区则更为广阔。离卦教在嘉庆朝时，郜姓家族的影响虽然存在，但许多大的教团已经掌握在异姓手中，诸如刘功、尹老须、孙维俭、马建忠、曹顺都掌握少则数百多则数千的教徒，成为离卦教某些教团的总当家、总头目，决定着这些教团的发展方向。第二个特征是：离卦教多数教团隐晦离卦教之名，异名同教多达二十几个，诸如圣贤教、先天教、大乘教、一字教、音乐会、佛门教、明天教、白阳教、如意教、未来真教、离卦救苦教、义和门离卦教等等，五花八门，多互不统属。嘉、道时期，离卦教形成了多元、复杂的格局。从嘉庆末年到道、咸、同、光绪朝，离卦教的活动代表了八卦教活动的主体和方向。了解了这一时期离卦教的演变，也就了解了八卦教的演变。本章仅限于叙述嘉、道两朝离卦教部分教团的活动和特点，从中读者或可对这一时期的八卦教有一个概括的了解。

第一节　孔府与孙维俭大乘教案

　　嘉庆十六年四月，直隶巨鹿县一个读书人王邦彦首告同县进虎寨李

---

　　①　（清）劳乃宣：《义和拳教门源流考》，《义和团》。

姓、王虎寨孙姓、塔寺口李姓三人"俱系曲阜县的职衔顶戴，传演邪教，煽惑多人"。地方官深感诧异，遂禀报了直隶总督温承惠。温承惠亦感此事蹊跷，认为这三人既为孔府所授职衔顶戴之人，却又传演"邪教"，颇为不解，遂命署河间知府薛学诗与署顺德知府陈淦源"密行访拿"①。

五月初，署顺德知府委员在巨鹿县查访了李景福、李经、孙维俭、吕兴旺、刘美奂五人。这五人"均经衍圣公孔庆镕与赍奏书写等职衔，即设法传呼到案"。地方官又发现这五人家中均供有孔子及"列圣万岁牌位，每逢朔望，村民多赴各家烧香礼拜，已非一日"②。经初审，李景福等供称，嘉庆十四年正月李景福、吕兴旺二人前往曲阜"瞻谒孔庙"，曾留银五百两修整祭器。当时孔府四品执事官孔传扬言及尼山祠宇坍塌，李景福等自愿捐修。李景福回归直隶巨鹿后，遂同李经、孙维俭、刘美奂等同任会首，又联络同县及同府之邢台、唐山、南和、任县、平乡，广平府属之威县、曲周，大名府属之元和、南乐，正定府属之正定，赵州属之隆平、宁晋，保定府之雄县、新城等十几个州县，共计九十余人任次会首，设立簿籍。共从一千六百余人手中敛得捐银四万数千余两，由李景福五人送往曲阜。当时孔传扬已死，由其弟孔传标及执事官曹秉和、张协中三人收存。衍圣公先后给李景福等赍奏官六品、七品执照，尚未申送，这五人即被逮捕到案。初审时，当局并未审明诸人立教实情，仅仅怀疑他们"假名惑众，阴行邪教"。而李景福在供词中又隐瞒了孙维俭充任教首这一重要事实。③

六月初，当局在孙维俭家中查获抄写《护道榜文》及旧刊经卷，遂严讯孙维俭，审出其习教、传教部分实情。

孙维俭籍隶直隶巨鹿县，与同县人李景福、李经、吕兴旺，并任县人刘美奂长期交好。早在嘉庆初年孙维俭与刘美奂拜从巨鹿县人吴洛兴即吴二瓦罐为师，学习好话教，讲论《金刚经》、《扫心经》，坐功运气。孙维俭在供词中隐瞒了吴二瓦罐的习教师承。其实吴二瓦罐是直隶离卦教重要传播者之一，是离卦教总当家刘功的亲传弟子。直到嘉庆十九年当局审讯

---

① 《朱批奏折》，嘉庆十六年四月二十八日直隶总督温承惠奏折。

② 《朱批奏折》，嘉庆十六年五月十三日直隶总督温承惠奏折。

③ 《朱批奏折》，嘉庆十六年五月十三日直隶总督温承惠奏折。

离卦教头目杨遇山时，才搞清吴二瓦罐、孙维俭师承关系的来龙去脉：

> 缘杨遇山籍隶南和县，向在各处行医卖药，与巨鹿县大乘教匪犯
> 孙维俭等均拜从犯案发配旋已病故之吴二瓦罐习教。吴二瓦罐与现犯
> 张希胜又系清河县人刘功之徒。刘功系由河南商丘县犯案正法之郜生
> 文传授。嘉庆十一年杨遇山到刘功家与郜生文之孙郜坦照会遇，经刘
> 功告知，郜坦照家本系离卦教首，杨遇山随于十二月间前往拜见郜坦
> 照并其父郜与。十二年正月间又同孙维俭等往见，孙维俭并送给郜与
> 父子银两。以后孙维俭等因另立大乘教，遂不复往。①

从上段奏折可知孙维俭的师承关系如下：

> 郜生文—刘功—吴二瓦罐—孙维俭

孙维俭在嘉庆十二年以前不仅是离卦教郜姓三传弟子，刘功二传弟
子，而且是教内十分核心和活跃的人物，他能几次会晤离卦郜与、郜坦照
父子。只是到后来由于教势日益庞大，遂脱离了正宗离卦教的控制，而另
外改名为大乘教，自行传教敛钱了。嘉庆十六年孙维俭犯案时之所以隐瞒
他曾经是离卦教重要成员及与郜姓、刘功的师承关系，是希望减轻当局的
惩处。

孙维俭另立教派的设想由来已久。早在嘉庆五年时，其师父吴二瓦罐
与刘美奂因赴赵州聚众讲经，曾经被当局杖责递籍。此案中孙维俭侥幸漏
网。嘉庆六年、孙维俭在刘美奂家中见到《性命归旨》一部，借回熟读。
此处《性命归旨》即《性命圭旨》，相传为明代世宗时人尹真人弟子所
著，于明万历末年问世，分元、亨、利、贞四卷。此书大抵阐明儒、释、
道三教合一之旨，而大要仍归于道教内丹术。清代，此书在民间流传甚
广，影响很大。孙维俭得此书后遂决意另立大乘教。孙维俭传习离卦教时
就曾修炼内功，今得此书，日夜诵习，功夫日深，起意传教。遂以《性
命圭旨》中"性在天边，命在海底，欲得不老，还精补脑"等内容向同

---

① 《朱批奏折》，嘉庆十九年二月初八日吏部尚书署直隶总督章煦奏折。

教讲授。"又假捏闭目运气，使性命呼吸相通，今生祛病延年，来生必有好处之言，煽惑视听。"他先后收李景福、李经、吕兴旺、刘美奂为徒。这四人每人送他大钱二三千不等，名为"买道钱"。李景福等四人每逢朔望之期前赴孙家，焚香礼拜，"孙维俭高坐，李景福、李经、吕兴旺、刘美奂等跪听讲道。日久熟习其技，均起意收徒惑众骗钱，各自在家设教"①。数年间五人共收六府十几个县份的弟子九十五名，再传弟子一千六百余名。孙维俭家有祖遗手抄《护道榜文》一轴，内有大乘字样，孙维俭"即自称为古大乘教"，自立为大乘教主。他因习教人数日多，"遂起意建盖列圣佛堂，冀避邪教名目，兼可藉此敛钱"②。孙维俭以"邪教"教首身份，却要建清朝帝王佛堂，无非是为了取媚当局，获得合法传教权力。在清代，这样的民间教首为数不少，但没有一个获得成功。孙维俭为了取得传教的合法性，走了一条特殊的途径，希图打通孔府关节，"求衍圣公代为具奏"，以便兴建"列圣佛堂"，使之成为传教庇护所。为了达到这个目的。孙维俭命令各地次会首"分路劝捐"，分别于嘉庆十三、十四两年敛钱一万四千余两、三万三千九百余两，共计四万八千余两，汇交巨鹿由孙维俭代管。

嘉庆十四年正月初八日，孙维俭派遣李景福、吕兴旺、刘美奂三人携银前赴曲阜，见到了孔府执事官孔传扬，捐银五百两，修理祭器。同时仰恳孔传扬转禀衍圣公，希望转奏列圣佛堂之事。孔传扬以此堂非民间应建，反劝令修葺尼山祠宇，并声言需银五六万两。李景福回到巨鹿后，孙维俭认为可以为孔府修缮尼山庙宇，以此为条件，希望孔府以捐纳授与六七品顶戴，从此自可以孔府为靠山，放胆传教敛钱。嘉庆十四年十月，孙维俭将四万余两白银车载赴曲阜。是时孔传扬已物故，其弟孔传标代管其事，"即带孙维俭等五人谒见衍圣公孔庆镕"。这之后，孙维俭等将银四万二千余两交与孔传标等人，托其购料兴工。孙维俭等"欲再见孔庆镕回明其事，经孔传标用言阻止，孙维俭等因孔传标系四品执事官，又系孔庆镕长辈，俱各深信不疑"③。孔传标等得此意外之财，喜从天降，遂保

---

① 《朱批奏折》，嘉庆十六年六月二十四日直隶总督温承惠奏折。
② 同上。
③ 《朱批奏折》，嘉庆十六年六月二十四日直隶总督温承惠奏折。

举孙维俭为孔府书写六品之职，李景福等分别为赍奏、掌书、启事、伴官等职，每人各发执照一纸，"一面行文该地方官取结"①。孙维俭等人用教徒所献之巨额白银买来了五张空衔，以为找到孔府这座靠山，兴高采烈回归故里。孙维俭等离去后，孔府内展开了一场分肥大战。据嘉庆十六年六月一份奏折记载，孔传标于事发之后为当局逮捕，受到质讯：

> 孔传标初尚狡展，再四研鞫，始据供认收李景福等捐银四万二千余两属实。伊思不过用银万金将尼山祠宇略为修葺，其余即可侵蚀。嗣曹秉和、张协中知其意存乾没，各向索去五千两。又有执事官王信堂、孔昭辉、王肇基、李盛华、许宗珍、钱思廉、刘源深、杜春魁等讹去银自一万余两及一二千两至数百两不等，所剩银两伊置买房产还债花用等语。质之曹秉和、张协中供词大概相同。②

孙维俭诸人所捐四万余两白银既已为孔府官僚所私分，修葺尼山祠便成了一句空话。不仅如此，孔传标欲壑难填，又于嘉庆十五年正月借孙维俭母故，前往吊唁之机，谈及祭品修费不敷，再次勒索孙维俭四百八十两白银。嘉庆十五年十月孙维俭派吕兴旺前往曲阜讯查修葺尼山祠宇工程事宜，孔传标支吾推脱，吕兴旺以告官相威胁，孔传标等声言嘉庆十六年动工。嘉庆十六年四月孙维俭等为人告发入狱，接着孔传标诸人也相继受控被逮。此案衍圣公孔庆镕因受人蒙蔽，不知底里，未受牵连。

经数月审理，此案判决如下：

> 此案孙维俭所有《护道榜文》系乾隆年间广西省曾经查办，奏奉圣谕通行饬禁缴销，乃该犯胆敢收存在家，并因榜文内有大乘字样，兴立教名，烧香集众，传徒敛钱，实属左道异端煽惑为首。该犯首先立教，致李景福等辗转蔓延，传徒一千六百余人，甚至托名建盖佛堂，并往修尼山祠宇，冀图掩饰渔利，两次敛银四万八千余两之多，尤属狡诈藐法，较寻常煽惑为重。孙维俭应依左道异端，烧香集

---

① 《朱批奏折》，嘉庆十六年六月二十四日直隶总督温承惠奏折。
② 《朱批奏折》，嘉庆十六年六月温承惠奏折。

众，伴修善事，煽惑人民为首者绞监候拟绞，请旨即行正法。……李景福、李经、吕兴旺、刘美兔四犯……均应依为从例，发黑龙江给索伦达呼尔为奴，照例刺字。①

其余九十五名次会首皆发往云贵两广"极边烟障地方充军"。至一般信仰者"仰蒙恩旨，已免深究"，在地方衙门具结登记，放回本籍监督，以观后效。②

孙维俭大乘教是从离卦教分离出来的一个政治上十分保守的教团，这个教团在动荡的岁月中一步步向现政权靠拢，希望博得当局青睐，无疑是当时农民运动的一股逆流。它的出现反映了那一时代民间宗教发展的复杂性和多重性。孙维俭勾结孔府官员的事件不仅暴露了大乘教部分宗教领袖对统治者不切实际的幻想，同时也反映了口头上高喊仁义道德忠孝节义的孔府的虚伪与无耻。这一案件在众多的八卦教案中颇具有典型性。

孙维俭大乘教案发生后一年，直隶滦州当局又查办了以董怀信为首的金丹八卦教案，这个教团活动已达四十年之久，裹胁信仰者达五千余众。又过数年，嘉庆二十四年当局在山东发现了离卦教异名同教——圣贤教教团。这两次教案虽然也为当局所重视，但都不如道光三年末、四年初当局在山东临清、直隶清河揭露出来的"邪教案"——明天教首马进忠称皇帝案更具特色。

第二节 明天教与马进忠自称皇帝案

明清时代乃至近代，民间宗教教主在自己的宗教圈子内妄称帝王者不胜枚举。这些人一般不具备什么政治、经济、军事实力，且其所思所行多庸劣可哂，却公然以帝王自居，大封"三宫六院"，设立宰相、六部、将军诸职，甚至在土炕上举行"登基"仪式，凡此种种都令正常人不可思议。清代，在为数众多妄自称帝的教首中，明天教主马进忠可算是热衷做

---

① 《朱批奏折》，嘉庆十六年六月二十四日直隶总督温承惠奏折。
② 同上。

帝王梦的典型。

道光三年十二月十日，山东临清州知州冯春晖禀报署山东巡抚琦善：本州境内吊马桥地方拿获传习"邪教"民人王廷贤等八人，究出教首直隶清河人马进忠。马进忠是时住居在山东馆陶县人刘允中家内，琦善遂委员逮捕了马进忠及刘允中等人，起获乾卦白绸三角旗、黄绫三角旗各一面，黄绫、红绸布各两条，歌词一本，教徒捐粮米二百七十一石。初审结果，得知马进忠所行教名叫明天教，他自号圣人，并将刘允中之女封为"正宫娘娘"，将与其有奸情的郭氏等封为"三宫六院"。当局在数日内拿获教徒六十一名。道光三年十二月二十日琦善将此案初审结果上奏皇帝，引起道光皇帝的重视，并于十二月二十六日谕军机大臣：

> 琦善奏访临清等处邪教，……讯出妄易姓名，伪封官职各逆情一折，查拿甚属认真，可嘉之至。此案马进忠学习乾卦教，并有坤卦旗帜，传徒惑众，谋为不轨，……不可不严切根究。……此时该犯等供词，尚无指实，断不可草率了结，亦不可过事张皇。其如何谋逆？约在何时何地？果得有紧要确据，由驿具奏。马进忠虽气体软弱，未便刑求，必须设法研鞫，以期水落石出，切勿使现犯隐匿重情，伙犯幸逃法网，致将来余蘖复萌，重为地方之害也。将此谕令知之。①

此谕一下，琦善诸人加紧审理马进忠一案。至道光四年正月十三日，当局已拿获同案"首伙要犯"三百余人，审出马进忠谋划攻打临清州，"谋为不轨"实情。②

道光皇帝下旨赐署山东巡抚琦善承袭侯爵之位并表彰琦善：

> 汝之实心任事，才守兼优，早在朕洞鉴之中，即现办临清一案，若非汝之率属严明，又不知幻出何等情事矣。思及此，朕喜得人之庆。汝嗣后当加倍忠勤，以佐治理，以副委任，永沐国恩于无穷也。

---

① 《清宣宗实录》卷六十三。
② 《清宣宗实录》卷六十四。

勉之。①

琦善受宠，即从办理此案始。道光为什么如此重视这一"邪教案"？清实录对此讳莫如深。其实，道光重奖琦善的根本原因是他完满地破获了这起自称皇帝的案件。在天无二日、国无两帝的封建社会，"谋逆"之大，莫过称帝。因此在道光的眼中，此案为最重之"要案"。关于马进忠习教、称帝、败亡，清代档案不仅有详细记载，且记载了马万良、马进忠父子等人的供词，从而使我们得以了解这一事件的来龙去脉。

根据道光四年三月琦善奏折及马进忠等人供词，马万良、马进忠父子所创明天教并非八卦教中乾卦教，而是郜姓家族及刘功（刘恭）之离卦教：

> 马进忠籍历直隶清河县，其故祖马勤与嗣父马万良俱拜白阳教首犯案病故之刘恭为师，教令生功运气，采清换浊，并投耳为东方甲乙木等句咒语，及真空家乡、无生父母八字真言。时有已获正法之吴得荣、在逃之唐锡中及现获之冯老条、赵第九、于敬思、顾老得……亦先后拜刘恭为师。……共五十五人……。此刘恭传习白阳举之支派也。嘉庆十九年刘恭犯案病故，吴得荣接管教务，马万良与现获之郭浩德……俱拜吴得荣为师。②

刘恭、吴得荣所传的白阳教即离卦教，这一点有多种史料言之凿凿。刘恭（刘功）亦是直隶清河人，清河在嘉、道时代是离卦教传教中心，其影响及马氏祖孙三代是不足为怪的。

嘉庆十九年吴得荣掌握部分离卦教权，遂将白阳教改名为八卦教，将教徒分为八卦，令主要头目各领一卦。马万良分得乾卦，郭浩德分得坎卦，吴得荣自任八卦教教首。③当然，吴得荣的"八卦教"仅仅是离卦教中的一个小支派，而马万良所掌乾卦教更是支派中之支派。

---

① 《清宣宗实录》卷六十四。
② 《朱批奏折》，道光四年三月十八日琦善奏折。
③ 同上。

　　道光元年吴得荣为当局捕获处死，马万良等人侥幸漏网。不久，郭浩德等奉马万良为教首，"是年四月十二日，马万良因继子马进忠言语灵便，能造歌词，将教首传与马进忠执掌。马进忠以八卦教屡次犯案，因改为明天教"①。据马万良供词称，"继子因八卦教屡次犯法，改为明天教，捏说讲明天理"②。

　　马进忠充任教首并改教名为明天教后，逐渐改变了离卦教仅知传教敛钱不过问政治的传统宗旨，把这支教派引上了为少数野心家服务的道路。

　　道光三年五月间，马进忠"因刘恭犯案身死，吴得荣犯案正法，同教中人每为叹惜，且直隶连年被水歉收，人心易于煽惑，起意纠众造反"③。马进忠对众人说：

　　　　八卦教中原有九宫，万派归一。从前教主是李太玉，凡同教中人都应改为李姓，合成一家。④

马进忠的意图十分明显，即合万姓为一家，以异姓同宗的办法控制明天教，以便他在教内为所欲为。这以后马万良、马进忠皆改名为李万良、李进忠，门徒依之行事。道光初年直隶清河、山东临清的这支八卦教教团第一次创造出教祖为李太玉即后来之李亭玉的传说。这种传说在以后愈演愈烈，以致在民国初年成为九宫道（即普济佛教正字会）道首李姓家族掌权的重要依据。

　　为了蒙蔽徒众，马进忠又捏称刘恭是尧王转世，马万良是舜王转世，马进忠是禹王转世。按照尧舜禹禅让天下之说，现世应马进忠执掌。为了"执掌"天下，马万良、马进忠在道光三年十月初一日导演了一场"帝位禅让"，"新帝登基"的闹剧。"登基"的场所在馆陶县刘允中家中。事前准备了黄绫袍一件，作为"登基"时的"龙袍"，黄旗两杆，为"皇帝"马进忠所用，白旗两杆，一杆上画乾卦图像，为马万良所用，另一杆白旗画坤卦图像，为"皇后"刘氏所用。马万良在事后供词中描绘了马进忠

---

① 《朱批奏折》道光四年三月十八日琦善奏折。

② 同上。

③ 《军机处录副奏折》，道光四年正月马万良供词。

④ 同上。

"称帝"的场面：

> 到了（十月）初一那一天，到了三十余人，摆了桌供，小的坐在当中，继子穿上黄袍，说请老主让位，小的下来让继子坐下，就算登基。众人磕了头，起了天心顺年号，封小的为明天教主，刘允中之女刘氏、侄媳李氏及董顾氏们九人为三宫六院。又封刘允中们为将军、六部、四丞相，郭浩德为护国军师。又分七十二贤、十二差官名目。那日男女徒弟并未到齐，有当面封的，有未到预先封的，也有十一月二十五日继子回家在那里封的。①

这种农民式的"登基"场面，千古以来在底层一次又一次地重复着，接着就是流血与悲剧。农民阶级与地主阶级同样是皇权的崇拜者和追求者，谁掌握群众与武装，谁就代表了天的意志，谁就有称王称帝的权力。在马进忠导演完这场"登基"闹剧以后，毕竟知道农村土炕算不上"龙庭"，号称皇帝和帝王本身之间并不能画等号。为了实现帝王梦想，马进忠决意实施攻打临清、清河的"计划"。马进忠等原打算抢攻清河县城，但道光三年清河被水，人心不齐，所以改为道光三年十二月十五日在临清城外会合，"暗进临清西门，夜晚动手，乘人不备，先抢文武衙门，得了枪炮再回去抢清河县城。有了人马器械，再商议二月初取龙抬头吉日起身，一路打抢北上。众各允从"②。这个计划完全像马进忠"登基"，一样，是痴人说梦。因为马进忠并没有为攻打临清做任何现实的准备，而是在"登基"之后，从山东临清回归清河，"衣锦还乡"。在大事招摇不久，便为地方民人告发：

> 到了十一月二十一日，继子在刘允中家与刘氏成亲后，二十四日头扎红绸，身披黄绫，同刘氏坐车回清河家中，口称圣人回家转道。二十八日转回，外间就有人说是邪教。继子赶将黄袍、黄白旗各一面叫刘氏絮在棉袄里，一方与刘允中、吴佩连、贺七、王兴周们商量催

---

① 《军机处录副奏折》，道光四年正月马万良供词。
② 同上。

人闹事，就被官人访拿了。①

一场妄自称帝的闹剧就此结束了，从马进忠"登基"到被逮捕仅两个月。从马进忠事件中，人们不难得出这样的结论：宗教的确具备麻醉剂的功能。宗教对于那些失去了自我认识及对客观认识能力的人来说更具有幻惑作用，它进一步使那些人失去判断事物的能力，陷入泥淖，至死不悟。中国的民间宗教的教首或预言家们大都是文化水准低下，以宗教为职业的下层人士，为了改变自身的命运，他们一方面用宗教惑人，同时也为宗教意识所惑，一旦手中掌握了部分群众，遂在自己的宗教王国中为所欲为，任意行事，而不顾及客观条件对人们的制约，进行常人难以逆料、荒诞不经的行动。在马进忠这样的宗教领袖认为：天命系于一身，整个世界皆受制于他一人的意志，他则在天意的支配下，隐隐然登上主宰尘世的宝座。这无疑是一种迷茫的幻觉，然而这种幻觉带来的后果却是人间的惨剧。它祸及五百七十余人。

有清当局对马进忠称皇帝一案处理之残酷骇人听闻。依《大清律》载："谋反大逆，但共谋者，不分首从已未行，皆凌迟处死。"此案即属所谓"大逆谋反"罪案，因马进忠"传教惑众，胆敢谋为不轨，封官制袍，伪立年号，散包纠党，约期起事"，致使马进忠、马万良等二十四人被当局凌迟处死。李振兴以下六十二人"亦共谋者"，但"罪情较轻"，皆斩立决。又有五十二人属于次重"人犯"，拟斩监候，秋审后，再行斩刑。又三百零九人发往新疆"给大小伯克及力能管束之回子为奴"，余下五十七名教徒亦被发往"云贵两广烟障地方充军"②。

在马进忠明天教成员惨遭刑戮的同时，山东巡抚琦善却用人血染红了自己的顶戴。他不仅承袭了侯位，又于道光四年四月十日"蒙圣主逾格隆施"：

　　　　奉上谕：此案……办理详慎妥速，甚属可嘉，署山东巡抚琦善著

---

① 《军机处录副奏折》，道光四年正月马万良供词。
② 《朱批奏折》，道光四年三月十八日琦善奏折。

加恩赏戴花翎，并著交部议叙。①

正是通过对普通群众残酷的镇压，才使琦善这个近代史上有名的卖国贼，一步步爬进了清政权最高权力机构。

第三节 刘功与尹老须案

嘉庆十六年孙维俭大乘教案与道光三年马进忠明天教案都属于离卦教范畴内著名的大案，但这两次案件并未涉及直隶离卦教的核心。直隶离卦教是以郜生文—刘功—尹老须这一传承谱系为神经中枢的。正像本章开头部分所描述的那样，离卦教传教中心是由河南而山东，由山东而直隶。到直隶清河县刘功掌握离卦教时，正是离卦郜姓家族连续受挫的时代。刘功于乾隆中叶得授于郜生文亲传，此后他在华北地区传教四十余年，亲传再传弟子遍布直隶、山东、山西、苏北数十个州县，备受崇拜。嘉庆十八年，刘功之徒孙起洛传徒狄畛，"在山东兰山县犯案，供出孙起洛并解老松，行文直隶查拿刘功"②。嘉庆十九年二月初，刘功再传弟子杨遇山因犯"谋逆"罪，在南和县被捕，也供出刘功。刘功被捕后，"解往山东质讯，行抵景州，在途病故"③。刘功在被捕前夕，曾将教权传与直隶清河县人尹老须即尹资源。此后刘功所创教业均掌握在尹氏父子手中，近二十年之久。

关于尹老须，《清实录》有少许记载：

> 恭录道光十二年五月初九奉旨：此案尹老须即尹资源，接管刘功离卦教，自称南阳佛。创立朝考等场，黑风劫名目，神奇其说，煽惑至数千人之多，勾结至三省之远，狂悖已极。尹老须即尹资源，着即凌迟处死，仍传首犯事地方，以昭炯戒。尹明仁听从伊父习教多年，

① 《朱批奏折》，道光四年四月十日琦善奏折。
② 《军机处录副奏折》，道光十二年五月九日曹振镛奏折。
③ 同上。

实属世济其恶，尹明仁着即处斩。韩老吉、肖滋依议斩，着监候，入
于本年秋审实情办理。其失察之地方官及查办不实各员，着吏部查取
职名，分别议处。余依议，钦此。①

道光年间，在直隶任地方官之黄育楩著《破邪详辩》，内中曾嘲讽尹
老须：

> 即如清河教犯尹老须，言能出神上天，接见无生，盖仿透出昆仑
> 而言。迨至刑部堂前，用刑恐吓，即稽首乞怜，涕泗交流，供称出神
> 上天并无其事。至绑出时，其急惶惶之像，恐惧之形，不堪言状。至
> 凌迟时，犹复苦苦哀号，连叫数十声而后死。尹老须自称为南阳佛，
> 人亦共称为南阳佛，乃于严审之先不能上天，凌迟不能上天，其平日
> 之出神上天，将谁欺乎？邪经所谓透出昆仑，直上天官大率如此，不
> 可信也。②

上两段为官书及笔记对尹老须案较详尽之记录，但毕竟多语焉不详，令人
难知所云。今以档案史料，对此案详加叙述。

道光十一年七月，直隶总督琦善接准河南巡抚杨国桢来函，以六月十
七日怀安府城门内粘有解培玉揭帖一封，"内称韩复元传单直隶清河县杜
家务村殷老须，欲聚阴魂大阵，约共谋逆"。这份揭帖"照开名单一纸"，
"开列直隶籍贯者共七十余人。内唯为首之殷老须一名，住居清河，余俱
散处平乡、巨鹿、任县、南宫、新河、隆平、宁晋等七县"。河南抚臣在
函中会知琦善密查。③

在此期间，又有村民马顺天、陈洛八也得到传单，呈首官府，呈单内
称"身等于今年五月初五日接韩福元传单，内语清河县杜家务村殷老须
本是未来真主，欲聚阴魂大阵，净（争）夺江山。……又称殷老须前有
七星猴，后有八卦龙，而且山崩地裂时展（即）将到，何不早替未来出

---

① 《清宣宗实录》卷二二一。
② （清）黄育楩：《破邪详辩》卷一。
③ 《军机处录副奏折》，道光十一年七月二十五日琦善奏片。

力报效等语。……但身等本系庄农，岂敢与伊谋逆，为此将伊传单一并呈上……"①。

在清代档案中还存有一不具名揭帖，内称：

> 清河县杜家务村殷老须父子是未来真命皇帝，国号大兴。甲午年承齐天下，普天下同庆。先占了山东六府，后占了河南八府，再占了山西五府。又得了里八府，何愁北京。天鸡叫，地鸡应，聚大五土立中京，一朝八帝不为真，九宫出世灭八门。书信传到州城县，时晨（辰）到了天下通……。②

清朝地方政府接连得获三种不同揭贴或传单，都是针对直隶清河县殷老须的。其罪名如果指实，将为当局判为"谋逆"罪。直隶总督琦善接准河南抚臣来函后，认为揭帖作者"踪迹诡秘，显有挟仇诬陷，捏情拖累情事"。"且如果谋为不轨，岂肯将首从姓名、住址轻泄于人。"但琦善还是"就近派委妥员，不动声色，密访殷老须等"③。

直隶当局不久将尹老须、尹明仁父子提省审讯。在这次审问中"尹老须捏供掘获藏银，因而暴富，并无习教为匪等情"。同时有清河人氏李逢吉、尹从山、安文炳、滕兰磬等联名出具保结"均称尹老须实系安分良民"。地保杨来修亦隐藏了尹老须"邪教"身份，"亦扶同具结"。直隶总督琦善因此案并非本省首先举发，并不实心办理，遂为众人眩惑，释放了尹氏父子。④

道光十二年初，当局于他案审出白阳教头子王法中。王法中先得河南涉县人申老叙传授，后创"旗门即佛门"之说，到直隶、北京等地煽惑，传徒敛钱。王法中教内信徒阎老得原为孙维俭大乘教信徒，于嘉庆十六年拟徒，道光二年释回。后"投入清河豆家务村人尹老须会内，伊送给尹老须银两，亲见尹老须耳有白毫，臂有肉龙，自称南阳佛，建盖房屋称为

---

① 《军机处录副奏折》，道光十一年五月附村民马天顺等具禀。

② 《军机处录副奏折》，道光十一年（日月不清）关于殷老须之揭贴。

③ 《军机处录副奏折》，道光十一年七月二十五日琦善奏片。

④ 《军机处录副奏折》，道光十二年五月九日曹振镛奏折。

飞龙寺"①。阎老得被捕后供出实情,直隶当局第二次逮捕了尹老须、尹明仁父子,并抓获同教谢老闻、韩老吉等人,"行提归案,隔别熬审"。始搞清尹老须习教、传教的来龙去脉。此案的办理,揭露出一个庞大的民间宗教教团的活动状况,使当局为之震惊。

尹老须即尹资源,又讹传殷老须,籍隶直隶清河县杜家务村。有子尹明仁、尹明义、尹明智。乾隆六十年,他拜从直隶南宫县人田尽忠为师,入离卦教,指点他"耳为东方甲乙木,目为南方丙丁火,鼻为西方庚辛金,口为北方壬癸水。性在两眉中间,外为十字街,内为方寸宝地,是中央戊己土。又称性是无生老母所给,无生老母住在三十三天中黄天,名为真空家乡。又传授闭门运气,从鼻孔收入,名为采清,又从鼻内放出,名为换浊,统名而字功夫。……并称用此功夫生前免受灾病,死后不至转生畜类。复传给'在理'二字,每遇同教之人,彼此问答,均以此作暗号"②。后来,田尽忠认为尹老须功夫纯熟,遂带他到清河离卦教总当家刘功处"领法"。根据教内规矩,"领法以后即可传徒,又名开法"。经刘功向其传授"真空家乡,无生父母"八字"真言",及数句"灵文",具有了传徒敛钱的资格。尹老须开法以后,传授了韩似水父子及自己儿子尹明仁兄弟三人。

嘉庆十五年,尹老须"因习教日久,积妄生魔,每逢闭目,如见天上人来人往。又似听闻音乐,自谓悟道明心。……刘功闻知,即唤尹老须至家问悉前情,许其功夫深透可以上天,至无生老母处办事"。并向其传授在教礼仪:

> 按每年立春、立秋、立夏、立冬日期在家上供,名为四季祭风。正月十五日为上元,七月十五日为中元,十月十五日为下元,至期上供,名为三元。可以祈福消灾。又给与"丰"字作记号,升单填写在内,即可至无生老母处。③

---

① 《军机处录副奏折》,道光十二年正月十八日曹振镛奏折。
② 《军机处录副奏折》,道光十二年五月九日曹振镛奏折。
③ 同上。

尹老须回家后，依刘功所授，按气节上供，并将同教人姓名添入"升单"，"代求福佑"。教徒遂按时送交银钱。

嘉庆十八年，刘功之徒孙起洛之徒狄畛事发，扳出刘功。刘功"因风声日紧，随亲赴尹老须家，谈及孙起洛等业已破案，倘将伊扳出，必被拿究，将教中事交尹老须接管。并称经文内有'老子扳指等南阳'之语，日后有南阳佛出世，此教当兴，嘱尹老须牢记，尹老须应允。刘功回归，旋即被获，解往山东质讯。行抵景州，在途病故。经伊同教已故之葛老亮等将尸柩搬回"①。此段史料足证尹老须为刘功嫡传弟子。

嘉庆二十一年间，离卦教头目韩老吉等人到尹老须家，谈及刘功已故久，传教无人。尹老须遂将刘功生前嘱托之意告诉众人。韩老吉等公推尹老须为离卦教总当家。从此，尹老须就接管了刘功传教家底。刘功生前门徒遍及鲁、直、苏北数十州县，达五千余众。众人闻知新总当家已立，纷纷拜在门下。

下面将刘功、尹老须离卦教势力分布列表如下（见表1）：下面的离卦教分布图示，并未包括刘功、尹老须教团的整个地区和信徒数字，更不能代表这个教团以外的离卦教支派的分布。离卦教的势力远比这大得多。

嘉庆二十五年，随着教势不断膨胀，尹老须延请同教谢老闻到家中帮办教中事务。他们利用民间宗教世界广为流传的三世说，指称现在是白阳

表1　　　　　　　　　　离卦教势力分布表

传教人	传教人籍贯	传教地区	传教人数	备注
张老化 张本善	直隶清河县	直隶清河等县	三百余人	
史三省 梁老灿	直隶南宫县	直隶威县、南官县山东临清州	一百余人	
韩丰年 孙效畛	山东临清州	直隶巨鹿、隆平、南和、平乡、任县	一百余人	
冯振九之徒刘　　辉等	山东清平县等	山东清平县、冠县等处	一千余人	离卦教南会

① 《军机处录副奏折》，道光十二年五月九日曹振镛奏折。

续表

传教人	传教人籍贯	传教地区	传教人数	备注
冯振九之徒 韩　发等	山东高唐州等地	山东高唐州、夏津、聊城、邱县、党邑等地	一千余人	离卦教南会
狄汉符	山东兰山县	山东南部 江苏北部	二千余人	
刘景业	山东峄县			
马士成	江苏邳县			

劫，弥勒佛将收末劫之人，命教徒开写姓名，"每名出钱数百文，汇送伊家上供。将姓名列入单内，升至无生老母处，名为书丁"。三省数十州县，近五千名教徒及头目"均因闻知尹老须于刘功故后接充当家，各出钱文前往书丁，并带领同教之人俱归尹老须教内。尹老须因此敛钱致富"。"所有书丁之人均系谢老闻代记帐单，交尹老须办理"。不过数年间，尹老须暴富。他利用这笔钱为长子尹明仁"报捐州同职衔，为伊请六品典封。并陆续置买田宅，设立铺业。因见人数众多，教务兴旺，随附会刘功日后有南阳佛出世，倡兴此教之说，自称为南阳佛。因耳内旧有长毫并添捏臂有肉龙，以为异相。又陆续盖房两所，一百余间。西所系属住宅，留东所以待同教之人，取经内收找元人归家认母之义，名正厅为收元厅，统名飞龙寺"①。

尹老须以骇人听闻的速度聚敛着财富，却"未能满欲"。他和谢老闻等相商敛钱新术：

> 捏称无生老母与先天老爷要随时考察众人功夫，增添福力，随创为大场、小场、期考、均正、巡香等名目，令谢老闻开写传单，载明日月时刻，……以次传给同教之人，先期敛钱凑交各头目，汇送伊家，置办祭供。……又商令同教之肖滋、田幅荣假充明眼，作闭目出神，上天问话，妄称加福，大约以出钱多少为加福之等次。又商同肖滋捏称将有劫数，欲使众人畏惧出钱求福。……随令谢老闻书写传单，载明某年应有黑风劫、某年应有臭风劫，彼时即有妖兽食人，语

---

① 《军机处录副奏折》，道光十二年五月九日曹振镛奏折。

极荒诞，仍遣韩老吉等转送各处，教中人被其蛊惑，各送数千、数十千、银数两至数十两不等，均经尹老须收用。①

为了保持庞大的经济利益和教团的统一和稳固，"恐日久分离，不能联络"，尹老须又花样翻新，"捏称八卦本系文王所定，伊即系文王转世，所以为离卦教首"。编造其子尹明仁是武王转世，称年近八十的同教韩老吉系太公转世。为了使同教信服，其嘱令肖滋"于出神上天时假作先天爷言语，向同教传播"。

一个庞大的、连跨三省的民间秘密宗教的地下王国，在尹老须等人的神权统治下得到了暂时的统一。但以追求金钱与教权为目的的宗教是不可能把一个以小生产者为基础的地下宗教组织牢固地把持住的。"日久分离"的结局是不可避免的。金钱源源不绝地流入直隶清河县尹老须的"飞龙寺"，引起了同教的忌妒。道光十一年五月出现在河南怀安府揭帖的作者就是同教肖老尤。肖老尤又名姬三白，其叔肖老明系孙维俭大乘教成员。肖老尤后入离卦教分支——王法中之白阳教，曾指令同教阎老得张贴揭帖，诬告尹老须父子，未果。便亲自出马，张贴匿名揭帖。"伊因同教人多往尹老须处送钱入教，心怀不满，编造逆词，欲令败露。"② 道光十一年，尹老须父子侥幸漏网，但终究躲不过道光十二年的灭顶之灾。

有清当局对尹老须即尹资源一案从重处置。认为此案"虽无谋逆实迹，实属狂悖已极，自应比照大逆问拟。尹老须即尹资源除传习八卦教为首，罪轻不议外，应比照谋反大逆者凌迟处死律凌迟处死。传首犯事地方，以昭炯戒"。"已革州同职衔尹明仁听从伊父尹老须习教多年，迨尹老须嘱令肖滋假捏该犯系武王，……尹明仁应于尹老须凌迟上量减为斩立决。"除尹氏父子重判外，此案还涉及近百人。或拟斩监候，或发遣新疆给大小伯克为奴，或发遣云贵两广烟瘴地方充军。③ 直隶、山东、江苏三省刘功、尹老须势力范围内的离卦教派都遭到残酷打击而元气大丧。但是在中世纪，类似离卦教这样的教派，是难以扼杀而断其根株的。就在尹老

---

① 《军机处录副奏折》，道光十二年五月九日曹振镛奏折。
② 同上。
③ 同上。

须案发生三年以后，道光十五年三月，一支由离卦教衍化而成的先天教教派，在山西人曹顺的策划下在赵城县举行了暴动。这是中国古代史上最后一次农民暴动。

第四节　先天教与曹顺事件始末

道光十五年三月初四、初五两日，山西省赵城县爆发了以先天教首曹顺为领导的农民起义，这是中国古代史上最后一次较大规模的农民造反行动。从此以后，农民阶级就带着固有的沉重锁链迈向了近代，开始了新的悲壮历程。

(一) 离卦教与先天教的倡立

清前期华北地区发生过四次较著名的起义和暴动：乾隆三十九年王伦清水教起义，乾隆五十一年段文经八卦会大名府暴动，嘉庆十八年林清、李文成八卦教起义，道光十五年先天教曹顺起义。这四次行动似乎没有什么内在联系，其实它们都与八卦教系统中各类教派有着直接或间接的关联。曹顺所习先天教就是八卦教中离卦教的一个旁支。

嘉庆二十一年秋，山西当局第一次发现先天教的活动。是年闰六月，赵城县廪生卫君选闻知左近有"邪教"活动，但"因各犯传教秘密，难以得实"，遂向先天教头目刘长禄名下"伪投入教"，给其银元一两，"嘱令带挈入会"。"至闰六月十四日立秋夜间，王宁、李世洪、刘长禄、宋长魁、贾明……与卫君选等设坛，供奉无生老母神位，拜祝供献，并将出钱人姓名录写一单，随帛焚化。"卫君选探得实情，"即赴儒学呈报"，而赵城县知县也同时访知"邪教"，遂拿获先天教教首王宁等三十余人，投首者二十余人，并起获经卷。从而究出先天教倡立、传教原委。得知先天教系离卦教衍化而来，因"离卦教头郜姓曾经传教犯案"，而"讳言离卦教"[①]。关于离卦教，本书第三章已作详细考订，为了搞清先天教的来龙

去脉，在此处再对离卦教传承作简单回顾。

离卦教源远流长，作为八卦教的一个支派，在康熙初年刘佐臣即派令河南商丘人氏郜云龙充任离卦长。从此郜云龙自号透天真人，传徒跪香，口授心法，赌咒发誓，收受根基钱。郜云龙死后至嘉庆十八年时，其教已传承五代，历时一个半世纪。云龙物故后，其子郜晋中、孙郜从化相继掌教。郜从化有子五人：郜大郜承福、郜二郜得福、郜三郜建福、郜四幼殇、郜五郜鸿福。乾隆三十七年，八卦教首刘佐臣曾孙刘省过"犯案"，招出离卦长郜氏兄弟，郜大、郜二、郜三被杀。①另一支离卦教头目郜生文亦于是年为当局捕获处斩。

这以后，离卦教分为两支。一支于乾隆五十二年从河南迁徙至山东聊城县，继续传教生涯。另一支是郜生文之子郜与子郜坦照，留在河南老家，暗中行教。嘉庆十八年九月，直、鲁、豫三省爆发了大规模的八卦教起义。离卦郜姓虽无一人参与其变，但皆因习教，受到牵连，为当局斩决或发配。郜姓虽然受挫，但离卦教却已遍布华北广大地区，异名同教教团林立，先天教仅是其中一支。经嘉庆二十一年秋晋省当局审出之先天教，系传自郜生文一支。

先天教首王宁籍隶忻州，寄居赵城县。嘉庆六年"拜从平定州民寄居直隶巨鹿县之叶生宽为师"。叶生宽又系直隶巨鹿县人侯冈玉传授，"并究出叶生宽曾听从傅济传授《老子歌》案内拟徒"②。当局顺藤摸瓜，在直隶抓获了侯冈玉并其师父孟见顺，遂悉知其教传承的来龙去脉：

> 孟见顺、侯冈玉在直隶供有离卦教、无为救苦教名目，传教首犯系已故离卦教首郜姓。侯冈玉、孟见顺系由已故教匪刘恭辗转传授。……随提侯冈玉、孟见顺等逐加诘讯。据供此教实系已故教匪刘恭传授吴二瓦罐，吴二瓦罐传与已故肖文登，肖文登转传孟见顺，孟见顺转传侯冈玉。……该犯侯冈玉因于习教之后，会遇吴二瓦罐，告知离卦教头郜姓曾经传教破案，该犯虑恐称其门下，招惹是非，是以嘉庆四年赵其祥邀其劝教傅济之时，该犯讳言离卦教，只向傅济传授设誓

---

①《军机处录副奏折》，嘉庆十八年九月三十日郜添佑供词。
②《朱批奏折》，嘉庆二十一年十月二十九日湖广总督孙庭玉奏折。

并坐功运气工夫，尊奉无生老母。王宁等倡立先天教，伊等实不知情。①

此段供词中之部姓即部生文，刘恭即刘功"系由河南商丘犯案正法之部生文传授"。关于刘功传教授徒，及"犯案"病故情况，本章第三节已作交待。刘功有弟子吴二瓦罐，即吴洛兴。吴洛兴死于嘉庆十六年孙维俭大乘教案内，这一点在本章第一节已作交待。先天教这个离卦教旁支就是由部生文、刘功、吴二瓦罐诸人递相传授的。

上段供词中关键性人物是傅济。傅济，籍隶直隶巨鹿，以兽医营生，有子傅邦疑。嘉庆四年拜侯冈玉为师入教，侯冈玉向其隐瞒了所传之教系离卦教。嘉庆五年，傅济传徒山西人叶生宽。傅济是把离卦教引入晋省的传教人。他向叶生宽传授了《老子传道歌》，并给其《龙华经》一部。（注：《龙华经》即《古佛天真考证龙华宝经》，明末清初问世）嘉庆六年"叶生宽引王宁学习此教，拜叶生宽为师。"叶生宽又将《龙华经》转传王宁。② 嘉庆十三年，傅济、叶生宽因习教发配。傅济先发配黑龙江，后改发湖北。叶生宽发配山西崞县。此案内，王宁侥幸漏网。

在叶生宽、傅济发配期间，王宁在赵城县继续进行传教活动。他向僧人普锐借得《药王经》（《救苦忠孝药王宝卷》）、《九莲经》（《皇极金丹九莲正信皈真还乡宝卷》）二部，"一并习诵"。嘉庆十九年十二月王宁传徒宋长荣，从此"开法"，陆续传授李克明等六人。"宋长荣转传其子……并王佐、李长芳……韩鉴等十人。"（注：韩鉴即曹顺之师，下面详述）从嘉庆十九年末到嘉庆二十一年初，王宁共传徒一百一十五名。王宁等人开始"亦止图修善行好，偶为村人祈祷疾病，亦无教名"③。

嘉庆二十年二月，从配所崞县释放回籍的叶生宽"因贫困难度，起意传习坐功运气，惑众敛钱。……往投王宁。见王宁传有徒众，耸令立教做会，收敛布施。"王宁以徒众不多，难以做会，回绝了叶生宽。遂送叶

---

① 《朱批奏折》，嘉庆二十一年十一月二十七日山西巡抚衡龄奏折。
② 同上。
③ 同上。

生宽二千文钱，叶生宽由晋省往投直隶巨鹿傅济之子傅邦疑，在他家染房做工。嘉庆二十一年二月，叶生宽再次回到晋省赵城县，鼓动王宁倡教做会。他以《龙华经》中有"一字为宗，六字普度"的说法，在经内摘取平、照、京、六、喜、动六字，令王宁先取平字，其余五字分给李世洪等五人，"各在无生老母神前拜祝焚化，谎称上达天庭记号，死后免见阎王，不入畜道"。叶生宽见众人信服，遂令王宁设教做会。他"附会《龙华经》内有'无生老母立先天，收源结果凭查号'之语，倡立先天教，又名收源教。尊王宁为当家，每年四季之首做会敛钱分用"①。先天一词来自道教传说："伏羲之《易》小成，为先天；神农之《易》中成，为中天；黄帝之《易》大成，为后天。"② 在八卦教中，历来设有先天、中天、后天牌位。刘佐臣物故后，教中一直尊其为先天老爷。可见先天教的倡立是受了道教和八卦教的影响。至于收源教教名在明代末叶就已出现，八卦教创立之初也曾叫收元教即收源教。

　　叶生宽、王宁所倡先天教，从传承关系上讲当然来自八卦教中的离卦教，但也受到了其他教门的影响。例如《龙华经》就不是八卦教的传教经书，而是圆顿教的经书。所以说先天教只是离卦教的一个旁支。

　　先天教倡教不过四五个月，就被廪生卫君选告发，为当局破获。叶生宽、王宁以倡立先天教、敛钱惑众、设坛献神罪，"依传习邪教惑众者为首绞立决例，绞立决"。孟见顺在监病故。侯冈玉和王宁之徒李克明等九人"改发回城给大小伯克并力能管束之回子为奴"。此案中之韩鉴等二十三人因习教后，"均各改悔不习，并未与各犯往还"，因而从轻发落，"应照违制律，各杖一百，再枷号两个月，满日折责四十板"③。

　　嘉庆二十一年的先天教案就此结束。

(二) 曹顺与先天教起义

　　在清朝统治者的眼中，山西省是其治理的最理想的省份："自我世祖

---

① 《朱批奏折》，嘉庆二十一年十一月二十七日山西巡抚衡龄奏折。
② 杨慎：《丹铅总录》卷十六。
③ 《朱批奏折》，嘉庆二十一年十一月二十七日山西巡抚衡龄奏折。

章皇帝定鼎以来，山西一省厥称顺民，从无小有变动之忧。"① 但残酷的
阶级压迫和民族压迫，却使淳朴的人民忍无可忍，终于在先天教倡立二十
年后，酿成了有清一朝晋省的最大事变。

嘉庆二十一年末，先天教一案审理完毕，当局以为从此可以高枕无
忧。不料先天教却在地下潜行默运，滋生发展。嘉庆二十二年春，王宁之
徒韩鉴，为当局枷号两个月，板责四十，释放回家。几年内，他并未习
教，但终因贫困难度，"习起教来"②。韩鉴是赵城县耿峪村人，平素与同
村人曹顺交好。道光二年，年仅十九岁的曹顺拜韩鉴为师，加入了先天
教。韩鉴教他闭目运气，并念诵"观音老母造法船，造在婆娑海岸
边……"等十六句咒语，让他时常默念，同时供奉无生老母画像。曹顺
"平时学习阴阳并会医病，兼学拳棒"③。赵城县城内有僧人道洪，素行医
道，两人常在一起行医。曹顺曾"见他庙中存有《九莲经卷》，向其借
看"，而沉溺其中。④

道光五年，曾于嘉庆二十一年先天教案内返回原籍的傅济之子傅邦
疑，受赵城县人原傅济之徒吉洪便邀请，到山西省传教。"吉洪便与韩
鉴、韩奎、宋银奎四人均拜傅邦疑为师。并询知韩鉴先于道光二年收曹顺
为徒"。傅邦疑传教之法是：

> 望空烧香供茶，师徒一同跪地磕头、设誓。口称：俺今替祖亲传
> 密密还乡道，俺传正法正道，要传邪法，哄了群黎，自身化为脓血。
> 徒弟接应：情愿向善，若敢不遵，泄漏真传，不过百日，化为脓血。

设誓完毕，遂令群徒闭目盘膝而坐，用于抹脸，以鼻吸气，从口中
出，名为采清换浊。又授以"耳不听非声、目不观非色、鼻不闻恶味、
口不出恶言四语。平日敬奉无生老母、先天老爷，求免灾难轮回。"在教
内，徒弟称师父为当家，师父称徒弟为善人。⑤

---

① 《军机处录副奏折》，道光十五年（日、月不清）张相奏折。
② 《军机处录副奏折》，道光十五年闰六月四日曹顺供词。
③ 同上。
④ 同上。
⑤ 《朱批奏折》，道光十五年十二月四日山西巡抚申启贤奏折。

　　道光十一年二月间，傅邦疑至平定州传徒杨潭等十八人。是年十一月再次至赵城县耿峪村。这次，"曹顺、韩绍祖即韩毛狗、韩枝、韩七郎、狄先道、靳恒汰、张汶斌、韩兴基等八人拜傅邦疑为师"。这样，曹顺在教内先后曾拜韩鉴，傅邦疑两人为师。但"教内均不知由离卦教改立根由"①。

　　从本节上述内容可归纳曹顺习教传承关系如下：

　　从道光十一年起，傅邦疑每年按四季派令门徒去晋省向韩鉴、曹顺等人收取"上供钱文"，以饱囊驮。道光十四年，傅邦疑"因所收银钱无多，冀广传渔利……，随捏称下元劫数，荒欠瘟疫"，耸动视听。他编造歌词云："不知道光定佛位，爱求圣帝看祖言"，"处处利名散瘟病，四下动头闹省城"②。这些歌词，特别是"四处动头闹省城"等语，在后来的确启迪了曹顺等人攻打赵城县等州县之举。

　　道光十四年九月，韩鉴因年老力衰，无力经营教业，遂把教权交给曹顺掌管。曹顺掌管赵城先天教以后，使这个仅知传教渔利的教门发生了质的转变，他引导教徒走上了反清起事的道路。

　　自从曹顺掌教以后，因傅邦疑在自己的传教范围内不断敛钱，减少了自家财路，遂断绝了与傅邦疑的来往，"自立教门"。他粗晓医道，"治病见效"，又"素习阴阳业"，"兼习拳棒"，"村人被其愚弄，皆信服。该犯复捏称伊系释迦佛转世，知人前生。从此信服者益众"③。其间韩鉴令其弟韩奇、其子韩修娃、韩毛狗等"均拜曹顺为师"。"旋有张汶斌等并

　　①　《朱批奏折》，道光十五年十二月四日山西巡抚申启贤奏折。
　　②　同上。
　　③　《军机处录副奏折》，道光十五年四月三日山西巡抚鄂顺安奏折。

县役赵法玉、狄思亮，马夫杨潮法均先后拜曹顺为师。内先已拜从傅邦疑等学习先天教之人，因见曹顺传法新奇，亦投入教内。"①

曹顺是粗通文墨的人，为了诱人入教，巩固教徒信仰，他捏称教中之人"各有来历"，他则"知人前生"。他宣称门徒们分别是海瑞、魏延、杨四郎、徐庶、杨业、哪叱、孙猴儿等等的"转世"。其实曹顺不过从戏文中道听途说了一些"英雄人物"，随意拿来安在众人头上，但无知愚昧的徒众闻之欣喜，"彼此附会，迷罔日深"②。

道光十五年正月，曹顺修房取土，偶获铜印一颗，大喜过望。据曹顺被捕后供词说："因想铜印非常人之物，小人既能得授，将来自当大贵。又因徒众渐多，遂起意造反。"③ 曹顺起义当然有着深刻的经济、政治背景，但一颗铜印的挖掘，竟构成了这次事件的导因，说明宗教和迷信意识在一块贫困、愚昧的土地上也会产生巨大的刺激或启迪功能。同时也说明，尽管封建专制在有清一朝极为酷烈，统治阶级对底层群众的思想控制又是十分脆弱的。

道光十五年二月十六日，曹顺等人开始了起义的策划工作。他先与韩鉴等耿峪村附近的头目，继与城内僧人道洪，衙役赵法玉、耿思亮，驿站马头杨潮法等人相商："俟煽惑人众，陆续敛钱，打造军器。定期八月十五日遣人分往平阳府、霍州、洪洞县、赵城四处，同时起事。"④

三月初二日，起事计划为乡约张进武探得，进城首告。张进武先与赵城县吏董良史相商，不料董良史也是先天教教徒，"恐被供出，阻止未报"⑤。三月初三日，赵城县知县杨延亮已访闻先天教"谋逆"消息，命令衙役郭二魁等往拿。作为县役的先天教徒赵法玉、耿思亮已闻得此举，由耿思亮赶往耿峪村送信，"嘱令赶早起事"。曹顺闻信急忙召集韩鉴与众门徒计议。据后来曹顺供词记载：

　　　　小的齐集韩鉴们相商。韩鉴说人少没有兵器，难敌官兵。小的说

---

① 《军机处录副奏折》，道光十五年六月四日山西巡抚鄂顺安奏折。
② 同上。
③ 《军机处录副奏折》，道光十五年闰六月四日曹顺供词。
④ 《军机处录副奏折》，道光十五年六月四日鄂顺安奏折。
⑤ 《军机处录副奏折》，道光十五年闰六月四日曹顺供词。

若被县官拿住，都没性命，不如先行动手。杨潮法说，赵城地当大道，若把来往文报截阻，各处不得信息，救兵一时不能前来，可以裹胁多人，守险抗拒。小的就定于三月初四日夜起手。①

曹顺命门徒苗三娃等书写传单，盖上铜印印章，分往各村通知教徒，并知会僧人道洪在城内接应。又命韩鉴等人在村内搜取各家刀棍、农具，"将弯的改直，圆的出尖，像是矛枪的样子，连夜打造。初四日，韩奇们纠得徒众，并逼胁村人共二百多人，……叫他们头上扎挽绸布做记号。红色为大，蓝色为中，其余都挽青结。"②曹顺恐众人畏惧枪炮，声称他有法术，能避火器，不怕枪打，以壮门徒胆气。他封韩奇、张汶斌为领兵元帅，李吉星、苗三娃为军师。命韩奇、张汶斌、苗三娃分头领人进城，在道洪庙内聚齐，然后攻打县衙。占领赵城后，再分头攻取霍州、洪洞县城池，之后再攻平阳府。同时，又派命杨潮法抢劫驿站马号中的马匹，分发给众人乘骑。③

三月初四日三更，韩奇带领六七十人由赵城西面城墙坍缺处爬越进城，在道洪庙内汇齐。四更时开启北门，放入其余人众。韩奇、张汶斌携同道洪与众教徒进攻县衙，赵法玉、狄思亮在衙内接应，"举火引路"。是时知县杨延亮及母、妻、四子二女尚在梦乡，猝不及防，遂为韩奇、郭世杰等人全行杀毙。幕友杨成鼎并家丁、婢女等五人亦同时被杀。④当时杨延亮家丁焦福"惊闻大堂喧闹，起身出看，有匪徒多人，放火烧毁监狱、大堂，延烧官署，不知本县存亡，该家丁从署内跳出，来州禀报"⑤。

先天教徒占领赵城县后，分兵两路，于初五日向霍州城和洪洞县进发。"沿途掳掠裹胁各有三四百人，迫至城下，该城、县施放枪炮，击毙数人，贼众始知能避火器之言系属妄诞，均各退避。"⑥关于围攻霍州和洪洞县的义军人数，各类奏折说法不一。据山西巡抚鄂顺安三月初八日奏

①　《军机处录副奏折》，道光十五年闰六月四日曹顺供词。
②　同上。
③　同上。
④　《军机处录副奏折》，道光十五年六月十一日监察御史蔡子璧奏折。
⑤　《军机处录副奏折》，道光十五年三月八日山西巡抚鄂顺安奏折。
⑥　《军机处录副奏折》，道光十五年六月四日山西巡抚鄂顺安奏折。

折称："是日（三月五日）接据灵石县祥玉禀报，该县与霍州毗连，速探得霍州城垣约有匪徒二千人围住，现在严密防堵等情。"① 三月十一日鄂顺安奏折称："据洪洞县知县俞佐发称，初五日午刻有贼匪四五百人行至县城，势欲攻打。经该文武各官督率兵役，施放鸟枪，匪徒退避。夜间复至，又经放枪击退。"②

初五晚间，杨法潮和韩五达先后从霍州和洪洞县回到赵城县狄峪村，向曹顺报告"霍州、洪洞的人马都被城上官兵放枪打败。……大众纷纷逃散"。曹顺听闻，放弃对逃散的众教徒的组织领导，只顾自己逃命。他"想起七八年前韩鉴说过，此教是山东传到直隶，直隶传到山西。山东府里有一教首姓刘，所以往找"③。曹顺和李吉兴逃往山东避难，路遇张汶斌。三人同行至山东曹州府观城县。三月二十二日躲避在观城县外荒僻的破庙之中，为巡查的营弁拿获，解省审讯。④ 至五月解赴晋省归案。

先天教起义极大地震惊了山西当局。三月六日消息传至省城，巡抚鄂顺安"不胜惊骇"，立即布署省城满汉官兵八百名，汾州、孟寿等地营兵五百五十名。又命大同总兵带兵三千，"驰往合剿"。清兵未到，先天教起义成员或已逃散，或已避入山中。由于无人领导，迅速彻底失败。起义消息传至北京，清廷命陕西、直隶、河南、山东诸邻省"严加堵截"。其实赵城先天教起义，不过是数十名骨干成员，率数百名乌合之众，事前既无准备，事后又缺乏良好组织，使用"军械"多为农具、棍棒，而策划者一闻败绩，即行逃窜。但封建统治者却如临大敌，集晋省数千精兵，并以邻省重兵把守关隘。清代至道光朝时，的确是衰败之至了。但是这个衰败的王朝，对失败了的人民却无所不用其极，暴露了封建统治者凶残的本性。道光皇帝亲下谕旨：将杀死县官杨延亮的教徒"摘心致祭"。而此案办理，亦骇人听闻。据山西当局"汇开清单"记载：

寸磔人犯一名：曹顺。凌迟摘心人犯四名：韩奇、郭世杰等。凌迟人犯二十名：张汶斌、苗庭赞等。斩决枭示人犯七十七名：韩枝、韩修娃等。应拟斩决留质人犯一名：耿狄儿。

---

① 《军机处录副奏折》，道光十五年三月八日、三月十一日鄂顺安奏折。
② 《军机处录副奏折》，道光十五年三月八日、三月十一日鄂顺安奏折。
③ 《军机处录副奏折》，道光十五年闰六月四日曹顺供词。
④ 《军机处录副奏折》，道光十五年四月二十日山东巡抚钟祥奏折。

　　道光十五年，山西省赵城县及省城太原府被淹没在奴隶们的血泊中。中世纪最后一场阶级较量，仍然以农民阶级的失败而告结束。但是有着近两千年历史的民间宗教，从未因杀戮而绝迹。贫穷、落后、愚昧、黑暗，恰恰是其滋生的沃土。在中国的历史走向近代以前，类似先天教的民间教派就不下数百种，它们活动在除西藏以外的广大地域，几乎是无处不有，无时不在。就先天教——这个离卦教的旁支而言，道光十五年当局对它"痛加惩处"也没有能将其根除。八年以后的道光二十三年二月，中国已进入近代社会，当局再次发现它在霍州、平阳一带的活动。这个事实告诉人们：只要土壤尚存，野草就一定会滋生下去。

第八章　八卦教与近代中国社会

　　漫漫长夜的中世纪终于在帝国主义坚船利炮的轰击下结束了，古老的中国在 1840 年痛苦地迎来了近代——一个耻辱伴随着进步的时代。一切在封建制度中产生的事物都面临着冲突、矛盾与选择。新与旧、传统与革命像不停顿的大潮一样互相撞击着。内忧外患的神州大地，大事件、大变动接踵而至，短短的几十年间，一两代人经历了鸦片战争、太平天国运动、捻军起义、甲午战争、戊戌变法、义和团运动、辛亥革命。对于一个人来说，只经历过一次这样的事件也足以惊心动魄，然而这一切都凝缩在短短的 71 年间。历史像狂风呼啸而过，为后代人留下了光荣与失败的纪录。在近代，封建地主阶级和农民阶级都承受着历史的阵痛，表现了顽强的生命力。清帝国在如此多事之秋，竟然苟延残喘了数十年，再一次证明中国封建制度巨大的历史惰性。农民阶级和新兴的资产阶级一样是近代历史舞台上的主角，农民阶级一方面为中华民族的生存肩负着重任，对恶势力进行着可歌可泣的抗争，另一方面又为挣脱自身的封建桎梏进行着徒劳的努力。太平天国运动、捻军起义、义和团运动都程度不同地表现出这个阶级在新时代中步履维艰、矛盾重重、欲进又止的窘态。这个阶级渴望着新世界，却又用自身的力量无法达到新的世界。在近代，这个阶级进一步表现出它的悲剧性色彩。

　　在这样一个时代，八卦教似乎被全局性大事变遮掩得黯然失色，不但失去了清前期那种突出的地位，也失去了历史记载的连贯性，这就为我们的研究带来了困难。然而产生于东方深厚土壤层、极具生命力的八卦教，又在捻军运动、义和团运动中，表现出自己对时代的深刻影响。这种生命力不是短暂的、肤浅的，甚至捻军起义、义和团运动已经消失得无影无踪了，大清帝国覆灭了，八卦教依然倡行于世，成为影响全国十几个省份的大教派。然而历史是无情的，时代的步履每向前跨进一步，八卦教这样的教门就愈显现出其封建性、愚昧性、落后性、反动性。偶或对北洋军阀、日本帝国主义表现出激烈的抗争，但更多的则是对中外统治者的依附、苟合，因为这些教门的上层统治集团本身就是落伍的阶级。1949 年以后，中国又迈上了新的历史阶段，在这样一块土地上继续高唱"弥勒下生，佛国治世"，甚至依然表演龙袍加身，"位登九五"的丑剧，不是与时代色彩形成的反差太大了吗？无疑应成为退出历史舞台的东西，然而时至今日，它并没有自动退出历史舞台。这深刻地说明，它曾经赖以生存的土壤依然存在，现实世界依然有它的生存条件，它的存在依然有其合理性的一面，不管人们是否愿意正视这个现实。类似八卦教这样的教门之所以具有如此顽强的生命力，不仅在于它的传统，它生存的经济背景，还在于它的宗教性。有些人拒绝承认它的宗教性，却又希望解决这个社会问题，实在是南其辕而北其辙了。我不是预言家，我无法预测八卦教这样的事物命运的终结。正因为如此，我也只能在这本书中写它 1911 年以前的历史，看看这个宗教在近代中国的表演吧。

第一节　捻军起义与八卦教

中国进入近代不久，南方发生了太平天国运动，北方爆发了捻军起义。捻军起义发轫于豫东、鲁西南、皖北，纵横于华北大平原诸省及苏、皖、鄂、陕诸地，捻军在几乎半壁中国飘忽不定，势如破竹，使八旗军、绿营兵闻风丧胆，清政权焦头烂额，惊诧莫名。捻军特别在直、鲁、豫三省纵横驰骋，如虎添翼，是因为这里有着深厚的反封建传统，有八卦教的强有力呼应。在捻军起义的过程中，鲁西北、直隶南部风起云涌的八卦教起义大军，以捻军的建制为建制，对捻军起义进行了最有力的支持，成为捻军起义的一个有机组成部分。

什么是捻军？捻军之"捻"是何意义？历史资料多有歧义。

《寿光县志》卷十五云：

清自嘉、道以前，承平日久，民不习兵。咸丰十一年辛酉，捻匪扰二东。初，苏、皖间，乡人迎赛有燃油纸捻为龙戏之俗，后则结党杀掠，故曰捻。

另一说与"结党杀掠，故曰捻"之意相近，且认为与白莲教有关：

惟安徽之庐、凤、颍、亳，河南之南、汝、光、陈，向有白莲教遗党，劫掠最横，以朱染须，号曰红胡匪，每一股谓一捻。小捻数人、数十人，大捻二三百人，是为捻匪之始。①

王闿运在《湘军志·平捻篇》中否定了捻子起源于苏、皖、豫的说法：

捻之为寇，盖始于山东。游民相聚，有拜幅，有拜捻，盖始于康熙时。其后捻日益多，淮徐之间，因以一聚为一捻；或曰，其党明火劫人，捻纸然脂，因为之捻，莫之其本所由也。

这种关于捻的起源，至少不失为一有力说法。山东这块古往今来酝酿底层运动最有力之温床，完全可能是捻子的发祥之地。但这段史料依然有语焉不详之处。为什么山东人拜捻，其后徐淮人一聚为一捻，或豫南皖北一股为一捻？这些群众组织捻是为了什么？仅仅为了民间龙戏？这之后的经济动因是什么？其实"捻"之兴起，或"捻"之为"匪"都是为了贩卖私盐。两淮盐场是中国最大的盐场，其税利占全国盐业二分之一，占清政权财政收入的四分之一。因此两淮盐场历来是"私盐团聚要区"②。各类盐枭团伙达十数种之多，都为争夺这块少有的肥肉。山东、河南、安徽诸省的流民为了生存或谋富，纷纷有组织地干起贩私行当，以一聚为一捻，一股为一捻。他们强悍有力，贩私盐之外，则事抢掠，或对抗清军。

官方关于捻子的较早记录是嘉庆十四年御史陶澍的奏折。内称：苏、

---

① （清）黄钧宰：《金壶七墨·浪墨卷》。
② 《两淮盐法志》卷六十。

皖、鲁、豫诸省"盐枭"结伙贩私，每一股称一捻，捻之大小人数不等。这些人竟敢手持武器抗拒官兵。道光年间，山东等省经常有关于"捻匪"的官方记录，其多出没于鲁西南之曹州府等地。至道光二十五年，山东捻子已成为重大的社会问题：

> 东省捻匪伙党众多，虑被查拿，蚁聚不散，为拒捕之计。……捻匪纠众拒捕，恣行不法，必应及时剿办。其直隶、山东连界各属，尤恐此拿彼窜。①
>
> 东省曹州府属捻匪抢劫为患，先经巨野县将著名捻匪刘详拿获。……现在统计拿获捻首巨伙四十六名，歼毙十一名，所有逃散余匪，仍饬分头购缉。②

山东曹、单一带是八卦教发祥地，鲁西北、鲁西南，以及直、鲁、豫交界毗连之地，则是两个世纪八卦教活动要区，历来为统治者污为"盗贼渊薮"。捻子在此地发祥、扩展、活动，不能不受到八卦教的影响。然而捻子并不属于八卦教，它是特定时期流民从事贩私及劫掠的结社组织，不排除部分八卦教徒参与其中。

道光末年内忧外患不止，天灾频仍，捻子终于在反抗暴政的旗帜下聚拢起来。咸丰二年，捻子首领张乐行在豫东首先举事，攻克永城。河南永城与山东曹州毗连，此次举事与山东捻子及皖北捻子皆有关联。与张乐行举事同时，山东、安徽捻军、幅军同时兴起：

> 二年，李僡巡抚山东，兰山幅盗拒杀把总，其魁党在徐、邳、峄、费间。其时山东捻掠海州，安徽捻犯鹿邑、宁陵，而丰、沛、曹、单亦骚然矣。三年，安徽、江南省城俱陷，宿、蒙、亳、寿捻滋甚，……五年，……自是捻众分五旗，率驰突徐、宿、曹、归，防军不能制。③

---

① 《清宣宗实录》卷四百十八。
② 同上。
③ （清）王闿运：《湘军志·平捻篇》。

仅三年，捻军配合太平军，大兴于豫、鲁、苏、皖诸省。咸丰五年，张乐行在安徽涡阳县召集各路捻军会盟，分黄旗、红旗、蓝旗、白旗、黑旗五旗建制。从此捻军在张乐行等人统率下，纵横驰骋于刀光剑影、硝烟烈火之中，屡败清军主力。1863 年（同治二年）太平天国濒临失败，捻军亦败。是年"僧格林沁攻捻雉河集，克之，禽斩张乐行"①。张乐行虽死，但另一支捻军在张宗禹率领下，与太平军首领赖文光汇合，推赖为首领，继起于鲁、豫、皖、鄂、陕诸省。此间，鲁西北、鲁西南八卦教与拳棒结社等组织亦际会风云，揭竿而起，成为这场斗争的主力之一。

在山东举事，或因习教遭受镇压的组织有："邱莘教军"、"幅军"、"邹县教军"、"黄崖教"、"团匪"等等。其中邱莘教军即起于山东邱县、莘县、冠县、馆陶县、阳谷县、堂邑县等处的八卦教团及附属于该教的拳棒组织。幅军则为鲁南苏北运河沿岸以流民为主体的结社造反组织。黄崖教则是来自扬州的知识分子张积中，隐于山东肥城黄崖山，组织的一个道教异端流派教团。而邹县教军及"团匪"，亦与八卦教关系不大，本节主要叙述"邱莘教军"即鲁西北八卦教起义。

据民国《馆陶县志》记载：

> 自官军与太平军相持于大江南北，河南、山东捻匪又起。继以咸丰七年之凶荒，流民失所，土匪又生心。附近各县顽民有习八卦教者，乘机作乱，分张旗帜，以应方色：黄旗匪张善继、孙全仁为首，红旗匪郜洛文、张宗孔为首，白旗匪程顺书、石天雨为首，蓝旗匪左临明为首，花旗匪杨朋岭为首，大绿旗杨泰、杨福龄为首，小绿旗雷凤鸣、王振南为首，张蓝旗之左临明后与姚泰来等改换黑旗，推宋景诗为首。莠民响应，匪民日多。内中惟黑旗、红旗、花旗匪最强，迭扰阳谷、堂邑、莘县、朝城、冠县、馆陶、邱县，以及直隶之广平、曲周等县。②

上段资料明确指出鲁西北各旗军是八卦教。民国《冠县志》亦指出："咸

---

① （清）王闿运：《湘军志·平捻篇》。
② 民国《馆陶县志》大事志，兵警。

丰十冬，岁饥，乡民聚众抗官闹漕，土匪乘机蠢动，推本境七里韩村八卦教匪杨太及其子杨彭龄、其侄杨四为首，造绿色旗帜。……黑旗宋景诗、朱登辉，红旗张怀玉、苏洛昆，白旗李丹简、程三黑，黄旗老奶奶等揭竿响应，旗分五色，乌合万余人，暗勾南捻，同举反旗。……党徒自诩有神授法力，撒豆成兵，骑凳当马，天兵天将作法，驱策一时，鼓惑张皇，居然篝火狐鸣。"① 此段记载与《馆陶县志》关于掌旗人叙述颇有出入，但皆出于八卦教，则毫无疑义。而《冠县志》之记载的旗军与90年前王伦清水教及40年后之义和团多相类，其中传承关系昭然若揭。那么各旗教军与八卦教各卦的组织体系是一种什么关系呢？据《山东军兴纪略》载：

> 初五日（咸丰十一年十二月）……获细作李大萧，讯言匪首习天龙八卦教：习乾兑者，从世钦、程顺书、安兴儿、安喜儿、石天雨等，张白旗；习坤艮者，张善继、张玉怀、张殿甲、孙全仁等，张黄旗；习震巽者，杨太、杨福龄等，张大绿旗，雷凤鸣、王振南等张小绿旗；习离卦者，郜老文、苏洛坤、穆显荣、显贵、张桐、张宗孔等，张红旗；习坎卦者，先张蓝旗之左临明，后与姚泰来、宋景诗、朱登峰、杜慎修等，张黑旗；花旗杨朋岭，杨朋山、杨朋海不知习何卦。冠、莘、堂三县人居多。大小五六股，股千人，少或四五百，习教者十之六，分处莘、堂、冠、馆乡村，邱之芦村、郑滩、钟鼓寨、牛牯庄，人数最伙，多掠马匹，方图大举。②

这段史料告诉人们卦与旗之间的关系是：

乾、兑两卦——白旗
坤、艮两卦——黄旗
震、巽两卦——绿旗
离卦——红旗

① 民国《冠县志》卷十、
② （清）《山东军兴纪略》卷十二。

坎卦——黑旗

上述卦与旗之色彩的关系与五行、干支、方位的关系在古代中国有至深的传统，非一言可说清。八卦教在创立之始就将这种传统接受下来，并写成经咒，命每个入教者牢记在心，成为信仰。据嘉庆十八年九月三十日离卦教徒王普仁供词记载：

> 耳为东方甲乙木，耳上思却听邪言，……真性从耳而出，青人青马青旗号，由东门送出。
> 眼为南方丙丁火，眼上思却观色多，……真性从眼而出，红人红马红旗号，由南门而出。
> 鼻为西方庚辛金，鼻上思却闻香馨，……真性从鼻而出，白人白马白旗号，由西门送出。
> 口为北方壬癸水，口上思却说邪言，……真性从口而出，黑人黑马黑旗号，由北门送出。①

这些咒语极为荒诞，是用于禁锢教徒、使之驯顺拜服的"灵文"。但它透露了卦象、五行、方位、干支、色彩之间的关系：

> 震卦代表东方，与五行中木相配，其色为青，干支为甲乙。
> 离卦代表南方，与五行中火相配，其色为红，干支为丙丁。
> 兑卦代表西方，与五行中金相配，其色为白，干支为庚辛。
> 坎卦代表北方，与五行中水相配，其色为黑，干支为壬癸。

此咒文中还缺一个坤卦。坤卦或云为中央之卦，因其与乾相配为天、地，而地即土，土为五行之尊，或称戊己土，居于八卦九宫中之中央宫，故此刘省过当年称八卦教主时，"唯坤卦一卦未曾立教"，原因即在于此。坤卦无封。坤卦与五行关系应是如此：

---

① 《军机处录副奏折》，嘉庆十八年九月三十日，王普仁供词。

坤卦代表中央，与五行中土相配，其色为黄，干支为戊己。

这样我们就可以列出一个八卦、五行、干支、方位、色彩表格：

表2　　　　　　　　　　八卦教五行八卦相配表

卦象	方位	干支	五行	色彩
震卦	东方	甲乙	木	青
离卦	南方	丙丁	火	红
坤卦	中央	戊己	土	黄
兑卦	西方	庚辛	金	白
坎卦	北方	壬癸	水	黑

用这个八卦教的五行、八卦相配表再考察一下邱莘教军，就会进一步明白其配制的内在原因了。据《山东军兴纪略·邱莘教匪二》记载：

> 白莲教首以黄旗张善继为总头目，杨太、雷凤鸣、张殿甲、石天雨、左临明、宋景诗为各旗目，以甲乙丙丁戊己庚辛壬癸方色为营名。小头目则白旗姚泰来、吕宝义……，绿旗王建功、俞清泰，黑旗张二麻、桑振河……，红旗时书，黄旗刘万清、胡得功……等，不下百数十，各领三四五百人。山东临、邱、冠、馆，入教数百村庄，皆谓白莲社。直隶清、威、乐、广、鸡、平之入教者，皆领方色小旗。

这段史料再次证明邱莘教军以旗代卦，以甲乙丙丁戊己庚辛壬癸干支代营名色是受到八卦教教义的支配。而各旗军以黄旗为贵，黄旗张善继为总头目，又合于五行以土为尊，八卦坤卦掌宫的说法。考之前面史料，张善继的确为坤卦首领。

咸丰十一年二月十一日，鲁西北八卦教起义突然爆发。黄旗军头目孙全仁率众攻入邱县，知县王准率兵勇衙役迎战，互有杀伤。黄旗军"遗弃五色旗纛、令箭、经卷出北门，屯城东"。十九日，大绿旗总头杨太等率众已入冠县境，县令仓皇出逃，"匪由南门入，火署纵囚"。是时黄旗头目张玉怀率众于二十五日焚城门攻入莘县。与此同时，黑旗军首领宋景诗兵临东昌州城，而花旗杨朋岭率众千余围攻馆陶，二十九日入城，"尽火公私庐舍，初三日日中，由西门出窜，渡卫而去，……黄旗张九春再入邱城"①。

咸丰十一年二月邱莘教军互相配合，出其不意，大获全胜，使有清山东当局惊慌失措：

> 是时，东昌西南莘、冠、馆、朝、观濮六州县，官吏不知存亡，惟观城令汝镜怀印入省乞援。七州县无官无兵，乡民良懦黠桀者态从贼。教匪、盐枭、土匪、长枪会匪，千自成群，莫可数计；旋陷范县。②

不过十数天，鲁西北大乱不止，教军人马迅速扩张，教势大振。这样的形势维持了一个多月，至三月下旬，山东署巡抚才派兵五百，僧格林沁又派土默特骑兵五百赴东昌镇压起义军。双方互有杀伤，而教军行动飘忽不定，又攻寿张、阳谷，忽而又遁入直隶，围攻清河、曲周。四月初清河、曲周皆被攻陷。继而大股教军围攻东昌州城。东昌城外"为南漕北上孔道，商贾辐辏，市肆鳞次。……匪五六千分两股，一由北堤扑城，一由南堤入踞东关。……匪盘旋围攻，倏近倏远。……十五日匪四五千三面扑城"。双方正进行殊死决战，清胜保军来援，东昌之围遂解。但"临清、武城又警，攻陷清河之匪，四出攻抄。……寿张县为匪攻围，乞援益急。"四月底，有人奏请敕下胜保分兵三路攻打鲁西北教军。当时，胜保移军冀州，督办直隶、山东军务。杨太、张善继等围攻威县，胜保军击之，"屡解屡围"，"匪巢则在临清邱县之邵家庄、侯家寨、王家庄、下保寺、张三寨五处，壁高堑深，与冠、馆、莘、堂、朝、观六县踞匪呼吸相应。匪目甚多。以踞莘之张玉怀、朝城之宋景师、堂邑之雷凤鸣为魁。"五月二十一日，胜保派大名道王榕吉等率步骑兵二千为前阵，副将徐廷楷率陕、甘、直隶兵千余为后援，攻打邵家庄等五寨，自辰时至未刻，双方激战，教军不支，五寨皆失，首次失利：五月二十四日义军再纠集五旗人

---

① （清）《山东军兴纪略》卷十二。
② 同上。

马五六千众，围攻下保寺清军，又为清军击败，二次失利。五月末，各路教军首领均退回莘、冠、馆、邱诸县，放弃了流动作战的初衷。胜保军乘机围攻莘县大李王庄，为两股义军计一万七八千人夹攻拒战，互有杀伤，六月五日胜保军再攻大李王庄：

> 诸军……抵大李王庄二里许，马步匪踰万列阵东南，旗帜林立下动，庄内有鼓吹声。将士皆愤，骑兵先驰，匪不动；三面驰之，匪均队拨护西南隅。诸军大噪乘之，匪却，枪炮所及，匪前列尽踣。有猛士突入，夺举匪旗，向西南急飚，匪后队随之行，官军再乘之，匪目乘马督战者，刀砍之不止，遂大败，官军克大王庄。①

清军攻克大王庄后，继围攻莘县，"仰攻不已"，教军木石俱下，"官军所伤甚多"。教军为鼓舞士气，"教首披发朱衣登垛，念咒二十余辈，官军愕骇，匪枪炮穴垣出，官军大却"。双方继续攻守战，清军终于攻入北城，进行巷战，教军突出南门，清军遂克莘城。其后胜保派兵追至靳家堤口，破义军寨十余处。是役教军元气大丧，损失将士七八千人。当清军攻入莘时"有数十悍匪拥护一马贼争门欲出，识为匪首杨太，环绕擒之，从匪死斗尽歼，太下马冲突，身被刀矛十数，始仆，遂斩其首"②。

六月十三日胜保军攻朝城，黑旗军宋景诗被围，派人抵胜保军，"陈言景诗慑军威，悔罪乞抚，愿行间效力"。胜保允诺奏言咸丰皇帝：

> 奴才此时军威甚盛，原期尽杀乃止。然剿抚兼施，亦权宜之计。宋景诗虽曾助教，其始并非习教之人，咸丰四年，曾在山东抚臣张亮基部下充勇，所领黑旗多相从习学枪棒之徒。人数既多，略知阵法，群匪倚以为重，收为我用，则匪势顿孤。③

此后，宋景诗受降，在胜保前"匍匐听命"，多次为清军前导，击杀起义

---

① （清）《山东军兴纪略》卷十三。
② 同上。
③ 同上。

教军，使八卦教起义力量受到重大挫折，义军则采取以毒攻毒之计，到处假冒黑旗军，劫掠地方，清军不辨真伪，不敢贸然出击。

七月，直隶清军擒黄旗头领张善继母妻，讯出其匿沙河，遂派兵役突袭该村，获张善继，"解威县胜营处斩"①。

据史料载：张善继，临清侯家庄人，父万选，嘉庆间因习教遣戍新疆，道光六年赦回。善继随母习教，后来杨泰、郜洛文、左临明等公推为教主，自号中央戊己土。而郜洛文、靳参等为离卦教各支派。张善继之死和宋景诗之叛，使邱莘教军群龙无首，面临着失败的局面。从七月至十一月教军屡战屡败，大股部队损失殆尽，在走投无路的情况下，张玉怀、杨朋岭、雷凤鸣、程顺书、丛世钦等皆投降清军。清军则派使分赴各地，"宣谕朝廷威德，数其不轨之罪，予以不杀之恩。匪众崩角稽首，跪道欢呼，声闻数十里"②。在众股八卦教教军中，唯离卦红旗头领郜洛文顽强不屈，不受招降。郜洛文是著名的老教根，其为郜云龙之后当无疑义。郜氏一族从康熙初年至咸丰末年，传教已达两世纪，其影响之巨，在刘姓家族之外，首屈一指。清政权对离卦郜姓恨入骨髓，从乾隆三十七年起，百余年间剿捕赶杀，不遗余力。但郜姓影响源远流长，难断根株。至鲁西北教军再起，红旗掌军郜洛文又显出其家族的生命力。

与郜洛文率红旗军对抗清军的离卦教大家族还有丛家和靳家，丛、靳两家从乾、嘉时代便追随郜姓习教。郜姓一支从乾隆五十二年离家迁徙山东东昌避祸，嘉庆十六年郜添麟病逝，其从弟郜添佑继任教首。郜氏兄弟传了莘县人丛学珠、靳清和、靳中和为徒。道光十五年，丛、靳两家习教犯案，当局进一步审出其习教原委。得知丛、靳家族"均属教匪"，拜认河南迁居聊城县之已故教首高道远即郜添麟为师，学习离卦教，传徒跪香，紧闭四门……。丛、靳两姓，又各传其子侄，徒党分为两派。此后莘县丛、靳皆成为习教大族。③ 咸丰十一年，这两族都有人参加教军起义，特别是莘县延家营丛氏家族。据史料载：

---

① （清）《山东军兴纪略》卷十三。

② （清）《山东军兴纪略》卷十三。

③ 《朱批奏折》，道光十五年十一月十九日山东巡抚钟祥奏折。

初，教头延轮秀、丛世朗、丛尚选者，习白莲教有年，盅煽蚩氓，传徒积资甚厚，不出外抄掠，而他县从教者月献纳。自咸丰四年东省扰乱，轮秀等以团练御贼，筑垒浚壕，附近宋家庄、陈家集皆为所并。圩周十四、五里，设楼橹，俨然城郭。泊邱、莘大乱，莘、堂、馆、冠无不陷之村寨，延家营独完，日益富庶，匪党潜入者六七千。①

咸丰十一年春，丛世明、丛饧祺、丛三老虎、丛世钦、丛尚选等与杨朋岭、张玉怀同起于一时，拥众数千，"建白旗，自号忠义团，地方官不能制，因而羁縻之"。丛家利用杨朋岭诸人旗号"四出焚掠，资用大饶。其年冬，胜保督军攻之，斩轮秀、世明、饧祺，……丛三老虎、尚选等数千人乞降免死，余众保聚故圩"②。同治二年秋，宋景诗再次起兵对抗清军，宋旅大败，半数避入延家营。清军兵临延家营，与丛家所率众接阵。据史料记载，是时：

圩匪鸣钟旅拒，出五六百人，裸身披发，状如鬼蜮，官军先纵骑军尝之，即分张出步兵火攻，毙其八九十，匪分为二。官军步骑环合击之，匪大溃，回窜入圩。……匪闭寨不及，启北寨走，……官军夹击之，……擒书善、丛三老虎……等，斩之，焚其巢，获世钦，书阐大名，解东骈首。③

此役后，丛氏一族不再见诸史料。

与山东邱莘教军几乎同时举事的是河南商丘金楼寨离卦总头目郜永清。

关于郜永清，本书第三章述及郜氏家族兴衰时，已经提及，本节再赘言数句。

郜永清"为离卦大宗"，离卦郜姓经乾隆三十七年、五十二年、嘉庆

---

① （清）《山东军兴纪略》卷十三。

② 同上。

③ （清）《山东军兴纪略》卷十六。

十八年数次打击，表面一蹶不振，但继起有人，山东即郜洛文，河南商丘老家即郜永清。郜水清在离卦教的地位又明显高于郜洛文。郜氏弟子半天下，捻军大首领多有拜其门下者。咸丰间，"八卦旗捻首刘狗至金楼，谒永清，执礼甚恭，薪木无毁伤，愚夫愚妇益信其为乐土"，以为入金寨者，可以免劫。① 咸丰十一年，郜永清以是年八月初一日"日月合璧，五星联珠"为由，约捻军首领王明、李永年入其寨造反，事泄，只得提前起兵，九月，清兵围剿该寨，捻军屡次迎拒，至次年——同治元年五月三十日，寨破，一千四百余人死于是役，金楼寨被焚。②

郜氏在咸丰十一年，同时在山东、河南举事，足见这个家族在咸、同之际在底层的巨大影响。虽然此时郜氏家族已上升到大地主阶级的经济地位，但由于其特殊的社会地位，这个家族与清政权的世仇，都促使它走上抗清的道路。

从本节的介绍，读者或可了解著名的捻军起义与八卦教之关系，人们不难看出在近代，八卦教又一次表现出它深刻的影响力。

第二节　一贯道与八卦教

同治初年，太平天国运动失败，继而捻军起义又遭李鸿章淮军镇压，南北两大革命浪潮在历史的长流中沉寂下去，清廷迎来了慈禧太后独掌乾坤的所谓同光中兴时代。19 世纪七八十年代，中华民族内忧外患进一步加剧，社会的表面平静掩盖着底层世界的动乱与不安：是时，会党遍地，土匪如毛，民间教派蜂起，广大农村、集镇几乎无处无社，无处无教。在这一时期，末后一著教即一贯教（后称一贯道）出现在鲁、豫、苏、皖、鄂数省。

这里主要探讨一贯教在同治、光绪两朝，特别是光绪八年、九年的活动状况，及它与八卦教、江南离教、青莲教（后称金丹教）等教派的渊源。

一贯教即末后一著教的教主是山东青州人王觉一。据光绪九年四月三

日左宗棠奏折记载，江苏当局在苏北海州、沭阳、安东、桃源各州县搜捕"谋逆"教徒，并在清河、沭阳捕获白云观道士晏儒栋即晏圆光、崔华及华景沂三人，讯供据称：

> 近时有总教首王觉一即王养浩，又称王古佛，山东人，称系古佛降生，手掌有古佛字纹，时到海州、沭阳、安东、桃园乡村倡立邪教，名为末后一著，刊布妖书邀人入教。①

王觉一早在同治年间即在山东、河南一带传授末后一著教。平时以算卦为业，走串江湖，足迹遍布华北、华东、华中，或曰四川亦有其足迹。他不仅毕生探究三教一贯之旨，穷理尽性至命要义，而且首先是一个讲灾劫、异术、相数的宗教预言家。他著述甚丰，喜谈易理、天象。据左宗棠另一份奏折，记载了王觉一招收徒弟的过程。

> 晏儒栋先在直隶白云观出家，充当道士，旋至清江算命测字。光绪八年王觉一至晏儒栋处测字，谈论易理，自称古佛降生，以掌纹古佛二字给看，告之设教传道，劝令入教。晏儒栋允从，即拜为师。王觉一授以《一贯探源》、《三易探原》、《圆明范格》三书，并令供奉无极、太极、皇极三图。又授诸佛诸祖等句咒语，并给众生名目。②

王觉一的末后一著教讲究修炼内功、"学炼气功夫"。光绪四年春间，王觉一到河南汝宁、南阳等府传教。他摆上卦摊，会知同教，传授教理。据其弟子张怀松供称：王觉一"问伊功夫，伊对以守元关，习呼吸。王觉一还有二层功夫，非拜师不能传授。伊随在庙拜从，王觉一教伊炼精化气"③。

末后一著教"教内规矩甚严，非派为大头目，不能得一贯图。王觉一称为太老师，王继太称为大老班，刘至刚称为老师，凡入教未久之人，

① 《军机处录副奏折》，光绪九年四月三日左宗棠奏折。
② 《军机处录副奏折》，光绪九年八月二十六日左宗棠奏折。
③ 《军机处录副奏折》，光绪十年十一月二十日孙毓文、乌拉布奏折。

皆不得见此三人之面"。不仅如此，初入教者仅知所传系末后一著教或"所传灯花教"，"不知另是一贯教也。"① 教内等级森严，有完整的教阶制度，似为一较成熟的宗教。据曾国荃奏折记载：

> 王觉一说伊教有九品名目：一品众生、二品天恩、三品正恩、四品引恩、五品保恩、六品顶行、七品十果、八品十地、九品莲台。②

上述教阶制度当然不是王觉一的独创，而是青莲教（后称金丹教）的教阶制度，对此笔者将在下面谈到。凡入教者，王觉一除给与《三易探源》、《学庸圣解》诸书外，还给自己带有"古佛"二字的掌纹印纸作为凭据。如在教时间长久，或入教者地位较高，则不但品位较高，而且给与《一贯探源图说》一书。

为什么王觉一将本教门叫末后一著教，又称为一贯教？末后一著教名目来自《古佛天真考证龙华宝卷》，该宝卷开宗明义：

> 古佛出世，设立宗门，有凡有圣，有修有证，……置立为起，收源为落，一字为宗，大乘为法，圆顿为教，古佛法门，末后一着，千门万户，尽皈佛门……。

其经又讲：

> ……讲的是龙华三会，分的是万法归根，以后收源结果，末后一着，万法一门，无二无三，本是一乘。

引证了《龙华经》部分内容，我们就不难明了王觉一"末后一著教"教名的来历和意义。这里所谓末后一著（着），是指民间教门所谓的末劫垂至之时，古佛行"龙华三会"，最后一次普度众生。因此，王觉一又称王古佛，或自称古佛降生。王觉一取此教名，还有以一贯教统一各派民间教派的意

---

① 《军机处录副奏折》，光绪九年五月二十五日湖广总督涂宗瀛奏折。
② 《军机处录副奏折》，光绪十年九月初二日曾国荃奏折。

思，所谓"末后一着，万法一门"，"千门万户，尽皈佛门"，即是此意。

为什么又叫一贯教呢？王觉一主要著述是《一贯探源图说》。在他看来，儒、释、道三教之道之源本一，未有三教先有道，道即一，一即是道，故孔子曰，吾道一以贯之。这是一贯教教名的来历。

一贯教一经问世，参与政治的意识就极强。王觉一及其子王继太不仅有强烈的反清思想，而且有浓厚的政治野心。王觉一自称古佛下世，"能知天文奇门"，其子则"耳大手长，是帝王之相"，故王觉一吹嘘其子"不学多识"，是天生圣人，父子皆有登基之份。①

正是在这种思想指导下，从光绪八年起，王氏父子从山东青州起身前往江苏、湖广一带组织抗清暴动。苏、皖、豫是王觉一党徒众多、基础雄厚的传教之地，苏北则是他选择暴动的主要区域。苏北为中国最大之盐场，五方杂处，历来为各类抗清势力屯聚往来场所，早在光绪元年，王觉一及其弟子张道符便在这一带进行传教活动，以劫灾将至，修持长斋可以免劫，耸动视听。至光绪八年，则公然组织暴动，以至"煽惑日多，民心惶恐，群队移家避居，一夕数迁"②。这样就惊动了江苏当局，逮捕数人，多数党徒逃逸。

早在当局发现苏北海州一带有举行暴动迹象之前，王觉一即动身前往金陵布置江南常州、武进一带抗清活动事宜。其在江南的弟子被捕后交待出王觉一行踪，据光绪九年六月十九日左宗棠奏折记载：

> 徐金洪声言：天灾甚大，伊有师祖觉一子，即王古佛，道教深奥，今赴江南一带传教，静候海州消息，即可约期起事。并出黄布小旗，令其转交吴玉山查收，以备接应。徐金洪称为江南总头目，吴玉山为先行，万老四为参军。并查起用白蜡听雕方印一颗，……各犯供出"重整三教，编选道统"八字，用钤印旗帜。③

三月二十八日约期起事之日，苏南一贯教徒并未攻城略地、杀官劫狱，而

---

① 参见《军机处录副奏折》，光绪九年五月二十五日湖广总涂宗瀛及光绪十年十一月二十日孙毓文、乌拉布奏折。
② 《军机处录副奏折》，光绪九年四月三日左宗棠奏折。
③ 《军机处录副奏折》，光绪九年六月十九日左宗棠奏折。

是抢了钱庄和药铺：

> 据武进知县王其淦禀报：三月二十八日起更时分，城外宝泰钱店被盗劫去银洋，拒伤店伙，又将间壁同裕药店，对门正裕布店各夥戕伤……。拿获吴玉山一名并起有黄布令字小旗及洋药等物。讯出与万老四听从入教之事，……供出教首仍系王古佛，与海、沭等处破获各系属同党。①

王觉一虽然在江北、江南布置了同时起手，互相呼应的计划，但由于准备不周，起义人员仅知抢掠财货，致使计划流产。

王觉一行动计划还包括在湖北武汉的暴动，他在布置完苏北海州、苏南武进等地起事计划后，随即乘船抵鄂。光绪九年二月，王氏父子及大徒弟刘至刚到汉口。王觉一以天下总教首身份招收徒弟，凡入教者，皆拜一贯图，并不设神道偶像。在布置完武昌、汉口起义事宜后，王觉一谎称前往四川，离鄂回舟苏北扬州，探听起事消息去了。②

武昌、汉口举事之总指挥是熊定帼，原来是清朝捐纳县官，因深信王觉一关于三教一贯的学说，又为王氏父子异相及劫灾、天上出有怪星之类的宗教预言所蛊惑，弃官造反，成为王氏父子的军师，策划了武汉的造反行动。他与王继太、刘至刚相商：先在汉口散布谣言，使人惊惶。并制备五色号帽，搬运放火洋油等物，约定三月二十八日子时在武昌、汉口同时起事，放火为号。并决定先劫监狱，继抢库局，凡在教者皆以口吃为暗号。当时省城正在县考，王继太、熊定帼诸人先命灯花教头目邓玉亭等率领多人"假托来省考试生童"，混入汉口、武昌，分别投宿在汉阳门内红墙巷栈房等处，等候举事。却不料是日二更时分省城官兵包围了客栈，唯邓玉亭走脱，其余人众被一网打尽。

王继太、刘至刚因躲在长江船舟之内，闻讯逃匿，后王继太被捕，被当局斩首示众。③

---

① 《军机处录副奏折》，光绪九年六月十九日左宗棠奏折。
② 《军机处录副奏折》，光绪九年九月三日署湖广总督卜宝弟奏折。
③ 《军机处录副奏折》，光绪九年五月二十五日湖广总督涂宗瀛奏折。

王觉一离鄂回扬州不久，即传来各地起义失败消息，弟子钱振元、朱行普"劝令王觉一赶紧逃避，王觉一称欲往四川避祸，彼此各散"，后于光绪十年死于天津杨柳青。或曰他曾参加了义和团运动，成为大头领。此说并无确证，如有其事，王觉一也是八十余岁的老叟了。

末后一著（着）教即一贯教与八卦教是一种什么关系呢？我认为一贯教首王觉一极可能是八卦教震卦长王姓家族后裔，而不是滦州清茶门王氏后裔。故其教受八卦教影响是应有之义。但一贯教并不是八卦教范畴内的教派，它更多地受到了江南斋教、青莲教、三一教的影响，它是众多教派融汇合流的产物。

首先谈谈王觉一与八卦教中震卦王姓的关系。关于震卦王姓的兴衰本书第三章已详细谈及，乾嘉时代，凡属震卦教成员，"均称为东方震宫王老爷门下"。其王老爷指山东菏泽人王中。乾隆三十七年刘省过清水教案中，王中是第一个殉教者，被当局绞死于菏泽，此后其子王子重在暗中充任东震教主。乾隆五十三年王子重因河南震卦教案发，受牵连发配新疆喀什噶尔为奴。乾隆五十六年，王子重再次受震卦头目刘照魁牵连受审，当局发现王子重仍然以"东震主"的身份自居，号令关内在教之人"速动皇帐"，遂将其在新疆斩决，其妻其子及侄儿等人发配北京"与功臣为奴"。菏泽王氏为一大族，至此星散各地。王子重受刑之时，其子王彦刚八岁。后来山东教徒重整教业，从江苏沛县请回王子重侄辈王顺，将王姓家谱交其收存，"群推为震卦教主"。是为嘉庆十一年事。但王顺并非王中、王子重嫡亲，遂有震卦大头目步文斌之子进京请王彦主掌东震之事。王彦在北京亦曾会晤林清及东方教头广济寺之庆和尚。嘉庆十八年"癸酉之变"后，王彦被杀。但王氏家族在山东传教者并未暴露身份，王顺仍为教主。道光四年，山东当局"究出震卦、离卦、乾卦、坎卦及九宫等教人犯姓名住址，分别咨行缉拿，计山东、直隶、河南、江南、湖北等省，先后获到一百一十四名，并于王顺、刘允兴……等家起获传教家谱、混海图、滚元裘、真空经、九宫图及咒语、邪书等项……"①。从清档案看东震王姓家族似已倾覆，但该家族再次星散四处，故于同、光时代有王觉一起于山东青州。据一贯道传教经书记载：

① 《朱批奏折》，道光四年三月十八日署山东巡抚琦善奏折。

　　王觉一祖，道号北海老人，山东青州人氏，乃咱道十五代祖师
也，前为东震堂之师祖，著有《理数会解》、《子曰解》、《一贯探
源》、《阐道文》等书在世。……天运道光初年，普渡始开，初是西
乾堂，北海老人西乾之弟子也，西乾堂祖师辞世时，焚香请示，瑶池
金母乩谕，改名东震堂，命王祖执领。①

　　考之清代档案，八卦教中以教称堂者始于乾隆、嘉庆间，当时中天教首刘
廷献、刘成林父子即以"克己堂"、"儒林堂"代表八卦教，并刻印以掌权
柄。此处东震堂似应是东震教之代称。王觉一似应是震卦教又一代之领袖。
　　然而有人说："义和团总首领曰王觉一，该人实系嘉庆年间以大乘教
清茶门传徒酿祸之石佛口王姓族人。"② 这种说法全无凭据。清茶门与八
卦教为华北两大教系，虽有影响，但互无来往。石佛口王姓于嘉庆二十年
为当时直隶总督那彦成办案，捕杀殆尽，余者全族迁往云贵，无一漏网。
此事载之清档，事实凿凿。其二，"光绪十年丙戌春三月，王祖归空于天
津杨柳青。其后清虚十六祖在山东北海南岸重传真道……"③。王觉一死
于光绪十年春的记载是有根据的。光绪九年王觉一在江苏、湖北策划暴
动，彻底失败，而且爱子王继太又为当局捕获斩决。作为一个年逾花甲的
老人，绝难逃过这种打击，其必死无疑。如何又能在 17 年以后的义和团
运动中充当总教首呢？因此，他作为清茶门王姓族人的可能性是没有的。
相反，整个清代敢于称东震教主的王姓仅有菏泽这一支，其影响之巨，达
四世之久。因此王觉一极可能是震卦王姓族人，王觉一自称东震堂，是想
继承震卦教之事业。即使王觉一不是菏泽王氏族人，他自称东震堂也是深
受八卦教影响的一种做法。
　　另外，从王姓与刘姓两族的关系看，我们也可以找到某种线索。王姓
从始祖王容清起，即奉刘姓为教主。至刘省过时代，王中则为他掌震卦
教。乾隆三十七年至嘉庆间。刘、王二姓关系无史可证。到道光初年，又

　　① 李世瑜：《现在华北秘密宗教》，第三十六页。
　　② 同上。
　　③ 同上。

是"王顺与刘允兴接充教主"。两族关系从康熙时代至道光初年，一个半世纪基本未绝。无独有偶，王觉一的第一大弟子、山东青州人刘至刚，在教内称师父，地位仅低于王氏父子，光绪九年王觉一之子王继太死于当局之手，刘至刚并未被捕。王觉一在光绪十年三月死于天津杨柳青，传道与十六祖刘清虚，这十六祖刘清虚无疑是刘至刚，故刘至刚（十六祖）又在山东传教。我怀疑刘至刚这位一贯道的十六祖，或是八卦教刘姓后裔。从刘、王两族两个多世纪的密切关系中，我们或许能看到一点历史的隐秘。

然而一贯教并不是八卦教的流裔或异名同教，从教派传承到宗教教义都可以看出八卦教与一贯教的不同之处。

关于八卦教的传承，本书已详尽描述了。但清档案对一贯教的传承却只字未提。后来一贯教改成一贯道，传教经书大量出现，且于本教派源流有了一整套说法，李世瑜对此做了一番总结：

> 一贯道的道统如下：盘古、太昊、黄帝，尧、舜，禹，汤，文王，武王，周公，孔子，曾子，子思，孟子；此后道转西域，自释迦渡大弟子迦叶，单传至二十八代为达摩，达王东渡，真道又得一脉真传，是为初祖，神光二祖，僧灿三祖，道信四祖，宏忍五祖，慧能六祖，白马七祖，罗八祖，黄九祖，吴十祖，何十一祖，袁十二祖，徐杨十三祖，姚十四祖，王觉一十五祖，刘清虚十六祖，路中一十七祖，弓长十八祖。[①]

上述一贯道"道统"源流是荒诞无稽的，它拉来众多"三教圣人"，一是为了向本教派脸上贴金，证明自己是"一贯正道"，而非邪教；二是说明三教一贯之旨早有来头，流传已非一日，证明三教合一教义的真理性。用这类堂而皇之说教，哄骗愚昧无知者的信仰。然而我们也不可因其荒诞，而全盘否定这个传承序列的部分真实性。从罗八祖之后，其传承已接近了历史的真实。下面我们依据一贯道经书，将罗八祖以后"诸祖"生辰、籍贯罗列如下：

---

① 李世瑜：《现在华北秘密宗教》，第35页。

　　罗蔚群八祖——明代人，北直隶涿州人，诞辰为正月初八日。

　　黄德辉九祖——江西饶州府鄱阳县人。

　　吴紫祥十祖——号静林，于清康熙十三年乙未八月十三日降诞江西抚州府金谿县。

　　何了苦十一祖——号若道，于乾隆年间降诞于江西广信府贵溪县三极桥，诞辰为三月初九日。

　　袁退安十二祖——号志谦，又号无欺，于乾隆二十五年庚辰五月十三日降诞于贵州龙里县。

　　杨还虚十三祖——号守一，于嘉庆元年七月二十三日降诞于四川成都府新都县。

　　徐还虚十三祖——徐氏与杨并称十三祖，皆系袁十二祖所渡。徐氏号吉南，于乾隆八年八月初七降诞于四川成都新繁县。

　　徐、杨十三祖后，道统混乱，有所谓五老暂理道统。这五位皆为四川、两湖人。

　　姚鹤天十四祖——山西人，余未详。

　　王觉一十五祖——号北海老人，山东青州人，为西乾堂姚祖弟子，东震堂祖师，著书甚多。

　　刘清虚十六祖——曾于山东北海南岸传道，余未详。

　　路中一十七祖——民国十四年乙丑归空，此后道务由陈师姑暂理。

　　张光璧——号天然，又号弓长祖师，于民国十九年接续道统。

　　上述这个道统传承，依然谬误不少，但其中部分内容已经可以作为研究的参考。

　　从第八代"祖师"罗蔚群到第十五代"祖师"王觉一，这门宗教传教路线是这样的：

　　直隶→江西→贵州→四川→两湖→山西→山东

　　这条传教路线恰恰是一支罗祖教南传，然后西进，与云贵川张保太大乘教合流的路线。罗教又称无为教、大乘教，明代中末叶传入浙江、江西、福建诸省。清雍正初年屡受镇压，遂有一支在雍正七年改为一字教，又名老官斋教，俗称斋教。斋教部分支派从浙江进入江西，同时还有一支罗祖教直接从直隶传入江西。这支教派就是末后一著教即一贯教的前身。据嘉庆二十五年二月英和等奏折供称：

据右营广宁汛守备高伯文盘获贵州都匀府丹江厅民龙燕海欲行呈明：伊素习大乘教，恳请换给《护道榜文》等情。起获抄写榜文一件，《大乘经》十二本，……据龙燕海供：……康熙六年，有素习大乘教的直隶民人罗维行领了官给《护道榜文》在外传教。后罗维行四传至江西民人何弱为徒。何弱得了榜文到贵州省内传习，……陆续传有五百人。①

江西人何弱的师父即一贯道所谓十祖吴紫祥，在清档案中称之为吴子祥，是江西罗祖教中关键人物。吴子祥，江西贵溪人，与一贯道经典记载的抚州毗邻。他"编造《大乘大戒经》，称为大乘教，即罗祖教，均以普字派名"②。吴子祥又将斋单并用盘装果供神，"名为斋盘"，"立有天地人神圣五等名色，取金木水火土五行相生之义，……期在超凡入圣，随以圣盘为首"③。故吴子祥传承的大乘教又叫五盘教。乾隆四十八年吴子祥为当局逮捕，因乾隆皇帝以此教并无悖逆，仅止吃斋，着令宽大处理，江西当局将吴子祥释放。"乾隆四十九年吴子祥病故，五十五年复有匪徒何若等将吴子祥销毁之经添凑默写，邀人念诵敛钱。经前抚何裕城奏明，将何若等照左道惑众为从例拟军。"④ 这里的何若即上一奏折中的何弱，是吴子祥教业的直接传承人。乾隆五十五年何若被发配贵州，但传教之心不死，在那里发展了五百余名教徒。所谓何若就是一贯道经典记载的十一祖何了苦（道号若道）。何若在充军发配贵州时，又传了所谓十二祖贵州人袁退安（字无欺），清档案亦记载了此人，其名袁无欺。袁无欺又传了四川成都人，所谓一贯道第十三祖杨还虚字守一，清档案亦称为杨守一。与杨守一并称十三祖的还有一个徐祖徐还虚字吉南。对此"二祖"的情况，清代档案言之凿凿：

查道光八年川陕教匪案内，徐继兰为内盘，杨守一为外盘，均经

---

① 《军机处录副奏折》，嘉庆二十五年二月十二日英和等奏折。

② 《朱批奏折》，嘉庆十九年四月二十八日江西巡抚先福奏折。

③ 《朱批奏折》，道光二年七月初十日江西巡抚阿霖奏折。

④ 《军机处录副奏折》，嘉庆八年九月六日秦承恩奏折。

照律治罪。现据各犯供词明系徐、杨流毒。①

　　此段奏折十分重要，它进一步证明了一贯道祖师传承表的可靠性。它与清档案这种第一手资料基本吻合。现在我们将一贯道相师传承与清档案记载对照如下：

　　罗维行（罗蔚群）→？（黄德辉）→吴子祥（吴紫样）→何若（何若道）→袁无欺（袁无欺）→杨守一（杨守一）

　　　　　　　　　　↘徐继兰（徐吉南）

　　在一贯道典籍中十三祖之后，是所谓"五老"掌教。所谓"五老"掌教系指道光二十五年时青莲教分先天五行、后天五行，"总持坛事"的时代。因本书为八卦教史，故对青莲教不多涉及。

　　应当指出的是自从这支教派传入贵州以后，情况又发生了变化。贵州历来是云南鸡足山张保太大乘教的传播地盘。张保太大乘教传播势力很广，嘉庆、道光以后从云、贵、川向两湖发展，大乘教也改名为青莲教。后又向中国北方发展，改名为金丹教，成为贯通大半个中国的大教派。罗教的那支教派一旦进入贵州，势必受张保太宗教势力和思想的影响。从两位十三代祖师的籍贯都在成都这一点可以断定，嘉道时代它的传教中心在四川。当十三代祖师后的"五老"掌教时代，传教中心进入两湖，那时青莲教已经融汇了这支教派。青莲教组织"原编顶航、引恩、宝恩、证恩、添恩各名次，以顶航为上等，凡入教之人由添恩递进。……编画符箓、偈语，捏称可避灾难"②。青莲教除了上述等级外，尚有最高教阶——十地，最低教阶——众生。这些都为一贯道的前身教派所采纳。至十五祖王觉一发展末后一著教组织时，基本上原封不动地采用了青莲教教阶制度。只不过在十地之上又加了一个更高的教阶——莲台。

　　从清道光朝档案看，青莲教的势力已渗入山西，道光一朝青莲教势力向北方诸省迅猛发展。进入近代史以后，青莲教即金丹教在华北地区与当地部分教派及武术团体合流，最终与八卦教等教派一样，汇入了义和团运动的洪流。一贯道的十四祖姚鹤天之所以能在山西接掌"道统"，正是教

---

①　《朱批奏折》，道光二十五年三月十九日陕西巡抚李星沅奏折。

②　《朱批奏折》，道光二十八年八月初六日湖广总督裕泰奏折。

势发展到北方的必然结果。接在"十四祖"之后，近代一贯道真正的组织者和教义的阐发者——王觉一登上了教主的宝座。

一贯道在现代历史中臭名昭著，无论是大陆还是台湾皆宣布其为反动组织（近年台湾当局已改变对一贯道的立场）。但是在清代末年的一贯教，却是一个反抗清朝暴政的民间教派。尽管这种反抗当局的行动是以一些荒诞无稽的宗教思想为指导的，但抗清行动无疑符合并反映了广大底层群众的意志和要求，带有一定的反封建的进步内容。因此不能因为一贯道在现代的丑恶表演，就否定其在半封建半殖民地时代的某些进步作用。

综合本节的分析，我认为一贯道的前身是罗教在江西的一个支派。在嘉、道时代这支教派又与川、贵、鄂的青莲教合流。发展到华北地区，特别是山东以后又受到了八卦教的影响。因此，它是诸多教门融汇合流的产物，而不仅仅是八卦教影响的产物。

第三节　义和拳、义和团与八卦教

突起于 19 世纪末期中华大地的义和团运动，以其斑斓怪诞的色彩，愚鲁狂热的行动，可悲可叹的结局，震撼了整个中国，整个世界。

义和团运动是幼稚、荒诞甚至十分愚昧的，没有成熟的纲领、计划、组织，一哄而起，又一哄而散；但它又是可歌可泣和不朽的。在民族衰微、国破家亡之际，是一批手持落后武器、满脑子奇异思想的农民抗击着列强的近代火器，前仆后继。仅此一点便足以证明，中华民族历两千年儒教浸润而民气不衰，民风犹劲，这个民族自有其伟大的一面。

义和团运动的兴起不是偶然的，它是华北等地区农民运动发展的必然结果。在中国古代史上，每个朝代走向末路时，都会面临着全国性的周期震动，大的农民起义、天灾与人祸。清代也毫不例外。然而与历代不同，义和团运动主要抗击目标不是封建王朝，而是帝国主义列强，是一个强大的外部世界。这是中国历史上绝无仅有的一例。

义和团运动是中国处于新的国际环境和历史环境中爆发的革命，它以旧式的农民运动，抗击着全新对手，这就使这场运动与过去的革命有着质的区别，也更错综复杂，曲折多变。本书不是义和团运动史，不能过多涉及这场运动的方方面面，仅想就义和拳、义和团、八卦教三者的关系，谈一点浅见。①

（一）义和拳与八卦教

清代末年的部分官僚与学者出于种种目的，把义和拳与八卦教或白莲教紧紧扯在一起。

清官吏劳乃宣说："按义和拳一门，乃白莲教之支流"，又说："义和拳教门者，白莲教之支流也，其源出于八卦教之离卦。"

袁世凯认为："伏查义和拳即离卦教中所称之义和门，与白莲教同出一源，止有拳会之名，本无乡团之目。"②

胡敬思也说："义和拳即八卦会匪，与白莲教异派同源。"③

日本人平山周，亦步亦趋，也认为："义和团亦白莲会之支流，号称能以念诵咒语避炮弹，传习拳棒为宗旨。"④

现代学者对义和拳的源流颇有歧义，看法多端。一些学者因循旧说，把义和拳归于白莲教一脉，认为是八卦教中离卦一门。一部分学者则全盘否认义和拳与八卦教有任何关系，甚至认为二者互同水火。多数学者认为两者渊源不同，但后来互有融合，互有影响。我认为这一点符合历史真实。但我有一些不同于诸家的见解，公之于此，以求探索。

八卦教倡立于康熙初年，至乾隆三十七年一个多世纪间，清政权迭兴教案，打击八卦教，留下了大量史料。特别是乾隆十三年、三十七年两案，破获了该教传教中枢，但都没有留下任何关于这个教门上层宗教领袖、卦长、骨干成员演习拳棒的记录，更没有演习义和拳脚的记载。相反，每次提及拳教关系时，都记载着世袭传教家族如何注重经卷，"只图消灾获福，向不学习拳棒"⑤。对于正宗八卦教来说，传习气功、修炼内丹是他们的传统，极少有习拳练棒者。世袭传教家族，以传播宗教起家致

① （清）劳乃宣：《义和拳教门源流考》，《义和团》四，及《桐乡劳先生遗稿》，《年谱》。
② 袁世凯：《养寿园奏议辑要》，卷四。
③ 胡敬思：《驴背集》，《义和团》Ⅱ。
④ ［日］平山周：《中国秘密社会史》，第9页。
⑤ 《军机处录副奏折》，乾隆五十三年六月十七日富尼善奏折。

富，经济上大都上升到一方豪富地位，从来不想举旗造反，武装暴动，因此也就不必耍枪弄棒，习拳诵咒。

八卦教与拳棒后来发生了融合，此风起于何时尚难断定，但在乾隆中叶，清水教起义前数年两者已融汇得十分紧密。但需要指出两点：一是，王伦这支清水教不是刘省过清水教正宗，仅是一个支流，属于哪支尚难定论。二是，王伦清水教主要传习的是八卦拳，而不是义和拳，演习义和拳者仅是少数拳手。但由于种种原因，义和拳与清水教在乾隆中叶被紧紧地连接在一起。义和拳这个称谓的含义也发生了变化。乾隆三十九年十月有一段关于义和拳较为完整的记录：

> 李萃曾以临清人李浩然为师，传授白莲教，改名义合拳。即与同县人郭景顺招徒传教，诵咒习拳。自乾隆三十四五年至今，孔传新、潘二、褚文等各犯先后入教，均系邪党。奴才复诘李浩然邪教又得自何人？金供：咒内所称莘县任上手、冠县萧上手即是传授李浩然之人。任上手是任二，萧上手叫萧秉诚。此恩县邪教传播之根源也。①

这段史料虽然有含混不清之处，但它十分珍贵，告诉了我们义和拳最初形态，及它与"白莲教"的关系。从这段史料我们可以得知以下情况：

第一，义和拳最早出现在鲁西北的莘县、冠县，而不是八卦教倡立的鲁西南曹、单一带。后来它传入临清，再传入恩县。乾隆中叶已传承了三代，以此推断，它至少应在雍正朝或乾隆朝初年即已问世。

第二，义和拳最初是拳术中的一种流派，或是一种具体的拳法。演习拳法时念诵咒语，咒语中有传授拳法的祖师任姓和萧姓，二人因为是义和拳的创始人且拳法高超，被徒众称为上手，加以崇拜。

第三，义和拳第一二代传习者并没有与宗教发生联系，是一种单纯的拳棒结社。到第三代李萃时，义和拳和"白莲教"产生了瓜葛。李萃，恩县人，王伦清水教骨干成员。李萃为了隐晦清水教之名，"改名义合拳"。

---

① 《宫中档》，乾隆三十九年十月初四日国泰奏折。

　　李萃是否是将白莲教改称义和拳的首倡者，已不得而知，但乾隆三十九年九月、十月两份清档案多处记载王伦"邪教"又系"异伙拳教"。"俱由白莲邪教而起，又诡名义合拳，煽惑乡愚。"这些记载说明，王伦清水教"诡称义合拳"已不是李萃等个别人的做法，而是整个教门的做法，完全有可能是王伦本人的命令。"诡称义合拳"，无非是为了躲当局的耳目。事实上王伦本人也是这样做的："王伦……以拳棒往来兖东诸邑，阴以白莲教诱人炼气"，"炼气曰文弟子，拳棒为武弟子"①。

　　王伦传授的是何拳法，史无记载。但清档案却记载了他的主要助手孟灿、王圣如所习拳法——八卦拳，而不是义和拳。

　　据乾隆三十九年十月十八日河南巡抚何煟奏折记载：

　　　　……是张百禄一犯，既系王伦干儿，又系孟灿外甥，实为河南倡教贼首。……张百禄之堂叔张洪功一（犯）供认，乾隆三十六年七月内，有张百禄母舅孟二往遂平，路过太康，伊曾投拜为师，学习八卦拳，并授运气口诀。又供出太康人李天木系张百禄徒弟，又有遂平人张成章、张荣章、张大章、赵云会，俱从张百禄学习拳棒，……若辈行踪如鬼如蜮，情伪百出，或托之看兄，或假装探亲，阳以教习拳棒为名，阴行其谋为不轨之实。②

孟灿是王伦左右手，号称元帅，其外甥张百禄亦是教内骨干，舅甥二人皆传习八卦拳，且授徒多人。八卦拳与气功结合紧密，讲究"运气提气"，其法是"每日午时向南方并着脚，闭住气，作一个揖，向南出口气，会了这法可以数日不吃饭"③。向南闭气朝拜与传统八卦教朝太阳朝拜运气如出一辙。

　　堂邑张四孤庄的王圣如即王经隆在教内地位又高于孟灿，他在张四孤庄所授拳法也是典型的八卦拳。据清水教徒崔大勇供称，乾隆三十九年八月八日，他和王五到了张四孤庄，给王圣如叩了头，拜了师，"朝南跪着

① （清）潘相：《簪文书屋集略·邪教戒》。
② 《军机处录副奏折》，乾隆三十九年十月十八日河南巡抚何煟奏折。
③ 《军机处录副奏折》，乾隆三十九年十一月二十四日河南巡抚徐绩奏折。

盟了誓"。后来又有个叫韩进功的教他咒语说：

> 千手挡，万手遮，青龙白虎来护遮，只得禀圣中老爷得知，急急急，杀杀杀，五圣老母在此。①

本书第五章已分析了这个咒语与八卦教信仰的关系，此咒内崇拜的圣中老爷即八卦教创始人刘佐臣，五圣老母即《五圣传道》书中的观音、普贤等五位八卦教崇拜神。故此咒为八卦教咒语无疑，王圣如所授拳法与孟灿、张百禄所授拳法都是八卦拳。由此而引申，王伦授兖东诸邑的拳法亦加以炼气功夫，当与八卦拳相类，或即是八卦拳。而八卦拳与义和拳多有不同，八卦拳与八卦教关系密切，宗教化倾向十分明显，咒语中有浓厚的信仰主义色彩。义和拳不崇拜"圣中老爷"和"五圣老母"，而是崇拜任上手、萧上手两位创拳人，带有明显的拳棒结社祖师崇拜性质。八卦拳与八卦教关系渊源颇深，义和拳与八卦教仅在乾隆中叶才有部分结合。清水教主要领导、骨干都是寿张、堂邑、阳谷人，多练八卦拳；演习义和拳者是少数的恩县人、在教内地位不高。由此足见八卦拳在清水教中地位高于义和拳。

清水教内不仅流传着八卦拳、义和拳，还有七星红拳等拳种：

> 据李云贵供，小的年五十二岁，寿张赵家孤堆人。小的幼时跟着外祖赵良俊学过七星红拳。胞侄李赞一是王伦的徒弟，兄弟李富就是李赞一的父亲，都是入教的。②

此处的七星红拳大概就是后来经常出现的红拳。年近花甲的李云贵幼时即习此拳，足见红拳在鲁西北流传已非一日。鲁西北流传的众多拳法，在乾隆三十九年王伦清水教起义中大显身手，故清当局云"贼中必有百十精于拳棒之人"。显然这些人拳法各有传承，其源不一。

但为什么王伦清水教要"诡称义合拳"，而不诡称在教内影响更大的

---

① 《军机处录副奏折》，乾隆三十九年十二月九日崔大勇供词。
② 《朱批奏折》，乾隆四十年二月二十四日山东巡抚杨景素奏折。

八卦拳呢？

我认为有两条原因。第一，称义和拳可以避"邪教"之名。乾隆三十七年清水教在直、鲁、豫三省遭受严重挫折，教首刘省过及八卦卦长、骨干成员几乎为当局一网打尽，杀戮流徙。王伦等人在行教之时，自然要避清水教之名。义和拳原来与清水教没有任何渊源关系，八卦拳则不然，它与八卦教关系甚深。如果诡称八卦拳，很容易使当局联想起"分八卦，收徒党"的清水教，这岂不是引火烧身，自取灭亡吗？所以"诡称义合拳"更能迷惑清朝当局。事实上，清水教起义之后，当局把相当的精力放在搜捕义和拳上了。第二，义和拳名目含有"义气和合"的意思，带有典型的拳棒结社、互助互利、患难相交的内容，因此名声很大，吸引群众。事实上，清水教拳场的确吸收了义和拳"义气和合"的思想，多方团结教内外群众。史料记载："若到那里学习拳棒入教，也有吃的，也有喝的，将来还有好处。"① 显然，清水教的组织者们为了起事目的，多方招收豪杰，更扩大了义和拳讲意气的内容，因而带有更大的诱惑力。

正是由于上述原因，义和拳与八卦教在历史上第一次发生撞击、融合，从此这两者便在华北平原这块广袤的土地上形成了势不可解的局面。义和拳与八卦教之间的这种新关系，使义和拳的含义发生了变化。由最初流行于鲁西北的一种拳法，一种松散的武术团体，逐渐成为一种宗教的代称，与此同时，又成为这个教派中流行的几种拳法的代称，成为一种八卦拳、红拳、义和拳混用的笼统称谓。当然有时仍然具有原来的意义，仍是一种拳法。义和拳内含的这种演变，给研究者带来了极大的困惑，但明白一了这一点，人们也就会明了以后发生的一些历史现象：

第一，清水教起义失败后，八卦拳之名很少出现了，但并不是此拳法已经灭绝，我怀疑习其拳者，亦不敢显称八卦拳，而是以义和拳或红拳名目出现在民间。

第二，民间广泛流传的梅花拳，有时亦称为义和拳，其传统流传于清末。据光绪二十四年一段史料记载：

---

① 《军机处录副奏折》，乾隆三十九年十二月九日崔大勇供词。

盖梅花拳本名义和拳，直东交界各州县，地处地缘，民强好武，平民多习为拳技，各保身家，守望相助。传习既众，流播遂远，豫晋江苏等省亦即转相传授，声气相通。历年春二三月民间立有买卖会场，习拳之辈亦每趁会期传单聚会，比较技勇，名曰亮拳，乡间遂目为梅花拳会。由于上年梨园屯民教构衅，本年二月间梅花拳又聚众活动，劝谕解散。自是以后，各路拳民间或聚会亮拳，遂讳言梅拳，仍旧立义和名目。①

这段史料明确提出梅花拳和义和拳两者的关系。奇怪的是为什么亮拳会为当局禁止后，各路拳手皆讳言梅花拳，而称义和拳呢？事实上，梅花拳是一种具体拳法，有其松散的拳社组织，而义和拳是一种笼统的称谓，不代表任何具体拳法，故此以义和拳代梅花拳，仍是一种避免当局镇压的手段。

在乾隆中叶，义和拳手在莘、冠、恩诸县拳场练拳时，口诵咒语。到了光绪时代，它变了："义和拳不烧香念咒，和神拳不是一回事。义和拳又称梅花拳。"② 为什么有这种变化？原因是这里的"义和拳"已经失去了原有的意义，成为梅花拳的另一名称，梅花拳不念咒，于是"义和拳"也就不念咒语了。

不仅梅花拳可称为义和拳，红拳和神拳也都可以称为义和拳。红拳会又名红砖会："齐豫两省，倡名立会，名曰红砖社，又名瓦刀社"，"又名虎尾鞭，……又名义和拳，总名八卦教。"③ 而乾隆时期红拳与义和拳是分得很清楚的。后来红拳有时混称义和拳，大概取其"义气和合"之意，或因其是个笼统称谓，可以鱼目混珠，躲避当局迫害。

在义和团运动初起阶段，被人目为刀枪不入、会定身法的朱红灯，成为神拳组织的领袖，并与八卦教结合起来。④ 到了光绪二十五年九月初七日，朱红灯在平原县杠子李庄汇集了千余名拳民抗击清当局的役勇，正式

---

① 光绪二十四年四月二十九日山东巡抚张汝梅致总署文，《总署档》。
② 《山东义和团调查资料选编》，第266页。
③ 寄生：《庚子箕蜂录》卷下。
④ 路遥、程歗：《义和团运动史研究》，第104、193页。

树立了"天下义和拳兴清灭洋"旗帜。① 义和拳又成为神拳、大刀会、红拳会的集体称谓。

从乾隆中叶至义和团运动时期，由于义和拳内涵的复杂变化，它和八卦教之间的关系也是异常复杂的。一方面它与八卦教关系十分密切，历次八卦教武装斗争几乎都有其成员参加，成为八卦教的"羽翼"；另一方面它从来没有成为八卦教的附属物或单纯的政治斗争工具，总有部分成员站在八卦教的对立面，成为当局的打手。嘉庆十八年八卦教起义时，曾习离卦教又习义和拳的胡世全二人，出卖了同教王普仁等，成为金乡县令吴堦得力干将。与此同时，河南滑县同习梅花拳的唐恒乐与冯克善师徒也走上了不同的道路，一个参加了滑县民团，四处捕拿八卦教徒，另一个则成为八卦教起义的主要组织者之一。这种历史现象正反映了义和拳与八卦教合与离的两重性。

拳棒结社等武术团体有着自身发展的悠久传统，对于它们的渊源，学术界迄今为止也没有做出完美的解释。它们的发展脉络与民间宗教大体一致，"治世"而隐，乱世而出，几乎是封建政治的晴雨表。乾隆中叶以后它们大量出现在底层，说明社会已孕育着动乱的内在因素。接着在王伦清水教起义，林清、李文成八卦教起义，曹顺先天教起义，以及段文经大名府暴动中，拳与教紧密地结合起来，构成了对封建现行秩序的巨大破坏力。很显然。民间宗教有着严密的组织、共同的信仰，具有强大的凝聚力，而义和拳等武术团体则具备进行武装斗争的高超手段。乾隆中叶以后以八卦教为首的部分民间宗教与武术团体的逐步合流，反映了华北地区农民运动的特点和历史趋势。义和团运动正是这种历史趋势发展的必然结果。

(二) 义和团运动与八卦教关系的两点补充

19 世纪 40 年代以后，随着一系列不平等条约的签订，列强势力不仅侵入中国沿海沿江一带诸城镇，而且逐渐向内陆广大农村渗透，特别是基

---

① 李文海、林敦奎、林克光：《义和团运动史事要录》第 53 页。又见《义和团》第四册，第 159 页："山东义和拳，又自称金钟罩，红灯照名目。"

督教各派传教势力伴随着武力与征服，把触角伸向中国的底层。他们勾结官府，强行购地，修建教堂，发展教徒，欺压百姓。不仅在经济利益上与各地各阶层群众发生冲突，而且与封建制度下几千年形成的中华民族的信仰风习、文化结构、心理特征发生严重对抗。一场全面的仇洋灭教的群众运动终于在19世纪末期爆发了。

义和团运动发轫于光绪二十二年春天的山东省单县——八卦教发祥之地，这并不是历史的巧合。接着斗争形势日渐炽烈，光绪二十三、四两年已波及数省。二十五、六两年运动逐渐达到高潮，华北、华东、华中、华西南、西北、东三省无不燃起义和团仇洋灭教烈火。义和团运动以拳民进入北京、攻打东交民巷及教堂为最高潮。随着八国联军的侵入及清政权对义和团运动的出卖，这场慷慨悲壮但又落后愚昧的民族运动骤然失势，走向低谷。

义和团不是义和拳，两者有着某种历史联系，但存在着本质的差异。义和团也是一个包融各类组织的笼统称谓。不过它包括的范围更大，不仅有拳棒结社等武术团体、一些民间教派，也包括各地早已成立的乡团。义和团是一个由历史渊源不同、性质各异的不同组织相互妥协的产物，是面对强大外来势力，各种社会力量"同心合和"的必然结果，一种松散的反帝联盟或缺少主体的统一战线。在这场运动中，仅义和团这个名称是基本统一的，仅仇洋灭教的大目标是一致的。其他则矛盾丛生、混乱不堪。所以在研究这个运动时，全盘地把握它是非常重要的。

义和团运动与八卦教不是依附关系，两者互相影响。义和团运动受到八卦教有形或无形的影响，这是毋庸置疑的。因为在清代的华北地区任何农民运动都离不开八卦教的影响。但义和团运动又反过来影响了八卦教，使它第一次把斗争矛头指向外来势力。我不赞成夸大八卦教等民间教派对这一运动的影响力，因为义和团运动的形成有更深刻、更广阔的历史背景：它是世界两种潮流、东西方两种文化、侵略势力与被压迫民族等多方面复杂因素撞击的结果。八卦教的影响仅仅表现在这个运动本身形成时，对它的信仰风习和组织发挥了部分作用。因此无论是夸大还是排除这种影响都是不符合历史实际的。关于两者的关系，学术界已作了大量的探索，提出了大量的例证，进行了入微的分析。特别是路遥、程歗的《义和团运动史研究》与陈贵宗的《义和团的组织与宗旨》对这方面的表述尤有特色。我仅想对两者关系作两点补充。

第一，有的学者认为义和团运动没有喊出"真空家乡，无生父母"八字真言的口号，没有宣扬弥勒下生、三阳劫变等观念，因此这场运动不存在受八卦教思想影响的问题。这种看法是片面的，原因有两条。其一，从清前期的历史看，八卦教对无生父母的信仰是笃诚热烈的。"真空家乡，无生父母，现在如来，弥勒我祖"，及"我祖速至"的口号响遍华北大平原。它促成或刺激了底层群众的抗争意识。但是在"癸酉之变"后，七八万八卦教徒惨死于屠刀之下，倒在血泊之中，教徒们对曾经笃诚信仰的无生父母观念日渐淡薄。到了道光十五年八卦教旁支先天教起义时，已经基本不喊这个口号了。曹顺不但不喊弥勒下生，而且自称是释迦佛转世。这期间，华北地区拳棒结社等武术团体进一步兴盛，底层教徒更热衷于拳棒气功，或防身保家，或强健体魄。在咸、同年间，捻军突起，鲁西北、直隶南部八卦教教军云集响应，连续攻陷、扫荡了十三个州县。这次起义，没有什么八卦教徒喊出"八字真言"口号，也没有谁倡导弥勒下生。然而并不能够否认鲁西北教军是一场八卦教为组织形式的农民起义，迄至今日，不少研究者仍不注意区分民间宗教运动与农民革命运动二者的区别。事实上两者在对待宗教信仰的兴趣是浓淡不一的，以民间宗教为组织形式的暴动或起义，当然没有从根本上摆脱宗教的束缚，但宗教意识已经在剑与火中受到极大的冲击，这也是宗教教义与口号在类似这样的运动中日渐消退的原因之一。其二，义和团运动不同于一般性质的以民间宗教为组织形式的农民起义，它是以"扶清灭洋"为口号的反帝运动。19世纪末期，封建压迫虽然还是农村的主要矛盾，但在某一时期，外来势力构成了对整个民族生存的威胁，八卦教也会暂时放弃反清旗帜，而转向"灭洋"的大潮流之中。所以在义和团运动中，很少表现出历来"邪教"改天换地的内容与反满兴汉的主导意识，即使要表现这方面的意念，也要用十分隐晦的形式或用语。因为拳民们在与洋教的斗争中要站在清政权一边，并尽力赢得官方承认与支持，怎么能把清当局禁止的口号、教义、组织公开亮相？不同的运动会有不同的运动形式、内容、主导方向，表现出不同的本质。义和团运动不是清水教、八卦教、先天教起义，也不是近代史上的八卦教教军，它是一次更广阔、意义更深刻、涉及面更大的全新运动，因此诸方面都与以往的运动既有某些联系，又有诸多方面的不同，表现出特定时代与运动的风貌。因此即使是八卦教这样的对历史产生深远影响的教门，对它的影响也只能表现在内在的、更多是无形的方面。

第二，有的论者认为义和团单纯来源于乡团，是乡团在新形势下的变种。乡团无疑是义和团组织构成之一，但它不是也不可能是义和团整个的组织构成。义和团的组织来源主要是拳棒结社和民间宗教。在这个复杂的运动组织中有些人是拳与教相兼，有些人是拳与团相兼，还有些人是团与教相兼。对于后者人们认为不好理解，因为在历史上民间宗教与乡团互同水火，是敌对组织，两者怎么会发生联系？历史不是简单的公式，而是复杂多变的社会运动。早在捻军起义之初，华北大平原上就有许多民间教派起来组织乡团。它们形态各异，目的不同，领导构成也不一致。有的人利用乡团保护本教派组织体系和既得利益，构筑村寨式宗教地主经济；有的人则利用乡团积蓄力量，进行武装，等待时机，发动起义。

咸丰四年，山东大乱，莘县离卦教首丛氏家族与延氏家族，"以团练御贼，筑垒浚壕，附近宋家庄、陈家集皆为所并，圩周十四五里。设楼橹，俨然城郭"①。"会皖匪犯境，拥众数千，建白旗，自号忠义团，地方官不能制，因而羁縻之。"② 后因保护邱莘教军，为官军所破。类似莘县延家营忠义团者颇多。咸丰三年，邹县教军未发之初，白龙池教首宋继鹏亦办民团。据史料记载：

> 咸丰三年，山东初遘奥匪之乱；既而南边岁苦捻警，通檄郡县办民团，继鹏等藉团市兵仗火器，团长监生孔宪标、廪生孟某、乡约刘建禄等皆从之，造谋不轨有年，伪元天纵，设伪官。……附近州邑从教者多入山依处。③

民间宗教是非法的，但抗拒太平天国起义及捻军起义的乡团不但是合法，而且是当局鼓励的。民间宗教教团改头换面成为乡团，可以说易如反掌。这既保护了自己，又获得了扩大发展的机会，而且有了公开武装教团

---

① 《山东军兴纪略》卷十三。
② 《山东军兴纪略》卷十六。
③ 《山东军兴纪略》卷十九。

的权力。对某些教团来说，这是难逢的良机。

在河南商丘，屡遭清王朝镇压的离卦长郜氏家族也以办乡团为手段，构筑村寨，保护自身利益，发展扩大教派的实力。由此看来，在咸、同两朝，华北地区以八卦教为首的民间教派成立乡团者绝不在少数。这种以家族信仰为基础，以村寨为基地的教团，在新的形势下，隐穴蛰居，以乡团为庇护，长期存在下来。这就是为什么近代史上大的民间宗教教案骤减的原因之一。一旦义和团运动突起于中华大地，这些团与教相结合的组织，就从潜行默运的地下活动中加入了义和团运动的洪流。而一旦加入，亦必隐晦八卦教的组织、信仰和旗帜。

风起云涌的义和团运动在 20 世纪初销声匿迹了，但历史已经在它不朽的旗帜上刻上了八卦教的印记，不管是深是浅。同样，在八卦教的历史上，义和团运动同样闪现了它的光辉，这也是八卦教史上灿烂的一笔。

后　记

　　历史风驰电掣般飞速前进，义和团运动偃旗息鼓不过十载，中国末代王朝也寿终正寝了。八卦教不但没有随着封建制度同归于尽，相反在一个混乱的军阀割据的时代，以空前的规模公开地发展起来，一个个庞大的地下王国半掩半现地出现在北部中国的大地上。

　　早在光绪年间，直隶一个八卦教徒李向善，徒步走到山西五台山南山寺，落发为僧，法号普济。这位披着袈裟的民间宗教教徒神通广大，交结四方，广揽门徒，在不长的时间里把遍布华北及东三省的教徒罗致门下，形成了一个庞大的、网络无边的教派，号曰九宫道。普济以弥勒下世的身份高踞于千千万万信仰者之上，甚至使离卦郜姓的子孙也皈依门下。正是李向善执掌九宫道的时代，李亭玉创立八卦教，郜姓执掌离门的神话大倡于世了。它为掌权的李姓、郜姓制造宗教根据。辛亥革命的第二年，普济死于五台山。在南山寺对面的龙泉寺，来自全国的信仰者贡奉巨资为其修建了弥勒塔及精美绝伦的石雕牌楼，令人叹为观止。民间教派所具有的庞大财力、物力、人力使正统佛寺相形见绌，数十座名山寺庙破败不堪，无力修饰，而南山寺尚赖九宫道财力整修一新。这是民国初年事。正统宗教的衰落与民间宗教的兴起，形成鲜明的对照。这以后不久，普济九宫道虽然分裂，但各派势力依然兴盛不衰，教势日炽。在五台山、北京等地相继成立普济佛教会，或曰普济正字会。九宫教依托佛门大办"善事"，广济群氓，亦开设各类印厂，"宝卷"及"劝善书"如洪水涌来。一时间九宫道各类教派充斥城乡，信徒如蚁，成为中国北方最大的宗教集团。与此同时，其他八卦教的异名同教如圣贤道、先天道、在礼教、秘密还乡道亦如决堤之水，四处汹涌，而且道路越走越邪，成为盘踞城乡的一股股恶势力。到抗日战争时期，除部分八卦教形成的红枪会抗击日寇外，九宫道上层统治集团基本成了依附侵略者的反动力量，走到了全民族抗战的对立面。

迄至今日，八卦教的历史仍然没有终结。它在现代史上扮演的角色越来越灰暗，日益被现代文明逼到角落。然而它还有自己的市场，在两亿五千万文盲的国度，总还有人相信"弥勒下生，佛国治世"的荒诞理想；也还有八卦教的子孙，以行神迹的古老手段，罩上神秘主义的外套，走向神圣的殿堂，表演一下。

这是一个古老的民族的古老的宗教，一个复杂多变的信仰世界，一部灰色间或闪光的历史，一个折射出各类光谱的多棱镜。从它的身上你可以发现一个民族的许多秘密，一个民族生长的基因。的确，八卦教这样的民间教派像流淌的地下江河，它形成无数的支、无数的脉，编织着无数的网络，浸润着这块古老的土地，影响着百姓世代的信仰与风习，仇恨与抗争。有人说宗教是人类意识的核心，这话至少在中世纪是正确的。

这类宗教给现代社会留下什么印迹呢？宗教的偶像崇拜，结社、帮派的人身依附心理和性格；血缘关系组成的家族与神权。它对太阳的顶礼、膜拜，像对着虚幻的光，冷色的火，使人们联想起现代狂热的悲剧。现在的一切劣根性或多或少都从这部历史中映照出来。

然而不要过分地诅咒这样一个底层宗教，还是要更多地挖掘一下产生八卦教的土壤。作为一个现代人，你可能鄙视它的粗俗、低级、非理性，但它毕竟是这块土地的产物，现实世界是它的酵母与温床。可以说有多少苦难就有多少反映苦难的宗教；有多少愚昧，就有多少粗俗的信仰；有多少荒蛮，就有多少荒诞怪异的膜拜。两千多年的封建史，那个社会到底给了劳动人民什么文化、物质与同情呢？压榨、侮辱、鞭笞、流徙、绞杀、斩决、凌迟！中国中世纪的黑暗远过于欧洲，远过于世界任何民族与国家。人们只有从八卦教的无生父母那里求得点慰藉和救助，虽然这种慰藉又是那样虚幻。对于一个劳苦困顿的底层群众来说，对于一个一点文化都没有的人来说，他怎么能欣赏贵族式的高级宗教呢？中国的民间宗教和结社之所以多如牛毛，完全是黑暗、残酷的专制制度造成的。历史留给今天的重负，不能算到劳动者身上。

　　此书从去年十一月动笔，历时九个月，匆匆完成，颇为粗糙，深感有负近十年积累资料的苦功。希望师辈、同行、读者提出宝贵意见，或许有机会再次精心构造。

作者

一九八八年八月

附 录 一

学术自传

马西沙

　　我的祖籍在北京市密云县西田各庄，母亲祖乡是徽州婺源紫阳镇。1943 年 11 月 21 日我出生在陕西省延安市。

　　20 世纪 50 年代，在北京香山慈幼院小学及西城区黄城根小学读书。少时颇顽劣，不喜读书，六年级忽灵光闪现，用功数月，以高分考入北京四中，时在 1957 年。1957 年冬四中师生赴河北涿县农村参加水利工程劳作，我第一次体验到中国农村的凋敝、贫困。初中毕业后保送四中高中。初中毕业的暑假，四中派我和另一位武姓同学参加北京市中学生赴山东长山列岛军事夏令营。我第一次感受到军人的真诚、质朴，告别军营时，战士们个个泪流满面。也正是在长山列岛，我感到了大饥荒的袭来。在大饥荒的年代，作为北京的中学生是幸运的，即使如此，整整三年间饥饿感亦时时存在。那时的四中并未因饥荒年代而停止每月半天的劳动，每月我参加一次打铁。四个大男孩在师傅的带领下，把热火朝天的劳作当成一次次的狂欢。在四中的六年，我练就了颇顺畅的文笔。遂于 1964 年考上了北京大学中文系。选择中文系是一种颇带幻想的荣誉感的驱使，其实在中学我更喜爱历史，这种喜爱导致我终生从事历史研究工作。

　　在北京大学，我主修文学史专业。第一课竟然是北大一级教授、楚辞专家游国恩先生所授，他和我母亲是同乡——江西婺源人。他所授的题目是《先秦文学史史料》，此后文学史由袁行霈先生、古汉语由金申熊（开诚）先生教授，这二位充满才气的老师给我留下了深刻印象。但北大给我的印象还不如北京四中，它有一种迟暮之气。自从我参加了北京大学运动队后，这种感觉才有了些许改变，我对北大运动员食堂——一勺园的是很满意的。每天下午一万米的运动量，锻炼着我的意志品质。在北大，我最喜欢的地方依然是文史楼二层的图书馆，在那里我借阅了《约翰·克里斯朵夫》、《神曲》等世界名著及闻一多诗选。而郑振铎的《中国俗文学史》的宝卷一节，竟然成为十几年后我要从事研究的内容，在北大我依然是个闲散的人，不太爱读专业课。1966 年 5 月 25 日下午是一个改变几代人人生轨迹的日子。下午去文史楼上课，路过大食堂，见有人贴大字报，没在意地瞟了几眼，又飞奔着上课去了，袁行霈先生的文学史课竟是我在北京大学的最后一课。"文化革命"开始了，"革命"，无论它的内容如何不同，对历史的意义有何差异，对年轻人来说开始都像是盛大的节日，在其终结的时候，往往是众人哈哈大笑，一哄而散。不过那都是后话了。此后，在北大又待了三年，参加所谓的斗、批、改，由狂热而冷静。那些年，记得最清楚的是大串联，数次遍游祖国大地，虽然那时对多少人是苦难的日子。我领略了泰山的雄竣、杭州的秀美、昆贵路的险恶、桂林阳朔的清幽，无锡的杨柳岸、如勾残月；游三峡，万山之中一舟之孤独。我到了我的出生地延安，风沙扑面而来，所到之处是衣衫褴缕的人们——贫困而苦难。"万家墨面没蒿莱"的诗句油然冒出，泪水潸然而下。

　　1969 年初冬，本早已应毕业的北大、清华的学生们，在所谓一号通令的命令下，全部离开北京，长途步行至北京远郊区赴农村劳作。那时北京天安门出现"胡子兵要毕业"的大标语，几届穷困的毕业生们，等待着一份养家的工作。1970 年初，在北京大学待了六年的我被分配到辽宁千山山脉的一个县城，同去的有 29 个北京大学的同学。我分配到了一所人民公社的高中，作了一名高中的语文老师。学校在一个半山坡上，篮球架子是几块破木板钉成的，篮球场算是唯一的运动场。当时的辽宁在毛远新等人的统治下，冤案遍地，我所在的公社更是重灾区。辽宁人民再次受到了人所共知的苦难。农村的凋敝依旧，农民及他们的孩子们还是那样纯朴，他们渴求知识，但那时知识并不能改变命运，他们命运的改变是在十年后改革开放的时代。几年后，我回到北京。东北农村的三年多的经历，使我对中国底层社会有了较深刻的认识。对后来改革从农村、从农业开始有了发自内心的认同。回家后，我在北京语言大学从事教授外国留学生的职业。六年淡而无味的教书生涯，使我决定改变命运。1979 年，我考入了中国人民大学清史研究所，开始了对清史、清代宗教结社史的研究，从而进入了两千年的中国社会民间宗教的研究。

20世纪70年代末以来，十几年中，寻阅史料和写作已经成为生活的第一内容。所谓苦中作乐，确实有乐。当窗外北风凛冽，故宫的角楼在寒日中闪着永恒的光，静伏在档案馆的阅览桌上，思维驰骋在历史的大千世界，这是一种最高的精神享受。面对雍正、乾隆皇帝亲自批示的文件，你真正能体会到时间、空间在变幻，从而生出巨大的感慨，时代毕竟变了，这是一种怆然而深沉的感慨，它充溢着一种力量，一种希望。我们的民族是伟大的，它现正经历老而复壮的漫长历程，在世界民族之林中，中华民族的独特性早已牢固定格在它恒久的历史中，这是任何其他民族都无法比拟的，这也是历史研究者特殊的体验。在明清档案馆，"板凳须坐十年冷""独守千秋纸上尘"成为理想支撑下的一种境界。这是需要淡定、沉寂的。十几年里，大卡片如小山般的积累，一个对历史创造性体系来说这仅仅是其中一半的史料。

三十年间，我还进行了大量的田野考察，先后对十个省份的寺庙、信仰者进行访问，以及对各类图书馆、文博馆资料的搜集整理，特别是对"宝卷"即宗教经典的搜集整理。"宝卷"是唐、五代变文讲经文演化而成的一种传播宗教思想的艺术形式。它被正统史学、文学、宗教学所漠视，但它是一种容纳百川、杂而多端的大型资料库，它的渊源是与敦煌文书相衔接的，到了明代则演化成民间宗教教义的载体形式。现存的宝卷从宋、金、元直至民国，跨度千年，在著录者，一千五百余种，不同版本则超过五千余种。我对搜集宝卷的功夫，不下于做档案的功夫。明清档案是现存的最大史料群，它有一千万件以上，而宝卷的五千余种版本，则是另一大宝库。正是有这两大资料群作为我研究史学的基础，使我成为构筑民间宗教史体系的学者。1979年后，我选择清代八卦教作为我的硕士论文。以往研究民间宗教的人们都以农民战争作为基点，在我看来这是远远不够的。八卦教的发生、发展、兴盛、衰落的历史首先是一部宗教史，站在这个基点上，才能明了它的各种转化形态。才能明了它不同于一次普通的起义或暴动。清代八卦教深深扎根于历史传统和千百万群众信仰的肥沃土壤之中。所以当几次八卦教起义失败了，但八卦教依然故我，倡行于世。甚至当整个宗教领袖集团都覆灭了，都不能阻止人们对它的信仰和顶礼膜拜。这是何等惊心动魄的力量。我对八卦教的研究受到学界的赞许，其原因是研究的眼光不同了，方法论也与传统方法论迥然有别了，这是宗教史研究的一种变革。八卦教史是一个古老民族的古老宗教，一个复杂多变的信仰世界，一部灰色间或闪光的历史，一个折射出各类光谱的多棱镜。从它的身上你可以读出一个民族的许多秘密，一个民族生长的支脉，编织着无数的网络，浸润着这块土地，影响着百姓世代的信仰与风习、仇恨与抗争。有人说宗教是人类意识的核心，这话至少在中世纪是正确的。

我认为，八卦教这类宗教对现代社会依然留下了它的印记：结社、帮派的人身依附心理和性格，血缘关系组成的家族与神权。它对太阳的顶礼、膜拜，像对着虚幻的光、冷色的火，使人们联想起现代狂热的悲剧。我认为现代社会的许多劣根性或多或少可以从八卦教的历史中映照出来。1989 年我的第一部专著《清代八卦教》由中国人民大学出版社出版，出版社及清史研究所教授对此书作了如下推介："作者以八卦教的起源、演变为线索，深刻地揭示了一个神秘的地下王国的内部结构，它的教义、仪式与教规，教权接续方式，传教掌权家族的兴衰以及它与农民运动兴起的内在联系。描绘了华北大平原底层群众浓烈的信仰与风习，乾、嘉时代风起云涌的社会浪潮，特别是神奇怪诞的王伦举义与撼人心魄的紫禁城之变。作者还耳目一新地讨论了捻军、黑旗军、一贯道、义和团与八卦教的关系，是宗教史、社会史、清史和近代史研究领域的一部力作。"此著出版后，香港中文大学教授王煜在台湾《汉学》杂志发表书评，高度赞许；1992 年 8 月，学术大师徐梵澄先生在《读书》发表题为《专史·新研·极成》的书评，以此著与汤锡予、陈援庵先生的著作相比较。我认为这是一种期许。前辈大师，令人仰之弥高，但后人亦可登岱顶而小天下。我于 1982 年进入中国社会科学院世界宗教研究所。在对八卦教研究的同时，展开了对罗教与青帮的研究。以往有的研究者认为宗教与帮会不可能发生关联，但历史事实并非如此。为把青帮的历史真正研究清楚，我整整翻阅明、清档案半年多，终于搞清了青帮的起源、演变，并在研究、分析宗教嬗变成帮会的历史过程中，力图揭示它背后的动因。在《从罗教到青帮》一文中，我指出"青帮源于罗教，又在其发展过程中逐渐脱离了罗教。从明中末叶到清代中叶，二百余年的风云变幻，罗教的一个支派在以运河为主干，以其他水系为旁支的广阔水域中，漕运水手构成了它的信仰主体，从而使之逐渐演变成漕运水手的行帮会社；而这种行帮会社又由于自身难以克服的弱点，在近代社会的急剧变动中沉沦为以流氓无产者为主体的社会集团。从罗教的水手行帮会社再向帮会——青帮的演化过程，宗教的意识和作用越来越小，最终在这个组织中仅仅存留了某些对罗教创始人罗祖的崇拜。宗教的教义、仪式被青帮的帮规、暗语、秘籍所取代。罗教的庵堂则演变成了青帮的香堂。从对罗教与青帮的研究，人们或许会发现在中国底层社会宗教与帮会等社会集团发展的纷繁复杂的多重嬗变与性格。《从罗教到青帮》发表于 1984 年第一期的《南开史学》上，并在不久被日本学者全文翻译发表在日本大学学刊上。80 年代，我陆续对多种宗教进行深入研究，如：《林兆恩的三教合一思想与三一教》，对三一教的研究在我国尚属首次。《黄天教源流考略》则比日本人及中国学者的人类学研究有了本质上的突破。其后的《江南斋教研究》、《最早一部宝卷的研究》、《白莲教辩证》、《宝卷与道教的炼养思想》等二十余篇文章。这些文章或是填补学界空白，或是为解决重大疑难问题而发。例如，元代末年推翻元蒙政权的农民运动到底是白莲教还是香会即明教（摩尼教）为主导的。1942 年，吴晗先生即指出是摩尼教而非白莲教才是推翻元蒙政权的主要力量。吴晗先生逝世后，杨讷先生翻吴晗先生旧说，我则在《中国民间宗教简史》及《历史上的弥勒教与摩尼教的融合》等文，全方位对杨讷的观点进行驳论。批评白莲教说误判历史的本质，是不懂得宗教史。我的著论发展了吴晗先生的论述，不再仅限于元、明之际，而是把问题扩展到问题的源头，始于南北朝至隋、唐、五代、宋、元。指出在原始摩尼教教义中即有弥勒佛观念。这两种宗教共同具有的救世观念在一千余年间始终合流成一种与主流传统社会相抗衡的宗教意识形态，正是摩尼教、明教形成香会、香军，才组成了浩浩荡荡的反抗元蒙的伟大力量。这一例证说明研究中国历史而不懂宗教史是一种缺憾。

1986 年，我主持了国家社科基金重点项目：《民间宗教研究》。我邀请本所同仁韩秉方预其事。为了这个重点项目我不但继续在明清档案馆查阅档案，还在北京图书馆、柏林寺图书馆、科学院图书馆、首都图书馆及各省市图书馆，遍览官书、方志、笔记杂录。此时的研究时间与空间范畴已大大超出明清两代。两汉之际的佛教、汉末之道教、南北朝至隋唐的摩尼教、宋元之白莲教已在研究范围。1985 年我已任中国社会科学院世界宗教研究所道教研究室主任，我与道教室同仁开始撰写《中国道教史》，在撰写过程中与各学科学者切磋学问，搜秘讨奇，足资启发。这一阶段，《大正藏》、《高僧传》等佛教原典亦成为案头的必读书，我对中国民间宗教的探研，更渐入佳境。中国主流意识形态是儒、释、道三家，而其中儒、道两家中国本土文化在整个世界文化史上属于五种轴心文化中的两种，它们光芒四射，凡是中国人，各个阶层、各个地域无不受其影响，陈寅恪所云"儒家之旧途径，道家之真精神"概括了中国人的一体两面。两汉之际，佛教入中国而化于中土，极大地丰富了中国人的精神世界。但这仅是事物的一个方面，在我更深入研究民间社会及其精神世界之后，我得出如下看法：无论儒学，还是正统宗教也无法涵盖整个的传统文化。古代文化现代文化一样，也是多层次、多棱面，在动跃、在发展的。特别在中世纪，等级森严的社会形态，必然产生代表不同等级的文化层面。学术界不厌其烦地研究的哲学、伦理、宗教，迄今更多地限于正统思想。它们对中华民族的影响是至关重要的，但不是唯一的。

构成中华民族主体的是底层社会，是下层民众，他们虽然数千年被压在金字塔的下层，终生贫困，而且得不到文化的布施，在帝王将相、神仙佛祖俯视的茫茫人寰中，劳作着、构筑着、奉献着，熙熙攘攘，奔走于途。但他们亦有所思所欲、所喜所惧、所依所持，他们也有自己的幻想和理想，此岸与彼岸，有自己喜闻乐见的文化与信仰。虽然它可能粗糙、低级，甚至怪异、荒诞，没有正统神学的威严、沉郁的格调，或飘逸着上层文化特有的气韵，但它也自成体系，古朴、率真，较少伪善，直发胸臆。不仅如此，它还是一切高雅文化、正统神学的孕育之母。下层文化、民间信仰也有板起面孔、发生分化的时代，那恰恰是宗法社会影响的反映，是一种不平等世界带来的恶果。的确，民间信仰布施的也不是现实之果，而是空洞的慈悲。那么儒学的"大同之世"与"民胞物与"的乌托邦又如何呢？人类美好的理想在残酷、专制的中世纪是根本无法实现的。

我认为民间宗教，属于下层文化系统的一个方面，但又与上层统治思想关联颇深，丝丝入扣。它既属于底层文化系统中的一环，又是整个民间信仰领域的有机组成。正是下层民众及其信仰、风尚，首先孕育了最初形态的民间宗教。进而正统宗教又在民间宗教的基础上锻铸而成。从这个角度上讲，研究上层统治思想，仅仅是对中国传统文化涉入了一半。中华文化不只是三坟五典、八索九丘，还有充满生机、活力的炽烈、动跃的一面。民间宗教基本属于这一面。民间宗教在中华文化中有特定的位置，是信仰主义世界的重要领地，构成了千千万万底层群众的笃诚信仰，影响着各个地区的民风、民俗，下层民众的思维方式、生活方式。它对中华民族性格的形成起过不可忽视的作用，对中世纪的宗教生活、政治生活发挥过重大影响，表现出惊心动魄的力量。因此对它的研究是不可替代和无法回避的。

中国不但有一部道教史、佛教史，还有一部变幻难测、扑朔迷离、盘根错节、源远流长的民间宗教发展史。民间宗教与正统宗教虽然存在质的不同，但差异更多地表现在政治范畴，而不是宗教本身。前者不为统治秩序所承认，被污为邪教、匪类，屡遭取缔镇压，往往只能在下层潜行默运；后者从整体上属于统治阶层的意识形态，受到尊崇、信仰和保护。就宗教意义而言，民间宗教与正统宗教之间没有隔着不可逾越的壕沟。世界上著名的宗教在初起时无一不在底层社会流传，属于民间教派。由于逐渐适应社会的普遍需求，并在不断的抗争中，以自己的实力走向正统地位甚至统治地位；而后起的一些民间教派又往往是正统宗教的流衍或异端，由于宗教或世俗的原因被排斥在外，遂自成体系，发展成独立教团，并被迫走向下层社会。显而易见，这两者在历史的长流中不停地演进、转化中，不仅在教义、组织、仪式、教规、戒律、修持等方面有着千丝万缕的联系，而且存在着对抗、改革与创新。既反映了信仰主义领域的新旧关系的变动，也反映了世俗世界对宗教本身的影响，反映了社会不同阶层在信仰上的不同意向与追求。

我在研究道教历史时，作过如下总结：道教在发生、成熟、衰落的过程中，这种演进最具有典型性。道教是中国土生土长的宗教，它源远流长。早在战国时代，原始道教便开始孕育发展了。当时楚风崇巫术，重淫祀，而中原一带的民间则盛行着神仙方术。两者都是汉代民间道教发端的源头。而五行相生相克及谶纬经学亦初起于民间，逐渐成为一种时代的主宰思想。人们普遍认为在人类世界之外，有一种神秘力量，它才是人类命运和社会变迁的动力。这种主宰思想无疑曾受到原始道教思想的启迪与滋养，反过来又对汉末的民间道教产生过深远的影响。

汉末，有大规模组织的道教肇始。求道鹤鸣山的张陵及其家族创五斗米道，以符书惑人，兼挟鬼道，无疑是受到盛行南方的巫风巫术的影响；而北方张角家族创太平道，他虽然也以符水为人治病，但提出了"苍天已死，黄天当立"的口号，又恰恰是五行说及谶纬经学的回声。上层统治思想是一个时代的统治思想，但在特定条件下，转化成相反的内涵。五斗米道、太平道无疑都是民间道教，一经问世，就给当时的社会造成了巨大的震动。它的出现，说明独尊儒术的社会发生了巨大裂痕，需要另外一种意识形态补其罅漏。以后二三百年间，道教日益走向上层，这并不是历史的偶然。魏晋南北朝，道教在教义、仪式、教阶等方面经过改造、发展而系统化。上清派、灵宝派、丹鼎派的出现，统治阶层及知识界的崇奉，道教走向了上层，成为正统宗教，从此跻身于封建统治思想的行列。在道教主流沿着封建化的轨道发展的过程中，其支流依然在民间蔓延流传，甚至举行暴动。当时以所谓教主李弘为名的民间造反事件不胜枚举，而孙恩、卢循领导的起义者亦信奉道教。可见在南北朝时代，道教仍然呈现一种复杂的格局。

唐、宋时期，道教鼎盛一时，真正发挥了正统宗教的功能。宋以后，较为统一的道教又发生分裂，嬗变成一系列新兴道派：太一、混元、真大道、全真、净明道、清微派等等。这些道派中很多曾被排斥在正统道教之外，长期在下层流传。在北方大乱的金代，中原文化毁于一旦，遂有大批读书人出入佛、老。当时陕西人王重阳在终南山修道，后传教山东沿海地区，倡三教合一，主张炼养，创立了全真道，流布民间，直至元初其弟子为元太祖召见，全真道才成为合法教派。明代初叶，这支道派骤然失势，除少数大观外，信仰下移，再次走向民间，开了黄天教等民间教派之先河。与全真道同时代的混元道，以修内丹为宗旨，创宗者及后继者特立独行，专意修持，主要在民间流传。到了明代，一支演变成混元教等民间教派，而主张儒家伦理与修炼内丹结合的净明道，则对闽中三一教的产生多有助力。

宋元时代，道教内丹道已全面取代外丹道，修炼内丹成为教内一时风习，其中混元、全真、净明乃至讲究符箓的正一道及其衍生支派也加进了炼养的内容。道士修炼内丹固然对延年益寿颇有补益，然而它的神秘色彩、单传独授的传承形式都导致了各类异端思想和虚幻妄念与行动的出现。明清时代的黄天教、三一教、长生教、闻香教、圆顿教、一炷香教、八卦教、青莲教、金丹教、刘门教等民间教派都与内丹道有直接或间接的关联。明清时代，道教演变的最大特点是日益走向世俗化、民间化。道教衰落了，但是道教的流衍——具有浓厚道教色彩的民间教派却大倡于世，对整个社会产生了重大的影响。近两千年的道教史是一部由民间走向正统，再由正统走向民间的历史。

佛教是一种外来宗教。它对中国的影响与道教有所不同。佛教进入中土以前已经在印度次大陆及中亚一带传播了数百年，成为一种成熟了的、为统治阶层信奉的宗教。即使这样，在两汉之际传入中土时亦如水上浮萍，颇难扎根。由于很快为统治者认可，迅速走向上层。东汉末年，皇宫中已建立了浮屠之祀，与黄老信仰并驾齐驱。然而佛教要想发展，必须走向下层，但是它的玄妙教义很难为底层民众所接受。直到东汉末年弥勒观念传入中土，特别是西晋时期，西域人竺法护所译《弥勒下生经》等佛经广泛流布，事情才发生根本性转机。在弥勒诸经中，大都描绘了光辉灿烂的彼岸世界："谷食丰贱，人民炽盛"，"人心均平，皆同一意"，"无有差别"，弥勒佛三行法会，普度众生。这种虚幻世界，包含了人类追求美好世界的理想，与特定的西晋以后苦难动荡的现实生活发生鲜明的对照，不能不引起各阶层芸芸众生的强烈信仰，甚至启迪了不甘现世苦难的民众，为追求"无有差别"的宗教王国起而抗争。从西晋至隋代，沙门僧侣举旗造反称王者，不胜枚举，而以"弥勒下生"为号召的弥勒教、大乘教也从佛教中演化而来。北魏时期，冀州沙门法庆的大乘教宣扬"新佛出世"，发动起义。隋大业间，沙门向海明自称弥勒佛转世，揭竿造反。可见弥勒教、大乘教都是由佛教异端分化出来的民间教派。

与弥勒净土宗雷同的是弥陀净土宗。弥陀净土宗世俗化倾向也十分明显，但从中真正分化出民间教派则在南宋时期。南宋初年，浙江、江苏分别出现了两个弥陀净土宗世俗化教派：白云宗和白莲宗即后来的白莲教。白莲教在初创阶段仅是一个净业社团性质的组织，创教人江苏昆山沙门茅子元融会了天台宗与净土宗的教义与忏法，以四种果报土吸引群众信仰，信仰者吃斋念佛，却不必祝发修行，家居火宅，娶妻生子，与平民无异，因此迅速地赢得了大量信徒，"愚夫愚妇，皆乐其妄"。茅子元倡教不久，被当局以"食菜事魔"的罪名发配江州。白莲教当然不是摩尼教。摩尼教是一种受佛教、基督教等宗教影响很大的外来宗教，由波斯人摩尼创成于公元 3 世纪。隋唐时代由波斯传入中土，不久即遭禁断。唐安史之乱后，该教随回纥军队再次大规模进入中原地区，成为合法教派。唐会昌间，武宗灭法，摩尼教与佛教同遭毁禁，从此混迹于下层社会，秘密流传。五代母乙起事、北宋方腊起事都与摩尼教有关。故在宋代，当局视摩尼教为大敌。南宋当局将白莲教与摩尼教混同的时间不长，大概发现白莲教对封建教化颇有补益，遂承认其为合法教派。元代，白莲教发展到了鼎盛时期，其势足与佛、道相埒。元政权除了在极短时间曾经禁断该教，基本采取认可、保护的政策。白莲教上层宗教领袖也采取了与元政权依附合作态度。但该教传教过泛，以致多涉异端，而下层群众也数度利用其旗帜反抗元政权。元代末年，以弥勒教即香会为骨干的抗元起义揭开序幕，遂有大批的白莲教徒云集响应，加入其间。后世史家多混称之为白莲教起义。明初白莲教遭禁，彻底演变成民间秘密宗教。

禅宗是唐、宋以后与净土宗共存的最大佛教教派，形成五家七宗，流派纷呈。由于其特点，格外受上层官僚及知识阶层青睐，它否定偶像、经忏，不顾规矩方圆，成为士大夫阶级闲适、解脱的工具和下层知识分子摆脱精神苦闷与专制高压统治的避世良方。理学的出现除了受丹道思想的影响外，亦得力于禅宗的影响，而禅宗本身又具备着对抗理学的内在力量。明代，禅宗不但影响心学的兴起，同时影响也日益走向下层。明代中叶，一支影响巨大的民间教派——罗教倡兴于世。罗教思想体系的核心就是禅宗教义。明清时期罗教及其各类异名同教活跃于华北、江南、西北十几个省份，并公然向白莲教宣战，意在取而代之，最终发展成为那一时代首屈一指的大教派。罗教的问世和发展，是禅宗思想在下层社会的一次大传播，是底层民众为摆脱现实苦难、追求精神解脱的一种新追求。

儒学不是宗教，正是其过分注重社会的政治观念和伦理观念，才使传统的旧儒学走向末路。新儒学的出现，是强大的宗教思想影响的结果，它说明，儒学只有更贴近人的精神世界，部分地进入信仰主义的领域，才能获得生机与发展。所以说宋明理学是儒家日益宗教化的产物。这绝不过分。特别是陆王心学把人的主观意识绝对化，不但体现了禅宗的影响，更受到内丹道的启迪。禅宗的枯坐顽空不得不向内丹道转化，而心学也只得亦步亦趋，这就为一系列新型宗教开启了大门。明代嘉靖年间在闽中问世的三一教，清代中叶在四川问世的刘门教，以及同时在山东问世的黄崖教，都是由标榜陆王心学的学术团社逐渐演化成宗教实体的。这三门教派虽然都倡导三教合一，其实质是儒家的伦理思想与丹道思想的高度融合。三一教主林兆恩的最高追求是所谓虚空粉碎，究其实与刘门倡教人刘沅追求的止于至善——太极境界，不仅同出一源，亦归于一处。在封建时代末期，儒、道合流，同归一途，宗教、哲学、伦理融合在同一实体里而达于极致了。

中国民间宗教不仅在组织、教义、戒律诸方面与正统宗教密切相关，并自成体系，而且在反映教义的经典方面逐渐脱离正统轨道而形成蔚为大观的气候。

从张角的太平道诵奉的《太平清领书》中已包含着大量的底层社会的平等意识，而隋、唐的弥勒教则以"诈云佛说"的伪经及别造的"小经"，作为自己的教义。诸如《龙华誓愿文》、《弥勒三会记》。宋代弥勒教则有《五龙经》、《滴泪经》等，鼓吹"释迦佛衰谢，弥勒佛当持世"。同一时代，宋当局又发现了托诸唐公、志公、朗公等五位"佛祖"的《五公经》，"言辞诡诞不经，甚大可畏"。而活跃于两宋的摩尼教"经甚多"，刻版摹印，部分教徒夤缘校定，希图将经入道藏。

真正形成体系的民间宗教教义，是在"宝卷"问世以后。最初的宝卷，主要是由唐、五代的变文以及讲经文孕育产生的一种传播宗教思想的艺术形式。它多由韵文散文相间组成，可讲可唱，颇引人视听。

最早的宝卷起于何时，学术界迄无定论。笔者认为应在宋金元时期。而那时的宝卷应是佛教向世人说法的通俗经文或带有浓厚宗教色彩的世俗故事的蓝本。僧侣借这类宝卷宣扬因果轮回，以弘扬佛法。

迄今所见最早的民间宗教宝卷是明初宣德五年（1430）孟春吉日刻行的《佛说皇极结果宝卷》。在这部卷子中，已经有了粗成体系的收元观念。而在成化、宣德间问世的罗教的五部宝卷之中，引证了"圆觉宝卷作证"、"弥陀宝卷作证"、"大乘卷是宝卷"等内容，再次说明明正德年间以前曾有大量宝卷问世。其中部分已是民间宗教经书。而罗教五部六册宝卷的出现，在民间宗教世界有着划时代的意义。此后宝卷如洪水猛兽，不可遏止，大量印行，风靡下层社会。为数众多的民间宗教预言家动辄撰经写卷，皆冠以宝卷名目，从此宝卷几乎成为民间宗教教门经书的代称。清代，专制统治更加酷烈。在当局的眼中，宝卷成为"邪说""妖书"的同义语。

宝卷引起当局的注意，是在它为民间教门利用之后。明代万历年间政府已明令禁止一些宝卷，毁经焚版，宣示众庶。清顺治年间，清当局初次发现《皇极金丹九莲正信皈真还乡宝卷》即《皇极经》，而雍正间则大量地搜获罗教宝卷。此后，就把搜缴宝卷作为镇压民间宗教的重要手段，每次破获"邪教"，都把抄获的宝卷送往军机处，或呈御览后，加以焚毁，"以涤邪业"。但宝卷的流传却如野火春风，以致清道光年间，直隶的一个官僚竟专门著书，以攻宝卷为己任。民间宗教还有一些经书并不冠以宝卷名目，内容或名称庞杂，五花八门。

当然，即使在明清时代，宝卷不仅限于经书一种。大量的宝卷并非民间宗教经书，而是纯粹的劝善书本。它们广泛地流传在民间，产生过深远的社会影响。

还有一类民间宗教，如三一教、刘门教、黄崖教，它们与多类教派不同，是中上层社会的知识团社转化而成，教主则是有名的大学问家。这些人在走向圣坛，成为教主以后，其著述则成为教门的教义。如一百余件的《林子三教正宗统论》就成为三一教徒奉诵的经典。

对民间宗教各派的教义，本书诸章多有分析。读者或可体味到这个广阔而庞杂的领域里，诸类宗教的教义精粗不一，文野各异，兼流杂出，表现了底层社会涌动的强大的社会思潮的多重性，以及浓淡有别的政治色彩，特别是信仰及修持上的特点与差异。

应当怎样认识封建社会的民间宗教呢？

首先，它是中华民族漫长而纷繁复杂的文化体系的有机组成部分，是中国宗教信仰领域的有机组成部分。东西方关于宗教的定义多不胜计，但无论用何种标准衡量，它也是宗教，而不是它种文化形态。即使是历代统治者也不能否认这一点，虽然污之为"邪教"。"邪教"也是宗教，仅仅是不符合封建统治秩序的宗教。在封建统治者看来，它荒诞、粗鄙、悖乱不经。但在我们看来，它的存在是合理的，而且是值得同情的。毋庸置疑，现代人不难发现它的粗俗与非理性，但它毕竟是我们这块土地上的产物，现实世界是它的酵母与温床。可以说有多少苦难就有多少反映苦难的宗教；有多少愚昧，就有多少粗俗的信仰；有多少荒蛮，就有多少荒诞怪异的膜拜。两千多年的中国古代社会，生产力十分低下，广大民众的物质生活和精神生活极度贫乏，而等级制度异常森严，贫富贵贱的差异非常明显。统治阶层的意识形态对民众来说是伐命之斧，牧者之鞭，是思想的牢笼、心灵的桎梏，不但引不起兴趣，而且引起反感。民间宗教的出现而且历两千年不衰，正是下层民众寻求适合自身口味和心理要求的信仰依托的结果，是对大一统的封建思想专制的一种离异和无声的对抗。民间宗教是苦难与专制制度的共生物，专制使人离异，苦难则是培养信仰主义的温床。虽然民间宗教也属于封建社会的意识形态和社会组织，但总体上讲属于封建时代被压迫者的意识和团体，虽然其间也有分化，形成两种不同的发展趋势，那恰恰是封建社会统治思想影响的结果，是宗法制度在民间宗教内部的一种反映。显而易见，对于一个终生劳苦困顿而缺少文化教育的人来说，他（她）怎能欣赏贵族式的高级宗教呢？中国的民间宗教之所以多如牛毛，遍布底层，完全是黑暗、残酷的封建专制制度造成的。宗教信仰有层次，有文野之分、精粗之分，却没有高低贵贱之分。对研究者来说，最可怕的是对不同的研究对象戴着有色眼镜，厚此薄彼，这种态度实为现代人所不可取。

其次，从历史的角度分析，有着近千年历史的民间宗教，始终是一个动荡的、充满活力的充满矛盾的世界，在这个世界里，形形色色的宗教预言家打起宗教的旗帜，不断地汲取来自民间的文化滋养及民间宗教和正统宗教提供的思想资料，在尽量迎合不同信仰者需要的前提下，大胆发挥，驰骋想象，构筑了一套又一套光怪陆离的教义体系，构筑了一个个地下宗教王国，形成了一种低层次宗教冲击高层次宗教、底层宗教冲击上层宗教的态势。在这种演变中，一些教门衰落了，一些教门兴起了，信仰者不停顿地选择，以择优劣。这恰恰是底层世界不安于封建秩序的征兆。所以我们认为民间宗教运动的兴起，无疑是对封建秩序的一种冲击，一种挑战。虽然，其中许多教门的教义充斥着维护封建伦理的说教，许多教门出现了封建化趋势，甚至属于家长制统治，但都不能掩盖在封建时代这个运动整体上的积极作用。不仅如此，民间宗教运动在一些特定的历史条件下，与农民革命运动相契合，遂从一种宗教力量转化成政治力量、军事力量，形成极大的反抗现行秩序的潮流。特别是近千年来，这种不断涌起的大潮，冲击着宋、元、明、清几个大帝国的根基。这是中国封建专制统治造就的反作用力。

其三，历史上的民间宗教是封建时代的意识形态和社会组织，它以世袭传教为主要特征，具有浓重的等级制色彩。虽说它的大量产生适应了那一时代底层社会的需求，带有某种合理性和进步意义，但从实质上讲，民间宗教的等级制也是封建宗法制的一种产物，其神权和族权又往往结合在一起。因此，民间宗教无法也无力最终改变现实世界的不公正、不合理。它创造的一座座彼岸世界乌托邦的殿堂是虚幻的、非理性的。特别是那些沉闷、晦涩的经典，令人麻木不仁、愚昧无知的教义，不仅无力给下层民众带来新的思想，而且直接影响下层民众的觉醒，对中华民族的性格和心理形成起着不可忽视的消极作用。在历史上民间宗教掀起一次又一次的造神运动，把一个又一个凡夫俗子或家族推向"神"的宝座，并由此产生的人身依附心理和血缘关系的家族、神权、对于近现代中华民族的思想解放运动构成了潜移默化的巨大障碍。现代中国人的一切劣根性或多或少可以从这部历史上映照出来。作为整体宗教运动，它具有不可低估的力量，但其中绝大多数教派都属于地方性教派，还不具备统一的凝聚力和吸引力。它混乱的宗旨、盲目的行动、分散的意志，使其中任何教派都无法与正统宗教抗衡，而成为统治思想。它是一个既想挣脱枷锁，又无法超越封建制度的悲剧性产儿。这正是整个封建社会下层民众的写照。

以上即是我对中国民间宗教的基本认识。1992 年 12 月上海人民出版社推出我和韩秉方教授合著的《中国民间宗教史》，计 23 章，106.9 万字。这部著作的出版，被学界誉为"里程碑式的著作"，"划时代的巨著"（台湾教授江灿腾）。金陵神学院子昂先生认为"这是笔者所见同类著作中最好的一部，可谓体大思精。史料丰富，识见深刻是此书的两大特点，浏览一过，很有入宝山目不暇接之感"。这部著作使用明清档案三千余条，著录宝卷、分析、研究宝卷二百余部。是充溢着我十几年心血、智慧的一部成体系，观点超前、新颖的著作。2004 年此著由中国社会科学出版社再次出版，共计 119 万字。再次成为受读者争购的社科类研究专著。此书问世后分别获第二届社会科学院优秀成果奖及 1999 年国家社会科学基金优秀成果奖。我具体组织并参与写作的《中国道教史》亦获中国社会科学院第一届优秀成果奖。2011 年春我与日本学者签订合同，由日本著名学者峰屋邦夫等将《中国道教史》译成日文出版。

1991 年 6 月，我应德国汉诺威大学之邀，作为客座教授与苏为德教授（Prof. Hubert Seiwert）合作。在德一年多，我为合作著作写了 30 万字的初稿，其后工作由苏为德完成。2003 年我与苏为德合作的英文著作 *Popular Religious Movements and Heterodox Sects in Chinese History*，在西方最著名的汉学出版社 Brill 出版，全书 548 页。

1992 年我被评为正研究员，同年荣获国家人事部颁布的国家级有突出贡献的中青年专家称号，第二年获国务院特殊津贴，之后任中国社会科学院哲学片研究员评审委员会委员、博士生指导教师及中国社会科学院道家与道教研究中心名誉主任。1995 年后我六次赴香港讲学，其中包括香港大学及香港中文大学、香港青松观道教学院。五次赴台湾进行学术交流及讲学。2000—2001 年日本东海大学以特聘合作专家身份请我与文学部教授浅井纪先生合作研究。在日本的半年多我会见了学界泰斗，漥德忠教授、酒井忠夫教授，在东海大学、东京、大阪等处大学讲学，其间与日本学界进行宝卷资料的互换研究。

中国民间宗教史出版后，我又撰写了《民间宗教志》，此志于 2005 年以《中国民间宗教简史》为名再次由上海人民出版社出版。2008 年民族出版社组织了八本宗教精品系列丛书。我主编了其中一部《民间宗教卷》，撷取了国内著名相关专家的论文二十余篇。其中部分被译成英文。2011 年，西方著名出版社 Brill 出版了我与孟慧英主编的英文著作 *Popular Religion and Shamanism*，全书 499 页。

2011 年我被评为中国社会科学院荣誉学部委员。与此同时我又开始主编一部大型宗教经典文库：《中华珍本宝卷》，共 30 册，每册 800 页，共计 24000 页。《中华珍本宝卷》是继《敦煌文书》《中华大藏经》《中华道藏》之后最重要的宗教经典古籍整理文库。

这部珍本宝卷集成，汇集了我与同仁三十年左右的艰苦的努力，其中包括对近十个省份的田野文本搜集及对国内外颇多的图书馆、文博馆的文献搜集整理。它是从 1500 余种宝卷中精选而成，包括元、明、清珍稀版本 100 余部。其中孤本数十部，余皆善本，这部珍稀宝卷集成的出版，在海内外是第一次。它不仅具有宗教的经典性，而且具有古代绘画、书法、版刻的艺术性，而不同宝卷的版式的多样，卷中文化因素的丰富，也是它与佛经、道藏的不同之处。

我年近七旬，数十年间受到良好的教育，并从事我喜爱的研究工作，与我父母的培养教育密不可分。先君马旭数十年间任大学校长。95 岁时仍荣获北京大学蔡元培奖和卫生部医学教育终身成就奖。先慈江沁是江西婺源人，被尊称"婺源女杰"。她是 1938 年赣东北唯一一位赴延安的青年女性。遥想慈母当年在抗日烽火连天之际，多少人南下避祸，而先慈只身一人过长江渡黄河来到风沙遍布的延安，参加抗日运动，何其伟哉！数十年来，我的夫人杨秋燕医师与我风雨同舟，全力支持我的研究工作，照护我的身体，我心中充满感激。

我要感谢大化自然，感谢伟大的中华民族，感谢伟大的中华传统文化。我还要感谢伟大的时代，正是这个时代让我经历了平淡时代永远不能体会到的巨变和巨变中的深刻。

马西沙

写于 2012 年金秋

北京西四古槐堂

附 录 二

专史·新研·极成

徐梵澄

昔顾亭林治学，取譬于采铜矿于山以铸钱。他不肯取旧铜钱或铜器重铸。这是开辟新天地，采取了新材料，用了新工具和技术，审之以新眼光，按新型模冶炼熔铸。

溯洄半世纪。自抗日战争年岁起，知识人士在流离奔窜救死扶伤之际，一般的学术水准偏有所提高。那是大众凛然于民族之存亡，努力争取无可保的时光，成就自己分内的一点事业。有几部史学上的名著，皆出现于那时期。其后开放了一新时代，——中间可惜荒废了十年于动乱：——至如今，在学术界导入了新空气，用了新材料，并多角度的审察的新眼光；随处一看，成绩皆颇斐然。多处有新发现，于旧物亦多新阐发，工技或前所未有，用力则不甚相异。这情况正在开展。

无疑，中国卓立于世界者，舍其深厚的文化背景不论，是其悠久的历史或史学。他如文学之著作，其繁富精深，亦非他种证文者可拟。但他种语文亦各自有其文学，非汉文所独擅。中国和外国皆有其诗人，各自成其为伟大。独史学可于世界称善。昔梁任公读西洋史，叹息说："皆是邻猫生子！"——诚然。自孔子修《春秋》以没，二千五百多年来，史学已在我们多么发达。种类之繁多，体例之缜密，载笔之深严，效果之广远，举世莫及。而其事之至艰至难，亦必为任公所熟知，自不免为其所讥议。

史之最不容易撰述者，无过于宗教史。因为它有两方面。其本体发自一源，便是信仰，信仰出自情心；理智发于思心，是后起附加。由民间朴素信仰而制度化，随人文之进化，遂成为今日之各大宗教。已制度化之大宗教的研究，犹容易获得成果；而民俗信仰之朴素宗教，其研究难于为功。两方面一内一外。在制度化之宗教，凡其外在之庙堂仪法、经典、传承、盛衰等等事，皆明著而可考；其内在面即其真精神——姑取运名词的广泛义——之所在，便难于探讨，然犹有可寻，在于其经典中，在于其效果中。然在民俗朴素宗教中，便往往几乎无从着手了。多是一、二相当于教主的非常人，发其才智，或者操其巫术，煽动凡庸，立出了一宗一派。而多秘密结社，在当时已是隐在社会下层，抑或有或竟无有其文字记述，在后世极限于寻索。由立教而倡乱，则入乎通史。

这困难近年来可说局部也解决了一点。有多个深入村调查报告，正如考古学上的田野工作，虽不完善，总有些新发现。这便如同采矿铜山，又辅之以其他史料，如在尘尘档案中层层发掘，得出了新的结果。于此无妨浏览须臾，看这些民间宗教是些什么。大致自十七世纪初叶算起，据《神宗实录》则有：涅槃教，一名红封教，一名老子教，又有罗祖教，南无净空教，悟明教，大成无为教，皆白莲教之支派；一直流传到清代，则有罗教，黄天教，红阳教，清茶门教，一闻香教，龙天教，八卦教，皆活动于华北；又有大乘教，无为教，老官斋教，龙华教，三一教，长生教，收圆教，多在江南蔓延；西南则有鸡足山大乘教，青莲教，金丹教，刘门教；西北尚有罗教，圆顿教，明宗教，……林林总总，不下百余种。就中势力较大者：江南斋教，西南大乘教，与华北八卦教，鼎足而三。——凡此，皆经今人考评綦详，见马西沙著《清代八卦教》一书，在《清史研究丛书》内。——唯独此中有一空了教，著者说即孔子教，似佐证尚有不足。存疑。

用历史唯物论的眼光研究民间宗教，知道其形成，发展，以及举兵等事，其症结另有所在而非在宗教本身，这是以往诸名史学家，如汤锡予先生，陈援菴先生，或也曾注及却未尝着重的。今所操之工具及所取之手段皆同，而观点改变了，别开生面。著者于此于群众有其同情的了解，条分缕析，在一极难措手的专题理出了一个头绪，使人明确见到史实的真姿，这是深可赞扬的事。

载《读书》1992 年第 8 期

附 录 三

评介马西沙《清代八卦教》

（清史研究书之一）

王煜

香港中文大学哲学系

作者主持中国民间宗教研究，1982 年起为中国社会科学院道教研究室主任。此书澄清疑团，考据稳重精详，在民间宗教史立下大功。大陆缺乏外文参考书，不能苛求作者阅览西妇白令《林兆恩的整合宗教》（Judith A. Berling，*The Syncretic Religion of Lin Chao-en*，New York：Columbia University Press，1980）。马著首章"明末清初华北地区民间宗教活动概况"指出八卦教非但为白莲教的分支，而且是多种民间教派孕育之果，即将佛教弥陀净土宗世俗化后，吸纳盛行的弥勒教和摩尼教。白莲教始于南宋初年；罗祖教创于明代中叶，初名无为教，大胆发挥禅学。教主罗梦鸿在五部经典强调"心即是佛"，"佛在灵山莫远求，灵山只在汝心头。"甚至正宗佛徒也欣赏罗氏《正信除疑无修证自在实卷》第二十一品："要得心空苦便无，如何是心空？无生死、无轮回，无有一切相，无八苦，无三关，无来无去，无有一物，……但有思量，便有生死。"不思量就能脱离灾难，此意强烈吸引劳苦大众。

黄天教曾与白莲教、罗祖教鼎足而立。它兼糅道佛两教，堪称外佛内道，启发了八卦教的炼修及祈福仪式。教祖李宾（死于嘉靖四十一年），道号普明，亦号普明虎眼禅师。颜元《四存编·存人编》卷二贬抑"黄天道"为邪教。光绪年间它复兴。稍迟于黄天教的弘阳教又名洪阳教、宏阳教、混元门或混元教，也属于道教。明代中晚期宗教多创于直隶，仅一炷香教创于山东，与八卦教成为此省两大教派。明末董吉升（四海）

创一炷香教，在明清诸教中最鼓励忠孝，既依附道教又敬佛，不杀生，不言命，吃长斋，焚香，日日坐功运气，其终向往死后脱下皮囊，往西天成佛作祖。我认为一炷香教只是佛教旁支而绝非道教，因为教徒念佛且不望成仙。清代周克复净土晨钟以居士精神企图清理门户云："如近世白莲、无为、圆顿、涅槃、长生、受持等教，无非窃佛祖经纶绪余，创野狐之禅，播穷奇之恶，诳诸无识，贪财倡乱。始犹附佛而扬其波，继之角佛而标其帜！"野狐禅指涉万历中药问世的闻香教，创始人王森（原名石自然）"曾路遇妖狐，被鹰搏击，口作人言求援。王森收抱回家，遂断尾相谢，传下异香妖术，后称闻香教主。又创白莲教为大乘弘通教，即弘卦教。"（明代《岳和声餐微子集》卷四）妖狐神话很像宗教化的伊索寓言。佛教本生经述释迦前世割臂饲鹰，王森的神话却是求狐避鹰。民间宗教何以炽盛？马西沙的阐述极为中肯："儒学在那个时代继续沿着宗教化的轨道发展。王阳明的心学，冲击着程朱的道统，但它仅仅涉及知识分子的思想解放；佛教已经贵族化，成为上层官僚和知识界谈禅清议的工具；道教则更为荒诞，竟以房中术和成仙方直登庙堂，甘心变成皇帝和贵族弄于股掌间的玩物。"正统宗教与人民彼此疏离，旁门左道遂乘虚而入。

次章"八卦教的创立"，根据不知年代和作者的《浩然纲鉴》，指出教祖李亭（廷）玉生于明代天启二年的河南归德府白阳县乐民庄。崇祯六年他十五岁，"无生老母临凡，手托金箸银碗，大口讨饭，点化（启迪）李祖。"奇趣的是门徒分掌易经八卦，李亭玉主管"中元九宫"。康熙年间，李氏师徒被雠家害至殉道，余党各起炉灶，建立白阳教、后天道、圣贤道、太上道、八卦道、一贯道、饭一道。"易经是一部卜筮用书，包含了一些朴素的辩证法思想，但并没有超出神学的窠臼。"此言低估了易的伦理观。但是注出"八卦九宫"根源，值得称颂：元代陈致虚《金丹大要》以"九宫真人"为五脏等器官的"主神"。第三章称八卦教世袭传教家族的兴衰，谓支派空子教徒朱延谦供称训诲间人念"正（真）空家乡，无生父母"八字，欠缺经忏图像；又谓奏折里"空子教"即孔子教，避用孔字，由于清朝尊孔子为文圣。嘉庆二十年山东学政王引之上奏云：

　　盖愚民未闻礼义廉耻之节，但知银钱可以谋衣食而免饥寒也，则汲汲图之而不恤其他。彼为邪说者，知愚民之可以利诱也，于是借敛钱之说以邀其入教也，则己之钱入于人之手，其人入教而又传教也，则人之钱入己手。辗转传教则辗转敛钱，愚民信以为生计，遂相与从之。

难得经学家王引之勘破神棍本质。

第四章谈信仰和风习，我反对第 137 页"古老的儒学在宋明理学出现后已成为历史陈迹"。凡是厌恶新儒学的儒家，都鼓吹回归先秦儒学。后者不断复活，裨益亚洲经济四小龙。余英时教授倾向先秦儒甚于宋明儒，天津南开大学方克立教授等拉余氏入新儒家阵营，尽管余氏不自视为新儒家。我不相信古老儒家将在中国沦为陈迹。引圆顿教典籍《古佛天真考证龙华宝经》内"儒童佛"一词，可惜未加解释：儒孺同音，"孺童佛"变为"儒音佛"，竟将孔子改成释迦的化身。八卦教提倡愚人哲学云："憨人好，得证无上道，天榜挂了名，龙楼挂了号。"可怜贫民甚至无公立医院可挂病号呢。民间宗教的"无生老母"在青阳、红阳、白阳三期，依次遣燃灯佛、释迦、弥勒（未来）佛下凡，夸称渡人数以亿计。

第五章"动乱之始与王伦清水教起义"引俞蛟《临清寇略》，知王伦诡称"异人"授他符箓故能如鬼神。王伦的智囊范伟又名梵伟，这同音假借的文字游戏特富印度色彩。第 191 页说：

> 把儒家思想宗教化是八卦教传统教义的核心内容。八卦教异名同教曾有孔子教之称，嘉（庆）道（光）间又演化为天理教、圣贤教、在理教、老理教等等。教徒自称愚门弟子实则是儒门弟子之误。

又是同音假借了。老子始倡大智若愚和复归婴儿，幼童比成人愚笨，所以愚孺儒三字关系密切。俞蛟记录极愚的清兵以老弱娼妓裸体凭城，迷信女阴辟邪。第六章"八卦教的重新统一与'癸酉之变'"谈到河南震卦教主李文成兼管九宫，徒众心归九宫教。离卦教首系郜氏改姓高以避通缉，仍习离卦教。刘真空（刘林）吹捧李文成为前震卦教主王老爷转世，可知他们滥用印度轮回转生观。第七章说离卦教团的演变，如孙维俭与刘美奂师事吴洛兴（吴二瓦罐）学《金刚经》和《扫心经》。道光三年，马进忠改"离卦教"名为"明天教"，宣称刘恭（功）、马万良和他自身为尧、舜、禹转世，导演禅让闹剧。承接上人间及闻其音乐。最后"先天教"主曹顺反清被凌迟。原来明代状元杨慎《丹铅总录》卷十六已载道教传说"伏羲之易小成，为先天；神农之易中成，为中天；黄帝之易大成，为后天"。先天表示最尊伏羲。

　　第八章"八卦教与近代中国社会"，考证此教与捻军的关系后，再论一贯教、义和拳及义和团。"后记"说光绪年间，八卦教徒李向善从直隶行至山西五台山南山寺，出家法号普济，组织"九宫道"。说民国初年九宫道（普济佛教正字会）道首仍为李氏家族。日本的天理教应由中国传入。在香港中文大学钱穆图书馆，我偶阅许月瑛"神秘教派重见天日"（见《亚洲周刊》1990 年 8 月 5 日号），始知台湾有四百万一贯道信徒，人数居民间宗教之首，海外教徒超过二百万。一贯道虽倡素食而容许吃鸭蛋，被谑称为鸭蛋教，曾遭禁约四十年。康熙年间江西人黄德辉创立先天道，经山东人王觉一革新，王氏继承人刘清虚取孔子"吾道一以贯之"意改称"一贯道"。它主张三教合一，似香港道教多并列孔子、老子和释迦。然而一贯道又奉弥勒为祖师、济公活佛为师尊。最后一代祖师张天师自济公转世，其妻为菩萨转世。主神却是无形像的"无极老母"。现今台湾高龄九十的韩雨霖道长，原为天津市制染厂主。许月瑛文可补充马书。1990 年 10 月，在福州举行的朱熹研讨会中，郑志明博士赠我两书，《先天道与一贯道》和台湾的志书，台北正一善书出版社，初版，均与马著密切相关。

原载台湾《汉学研究》1991 年第 9 卷第 1 期

再版后记

　　中国社会科学院学部委员、著名学者马西沙先生所著《清代八卦教》是他的成名作，也是我国民间宗教单一教派研究的第一部成果，填补了该领域研究的空白。《清代八卦教》于1989年出版，甫一问世，便得到学术界的广泛好评，鲜少为人撰写书评的学界大师徐梵澄先生欣然著文，称赞本书"考评綦详"，"别开生面"，"在一极难措手的专题理出了一个头绪，使人明确见到史实的真姿，这是深可赞扬的事"；香港中文大学的王煜教授也撰文从中国民间宗教研究的角度，逐章评论《清代八卦教》，指出"此书澄清疑团，考据稳重精详，在民间宗教史立下大功"。

　　不仅得到学术界的高度评价，本书也受到广大读者的欢迎而多次重印，从中可以看出本书的学术贡献以及重要现实意义，正如作者所说：民间宗教"是中华民族漫长而纷繁复杂的文化体系的有机组成部分，是中国宗教信仰领域的有机组成部分"，"研究中国历史而不懂宗教史是一种缺憾"。《清代八卦教》一书通过揭示广泛存在于中国古代社会下层民众中的民间信仰的一个派别的真相，映照出底层民众的精神世界，民族性格的一个方面，其意义深远。本书经受住了时间的考验，至今仍是广大研究中国历史、中国宗教史的学子案头必读之书，这对出版社来说，也是巨大的鼓舞和鞭策。

黄燕生

2024年1月

马西沙先生主要著述

中文著作

1.《清代八卦教》，独著，中国人民大学出版社 1989 年版。

2.《民间宗教志》，独著，上海人民出版社 1998 年版。

3.《中国民间宗教简史》，独著，上海人民出版社 2005 年版。

4.《中国道教史》，合著，上海人民出版社 1991 年版。

5.《中国民间宗教史》，二人合著，上海人民出版社 1992 年版。

6.《中国民间宗教史》第 2 版，二人合著，中国社会科学出版社 2004 年版。

7.《当代中国宗教研究精选丛书·民间宗教卷》，主编，民族出版社 2008 年版。

8.《古代中国民众的精神世界及社会运动》（中国社会科学院学部委员专题文集），中国社会科学出版社 2013 年版。

英文著作

1. *Popular Religious Movement and Heterodox Sects in Chinese History*，二人合著，pp. 1 – 548，Brill，2003.

2. *Popular Religion and Shamanism*，二人主编，pp. 1 – 499，Brill，2011.

3. *Chinese History*，二人合著，pp. 1 – 548，Brill，2003.

4. *Chinese History*，二人合著，p. 499，Brill，2011.

主要论文

1.《清前期八卦教初探》，《中国人民大学八二届硕士论文选》，中国人民大学出版社 1982 年版。

2.《略论民间宗教的两种发展趋势》，《世界宗教研究》1984 年第 1 期。

3.《从罗教到青帮》，二人合撰，《南开史学》1984 年第 1 期。

4.《林兆恩三教合一思想与三一教》，二人合撰，《世界宗教研究》1984 年第 3 期。

5.《黄天教源流考略》，《世界宗教研究》1985 年第 2 期。

6.《最早一部宝卷的研究》，《世界宗教研究》1986 年第 2 期。

发表论文 80 余篇。